GUINNESS WORLD RECORDS™

ISBN France : 2-914636-05-9 - ISBN Canada (en français) : 2-914636-06-7

TRADUCTION ET ADAPTATION FRANÇAISE
Eaton Publishing, Londres, Traduction
Éditions Philippine - Philippe Scali, Adaptation française

Florence Devesa-Bultez Adams - Sonja Schindowski - Sarah Vu - Doninique Henry
Larroque Justine - Anne-Françoise Thomas - Nathalie Louarn Autret - Deborah Levy - Harry Couvin - Lucas Scali
Lindsay Lareine - Kingsley Peruma - Shéhérazade Bounoi-Mellouki - Frédérique Masson - Bertil Scali - Yohan Milla
Valérie Gruffy - Maria-Luisa DiNapoli

INFORMATIQUE
MMC Informatique - Blue Process - Philippe Bultez-Adams

RÉDACTION
Claire Folkard, Rédactrice en chef - Jackie Freshfield, Directeur de la rédaction
Rob Dimery, Peter Watts, Rédacteurs

CONCEPT GRAPHIQUE
Office Group NYC
Karen Wilks - Juliet MacDonald DTP, Maquette

GRAPHISME DE COUVERTURE
Ron Callow, Design 23

ICONOGRAPHIE
Betty Halvagi, Direction - James Thackwell, Assistant
Roger Wemyss Brooks, Documentation, Archives - Maureen Kane - Recherche

RECHERCHES
Chris Sheedy, Directeur des recherches
Stewart Newport, Directeur
Stuart Claxton - Jerramy Fine - David Hawksett - Keely Hopkins - Della Howes - Hein Le Roux - Chris Marais - Sue Morrison - Jo Violette

PRODUCTION
Patricia Langton, Directrice - David D'Arcy, Coordinateur - Katie Stephens, Fabrication

IMPRESSION ET RELIURE
Partenaires Livres

PHOTOGRAVURE
Colour Systems, Londres - Avant-Garde, Paris

E-mail : editions@editions-philippine.com
Site Éditions Philippine : http://www.editions-philippine.com
Guinness World Records sur le web : http://www.guinnessworldrecords.com

AVERTISSEMENT

Guinness World Records utilise un système de vérification très élaboré.
Cependant malgré tous les efforts mis en œuvre, des erreurs ont pû rester.
Guinness World Records Ltd ne peut en être tenu pour responsable. Toute correction ou précision des lecteurs sera bienvenue.

Pour des raisons de place et de maquette, la totalité des records homologués ou enregistrés ne figure pas dans cette édition.
Les titulaires de records non incrits dans cette édition voudront bien nous en excuser et considérer que celà n'enlève rien à leurs mérites.
Il est rappelé à cet effet que l'homologation d'un record n'implique jamais l'engagement, ou a fortiori l'obligation, de publication dans le GUINNESS WORLD RECORDS qui détient l'entière discrétion de publier - ou de ne pas publier - ou de ne plus publier - tel ou tel record, ainsi que modifier sans préavis un article de ses règlements.

Essayer de battre un record peut s'avérer dangereux.
Les candidats doivent s'entourer des conseils et précautions nécessaires et les tentatives sont à leurs seuls et entiers risques.
En aucun cas GUINNESS WORLD RECORDS ne prend part à ces tentatives et décline toute responsabilité à cet égard.

Voir Règlements p 286

A Gullane Entertainment company

GUINNESS WORLD RECORDS

Bienvenue au *GUINESS WORLD RECORDS 2003*.
Avec plus de 1 000 nouveaux records et des centaines de nouvelles images choc, cette édition est l'une des plus brillantes.
Nous y avons ajouté de nouveaux chapitres comme " Société moderne " ou " Bâtiments et structures ", qui offrent des visions fascinantes de notre nouveau monde.

La rubrique " Sports " a été étendue pour vous donner accès à la plus incroyable variété d'activités imaginables, du foot international au polo à dos d'éléphant.

Mais les bons vieux classiques n'ont pas été oubliés. Vous trouverez des records étourdissants dans tous les domaines, des merveilles du corps humain aux réalités bouleversantes du monde de la nature.

Halle Berry radieuse tient à la main sa statuette lors la cérémonie de remise des oscars de cette année.

Rudolph Giuliani, lorsqu'il était maire de New-York.

Alors plongez dans le monde merveilleux du *GUINNESS WORLD RECORDS*
et préparez-vous à être étonné et inspiré par des gens qui méritent
une place dans l'Histoire.

Et pour entrer dans le *GUINNESS WORLD RECORDS,*
quel record battrez-vous ?

La skieuse
olympique Janica Kostelic,
triple médaillée d'or.

Edward Peter
enveloppé de son
tricotin record.

LE PLUS GRAND CAKE

Le 07-09-01, à Sfax, Tunisie, les sociétés CDS (Diari), STPA (Le Petit Poussin) et ALMES (Jadida) ont participé avec l'Espace des Arts et Métiers à la confection du plus grand cake du monde. Le cake géant mesurait 100 m de long et pesait 700 kg, soit l'équivalent de 5 000 tranches de gâteau.

LA PLUS GRANDE CITRONNADE DU MONDE

Le 13-07-02 sur la place des Martyrs à Hammamet, Tunisie, la Jeune Chambre Économique d'Hammamet a réalisé, sous les yeux du public, une citronnade géante de 1 000 litres présentée dans un verre en résine alimentaire de 1,50 m de haut.
On a servi 4 000 verres de cette citronnade aux spectateurs.

LA PLUS GRANDE KABSA DU MONDE

Le 24-02-02 à Manáma, Bahrain, a été préparée la plus grande kabsa du monde, plat national de Bahrain et du Golfe. À base de riz et de viande, elle pesait 6 239 kg pour 12 000 portions. Elle a été cuisinée dans un pot de 4 m de diamètre et d'une profondeur de 1,50 m.

LA PLUS GRANDE BAKLAWA DU MONDE

La pâtisserie Masmoudi, à Sfax, Tunisie, a élaboré le 15-05-02 une pièce de baklawa, pâtisserie orientale à base d'amandes, de sucre, de farine et d'huile d'olive. Elle mesurait 115 x 210 cm, et son poids était de 1 155 kg. La baklawa géante a été découpée en 57 750 parts de taille ordinaire.

LE PLUS GRAND COUSCOUS

Le 23-01-00, à Tozeur, Tunisie, la société CDS - Diari a cuisiné le plus grand couscous du monde avec 2 tonnes de semoule, 1 570 kg de légumes, 300 poulets, et 30 moutons contenus dans un couscoussier de 5 m de haut et 2 m de diamètre. 16 000 plats ont été servis à cette occasion.

LE PLUS GRAND BANNETON DU MONDE

André Tarare, St-Denis-les-Bourg, Ain, a présenté le 23-04-02 un banneton géant, panier de boulanger sans anse servant à lever la pâte à pain. Sa base mesure 1,70 m de diamètre et atteint 2, 15 m aux bords, pour une hauteur de 0,92 m et une contenance de 122 kg.

LA PLUS GRANDE MOUCHE À SAUMON

Daniel Dufour, Amqui, Canada, a fabriqué le 22-11-01, la réplique géante exacte d'une mouche de pêche. Le leurre à saumon mesure 129 cm, il est baptisé la Matapédienne.

LE PLUS GRAND NOMBRE DE RELAIS DE SMS DU MONDE EN 1 HEURE.

Le 27-03-02, au Stade de France, devant les 80 000 spectateurs du match France-Écosse, SFR la Carte a établi, grâce à son réseau et à 110 clubs de foot amateurs, un record du monde. Ces 110 clubs ont relayé, en une heure, 288 fois le même texto d'encouragement à l'équipe de France " *2002 en bleu !* " à travers tout le pays.

LA PLUS LONGUE GUIRLANDE VOLANTE

Le 15-03-02, la société EMC²-France, Nanterre, Hts-de-Seine, a lâché sur la plage de Deauville une guirlande volante de 213,50 m de long, faite de 4 270 ballons de baudruche gonflés à la bouche, et portés par 90 ballons d'hélium.

BATTEZ UN RECORD !

VOUS VOULEZ BATTRE UN RECORD ?

Le *Guinness World Records 2003* est plein de gens fantastiques qui ont réalisé des exploits extraordinaires. Si la lecture du livre de cette année a excité votre envie de battre un record ou d'en établir un, ces pages vous concernent. S'inscrire pour devenir un recordman ou woman n'a jamais été aussi facile. Il vous suffit de vous connecter sur le site www.guinnessworldrecords.com.

Mais auparavant, voici quelques points à considérer :

Autre option : créer un record unique, qui nécessite une nouvelle catégorie. Notre équipe est constamment à la recherche de nouvelles catégories, particulièrement celles qui peuvent donner à d'autres courage et inspiration. Nous recherchons des défis qui sont intéressants, sûrs, et qui demandent de réelles compétences.

JE POURRAIS BATTRE UN RECORD... MAIS LEQUEL ?

Si vous pensez que vous êtes de la trempe dont on fait les briseurs de records mais que vous ne savez pas à quelle discipline vous attaquer, il est temps d'y penser.

On peut très bien battre un record sans être un athlète de haut niveau ou une star de cinéma. Les milliers de records stockés dans notre base de données en sont la preuve. Vous pourriez peut-être commencer une collection hors du commun ? Cela n'est pas forcément cher : certains records sont détenus actuellement par des gens qui ont collectionné des sacs pour le mal de l'air ou des emballages de chewing-gum. Si vous avez envie d'établir un record en groupe, vous pouvez par exemple organiser une séance de lecture de poèmes géante ou faire quelque chose qui peut aider à améliorer l'environnement, comme ramasser les détritus sur un site.

Vous détenez peut-être même un record sans le savoir :
Le record du plus grand donneur de sang et celui des mollets les plus gros ont déjà été enregistrés.

FAITES VOTRE DEMANDE SANS TARDER

Quelque soit le record que vous allez tenter de battre, faites votre demande bien à l'avance et contactez la Commission d'Homologation avant toute tentative. Son bureau a besoin de temps pour évaluer votre suggestion, et, si nécessaire, établir avec vous de nouvelles règles et consulter des experts spécialisés de ce domaine. Il vous faudra aussi vérifier avec nous, juste avant votre tentative, que le record n'a pas été récemment établi ou battu. Si vous pensez que vous avez peut-être déjà établi un record mondial, contactez la Commission pour que nous puissions voir avec vous si votre record est potentiellement valide avant d'envoyer toute documentation.

RÈGLES

Pour la plupart de nos catégories, *Guinness World Records* a établi des règlements spécifiques dont vous trouverez des extraits dans ce livre p 285, de façon à ce que tous les candidats fassent leur tentative dans les mêmes conditions comparables et mesurables.

Votre tentative doit surtout être mesurable, quantifiable et doit pouvoir être battue, afin qu'on puisse faire de justes comparaisons. Si le record qui vous intéresse n'entre pas dans l'une des catégories existantes, nous créerons avec vous des règles spécifiques afin de les juger de façon impartiale.

DOCUMENTATION

Certaines personnes battent leur record devant des millions de téléspectateurs, sur le plateau des émissions télévisées *Guinness World Record*. Mais la majorité des détenteurs potentiels de records sont obligés de suivre les règlements de la Commission d'Homologation, et d'en donner ensuite la preuve en fournissant un Procès-Verbal que vous trouverez dans ce livre en p 285, ou sur simple demande, éventuellement une cassette vidéo VHS dûment étiquetée, avec le chronométreur officiel ou le chronomètre continuellement en action et bien en vue. Des photographies en couleur de bonne qualité ou des diapositives peuvent aussi être remises comme documentation à condition que ce ne soient pas des originaux (la documentation n'est pas retournée) et libres de droits. L'ensemble de ce dossier sera remis à la Commission d'Homologation, qui ne la retournera pas. Si possible, essayez d'intéresser un journal ou une radio locale à votre tentative, pour qu'ils puissent couvrir et assister à l'événement. Toutes les demandes doivent être établies correctement. Il faut au moins deux témoins indépendants présents lors de la tentative, qui doivent être des personnes reconnues au sein de votre communauté, comme un médecin, un commercant ayant pignon sur rue, un homme de droit …. Aucun de ces témoins ne doit vous être apparenté. Choisissez quelqu'un en rapport avec votre record. Par exemple, s'il s'agit d'un record sportif, invitez une chef d'équipe, un arbitre, un dirigeant de club. Les témoins doivent être en mesure d'affirmer qu'ils ont assisté à la tentative et que les règlements ont bien été suivis. La Commission d'Homologation du *Guinness World Records* ne peut pas fournir de personnel de contrôle sur chaque tentative de record, mais se réserve le droit d'envoyer l'un de ses membres si elle le considère nécessaire.

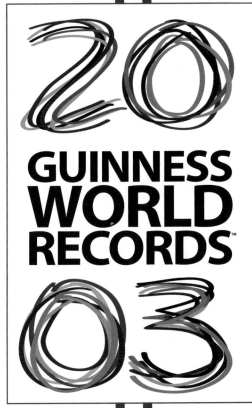

PRÉCAUTIONS

Les mesures de sécurité sont un facteur très important. Il est primordial de savoir que toutes les tentatives de record sont entreprises aux seuls risques du compétiteur et ne sont jamais organisées par la Commission d'Homologation du *Guinness Worls Records*.

CERTIFICAT

Toute personne qui bat un record peut recevoir un certificat spécial, rendant compte de son appartenance à un corps officiel exclusif, les détenteurs de records Guinness. Le détail de votre record sera également intégré dans la base de donnée mondialement réputée, pour une utilisation potentielle dans le livre, sur le site Internet ou tout autre support.

SERAI-JE DANS LE LIVRE ?

Avec des centaines de records battus tous les ans, il est matériellement impossible de les publier tous. Nous n'en publions chaque année que la sélection qui nous semble être la plus intéressante. Nous nous réservons le libre choix de cette sélection. L'homologation d'un record n'implique jamais l'obligation de publication.

COMMENT FAIRE UNE DEMANDE ?

Écrire à la Commission d'Homologation du Guinness World Records est la façon la plus simple de soumettre votre demande. Tout ce que vous avez à faire est de remplir un simple formulaire Procès-Verbal que vous trouverez dans ce livre p 285, et de suivre les instructions qui sont au dos pour nous envoyer votre proposition. Vous recevrez immédiatement une réponse de notre part. Si vous ne disposez d'aucun exemplaire, écrivez-nous en nous joignant une enveloppe timbrée à votre adresse et vous recevrez ces documents. En raison du grand nombre de candidatures, nous regrettons de ne pouvoir répondre aux appels téléphoniques, ni aux fax.

GUINNESS WORLD RECORDS - ÉDITIONS PHILIPPINE
Commission d'Homologation des Records
40, cours Albert 1er, 75008 PARIS - France

SI VOUS AVEZ ACCÈS À INTERNET

Si vous avez accès à un ordinateur, vous pouvez aussi nous retrouver à l'adresse : http://www.guinnessworldrecords.com.

LE PLUS RAPIDE GRAND BI

D'origine anglaise, le grand bi apparaît après l'effondrement de l'industrie vélocipédique française, conséquence de la guerre de 1870 avec l'Allemagne. Un coup de pédale sur un grand bi dont la roue avant mesure 1,40 m de diamètre (celui du musée), fait avancer de 4,40 m, sur un grand bi dont la roue mesure 1,70 m, de 8,40 m. La roue avant du grand Bi construit par le français Victor Renard place le pilote à

2,50 m de hauteur et développe 12,35 m. Steve Stevens a quitté San Francisco le 26-05-00 et est arrivé à Boston 29 jours plus tard, établissant ainsi le record de rapidité de la traversée de l'Amérique sur grand bi.

TRACTÉ SUR LE VENTRE

• Pascal Dragotto, le 1er-07-91 a célèbré son mariage en se faisant tracter à 125 km/h sur le ventre avec son épouse Véronique sur le circuit du Castellet

• Parti le 15-10-93 à 12h de Marseille, Pascal s'est fait tracter jusqu'à Lyon allongé sur une plaque de métal tirée par une 205 sur les 365 km. Cet exploit entrait dans le cadre d'une campagne de sensibilisation sur le Sida.

ALASKA-TERRE DE FEU

• Empêchés par la situation politique en Colombie, les motards malheureux et britanniques Alcock et Sinclair n'ont pu battre aucun record (photo).

• Du 13-04-84 au 1er-09-88, les Français Émile Brager et Marie Roesle ont parcouru 24 928 km à cheval, de la Terre de Feu à l'Alaska.

• Le Canadien Garry Sowerby et l'Américain Tim Cahill ont conduit une

camionnette GMC Sierra 4 roues motrices, d'Ushuaia, Terre de Feu, à Prudhoe Bay, Alaska, sur 23 720 km, en 23 jours 22 h 43 mn, le 22-10-87.

TROIS TOURS DU MONDE

Le Marseillais Joseph Capeille a fait 3 tours du monde à bicyclette. Le 1er : 38 pays en 3 ans, de 1977 à 1980, et 42 000 km sur sa bicyclette *L'Aventureuse*. Le 2e, 1981- 84, 32 000 km et 25 pays, sur son vélo *Liberty*. Au cours du 3e, sur *La Croix du Sud*, de mars 1987 à 1992, il a parcouru 55 000 km et visité 38 pays.

FORCE

L'Homme de fer britannique Paddy Doyle a commencé sa prolifique carrière de recordman en 1987, en réalisant 4 100 pompes avec un poids de 22,7 kg sur le dos.

• Le 24-08-96, au Fest. des Records de la Tour Blanche, en Dordogne, Jean-François Huette a fait 37

tractions à la barre fixe en 1 mn.

• Le 8-10-95, au Fest. des Records d'Ailly-sur-Noye, Somme, Jean-François Huette a tenu au bout d'un seul bras un exemplaire du Livre Guinness des Records pendant 1 h 35 mn.

• Jean-François Huette a tenu au bout des 2 bras un exemplaire du Livre Guinness des Records pendant 2 h 15 mn, le 8-06-96, au Fest. des Records de Pelhrimov, République tchèque.

• Le 20-03-97, au cours d'une émission de télévision, Jean-François Huette, Amiens, Somme, a déchiré avec ses 2 mains un annuaire de 1 900 pages.

• Le 27-09-96, à St-Laurent-du-Médoc, Gironde, Jean-François Huette a déchiré en deux 54 annuaires de 1 256 pages chacun, en 10 mn.

POUSSER DE VOITURE

Les Texans Geoff Ackles et John Landers,ont poussé leur Chevrolet Sprint pendant 17 h pour parcourir une distance de 54,5 km. Le poids minimum de la voiture exigé par le Guinness World Record est de 840 kg.

THE FUNAMBULE

• Le funambule français Henri Rechatin, dit Henry's (n.1926) a réussi, le 13-06-96, à rester en équilibre sur les 2 pieds arrière d'une chaise, eux-mêmes en équilibre sur des verres posés sur une 2e chaise. Le tout sur l'extrême bord de la terrasse de l'aiguille du Midi, à Chamonix, Hte-Savoie, à 3 842 m d'altitude.

• Henry's, à pied puis sur sa moto, a traversé sur un fil le vide de 2 000 m, long de 40 m, entre les 2 plates-formes du sommet de l'aiguille du Midi (3 842 m) à Chamonix, Hte-Savoie, le 13-06-96.

• Henry's est resté sur un câble de 120 m à 25 m au-dessus du sol, à St-Étienne, Loire, pendant 185 jours, du 28-03 au 29-09-73. Sa faculté de dormir sur le câble surprenait les médecins.

50 ÉTATS SUR TONDEUSE

Gary Hatter (USA) a pris la route le 31-05-00 sur une tondeuse Kubota BX2200-60, à la vitesse maximum 15 km/h, à Portland, Maine. Après avoir traversé 48 états, le Canada, et le Mexique, et après 260 jours de route, il est arrivé à Daytona Beach, Floride, le 14-02-01. Gary a parcouru 23 487,5 km pendant son voyage.

STAR WARS - MANIA

Jason Joiner, de Londres, possède une collection d'objets, accessoires et costumes relatifs aux films *Star Wars* de 20 000 pièces. Il est aussi détenteur de l'un des robots C3PO utilisés pour le film, ainsi que d'un des R2D2, et d'un costume original de Darth Vader.

CHAÎNE EN PAPIER

Soixante personnes ont construit une chaîne en papier d'une longueur de 83,36 km, formée de 584 000 chaînons. Elle a été fabriquée en 24 h. L'exploit a été réalisé à l'Alvin Community College, Texas, les 23 et 24-10-98.

SAUT À LA CORDE

Ashrita Furman est né le 16-09-54 à Brooklyn, New York. Son premier record date de 1979, lorsqu'il a effectué 27 000 sauts à la corde. Depuis il a établi près de 60 records du monde, plus que n'importe qui, mais n'en détient plus que 14, car beaucoup ont été battus. Ashrita pense qu'en battant des records, il peut se libérer de son esprit conscient et atteindre la spiritualité.

SUR TRACTEUR

Christian Hurault, est parti de Paris le 22-02-01 au volant de son tracteur pour arriver à Moscou le 25-05-01 après avoir parcouru 10 000 km.

COLS

De 1965 à 1992, le Français Michel Verhaeghe, de Vence, Alpes-Maritimes, a franchi 4 000 cols à vélo, dont 846 au dessus de 2 000 m.

PYRÉNÉES À VTT

Pierre Serra, de Toulouse, Hte-Garonne, a traversé les Pyrénées à VTT de l'Atlantique à la Méditerrannée en 6 jours, soit 43 h passées à vélo et 2 h 30 min en le portant, du 2 au 7-08-99. Il a parcouru une distance de 798 km.

TOUR DU MONDE À VÉLO

Le plus rapide appartient à l'Israélien Tal Burt : 77 jours 14 h, du 1er-06 au 17-08-92 : 21 329 km, Paris-Paris.

BRUITEUR RECORD

Philippe Pujolle, imitateur, a un répertoire de 124 bruits et sons. Déjà détenteur de nombreux records dont celui de l'imitation du plus long cri de Tarzan , le 7-04-94, à 9 h 34 du matin, qui a duré 42 s, il a obtenu le 4/04/02 celui du plus grand nombre de bruits en un minimum de temps, avec 40 bruits en 28 s 59 ainsi que celui du plus long bruitage imité vocalement pour une Formule 1, soit 37 s 44. Le 7/06/02, il a imité le bruit d'une locomotive pendant 11 min 52 sec 09 et a ainsi battu le record du plus long bruitage vocal. Ces performances ont été réalisées lors d' émissions de radio en direct.

CRACHÉ DE CHÂTAIGNE

Lors des 10ème championnats du monde organisé à Villefranche-du-Périgord le 21-10-01, Serge Fougère a propulsé une châtaigne a 8, 88 m.

DRAPEAU LE PLUS GRAND

En 1990, le funambule Henry's, la sté Coquard et le peintre Gilles Ranc ont confectionné un drapeau français de 144 x 70 m (10 080 m^2).

GRIMPER DE CORDE

Le 17-04-94, à Coisy, Somme, en 1 mn, Jean-François Huette a gravi 19,85 m sur une corde accrochée à la flèche d'une grue à 20 m de haut.

LEVERS DE BARRES

Le 28-05-94, Jean-François Huette a réalisé à Eppeville, Somme, 55 levers d'une barre de 51 kg, soit 2,805 tonnes, en 1 mn.

VOYAGE DE NOCE EN TANDEM

Du 16-08-99 au 14-02-01, Béatrice Luzzatto et Emmanuel Bejanin, Paris, ont entrepris le plus long des voyages de noce en tandem sur la route Pan'American : 24 000 km, 18 mois durant entre l'Alaska et la Patagonie (de Anchorage à Ushuaïa). Il ont rejoint la France en février 2001.

AMÉRIQUE DU SUD EN SOLITAIRE

Didier Veracini est parti en octobre 1989, seul avec une Ténéré, pour parcourir 65 000 km en Amérique du Sud jusqu'en novembre 1991.

GUINNESSWORLDRECORDS.COM

ALORS QUOI DE NEUF ?

guinnessworldrecords.com

Cette année, vos records favoris sont à portée
de souris. Venez sur le site découvrir les détails
sur des milliers d'époustouflantes tentatives
de records, connaître les dernières nouvelles
sur les records battus, et choisir parmi
des centaines de vidéo clips incroyables.
Et, si vous voulez battre un record, posez
vos questions via Internet pour obtenir
le règlement et toute l'information
dont vous aurez besoin.
Qui sait… l'année prochaine
vous ferez peut-être partie de la galaxie
du Guinness World Records.

TROUVER UN RECORD

Vous recherchez un record en particulier ?
Utilisez le système de mots-clés pour rechercher
parmi les milliers de records de la base de
données Guinness World Records.

BATTRE UN RECORD

Vous voulez établir un record du monde ?
Cliquez ici pour nous faire part de votre
suggestion. Si elle est approuvée par la
Commission d'Homologation, vous recevrez les
conseils nécessaires.

SUIVRE VOTRE RECORD

Une fois que vous vous êtes proposé
pour battre un record, suivez l'évolution
de votre demande en ligne
grâce au système de traçage.

LE STOCK DE VIDÉOS

Choisissez parmi des centaines de vidéos
étonnantes et voyez s'animer certains des plus
grands records du Guinness World Records.

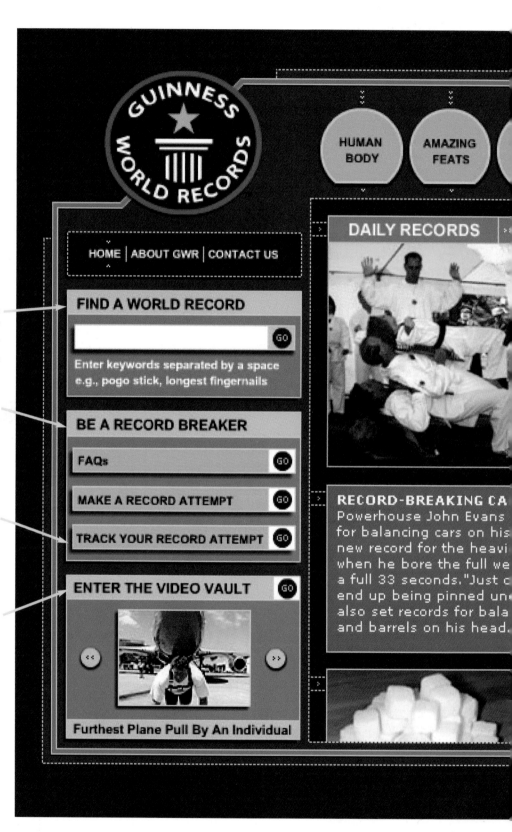

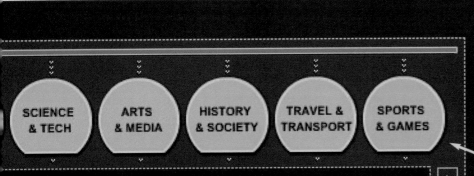

SCIENCE & TECH   ARTS & MEDIA   HISTORY & SOCIETY   TRAVEL & TRANSPORT   SPORTS & GAMES

CHOISISSEZ VOTRE CATÉGORIE
Plongez dans les archives en ligne
et consultez la collection des records
les plus étonnants du monde,
sélectionnez simplement le domaine
qui vous intéresse.

T HUMAN LAYERS ON A BED OF NAILS
Graber, Todd Graber, Chris Smith, and Doreen Graber
ed a four-person bed of nails at Tallmadge, Ohio, USA
October 2000. When the four had formed the four-layer
of nails, Lee was supporting an estimated ... <u>more</u>

LES RECORDS AU QUOTIDIEN
La Commission d'Homologation
est toujours en chasse pour trouver
les tentatives de record les plus étonnantes,
incroyables, bluffantes.
Lisez ici les histoires favorites du jour.

T POISONOUS FROG
ay be tiny but the multi-colored poison dart frog can be
l. The skin secretion of the golden poison dart frog
llobates terribilis) of Western Colombia ... <u>more</u>

THEST DISTANCE WALKING ON WATER
y Bricka walked on water and went without food for
s - what was he thinking!? He walked across the Atlantic
n, starting out from Tenerife in the ... <u>more</u>

MISES À JOUR
Des dizaines de nouveaux records
sont tentés chaque semaine,
alors venez vérifier régulièrement
les dernières nouvelles et mises à jour.

<<<<< ON THE RECORD

ruly headstrong world record
n May 24, 1999 Evans set a
have been head-balanced
159.6 kg (352 lb) Mini car for
e or a gust of wind and I'd
" explains John, who has
k crates, soccer balls, books

PLUS...
Découvrez des astuces pour battre un record,
lisez des interviews de recordmen
et de candidats malheureux.

K A RECORD
r Cube Skyscraper
to be a Guinness World Record breaker? Why not try
a the world's tallest sugar cube tower?

PRIVACY | CREDITS | CORPORATE

Dans le passé, on a déjà connu plusieurs émissions télévisées associées au *Livre Guinness des Records,* dont les plus fameuses sont *Incroyable mais vrai* sur France 2 (ex-Antenne 2), présentée par Jacques Martin et Barbara Kamir, *Record Breakers* sur la BBC, et *The Spectacular World of Guinness Records.* Une série phare a été lancée aux États-Unis, *L'Émission des Records,* le *Guinness Records : Primetime*. Depuis, cette émission a été diffusée dans 28 pays différents, notamment en France, Allemagne, Grande-Bretagne, Finlande, Suède, Danemark, Norvège, Espagne, et Japon. Chaque émission se déroule sous l'arbitrage du juge officiel du Guinness World Records, Michaël Feldman, chargé de veiller à l'observation stricte des règles afin que chaque tentative soit minutieusement mesurée et chronométrée. Aucun trucage n'est donc possible et on y admire des personnes réalisant d'incroyables records bien réels.

1. Vitaly Schnikers (Lettonie) a porté 48 *Thomas Flancks* en une minute. Ce glorieux moment de gymnastique a été réalisé sur le plateau de *Die Show der Rekorde,* à Munich, en Allemagne, le 15-02-02.

2. Joachim Hindren (Finlande), le 20-10-01 sur le plateau du *Guinness World Records* à Helsinki, a grimpé le long d'un mur avec sa moto jusqu'à une plate-forme d'une hauteur de 3 m.

3. L'infatigable Teo, un chien colley, a enlevé 18 chaussettes en les tirant avec ses dents, sur la scène du Guinness – *Die Show der Rekorde*, le 26-04-02 en Allemagne.

4. L'équipe du Bundesliga Energie Cottbus's Under, composée de 16 joueurs, a marqué 54 buts en deux minutes grâce à un relais de têtes. L'équipe a réalisé cet exploit sur le plateau du TV show *Die Show der Rekorde,* le 26-04-02 en Allemagne.

5. Peter Wetzelsperger (Allemagne) a brisé un total de 64 noix de coco à mains nues, en une minute seulement, sur le plateau du Guinness – *Die Show der Rekorde*, le 15-02-02.

6. Le plongeur olympique Jan Hempel (Allemagne) a exécuté un saut arrière d'une distance de 2 m sur la scène du Guinness – *Die Show der Rekorde*, le 15-02-02.

7. Slavisa Biba Pajkic (Yougoslavie) a développé la capacité de faire passer du courant électrique à travers son corps en se branchant chaque jour à des objets domestiques. Le 24-11-01, il a chauffé une tasse d'eau de 15 cl jusqu'à une température record 1de 97°C, en 1 min et 37 sec, sur la scène du *Guinness Rekord TV* à Stockholm en Suède.

8. Dean Sheldon (USA) a gardé un total de 21 scorpions vivants dans sa bouche pendant une durée de 18 sec sur le plateau du *Guinness Rekord TV*, le 24-11-01. Bravant toute peur, il a battu son propre record de 20 scorpions dans la bouche.

9. Le 21-10-00, l'équipe de *l'Émission des Records* a filmé la performance du Français Patrick Bourny atteignant la vitesse record de 90km/h sur les deux roues arrières de son camion wheeling.

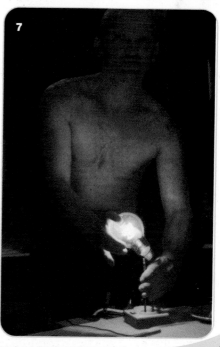

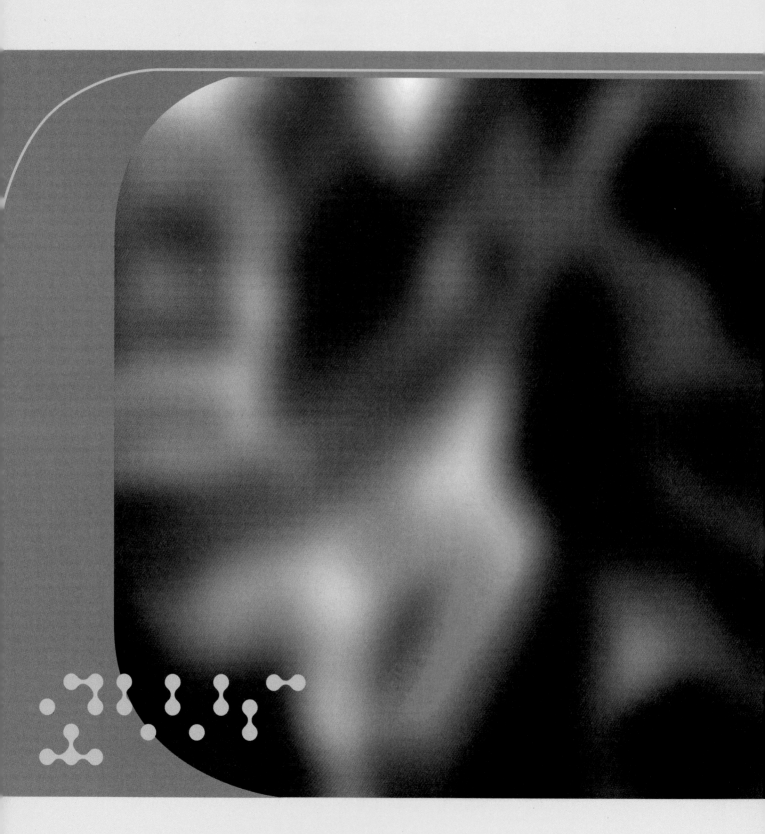

PROUESSES HUMAINES

LE MEILLEUR ÉVÉNEMENT SPORTIF DE COLLECTE DE FONDS

Le Flora London Marathon est l'événement sportif au profit d'une œuvre de charité qui rapporte le plus d'argent au monde. Il a lieu chaque année dans les rues de Londres depuis 1981, et a déjà permis de collecter 246 millions €.

LE DON LE PLUS ÉLEVÉ PAR UN INDIVIDU À LA RECHERCHE CONTRE LE SIDA

En mai 1999, 25 millions $ ont été versés pour aider la recherche contre le sida, par Bill Gates, fondateur de Microsoft, et sa femme Belinda. C'est la plus importante donation individuelle jamais faite pour cette cause.

LE PLUS DÉCORÉ DES HÉROS DE GUERRE

Bien qu'on le connaisse mieux en tant qu'acteur de cinéma, Audie Murphy (USA) était le soldat le plus décoré de l'histoire américaine : il avait reçu pas moins de 24 médailles, dont la très convoitée Congressional Medal of Honor. Le film *To Hell and Back* (USA, 1956), dans lequel il jouait son propre rôle, retrace ses exploits.

LA PLUS JEUNE PERSONNE DÉCORÉE DE LA VICTORIA CROSS

La plus jeune personne à se voir décerner la Victoria Cross s'appellait Andrew Fitzgibbon (USA). Cet apprenti des hôpitaux, né en 1845, a reçu cette médaille pour actes de bravoure, alors qu'il servait dans le nord de la Chine en tant que membre des services médicaux indiens.

LA PLUS JEUNE LAURÉATE DU PRIX NOBEL DE LA PAIX

Rigoberta Menchú Tum (Guatemala) n'avait que 33 ans quand le prix Nobel de la paix lui a été décerné en 1992, " en reconnaissance de son travail pour la justice sociale et la réconciliation ethno-culturelle basée sur le respect des peuples indigènes ". Le prix n'avait jamais auparavant été accordé à quelqu'un d'aussi jeune.

RECORD DE COLLECTE PAR UNE SEULE PERSONNE LORS D'UN MARATHON

John Spurling (GB), un cadre à la retraite, a récolté 1,87 million £ (2,05 millions €) de fonds au profit de l'Animal Health Trust and Lords Taverners en courant le marathon de Londres, le 18-04-99.

MÉDECIN DE GUERRE

Le Dr Jean-Pierre Willem de Paris, a pratiqué de 1959 à 1999 la chirurgie de guerre dans 14 pays en situation de conflit.

LA PLUS GROSSE SOCIÉTÉ D'AMBULANCES SANS BUT LUCRATIF

Abdul Sattar Edhi (Pakistan) a créé son service d'ambulances en 1948. Aujourd'hui, son parc d'ambulances compte 500 véhicules et opère sur tout le territoire du Pakistan, grâce à 5 millions $ (5,5 millions €) de dons collectés annuellement.

LE SAUVETAGE SOUS-MARIN LE PLUS PROFOND

Le 29-08-73, le sous-marin *Pisces III* a coulé à 241 km au large des côtes irlandaises. À son bord, Roger R. Chapman et Roger Mallinson (GB) se sont alors retrouvés bloqués à une profondeur de 480 m. Le vaisseau *John Cabot* l'a ramené à la surface le 01-09. Il aura fallu 76 heures, et l'intervention de *Pisces V*, *Pisces II*, et du bateau de sauvetage télécommandé *Curv* (Controlled Underwater Recovery Vehicle), pour effectuer les opérations de sauvetage.

LE PLUS GRAND SAUVETAGE SANS AUCUNE PERTE DE VIES HUMAINES

Le 07-06-44, lorsque le *Susan B. Anthony*, un bateau américain utilisé comme transport de troupes, a coulé près des côtes normandes, 2 689 personnes se trouvaient à bord. Elles ont toutes été sauvées, sans exception.

PREMIER SAUVETAGE EN CHUTE LIBRE

Dolly Shepherd et Louie May (GB) faisaient partie d'une troupe de spectacle qui sautait en parachute depuis des ballons aérostats. Mais le 09-06-08, la corde de déclenchement du parachute de Louie se bloqua alors qu'elle venait de sauter, à 3 352 m d'altitude; Dolly a réussi à lui sauver la vie en la prenant sur son propre parachute.

LE PLUS GRAND NOMBRE D'ARTISTES SAUVÉS

En 1940, Varian Fry (USA), le *Schindler des artistes*, a voyagé entre les USA et la France avec une liste de 200 intellectuels et artistes de premier plan dont on savait qu'ils

MOINS DIX SECONDES

Le 16-10-88, Frank Farnan (USA) saute en parachute à 3 962 m au-dessus de Clewiston, Floride, USA. Pris dans une collision, il est blessé et perd connaissance. Eddie Turner (USA) lui sauvera la vie, tirant sur la corde de déclenchement du parachute à seulement 548 m d'altitude, moins de dix secondes avant que Frank ne s'écrase au sol.

LA MEILLEURE ASSOCIATION DE COLLECTE DE FONDS

Pendant huit années consécutives, l'Armée du Salut (USA) a collecté plus d'argent que n'importe quelle association du même type. Pour l'année achevée en septembre 1999, le total était d'1,4 milliard $ (1,5 milliard €).

se trouvaient sur des territoires occupés par les nazis. Il a aussi aidé à sauver environ 4 000 personnes des griffes de la Gestapo. Parmi elles se trouvaient certaines des plus grandes figures du 20e siècle : Marc Chagall, André Breton (France), Max Ernst et le prix Nobel de chimie Otto Meyerhof (Allemagne).

COLLECTES

• La plus importante collecte de sous noirs a été réalisée par l'Auberge du Sud-Ouest, à Montréal, Québec. 488 057 sous noirs, soit 4 880,57 $ destinés aux jeunes sans-abri, ont été récoltés du 15-11 au 15-12-95.
• Les clubs des Jeunes du monde, de Chutes-de-la-Chaudière ont collecté à Saint-Romuald, Québec, 1 012 500 cennes noires en sept jours pour les enfants du Rwanda, le 20-11-95.
• Du 29-08 au 08-04-95, Thérèse Laure et les caissières du Géant Casino de Bourg-de-Péage, Drôme, ont récolté un montant de 3 111 FF en pièces jaunes, soit 11 300 pièces.

LA PLUS LONGUE CARRIÈRE DE POMPIER

Gustave Ebers (USA) a fait partie du Rhinebeck Fire Department, dans l'État de New York, USA, de novembre 1932 à 1997, soit 65 ans, en tant que pompier volontaire et trésorier. Il est mort en 1998.

AIDES À L'ÉTRANGER

• Le Japon a été en 1996 le plus grand donateur en volume, avec une aide à l'étranger totalisant 14,5 milliards $.
• Le Danemark est le pays qui consacre le plus grand pourcentage de son PNB à l'aide extérieure, avec 0,97 %.

LE DON LE PLUS ÉLEVÉ À UNE UNIVERSITÉ

En décembre 1993, Walter Anneberg donna 500 millions $ à l'école publique américaine, destinés à combattre la violence dans les écoles.

MÉDAILLÉS LES PLUS JEUNES

• Lisa, petite fille de trois ans, a reçu en décembre 1996 la médaille de sauvetage des mains du président de Bavière, pour avoir sauvé de la noyade un bébé d'un an et demi.
• Julius Rosenberg, de Winnipeg, Canada, a reçu la Médaille du courage le 30-03-94, pour s'être opposé à un ours noir qui avait attaqué sa sœur de trois ans, le 20-09-92. Âgé de cinq ans, il la sauva en grondant contre l'animal.
• En mai 1996, à l'âge de sept ans, Guillaume Mercier, de Savignes, Saône-et-Loire, recevait son diplôme de l'Ordre du civisme, pour avoir vidé sa tirelire au profit de la Fondation des hôpitaux de Paris.

LE PLUS GRAND NOMBRE DE POMPIERS PERDUS LORS D'UNE MÊME INTERVENTION

Lors de la tragédie sans précédent du 11-09-01, où deux avions détournés ont heurté les tours jumelles du World Trade Center, à New York, 344 pompiers du New York City Fire Departement ont perdu la vie. Les vaillants efforts de ces pompiers ont permis de sauver des milliers de vies. Cet événement est, en temps de paix, le plus coûteux en vies humaines pour les services de lutte anti-feu modernes.

PLUS GRAND NOMBRE DE SPECTATEURS À UN CONCERT DE ROCK DE BIENFAISANCE

Live Aid a été organisé par Bob Geldof (Irlande), à Londres, GB, et à Philadelphie, USA, le 13-07-85. Plus de 60 des plus grandes stars du moment ont joué gratuitement devant presque 1,5 milliard de téléspectateurs, qui ont pu suivre les concerts grâce au satellite. Cet événement était organisé pour lutter contre la faim en Afrique.

L'ASTRONAUTE LE PLUS ÂGÉ

Le plus vieil homme à voyager dans l'espace est John Glenn Jr (USA). Le 29-10-98, à 77 ans et 103 jours, il a participé au vol STS 95 de la navette *Discovery*. Après onze jours de mission, il est revenu sur Terre le 07-11-98. En février 1962, Glenn était le premier Américain à orbiter autour de la Terre, sur le vaisseau spatial *Friendship 7*.

LA FEMME ASTRONAUTE LA PLUS ÂGÉE

La femme la plus âgée à voyager dans l'espace à ce jour est Shannon Lucid (USA). Elle avait 53 ans lorsqu'elle a pris part à la mission de la navette spatiale *ST 76*

Atlantis en mars 1996. Elle se distingue aussi par le fait qu'elle est la seule femme ayant pris part à cinq vols spatiaux.

PREMIÈRE PREMIER MINISTRE

La première femme Premier ministre de l'histoire, Sirimavo Bandaranaike (Sri Lanka) est devenue la première dame du Sri Lanka le 21-07-60. Elle a aussi été Premier ministre de 1970 à 1977 et de 1994 à 2000. Sa fille Chandrika Bandaranaike Kumaratunga (Sri Lanka) est présidente du Sri Lanka depuis 1994.

POUR L'ÉGALITÉ DES DROITS CIVILS

Le 28-08-63, l'activiste pour les droits civils Martin Luther King Jr (USA) a conduit plus de 250 000 manifestants le long du " Mal " à Washington DC. C'est après cette marche qu'il a fait son bouleversant et célèbre discours *I have a dream …* devant le Lincoln Memorial. La marche était organisée pour promouvoir l'égalité des droits civils pour tous les Américains, sans distinction de race ou de couleur.

LE PLUS GRAND RAMASSAGE DE DÉCHETS

50 405 personnes ont ramassé des déchets sur la côte de Californie, le 02-10-93, en conjonction avec l'International Castal Cleanup. C'est le plus grand nombre de bénévoles à s'être rassemblés en un endroit et un même jour pour ce genre de tâche.

SPECTATEURS DANS L'ESPACE

La diffusion des premiers pas sur la Lune des astronautes Neil Armstrong et Edwin Aldrin (USA) " Buz "de la mission Apollo 11, le 20-07-69, a été suivie par 600 millions de personnes dans le monde, un cinquième de la population mondiale de cette époque.

LA PLUS GRANDE DONATION DE SANG

La collecte de sang " Croix Rouge américaine – Université du Missouri ", menée au Hernesh Center Field House, à Columbia, dans le Missouri, USA, le 07-04-99, a attiré un nombre record de 3 539 donneurs en un jour. La collecte a produit au total 3 155 unités de sang

LA PLUS GRANDE AUDIENCE RADIO POUR UNE ÉMISSION RELIGIEUSE

Decision Hour, une émission religieuse proposée par l'évangéliste baptiste Billy Graham (USA), a été diffusée régulièrement depuis 1957, attirant une moyenne de 20 millions d'auditeurs.

COURRIER DE FANS

Après sa traversée transatlantique non-stop en avion en mai 1927, Charles Lindbergh (USA) a reçu 3 500 000 lettres. Bien que ce chiffre soit généralement associé à du courrier destiné aux idoles du cinéma ou aux pop stars, aucun acteur ni musicien n'a jamais atteint de tels scores dans sa carrière.

LE PREMIER LANCEMENT DE FUSÉE

À Auburn, Massachussets, le 16-03-26 le Dr Robert Hutchings Goddard (USA) a lancé une fusée à combustible liquide à une altitude de 12,5 m et à une distance de 56 m. Cet exploit marqua la première étape vers les voyages dans l'espace, transformant notre perception de l'univers.

LE PLUS GRAND NOMBRE DE CONDOLÉANCES ENVOYÉS PAR INTERNET

580 000 personnes ont laissé des messages de condoléances sur la page mémorial du site officiel de

LE JOURNAL INTIME LE PLUS VENDU

Le journal d'Anne Franck a été vendu à plus de 25 millions d'exemplaires et a été traduit en 55 langues. Cette autobiographie raconte la vie de la jeune Anne et et de sa famille juive, se cachant dans un grenier à Amsterdam (Pays-Bas), pour échapper aux persécution nazies pendant la Seconde Guerre mondiale. Le livre fut publié par le père d'Anne, Otto, le seul survivant de la famille.

LA PLUS LONGUE INCARCÉRATION D'UN FUTUR PRÉSIDENT

Nelson Rolihlahla Mandela a passé presque 27 ans en prison en Afrique du Sud, de1964 à sa libération le 11-02-90. Le 10-05-94, il est devenu le premier président démocratiquement élu de l'histoire de l'Afrique du Sud.

LE PLUS JEUNE PRÉSIDENT AMÉRICAIN

À 43 ans, John F. Kennedy (USA) est devenu l' homme le plus jeune élu à la présidence américaine, lors de l'élection présidentielle de 1960. Gagnant avec une faible avance sur Richard Nixon grâce au vote populaire, Kennedy fut aussi le premier président américain de confession catholique romaine et le plus jeune à mourir en exercice.

la Monarchie britannique, en septembre 1997, après la mort de Diana, Princesse de Galles.

LE PLUS GRAND NOMBRE DE BUTS MARQUÉS EN UNE CARRIÈRE DE FOOTBALLEUR

Le plus grand nombre de buts marqués sur une période donnée est le fait de Edson Arantes do Nascimento (Brésil), mieux connu sous le nom de Pelé. Entre le 07-09-56 et le 01-10-77, il a marqué 1 279 buts en 1 363 matchs. Sa meilleure année fut 1959, avec 126 buts marqués. Le Milesimo , le millième, fut un pénalty en faveur du club de Pelé, le Santos, au Maracaña Stadium, à Rio de Janeiro, au Brésil, le 19-11-69, lors de son 909e match de première division.
Pelé s'est activement investi dans la lutte contre la lèpre lors de campagnes menées au Brésil et a soutenu à travers l'United Nations Children's Fund (UNICEF) de nombreux combats en faveur des enfants. Depuis sa retraite en 1977, il est devenu un ambassadeur international du sport, travaillant pour promouvoir la paix et la compréhension à travers des rencontres sportives amicales.

LA PLUS GRANDE COLLECTE DE NOURRITURE PAR UNE ORGANISATION NON-CARITATIVE

Les 1 400 étudiants de la San Mateo High School (équivalent d'un lycée), en Californie, ont organisé la plus grande collecte de nourriture par une organisation non-caritative, du 03 au 17-12-99, collectant 97 892, 2 kg de nourriture non-périssable pour les pauvres et les sans-abri de San Mateo County.

LA PLUS GRANDE DONATION À UNE SEULE UNIVERSITÉ

La plus grande donation faite à une université a été de 250 millions $ (250 millions €) à l'université du Colorado, par Bill Coleman, président et co-fondateur du fabricant de logiciels BEA Systems, et sa femme Claudia (USA) en janvier 2001. Cet argent doit servir à mettre en place l'institut Coleman pour les handicaps cognitifs.

LE PREMIER AVOCAT TRANSEXUEL

Maud Marin, né à Rouen le 18-06-45 et déclaré garçon à l'état civil, fut, en février 1980, à la fois le premier transexuel et la première prostituée à réussir le concours d'avocat. Elle exerça au barreau de Paris de 1981 à 1985, mettant ses compétences au service des prostituées et des transexuels. Exclue du barreau, elle publia en mars 1987 un roman, *Le Saut de l'ange*. En 1989, elle devint la première candidate aux élections européeenes en Italie, puis en 1992 reprit son métier d'avocate au barreau de Bobigny.

LA PLUS GRANDE BAISSE DE LA CRIMINALITÉ

En 1993, Rudolph Giuliani (USA) a été élu 107e maire de New York City, USA. Sous son indomptable direction, New York City a connu une diminution sans précédent de sa criminalité. Selon les statistiques préliminaires de crime de la police de New York, entre 1993 et 2001, les meurtres ont diminué de 66,63 % et les viols de 49,52 %, tandis que les vols diminuaient de 67,56 %. C'est la plus forte baisse de criminalité sur 28 années de chiffres disponibles.

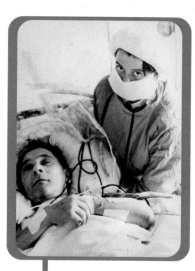

LE PREMIER TANSPLANTÉ CARDIAQUE

La première greffe du cœur a été réalisée sur Louis Washkansky (Afrique du Sud) le 03-12-67 de une heure à six heures du matin au Groote Schuur Hospital, à Cape Town, en Afrique du Sud. L'équipe médicale, dirigée par le professeur Christian Barnard (Afrique du Sud), comptait 30 personnes.
Washkansky a survécu 18 jours.

POULET SANS TÊTE

Le 10-09-45, un poulet appelé Mike s'est fait couper la tête et a survécu pendant 18 mois. Le propriétaire de Mike, Lloyd Olsen (USA), donnait à manger et à boire au poulet en utilisant une pipette. Mike est mort dans un hôtel en Arizona. Un site Web a été créé en sa mémoire : www.miketheheadlesschicken.org

LA PLUS LONGUE VIE AVEC UN CŒUR ARTIFICIEL

William J. Schroeder (USA) est le patient qui a vécu le plus longtemps avec un cœur artificiel. Il a survécu 620 jours (un an et 255 jours) à Louisville, Kentucky, USA, du 25-11-84 au 07-08-86.

LA PLUS GRANDE CHUTE POUR UN BÉBÉ

En novembre 1997, le petit Alejandro (Espagne) avait 18 mois lorsqu'il a basculé du septième étage de l'immeuble où vivaient ses parents. Après sa chute de 20 m depuis la fenêtre de la cuisine, il n'avait qu'une dent cassée, une lèvre fendue et quelques contusions.

COUPS DE FOUDRE MORTELS

Le seul homme au monde à avoir été frappé sept fois par la foudre est le garde forestier américain Roy Sullivan. Son attirance pour la foudre s'est manifestée pour la première fois en 1942 quand il perdit l'ongle de son gros orteil droit ; se renouvela en juillet 1969 quand il perdit ses sourcils, puis en juillet 1970 quand il fut brûlé à l'épaule gauche. Le 16-04-72, ses cheveux prirent feu, le 07-08-73, ils s'enflammèrent à nouveau et il fut blessé aux deux jambes, et le 05-06-76 il fut blessé à la cheville. Le 25-06-77, on l'emmena à l'hôpital de Waynesboro, poitrine et abdomen brûlés : il avait été frappé par la foudre lors d'une partie de pêche. Enfin, en septembre 1983, il se donna la mort suite à une déception amoureuse.

LA PLUS LONGUE SURVIE SOLITAIRE SUR UN BATEAU DE SAUVETAGE GONFLABLE

Poon Lim (Hong Kong) travaillait comme steward en second sur le *SS Ben Lomond,* navire de la marine marchande britannique, en novembre 1942. Le 23, le bateau est torpillé et Poon Lim embarque à bord d'un radeau de survie : il y restera 133 jours (quatre mois et onze jours), jusqu'au 05-04-43, où un bateau de pêche brésilien le recueillera, au large de Salinópolis, Brésil. Il avait encore assez de forces pour marcher sur la terre ferme.

SURVIVANTS À LA PLUS GRANDE CHUTE EN ASCENSEUR

Les cols blancs Shameka Peterson et Joe Mascora (USA) ont descendu 40 étages en quatre secondes dans l'empire state building, à New-York, USA, lorsque le câble de leur ascenseur a lâché, le 25-01-00. Après une chute de 121 m, l'ascenseur s'est arrêté à peine quatre étages avant le sol, ne leur causant que des contusions mineures.

LA PLUS LONGUE SURVIE SOUS L'EAU

Michelle Funk (USA) a deux ans en 1986, lorsqu'elle bascule dans un ruisseau en crue. On ne l'en sort que 66 minutes plus tard, mais vivante. La petite fille a ensuite complètement recouvré la santé.

LA PLUS LONGUE MARCHE

La plus longue marche militaire de l'histoire est La longue marche des communistes chinois, qui a duré 368 jours, dont 268 en mouvement, d'octobre 1943 à octobre 1935. Une force de 100 000 personnes a couvert 9 700 km de Ruijin, (Jiangxi), à Yan'an, Shaanxi. Ils ont traversé 18 chaînes de montagnes et 24 rivières. En atteignant Yan'an, ils n'étaient plus que 8 000 survivants, décimés par les continuelles attaques menées à l'arrière-garde contre les nationalistes du Guomindang.

ATTENTATS SUR UN CHEF D'ÉTAT

Charles de Gaulle (1890-1970), président de la République française de 1958 à 1969, a été la cible du plus grand nombre de tentatives d'assassinat sur un chef d'État. Il a survécu à 31 tentatives entre 1944 et 1966, certaines contrecarrées avant terme.

LA PLUS LONGUE SURVIE SANS EAU ET SANS NOURRITURE

Andreas Mihavecz (Autriche) a survécu 18 jours sans eau ni nourriture. Il avait été mis en cellule de détention provisoire le 01-04-79 dans un bâtiment du gouvernement local de Höchst, en Autriche. Puis, la police l'ayant occulté de son fichier, le 18 avril, lorsqu'on l'a retrouvé, il était presque mort.

DIX MILLE MÈTRES SANS PARACHUTE

Vesna Vulovic (ex-Yougoslavie) a survécu à une chute de 10 160 m au-dessus de Srbsk, Kamenice, en Tchécoslovaquie, le 26-01-72. Le *Boeing DC-9* à bord duquel elle travaillait avait explosé en vol.

LE PLUS GRAND NOMBRE D'ÉVASIONS DE CAMPS DE TRAVAIL

Tatyana Mikhailovna Russanova, ex-citoyenne de l'URSS, s'est évadée quinze fois de divers camps de travail staliniens entre 1943 et 1954. Recapturée et condamnée quatorze fois, elle vit maintenant à Haïfa, en Israël.

LE PLUS VIEUX SOLDAT

Le soldat à la plus longue longévité connue est John B. Salling (USA) de l'armée américaine confédérée. Il fut aussi le dernier survivant recensé de la guerre civile américaine, de 1861 à 1865. Salling est mort à Kingsport, Tennessee, USA, le 16-03-59, âgé de 112 ans et 305 jours.

SURVIVANT DE LA PLUS LONGUE CHUTE EN ASCENCEUR

Stuart Jones (Nouvelle-Zélande) a fait une chute de 23 étages, soit 70 m, dans une cage d'ascenseur, alors qu'il travaillait sur le toit d'un bâtiment nommé le Midland Park Building, Nouvelle-Zélande, en mai 1998. Jones a survécu à cette chute

dramatique, mais il a été gravement blessé. Il s'en est sorti avec une hanche brisée, une fracture écrasée de la jambe gauche, la rotule gauche cassée, et une côte cassée.

LA PLUS IMPORTANTE PRISE D'OTAGES

Le plus grand nombre de personnes retenues en groupe comme otages par une organisation terroriste a été de 500 personnes. L'organisation terroriste Tupac Amaru a mené cette action, le 17-12-96 à Lima, au Pérou, contre l'ambassade japonaise. La plupart des otages furent libérés au fur et à mesure. Les commandos péruviens ont donné l'assaut le 22-04-97, tuant les quatre rebelles dont le leader du groupe, Nestor Cerpa (Pérou). Les 72 derniers otages ont alors été libérés.

LE PLUS LONG TEMPS DANS UN ASCENSEUR

Alors qu'elle rentrait chez elle le 28-12-97, Kiveli Papaioannou, récemment venue de New York pour habiter à Limassol, Chypre, s'est trouvée bloquée dans l'ascenseur de sa résidence. La vieille dame de 76 ans y est restée six jours, durant lesquels elle a survécu au froid et à la déshydratation en se rationnant en fruits, en légumes et pain qu'elle avait achetés en faisant ses courses.

LA PLUS LONGUE DÉTENTION D'OTAGE

Terry Anderson (USA), a été retenu en otage à Beyrouth, au Liban, pendant 2 445 jours, soit six ans et 264 jours, par des terroristes du Hezbollah. Il a été libéré le 04-12-91.
Sur la photo, avec sa fille, Sulome.

TRAVERSÉE À PIED DE L'AMÉRIQUE DU NORD

Il y a 4 628 km entre la mairie de Los Angeles et celle de New York. Le Britannique John Lees les a parcourus à pied en 53 jours 12 h 15 min, entre le 11-04 et le 03-06-72. Il a parcouru la moyenne incroyable de 86,49 km par jour.

LA PLUS LONGUE PLONGÉE EN EAU DOUCE

Du 31-08 au 03-09-01, l'Américain Daniel Misiaszek a passé 60 h et 24 min d'affilée sous l'eau, dans le lac Spring, à San Marcos, Texas. Ses ressources en air étaient uniquement constituées de réservoirs d'air sous-marins, renouvelés par une équipe de 22 plongeurs.

LA PREMIÈRE PERSONNE AU PÔLE NORD

L'explorateur arctique américain Robert Peary est considéré comme le premier à avoir atteint le pôle Nord. Il avait entrepris sa conquête en partant de Cape Columbia, sur l'île d'Ellesmere, Canada, le 01-03-09, accompagné de son associé Matt Henson (USA). Il effectua des observations démontrant qu'il avait atteint le pôle. Pourtant, Frederick Cook, un autre Américain, a contesté ce record, affirmant être arrivé plus tôt, le même mois. C'est le succès de Peary que le congrès américain a validé en 1911.

LA PREMIÈRE EXPÉDITION SOLO AU PÔLE NORD

Parti le 07-03-78 de Cape Edward, Ellesmere Island, dans le nord du Canada, l'explorateur et alpiniste japonais Naomi Uemura fut le premier à atteindre le pôle Nord seul, à pied sur la glace de la mer Arctique, le 01-05-78 à 4 h 45 GMT. Il est mort en 1984 en tentant d'être le premier à gravir le mont McKinley, Alaska, USA, en solitaire et en hiver.

LA PREMIÈRE FEMME SUR L'ÉVEREST

La Japonaise Junko Tabei a atteint le sommet de l'Éverest le 16-05-75. Elle fut la première femme à réussir l'ascension des "sept sommets", la plus haute montagne de chaque continent, et a escaladé 70 des plus hauts sommets du monde.

LA PLUS LONGUE DISTANCE DE FUNAMBULISME AU-DESSUS DU VIDE

Henri Rochetain (France), avait fait installer son fil de 3 456 m de long en travers d'une gorge à Clermont-Ferrand. Il l'a parcouru le 13-07-69 en 3 h 20 min.

LA PLUS GRANDE DISTANCE PARCOURUE À PIED EN 24 HEURES

Jesse Castenda (USA) a parcouru à pied 228,93 km, à Albuquerque, au Nouveau-Mexique, du 18 au 19-09-76. La plus grande distance parcourue en 24 heures par une femme est de 211,25 km. C'est la Néerlandaise Annie van der Meer-Timmermann qui a établi ce record, à Rouen, du 10 au 11-05-86.

LA PLUS GRANDE DISTANCE PARCOURUE SUR DES ÉCHASSES

L'Américain Joe Bowen a parcouru 4 841 km sur des échasses du 20-02 au 26-07-80, reliant Los Angeles, en Californie, à Bowen, dans le Kentucky.

LA FEMME LA PLUS RAPIDE AUTOUR DU MONDE EN BATEAU ET EN SOLO

Ellen MacArthur (GB) a fait le tour du globe en 94 jours, 4 h 25 min 40 s sur son bateau, le *Kingfisher*. Elle a réalisé cet exploit lors du Vendée Globe 2000, la course autour du monde en solitaire, qui part et se termine aux Sables-d'Olonne. Elle a parcouru 38 600 km entre le 05-11-00 et le 11-02-01.

L'ASCENSION LA PLUS RAPIDE DES SEPT SOMMETS

L'Anglais Andrew Salter a effectué l'ascension du sommet le plus haut de chaque continent en 290 jours. Il a commencé avec l'Everest, Népal, le 16-05-2000, et terminé le 28-02-01, en escaladant l'Aconcagua, Argentine. Dans l'intervalle, il a escaladé le McKinley, en Alaska (USA), le 21-06-00 ; le Kilimandjaro, en Tanzanie, le 12-07-00 ; l'Elbrus, en Russie, le 01-09-00 ; le Puncak Jaya, en Indonésie, le 24-10-00 et le Vinson Massif, en Antarctique, en novembre 2000.

LE MARATHON À LA PLUS BASSE LATITUDE

Les marathons et semi-marathons de l'Antarctique sont les seuls événements sportifs qui se tiennent sur ce continent, le plus au sud du monde. Organisés depuis 1995, ils se déroulent sur l'île du roi Georges, mais seulement si les conditions météorologiques sont optimales.

LA PLUS LONGUE MARCHE AUTOUR DU MONDE

Arthur Blessitt (USA) revendique la plus grande distance parcourue par un marcheur autour du monde, avec 55 524 km en plus de 33 ans passés à parcourir la terre. Il a commencé son voyage itinérant le 25-12-69. Il a arpenté les sept continents, et donc l'Antarctique, muni d'une crosse de 3,66 m, prêchant tout au long du chemin.

LA PLONGÉE LA PLUS SEPTENTRIONALE

Le 17-02-2000, neuf plongeurs anglais de l'HMS (Her Majesty Ship) ont plongé à 10 m de profondeur, dans une eau à -1,5°C. Ils se trouvaient à 77°11' de latitude Sud, et 32°59' de longitude Ouest, Antarctique, dans la mer de Weddell.

Ainsi, les participants utilisent des chaussures de course ordinaires pour courir sur la neige.

RECORD FÉMININ DE PLONGÉE SANS LIMITE

La Française Audrey Mestre Ferrera détient le record de profondeur de plongée sans limite et sans bouteille, un sport dangereux. Elle a atteint sans aucun matériel respiratoire une profondeur de 125 m, plus que la profondeur de plongée des sous-marins japonais pendant la Seconde Guerre mondiale. Elle n'a pris qu'une seule inspiration, et sa plongée a duré 2 min 3 s. Le concours avait lieu à La Palma, Canaries, le 13-05-2000.

LA TRAVERSÉE LA PLUS RAPIDE DE L'ATLANTIQUE À LA RAME, D'EST EN OUEST

Sidney Genders (GB) a ramé de las Palmas,îles Canaries, à Antigua, Antilles, pendant 73 jours et 8 heures, parcourant une distance de 6 115 km, entre décembre 1969 et juillet 1970.

TOUR DU MONDE EN BALLON

L'Américain Steve Fossett agé de 58 ans a réussi le premier tour du monde en ballon solo, à bord du *Spirit of Freedom*, en 13 jours 12 h 16 min 13 s, arrivant le 03-07-02. Des vents de 300 km/h lui ont permis de faire le tour de la Terre par l'hémisphère Sud, Australie-Australie.

STEVE FOSSETT, LE RECORDMAN RECORD

Fossett détient 36 autres records de montgolfière, de voile, et d'aéronautique. Il détient, entre autres, le record de la traversée de l'Atlantique à la voile (4 jours 17 h 28 mn 6 s, le 10-10-01) et celui du vol privé le plus rapide de tous les temps (Perth - Hobart, Australie, à une vitesse moyenne de 1 216,39 km/h au manche de son jet *Citation X*).

LE PLUS GRAND NOMBRE D'ASCENSIONS DE L'ÉVEREST PAR LA MÊME PERSONNE

Le guide Sherpa Apa (Népal) a atteint douze fois le sommet de l'Éverest entre 1990 et 2002, guidant des expéditions de tous les pays.

LE PREMIER VOL HABITÉ DANS L'ESPACE

Le premier vol habité dans l'espace validé par l'officielle Fédération aéronautique internationale, est celui réalisé par le cosmonaute de l'ex-URSS, Yuri Gagarine, à bord de la fusée *Vostok I*. Elle a décollé de Baikonur, au Kazakhstan, à 6 h 07 GMT le 12-04-61, et atterri près de Smelovka, Engels, Russie, 115 min plus tard. Gagarine a atterri avec un parachute 118 min après le lancement. Comme prévu, il s'était éjecté après 108 min de vol.

L'ASCENSION LA PLUS RAPIDE DU MONT EVEREST

Le Népalais Babu Chhiri Sherpa a, le 21-05-00, atteint les 8 848 m du sommet à partir du camp de base, par la face sud, en 16 h 56 min. Il a aussi établi le record du temps passé au sommet, à savoir 21 h, sans oxygène.

LA PLUS GRANDE DISTANCE EN 24H EN CHAISE ROULANTE

Né en Iran, le Canadien Nik Nikzaban a parcouru 124,86 km en chaise roulante en 24 heures, du 06 au 07-04-2000. Cette épreuve d'endurance s'est déroulée sur la piste de Handsworth Secondary School, dans la région de Vancouver, Canada. Nikzaban a fait 301 tours de piste, longue de 415,4 m.

LA PLUS JEUNE PERSONNE AUX DEUX PÔLES GÉOGRAPHIQUES

Né aux USA le 13-06-90, Jonathan Silverman a atteint le pôle Nord le 25-07-99, et le pôle Sud le 10-01-02, âgé de 11 ans et 211 jours. Il a voyagé vers le pôle Nord sur un brise-glace russe et a atteint le pôle Sud par avion, en décollant du Chili.

LE TOUR DU MONDE EN MICROLIGHT

Colin Bodill (GB, à droite), a fait le tour du monde en 99 jours, en volant aux commandes d'un *Mainair Blade 912 Flexwing microlight,* du 31-05 au 06-09-00. Il accompagnait Jennifer Murray (GB, au centre), dans sa tentative de record féminin du tour du monde en hélicoptère et en solitaire. Avec son co-pilote, Quentin Smith (GB, à gauche), elle était devenue la première femme à piloter un hélicoptère autour du globe lors d'un voyage de 97 jours du 10-05-97 au 15-08-97.

LA PLUS LONGUE TRAVERSÉE SANS AIDE DE L'ANTARCTIQUE

Alain Hubert et Dixie Dansercoer (Belgique) sont les seules personnes qui ont traversé l'Antarctique – de la base du roi Baudouin (feu roi des Belges) jusqu'à la base américaine McMurdo sur la " Ross Sea " – équipés seulement d'une paire de skis et d'un parafoil. Il a fallu aux deux hommes 99 jours de lutte contre les tempêtes de glace et des températures extrêmes pour parcourir ces 3 900 km, entre le 04-11-97 et le 09-02-98.

LE TOUR DU MONDE LE PLUS RAPIDE EN HÉLICOPTÈRE

John Williams et Ron Bower (USA) ont établi le record de vitesse du tour du monde en hélicoptère à bord d'un appareil *Bell 430* en 17 jours, 6 h 14 min 25 s. Ils ont volé à une vitesse moyenne de 91,76 km/h. Ils avaient quitté Fair Oaks, à Londres, GB, le 17-08-96, pour revenir à leur point de départ le 03-09-96, en volant vers l'ouest, contre les vents dominants.

LE PREMIER TOUR DU MONDE DE PÔLE À PÔLE

C'est en tant que participants à la British Trans-Globe Expedition que Ranulph Fiennes et Charles Burton (GB) ont été les premiers à faire le tour complet du globe d'un pôle à l'autre. Partis de Greenwich, Londres, le 02-09-79, ils ont atteint le pôle Sud le 15-12-80 et le pôle Nord le 10-04-82. Ils furent de retour à Greenwich le 29-08-82, après une boucle de quelque 56 000 km.

LA PLUS GRANDE DISTANCE EN BALLON

Le record du plus long voyage en ballon, homologué par la Fédération aéronautique internationale (FAI), est détenu par le Suisse Bertrand Piccard et le Britannique Brian Jones. Ils ont parcouru ensemble 40 814 km à bord de leur ballon *Breitling Orbiter 3* du 1er au 21-03-99. Lorsque le *Breitling Orbiter 3* a passé la ligne d'arrivée de 9,27°W au-dessus de la Mauritanie, au nord-ouest de l'Afrique, après un voyage de 15 jours, 10 h et 24 min, il est en même temps devenu le premier ballon à avoir fait le tour du monde sans arrêt. Étant les premiers à réaliser cet exploit, Jones et Piccard se retrouvent aussi détenteurs du record du tour du monde le plus rapide en ballon.

LE PLUS LONG VOYAGE EN BATEAU DE SAUVETAGE

Après que son bateau, l'*Endurance*, ait été bloqué par les glaces en Antarctique, Ernest Shackleton (GB) l'a abandonné, emmenant avec lui ses 28 hommes d'équipage. A bord de trois bateaux de sauvetage, ils ont navigué en direction d'Elephant Island, 161 km plus au nord. Une fois sur place, sachant que l'arrivée de secours était peu probable, Shackleton choisit cinq de ses meilleurs hommes pour embarquer à bord du plus gros de ces bateaux de secours, le *James Caird* (6,85 m de long) vers une station baleinière de Georgie du sud, à 1 287 km de là. Ils ont atteint l'île 17 jours plus tard, le 19-05-16.

LA PLUS GRANDE DISTANCE EN SOLITAIRE DANS UN BALLON

C'est Steve Fossett (USA) qui détient ce record : il a dirigé seul son ballon sur une distance de 22 909 km. Il avait décollé de Mendoza, Argentine, et s'était écrasé dans l'Océan pacifique à 800 km au large des côtes de l'Australie. Le vol a duré du 07 au 16-08-98.

TRAVERSÉE DU LAC LÉMAN

L'équipe de dix rameurs de la Société internationale de sauvetage du lac Léman, Suisse, a effectué les 64 km de traversée du lac sur une baleinière de deux tonnes, à la seule force de leur biceps, sans changer d'équipage, en 7 h 40 min.

LE RECORD DE DISTANCE PARCOURUE SUR DES ROLLERS EN LIGNE

Le 22-05-2000, les Finlandais Jari Koistinen et V.-P. Poikonen ont chaussé leurs rollers en ligne, empoigné leurs bâtons, et ainsi parcouru les 2 815 km aller-retour d'Helsinki à Utsjoki, Finlande. Cette technique qui consiste à rouler à rollers en poussant sur des bâtons s'appelle le Nordic blading.

SKI DANS LES " 50ES HURLANTS "

Le 02-02-92, le Français Hugues de Montcuit s'est fait tracter en ski nautique des îles Kerguelen jusqu'au-delà de la zone de convergence sub-antarctique, dans une eau à 3 °C, à une latitude de 49° 32' S et à 69° 49' E de longitude.

LE PLUS LONG VOYAGE POUSSÉ PAR LE VENT

Robert Torline (USA) a parcouru une distance de 3 410 km de Brownsville, Texas, à la frontière mexicaine, à Maida, Dakota du nord, à la frontière canadienne, sur son Streetsailor propulsé par le vent, du 29-04 au 16-06-01.

LES PLUS LONGUES DISTANCES EN COURANT

• Tour du monde. Le 27-05-87, le Français Jamel Balhi a quitté Paris pour accomplir le tour du monde par l'hémisphère nord en courant. De retour le 09-09-89, il a parcouru 25 000 km en deux ans et trois mois, à une moyenne de 70 km/jour.

• En solitaire. L'Italien Reinhold Messner a gravi sans oxygène les 14 sommets de plus de 8 000 m de l'Himalaya. En réussissant l'ascension du Kangchenjunga en 1982, il est devenu le premier à avoir gravi les trois plus hautes montagnes du monde, avec l'Everest et le K2 à son palmarès.

LA TRAVERSÉE LA PLUS RAPIDE DU DÉTROIT DE BERING À SKI ET À PIED

La première et la plus rapide des traversées du détroit de Bering à ski et à pied est le fait de Dmitry Shparo et de son fils Matvey (Russie), qui ont atteint par ces moyens Chariot, en Alaska, USA, le 20-03-98. Ils étaient partis de Mys Dezhneva (cap Est), Russie, le 01-03, et ont parcouru une distance totale d'environ 290 km.

TRAVERSÉES DU GROENLAND À SKI

• Les Norvégiens Rune Gleldnes et Torry Larsen sont partis le 19-03-96 du cap Farvel, situé à l'extrémité sud du Groenland et, après 87 jours de marche et 2 584 km, ils sont arrivés le 12-06-96 au cap Morris Jesup, effectuant ainsi le plus long raid à ski sans assistance.

• Femme. Martine Volay est la première Française à avoir traversé le Groenland à ski, en 27 jours. Accompagnée de quatre hommes, elle l'a traversé d'est en ouest, du 02 au 29-06-94.

ÉVEREST À SKI

Le moniteur de ski Davo Karnicar (Slovénie) est descendu à ski depuis le sommet du mont Everest jusqu'au camp de base en 5 h, le 07-10-2000. Il n'a pas déchaussé durant toute la descente entre 8 848 m et 5 350 m. Il lui avait fallu un mois pour atteindre le sommet.

LE MONT BLANC 13 JOURS AVANT SES 81 ANS

Pierre Persat, de Bron (Rhône), a réussi l'ascension du mont Blanc le 30-07-01, à treize jours de ses 81 ans.

TRAVERSÉE DES AMÉRIQUES À MOTO

Nick Alcock et Hugh Sinclair (GB) ont traversé les deux Amériques sur leurs *Honda Africa Twin 742-cc*. Ils ont voyagé de Prudhoe Bay, Alaska, à Ushuaia, Argentine, en 47 jours et 12 h, du 29-08 au 15-10-01. L'ensemble du voyage représente une distance de 24 000 km. Alcock et Sinclair s'étaient lancés dans ce défi afin de collecter des fonds pour l'association Action Aid.

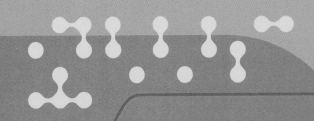

TOURS DE FORCE

LA PLUS LONGUE DISTANCE EN ARMURE

Dick Brown (GB) a parcouru à cheval 334,7 km vêtu d'une armure d'acier complète, reliant le château d'Edimbourg (Lothian) à Dumfries, Grande-Bretagne, du 10 au 14-06-89. L'armure pesait 30,84 kg.

LE PLUS LONG BAIN D'ASTICOTS

En avril 2002, Christine Martin (GB) s'est plongée pendant 1 h 30 min dans un bain de vers. L'événement avait pour but de lever des fonds pour une marche au Népal organisée par l'ONG médicale Action Research. Christine Martin s'est installée dans la baignoire vêtue uniquement d'un maillot de bain, et plus de 40 kg d'asticots ont été déversés sur elle.

LA PLUS LONGUE COURSE À L'ŒUF

Lors du marathons de Londres de 1990, le britannique Dale Lyons a couru les 42,195 km avec à la main une petite cuillère, et dans la cuillère, un œuf de poule frais. Il a réalisé cette respectable performance en 3 h 47 min, sans casser l'œuf, bien entendu.

LE PLUS LONG TRAJET EN VOITURE SUR DEUX ROUES LATÉRALES

Bengt Norberg (Suède) a conduit une Mitsubishi *Colt GTi-16V* équipée de deux roues latérales sur une distance de 310,4 km sans arrêt. Le trajet a duré 7 h 15 min 50 s. Norberg a aussi réussi à parcourir 44,81 km en une heure sur une voiture du même type le 24-05-89, à l'hippodrome de Rattvik, Suède.

VISIONNAGE DE FILM

Du 18 au 20-02-00, 74 personnes ont regardé des films pendant 50 h 55 min au Grand Entertainment Global Village à Bangkok, Thaïlande. Ils étaient 369 au début de la séance mais seulement 74 d'entre eux ont réussi à rester debout pour battre le record précédent qui était de 37 h 25 min.

L'ASCENSION D'ESCALIER LA PLUS RAPIDE

Le Westin Stamford Hotel se trouve à Singapour, et compte 73 étages : c'est l'hôtel le plus haut du monde. Lors du troisième marathon annuel organisé dans ses escaliers le 04-06-89, le Singapourien Balvinder Singh a grimpé les 1 336 marches en 6 min 55 s.

LE PLUS LONG CONCERT CHORAL CONTINU

C'est le chœur de Turtle Creek (USA), dirigé par le Dr Timothy Seelig (USA) qui a donné le plus long concert choral en continu, les 14 et 15-08-99. Les 120 artistes du groupe ont chanté pendant 20 h 23 s, au Lakewood Theater à Dallas, Texas. Le chœur s'est divisé en quatre groupes : chaque groupe chantait 30 min/h, chevauchant les performances par tranches de 15 min.

LE PLUS LONG MATCH DE TENNIS

À Marseille, Bouches-du-Rhône, 128 personnes se sont relayées durant 32 h, du 28-04 à 10 h, au 29-04-01 à 18 h, pour jouer un match en 64 sets.

MARATHON VIDÉO

Lors d'un évènement organisé par la chaîne de télévision américaine Court TV, Kevin Keaveny (USA) a regardé 51 épisodes de la série NYPD Blue (police de New-york) d'affilée, pendant 46 h 30 min 51 secondes, du 31-08 au 02-09-01 à New York.

PLUS JAMAIS ÇA

Eufemia Stadler (Suisse) a repassé 228 chemises lors d'une séance de 40 h de repassage, du 16 au 18-09-99. Debout devant sa table de repassage, elle n'a eu droit qu'à 15 min de pause toutes les 8 h.

LE PLUS LONG JONGLAGE AVEC TROIS OBJETS

En 1995, le britannique Terry Cole a fait tourner en l'air trois objets pendant 11 h 4 min 22 s sans en laisser tomber un seul.

LE PLUS LONG JEU DE CARTE

Les 17 et 18-03-01, Rolando Fasani, Ivano Pancera, Claudio Zanelli, Andrea Zanelli, Mauro Rossi, Armando von Bürer, Eros Zanelli, et Daniele Fiore (Italie) ont joué au jeu de cartes Jass pendant 28 h d'affilée au restaurant Bellavista, à Sant'Abbondio, Suisse.

LE PLUS LONG MARATHON DE CLAVIER SOLO

Ginés Borges Belza (Espagne) a joué de l'orgue électrique Yamaha MC-600 pendant 49 h 15 min, avec six pauses de 15 min, du 30-03 au 01-04-01. Elle a joué un total de 800 arrangements individuels de 3 min chacun. L'événement s'est déroulé au Club Nautique Royal de Santa Cruz de Ténérife, aux îles Canaries, Espagne.

LE PLUS LONG BAISER

Rich Langley et Louisa Almedovar (USA) ont échangé le baiser le plus long du monde, pendant 30 h 59 min 27 s, le 05-12-01, dans le studio de l'animatrice de talk-show Ricki Lake, à New-York.

LE PLUS LONG TEMPS PASSÉ AU SOMMET D'UN MÂT, DANS UN TONNEAU

Vernon Kruger (Afrique du sud) a habité dans un tonneau d'une capacité maximum de 682 litres, au sommet d'un poteau à Dullstroom, Mpumalanga, Afrique du Sud, pendant 67 jours et 14 min, donc plus deux mois, du 17-03 au 23-05-97. Le poteau du Kruger était installé au milieu d'une place et les touristes s'arrêtaient souvent pour le regarder, en route pour le parc Kruger National Wildlife Park.

LE PLUS LONG SÉJOUR DANS UNE CABANE AU SOMMET D'UN MÂT

Mellissa Sanders (USA) a habité dans une cabane qui mesurait 1,8 x 2,1 m au sommet d'un mât à Indianapolis, dans l'Indiana, USA, du 26-10-86 au 24-03-88, un total de 516 jours, c'est-à-dire près d'un an et demi.

LA PLUS GRANDE DISTANCE SUR LES AILES D'UN AVION

C'est sur l'aile d'un biplan *Boeing Stearman,* que le britannique Roy Castle a parcouru le trajet entre l'aéroport de Gatwick, West Sussex, Grande-Bretagne et celui du Bourget, près de Paris. Le vol a duré 3 h 23 min, le 02-08-90. À cette époque, Castle était l'animateur de l'émission anglaise *Record Breakers* (briseurs de records).

LA PLUS GRANDE DISTANCE PARCOURUE DANS UNE BAIGNOIRE EN 24 HEURES

Les 28 et 29-05-83, treize membres de l'Aldington Prison Officers Social Club (GB) ont parcouru à la rame la distance de 145,6 km dans une baignoire, record établi en 24 h, sur eau calme.

LE PLUS LONG DRIBBLE D'UNE BALLE DE BASKET-BALL

Suresh Joachim (Australie) a fait parcourir 156,71 km à un ballon de basket. Il a dribblé sans arrêt pendant 24 h, les 30 et 31-03-01 à Vulkanhallen, Norvège.

ENCHAÎNEMENT DE 13 TRIATHLONS

Le 08-12-2000, à St-Avertin, Indre-et-Loire, Philippe Elie, dans le cadre du *Téléthon,* a enchaîné 13 triathlons en 34 h 33 min, soit 19,5 km de natation, 520 km de vélo et 130 km de course à pied.

MATCH DE RUGBY DE 24 H

Les 7 et 08-10-2000, le Lions Club Réunion Sud France Australe a organisé 24 h ininterrompues de Rugby à XV sur le stade de Casabona à St-Pierre de la Réunion.

TIR À L'ARC

Les 8 et 9-12-2000, à Ailly-le-Clocher, Somme, Gilles Decroix, paraplégique, a effectué en 24 h la décoche de 2 477 flèches et 21 727 points.

MATCH DE TENNIS LE PLUS LONG

À Marseille, 128 personnes se sont relayées durant 32 h du 28-04-01, 10 h, au 29-04-01, 18 h, pour jouer un match en 64 sets.

LE PLUS LONG MATCH DE FOOTBALL

Les 7, 8 et 9 décembre 2001, pendant le *Téléthon*, l'association Les défis de l'avenir a organisé à Valognes, Manche, un match de football qui a duré 38 h 02 mn.

TENNIS DE TÊTE

Le portugais Luis Silva a fait rebondir une balle de tennis sur sa tête en continu pendant 59 min 53 s, à Folgosa do Douro, au Portugal, le 10-06-01. Silva a commencé à s'entraîner pour ce record à quinze ans, presque quatre ans avant de tenter le record.

PYRAMIDE SUR UN FIL

La troupe du cirque *Flying Wallendas* (USA) a construit une pyramide humaine de huit funambules superposés, à une hauteur de 7,62 m à Sarasota, en Floride, le 20-02-01.

BROUETTE PLEINE DE GENS

Le 24-07-88, au festival de la Madeleine, en Loire-Atlantique, René Lucas a soulevé une brouette chargée de dix personnes adultes, soit 683 kg, et l'a poussée sur une distance de 25,40 m.

LE LIT LE PLUS VITE FAIT

Sœur Sharon Stringer et l'infirmière Michelle Benkel (GB) n'ont mis que 14 s pour faire un lit composé d'une couverture, de deux draps, d'une alèse, d'un oreiller, d'une taie d'oreiller et d'un couvre-lit. Ce record a été établi le 26-11-93 à l'hôpital Royal Masonic, à Londres.

RECORD D'ÉPLUCHAGE DE POMMES DE TERRE

La pomme de terre est l'emblème de l'État d'Idaho aux USA. C'est là qu'a été établi le record d'épluchage de pommes de terre, lors de la 64e célébration de l'*Annual Idaho Spud Day*. Les Américaines Marj Killian, Terry Anderson, Barbara Pearson, Marilyn Small et Janene Utkin ont donc épluché 482,8 kg de pommes de terre en 45 min, le 19-09-92. Les pommes de terre, épluchées avec des couteaux de cuisine, devaient l'être assez belles pour pouvoir être cuisinées.

LA PLUS GRANDE « OLA »

La plus grande *ola* a été réalisée le 24-06-2000 par 3 276 personnes. Elle a été organisée par le West Sussex County Council Youth Service et le West Sussex Council for Voluntary Youth Services (GB). La vague a duré 7 min sur une étendue de 5 km.

DÉMÉNAGEMENT CROISÉ

À Rock Forest, Canada, 100 personnes ont déménagé une maison et un appartement de 4 pièces chacun en 27 min 27 s, le 25-11-89. Ils ont utilisé 10 camions pour le transport, sur les 2,5 km séparant la maison de l'appartement.

LE POIDS LE PLUS LOURD TIRÉ PAR DES CHIENS DE TRAÎNEAU

Le 22-10-00 à Whitehorse, Yukon, Canada, 210 chiens de traîneau ont tiré un attelage de 65 910 kg. Les organisateurs avaient accroché au traîneau un tracteur Kenworth combiné à une remorque à sept essieux, elle-même chargée d'une foreuse à chenilles. Cet ensemble a réussi à atteindre la vitesse de 15 km/h et s'est déplacé sur la longueur de six pâtés de maisons.

BOEING 747 DÉPLACÉ À FORCE D'HOMME

Une équipe de 60 policiers britanniques a tiré un *Boeing 747-400* de 205 tonnes sur une distance de 100 m en

BRANCARDS

Deux équipes de brancardiers de Calgary, Canada, ont porté en courant, sans le renverser, leur faux malade de 63,5 kg sur 300,4 km, en 59 h 19 min, du 27 au 30-05-88, d'Edmonton, à Calgary, au Canada.

seulement 53 s et 33 centièmes. Ce record a été établi à l'aéroport d'Heathrow à Londres, le 27-09-00.

ROULER DE TONNEAU

Une équipe de dix personnes de Groningue, Pays-Bas, a fait rouler un tonneau d'une contenance de 63,5 kg sur 263,9 km en 24 h, les 28 et 29-11-98 à Stadspark, Rotterdam.

SAUTS PÉRILLEUX SUR UN TRAMPOLINE EN 1 H

Le plus grand nombre de sauts périlleux réalisés en 1 h sur un trampoline est de 7 043. Ce sont dix membres du Kirklees Rebound Trampoline Club qui ont ainsi rebondi sur deux trampolines pour établir ce record au centre sportif de Huddersfield, West Yorkshire, GB, le 24-07-99.

ÉCHECS

Le 22-10-2000, 10 004 personnes ont établi le record du plus grand nombre de personnes jouant simultanément aux échecs dans le cadre du Second Mexico City Chess Festival

LE PLUS RAPIDE DES MARATHONS SUR TROIS JAMBES

Les vrais jumeaux britanniques Nick et Alastair Benbow ont établi ensemble le record du marathon " sur trois pattes " lors du marathon de Londres le 26-04-98, en 3 h 40 min 16 s. Attachés ensemble à la taille, ils ont partagé un pantalon à trois jambes pendant la course, comme des frères siamois.

MARATHON DE PERCUSSIONS

Paskaran Sreekaram (Singapour), Selvapandian Shunmuga Sundaram (Singapour) et Mirajkar Nawaz Mohammad (Inde) ont battu leurs tambours sans arrêt pendant 27 h 45 min, au club de la communauté de Kolam, les 02 et 03-02-01. C'est l'auditoire qui a crié grâce avant eux.

'01 08 05

LE PLUS LONG JEU DE FOOTBALL DE TABLE HUMAIN

Le 05-08-01 à Ilhavo, au Portugal, 360 personnes ont joué au football de table humain pendant 12 h. Ce jeu consiste à planter d'immenses poteaux rotatifs sur un terrain de foot, les joueurs étant attachés aux poteaux.

TOURS DE BALANÇOIRE

Les finlandais Paavo Lahtinen et Martti Pohjosaho ont tournoyé pendant 212 révolutions de 360 ° sur une balançoire de fête foraine à tour complet, haute de 3,80 m et large de 2,85 m, le 07-07-00 à Karstula, Finlande.

LE PLUS GRAND NOMBRE DE VOITURES SUR DEUX ROUES CONDUITES SIMULTANÉMENT

Une équipe de Renault a conduit simultanément une ligne de seize voitures sur deux roues sur la base militaire d'Evreux, le 26-11-2000. Cette cascade a été filmée pour *l'Émission des Records*, retransmise à la télévision le 23-12-00.

DISTANCE DE POUSSER DE BAIGNOIRE EN 24 H

Les 11 et 12-03-95, une équipe de 25 personnes de Tea Tree Gully, Westfield, Australie, a poussé une baignoire à roulettes chargée d'un passager sur 513,32 km.

LA PLUS GRANDE PYRAMIDE DE CANETTES

Une équipe d'étudiants malais a construit une pyramide haute de 3,36 m. La base, un carré d'1,98 x 1,98 m, était constituée de 30 canettes sur 30. La pyramide entière était formée au total de 9 455 canettes d'aluminium, et a été bâtie en 24 min le 23-09-2000, au centre commercial Midvalley Mega Mall, à Kuala Lumpur, Malaisie.

HARICOTS À LA TOMATE

Le 17-11-2000, une équipe de quatre personnes, vivant dans la maison de l'émission *Big Brother* (type *Loft Story*) de Vilvoorde, Belgique, ont mangé 335 haricots en 2 min, soit une moyenne de 42 haricots par minute.

MAXIMUM DE PERSONNES SUR UNE SEULE PAIRE DE SKIS

64 personnes ont réussi à partager une paire de skis pendant l'épreuve de ski de fond d'Ottawa, Ontario, Canada, le 04-02-01. Les participants ont parcouru 120 m sur ces skis de 64 m de long.

UN FIL DENTAIRE POUR 297 MÂCHOIRES

Le 31-07-01, 297 personnes se sont nettoyé les dents pendant 45 secondes avec un fil dentaire long de 457,2 m sur l'aire d'Eye of the Tiger, au Lake Geneva Youth Camp dans l'Illinois, USA. Un minimum de 60 cm de fil dentaire séparait chaque personne. Des dentistes étaient là pour s'assurer que la tentative se déroulait dans de bonnes conditions d'hygiène.

LE PLUS GRAND NOMBRE DE RELAIS SMS DU MONDE EN UNE HEURE

Le 27-03-02 au Stade de France, devant les 80 000 spectateurs du match France-Écosse, SFR la Carte a établi, grâce à son réseau et à 110 clubs de foot amateurs, un record du monde : les 110 clubs ont relayé en une heure 288 fois le même texto d'encouragement à l'équipe de France " 2002 en bleu ! " à travers tout le pays.

CONCERT DE TÉLÉPHONES MOBILES

La plus forte sonnerie de téléphone mobile du monde a retenti à Leicester Square à Londres,

le 05-09-01, quand les téléphones mobiles de 260 personnes ont joué simultanément le même air, le thème musical des publicités de cinéma Pearl and Dean's.

LA PLUS GRANDE MARCHE À PIED

La marche du *Nouveau Journal 2000* a rassemblé 77 500 participants. Partie du National Stadium à Singapour le 21-05-00, elle était organisée par les propriétaires de journaux de Singapour, l'Association athlétique amateur de Singapour et le Conseil des sports de Singapour. Le but de la marche était de promouvoir un mode de vie sain dans la ville.

SAUT SUR PLACE EN SIMULTANÉ

Le 07-09-01 à 11 heures précises, 559 493 personnes ont commencé à sauter sur place pendant une minute pour célébrer l'Année de la science en Grande-Bretagne. Le nombre total des participants était de 569 069 dans 2 171 écoles à travers toute la Grande-Bretagne. Les enfants handicapés ont contribué à l'activité " sismique ", en faisant tomber des objets à terre ou en frappant le sol avec leurs poings.

LE PLUS GRAND TWIST

Un total de 1 055 personnes a dansé le twist pendant cinq minutes sur la plage de Coquina Beach, Bradenton, en Floride, le 31-12-99. Cet événement était organisé par le Manatee Herald Tribune pour les festivités du Millénaire.

LE PLUS GRAND JEU DE CHAISES MUSICALES

Le 05-08-89 à l'école anglo-chinoise de Singapour, 8 238 personnes ont participé au plus grand jeu de chaises musicales du monde. Trois heures et demi plus tard, le jeu a pris fin avec un heureux gagnant de 15 ans,

LA PLUS GRANDE EMBRASSADE

Le 16-10-01, personnel et étudiants des écoles de Rocori, Minnesota, USA, ont formé la plus grande embrassade. Les 2 903 participants se sont étreints pendant 15 s en formant une grande ronde.

Xu Chong Wei (Singapour), sur la dernière chaise. Il a gagné un voyage pour deux à Bali.

LE PLUS GRAND JEU DE MURMURES CHINOIS

Le plus grand jeu de murmures chinois s'est tenu au centre de conférences de Wembley à Londres, le 22-05-02. Le groupe de joueurs qui a battu le record était composé de 296 employés de Procter & Gamble Grande-Bretagne et Irlande MDO.

LE PLUS GRAND SALON DE THÉ

Le plus grand salon de thé du monde a été installé le 19-08-01 dans le jardin de Fort Canning Park, à Singapour. Organisé par Care community services et Dairy farm Singapour, il a été fréquenté par

7 121 personnes. En tout, 20 700 tasses de thé ont été servies ce jour-là, ainsi que 6 500 sacs de friandises, 20 000 parts de gâteaux, et 19 500 fruits. Un total de 145 000 $ singapouriens (78 985 €) a ainsi été récolté à destination d'organisations caritatives, grâce à la vente des billets et aux dons individuels.

LE PLUS GRAND RASSEMBLEMENT DE CLOWNS

En 1991 à Bognor Regis, Dorset (GB), 850 clowns, dont 430 d'Amérique du Nord, se sont réunis pour leur assemblée annuelle, à l'appel de Clowns International, la plus grande et plus ancienne organisation de clowns. La première assemblée eut lieu en 1946.

DÉGUISÉS EN GROUCHO MARX

522 personnes portant les lunettes, le nez, et la moustache de Groucho Marx se sont rassemblées sur un court de tennis clôturé de Pittsfield, New Hampshire, USA, le 14-07-01.

LE MAXIMUM DE PERSONNES SAUTANT À LA CORDE

Le 24-09-2000, pour la Journée mondiale du cœur, 1 060 étudiants ont sauté à la corde pendant trois minutes à Hong-Kong. L'événement était organisé par la faculté de cardiologie de Hong-Kong et le groupe d'hôpitaux Tung Wah.

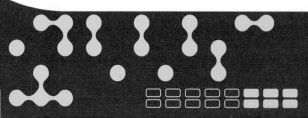

BROSSAGE DE DENTS COLLECTIF

Lors du *Great American Brush Off'* le 09-09-01 sur le stade de base-ball de Coors à Denver, Colorado, USA, 1 586 fans de base-ball ont battu le record mondial du plus grand nombre de personnes se brossant les dents simultanément. Les fans ont eu droit à une brosse, un tube de dentifrice, une bouteille d'eau, et un récipient pour cracher, afin de pouvoir se brosser les dents pendant une minute entière.

LA PLUS GRANDE CHASSE AUX ŒUFS DE PÂQUES

Le 14-04-01, les sociétés Hershey Canada et Canadian Niagara Hotels ont organisé la plus grande chasse aux œufs de Pâques. Cette fête rassemblait 8 200 enfants de 6 à 12 ans, qui ont cherché 254 000 œufs dans le Queen Victoria Park, Niagara Falls, Ontario, Canada. La confection de ces œufs a nécessité 11 340 kg de chocolat. Posés les uns sur les autres, ils auraient été deux fois et demi plus haut que l'Everest.

BAISERS SIMULTANÉS

Le 11-02-00, 1 588 couples se sont embrassés en même temps pendant dix secondes lors du " Grand Baiser ", organisé par Radio Sarnia Lambton, Ontario, Canada.

SAUT À L'ÉLASTIQUE COLLECTIF

Le 06-09-98, 25 personnes ont sauté à l'élastique ensemble d'une plate-forme suspendue à 52 m au-dessus du sol, devant le siège social de la Deutsche Bank, à Francfort, Allemagne. Cette performance, organisée par Sanver Bungee pour le compte de la mairie de Francfort, faisait partie d'un festival des gratte-ciel, destinée à attirer l'attention du public sur l'architecture moderne de la ville et sur son quartier d'affaires en plein essor.

LOGO HUMAIN GÉANT

Le 24-07-99, un total de 34 309 personnes se sont rassemblées au stade national de Jamor, à Lisbonne, afin de créer le logo portugais pour l'Euro 2004, en tant que candidat (victorieux) à l'organisation du championnat de football UEFA 2004. L'événement était organisé par Realizar Eventos Especiais (Portugal).

SAUTS DE GRENOUILLE SIMULTANÉS

Au centre de conférences de Wembley à Londres, 415 employés de Procter & Gamble Grande-Bretagne et Irlande MDO ont battu le record du monde de sauts de grenouille simultanés, le 22-05-02.

LE PLUS GRAND NOMBRE DE BULLES SIMULTANÉES

Le 16-05-99, 23 680 personnes ont soufflé des bulles de savon pendant une minute entière, avant la rencontre en première ligue de West Ham avec Middlesbrough FC.

SAUNA INTERNATIONAL

Le 08-03-02 à Halmstad, Suède, 29 participants masculins de 29 pays différents se sont entassés dans le même sauna et en ont fermé la porte pendant dix minutes, établissant ainsi le record du sauna le plus cosmopolite.

LE PLUS HAUT LANCER DE FÛTS DE BIÈRE

Le Finlandais Juha Rasanen a réussi à faire passer un fût de bière de 12,3 kg par dessus une barre placée à 6,93 m de hauteur, sur le plateau de l'émission *El Show de los Récords*, à Madrid, le 21-09-01.

RECORD DE LANCER DE MACHINE À LAVER

Miguel Ballesteros et José Francisco Dopcio de Pablo (Espagne) ont réussi à lancer une machine à laver de 47 kg à une distance de 6,37 m sur le plateau de l'émission *El Show de los Récords*, à Madrid, le 23-10-01.

LE POIDS LE PLUS LOURD SOULEVÉ AVEC L'AURICULAIRE

Barry Anderson (GB) a soulevé 89,6 kg le 14-10-2000 avec la seule force de son petit doigt, au musée de Bass, à Burton-upon-Trent, Staffs, GB. C'est le poids le plus lourd jamais soulevé ainsi.

REMORQUEUR HUMAIN

L'Australien David Huxley a déplacé les 1 006 tonnes du bateau de 7 m le *Delphin*, avec sa charge de passagers et 175 voitures le 19-11-98 à Rostock, Allemagne.

CASSE DE PLAQUES DE BÉTON

Le 26-04-2000, Jean-Yves Mulot, Soullans, Vendée, a battu son propre record en brisant du tranchant d'une main nue 240 plaques de béton de 5 cm d'épaisseur chacune, réparties par tas de six soit 40 tas, disposés de façon à former le chiffre 2000 (12 m d'épaisseur au total). Le tout a été brisé en 1min 30 s et 19 centièmes.
• Le Belge Christian Fouargue a cassé 60 dalles de béton en 10 coups avec le plat de la main. Les dalles étaient empilées par 6, soit 10 tas pesant au total 1 650 kg.

VOITURE EN TÊTE

Le 24-05-99, l'ex-docker britannique John Evans a porté en équilibre sur sa tête pendant 33 secondes une voiture Mini vidée de sa mécanique, d'un poids de 159,6 kg, aux London studios, à Londres.

LA MEILLEURE PERFORMANCE DU MONDE DE POMPES À UNE MAIN

Le 01-12-01, Mario Mazzier dans sa ville de Seraing en Belgique, a fait 116 pompes à une main en une minute, le 30-05-02.

LE TRAIN LE PLUS LOURD DÉPLACÉ PAR LA FORCE

Juraj Barbaric (Slovaquie) a mis en mouvement à mains nues un train de marchandises de 20 wagons et de 1 000 tonnes, sur une distance de 4,5 m le long d'une portion de ligne à Kosice, Slovaquie, le 01-06-99.

DU PEPS DANS LA MOLAIRE

Walter Arfeuille (Belgique) a soulevé avec ses dents un poids total de 281,5 kg sur une distance de 17 cm, à Paris, le 31-03-90.

HÉCATOMBE DE PASTÈQUES

Leonardo D'Andrea (Italie) a éclaté seize pastèques avec sa tête en une minute, à Madrid, le 18-10-01. Les pastèques devaient être brisées en deux pour pouvoir entrer dans la comptabilité du record.

PILE OU FACE AVEC UN PNEU GÉANT

Israel Garrido Sanguinetti (Espagne) a parcouru deux fois 10 m en faisant tourner (comme une pièce de monnaie à pile-ou-face) un pneu Michelin Radial Steel Cord X26.5R25 (XHA) de 420 kg en 56,3 secondes pendant l'émission *El Show de los Récords*, à Madrid, le 11-12-2001.

LE PLUS GRAND NOMBRE DE PLAQUES DE BÉTON BRISÉES D'UN COUP

Jani Käkelä (Finlande) a réussi à briser onze plaques de béton empilées d'un seul coup en faisant appel à la technique du Han Moo, à Helsinki, Finlande, le 11-10-2000. Chaque bloc avait une densité de 650 kg/m^3.

CASSE DE PLANCHETTES CONTREPLAQUÉES

Le 07-01-01 à Nice, Daniel Anglade (France) a brisé quatre planchettes accolées de 20 mm d'épaisseur en tout, d'une seule frappe avec le medius tendu.

BATTES DE BASEBALL BRISÉES EN UNE MINUTE

Le 31-03-01 à Munich, l'Allemand Markus Böck a cassé 23 battes de base-ball avec le tibia, en une minute.

LE POIDS LE PLUS LOURD SOULEVÉ AVEC LES OREILLES, LA LANGUE ET LES TÉTONS

Joe Hermann (USA), un membre du Jim Rose Circus a soulevé simultanément un poids de 13,19 kg avec les oreilles, la langue et les tétons. Il a soulevé deux poids standards de 1,04 kg avec le lobe des oreilles, a levé du sol une batterie de voiture de 2,26 kg avec la langue, et supporté un poids d'entraînement de 7,12 kg accroché aux bouts des seins pour conquérir ce record à Los Angeles, le 25-09-98.

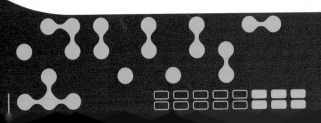

RECORDMAN DU MONDE DE TRANSPORT D'ÉPOUSE

Le couple estonien Margo Uusorg et Birgit Ulricht qui a gagné, à Sonkajärvi, Finlande, le Championnat du monde annuel de transport d'épouse, le 01-07-2000. Ils ont parcouru le traditionnel parcours d'obstacles de 235 m en 55,5 s.

DÉTOURNEMENT D'AVIONS MUSCLÉ

Avec des cordes enroulées autour de ses bras, Ilkka Nummisto (Finlande) a retardé pendant 54 secondes le décollage de deux avions Cessna en procédure de décollage, qui tiraient dans deux directions opposées, à l'aéroport de Räyskälä, Finlande, 01-08-01.

CASSE DE BATTES DE BASE-BALL

Lors d'une performance dans une boîte de nuit le 23-02-02, Émile Lelaidier, Vitry, Val de Marne, a cassé 30 battes de base-ball en 30 secondes, avec 30 coups de tibia.

LE POIDS LE PLUS LOURD SOULEVÉ PAR LA BARBE

Le poids le plus lourd soulevé par la barbe est de 61,3 kg : le Lithuanien Antanas Kontrimas a soulevé sa compatriote Ruta Cekyte au-dessus du sol pendant 15 secondes lors du huitième festival Country International 2001, à Visaginas, Lithuanie, le 18-08-01.

LE PLUS GRAND NOMBRE DE BRIQUES PORTÉES SUR LA TÊTE

John Evans (GB) a porté 101 briques, soit 188,7 kg en équilibre sur sa tête pendant 10 secondes, le 24-12-97 au BBC Television Centre, à Londres.

ÉCRASANT RECORD

Le 13-08-99, le maître Kahled Dahdouh (USA) s'est fait déposer et a supporté sur sa poitrine un poids, lui-même composé d'une série de poids d'entraînement de format 40,6 x 20,3 x 20,3 cm, avec trois bodybuilders installés dessus.

ÉPAISSEUR DE BOIS CASSÉE À LA MAIN

Alain Mattioli (Luxembourg), le 04-02-2001, a cassé à la seule force de son poing, 5 planches de sapin, chacune d'une épaisseur de 22 mm, soit au total 11cm.

LE CAMION LE PLUS LOURD DÉPLACÉ PAR LA FORCE HUMAINE

Le camion le plus lourd traîné par un homme sur une distance de 100 pieds (30,48 m) pesait 24 640 kg, près de 25 tonnes. C'est Kevin Fast (Canada) qui a réalisé cette performance à Cobourg, Ontario, Canada, le 30-06-2001.

LE BUVEUR DE KETCHUP LE PLUS RAPIDE

Dustin Phillips (USA) a bu une bouteille standard (400g) de tomato ketchup Heinz avec une paille de 6,4 mm en seulement 33 secondes, le 23-09-99, sur la scène *Guinness World Records* à Los Angeles, en Californie. Il a bu environ 91% du contenu de la bouteille.

LA COURSE DE LITS LA PLUS RAPIDE

Depuis 1966, Knaresborough Bed Race, la course de lits annuelle qui se déroule à North Yorks, GB, se court sur 3,27 km. Réalisé par l'équipe Vibroplant le 09-06-90, le record à battre est de 12 min 9 s.

LA COURSE EN SAC PLUS RAPIDE

Le 19-08-01, Roland Dixen a couru 50 m, le corps enfermé dans un sac noué autour de son cou, en 19 secondes et 87 centièmes, à Hannut, Belgique.

LE CALCULATEUR HUMAIN LE PLUS RAPIDE

Scott Flansburg (USA) a réussi à additionner à lui-même 36 fois un nombre de deux chiffres choisi au hasard, sans se tromper, en 15 s, le 27-04-00. Le nombre tiré était 38.

LE PLUS GRAND NOMBRE D'HUÎTRES OUVERTES EN UNE MINUTE

Marcel Lesoille (France) a ouvert 29 huîtres en une minute sur la scène d'*El Show de los Récords* à Madrid, le 15-11-01.

RECORD DE RÉSOLUTION D'UN RUBIK'S CUBE

Le réfugié vietnamien Minh Thai a gagné le Championnat du monde de Rubik's Cube à Budapest, Hongrie, le 05-06-82. Il a mis 22,95 secondes à trouver la solution. Le Cube d'Ernö Rubik (Hongrie), qui comporte 43 252 003 274 489 856 856 000 combinaisons, a été breveté en 1977.

L'OUVREUR DE BOUTEILLES DE VIN LE PLUS RAPIDE

Alain Dorotte (France) a ouvert treize bouteilles de vin en une minute avec un tire-bouchon en T, ou sans levier, le 18-04-01.

GONFLAGE EXPRESS DE GANTS CHIRURGICAUX

Susanne Formgren, " Tussen " (Suède), a gonflé trois gants chirurgicaux pré-talqués jusqu'à éclatement, en 2 min, dans les studios du *Record TV Guinness* à Stockholm.

L'ARTISTE RAP LE PLUS RAPIDE

Rebel X.D. (USA), de son vrai nom Seandale Price, a battu son propre record en rappant 683 syllabes en 54,5 s sur la scène des *Guinness World Records* à Los Angeles, Californie, le 24-06-98.

LE CHEVAL DÉGUISÉ LE PLUS RAPIDE

Le 03-08-99 à la Saint Andrews School, Cobham, Surrey (GB), Geoff Seale et Stuart Coleman (GB) ont gagné une course de chevaux déguisés qui se courait sur une distance de 100 m, en un temps de 16,7 s. Sept autres chevaux concourraient. Cette course était la première des deux coureurs en chevaux déguisés.

EN VERLAN

Sara Jokinen (Finlande) a prononcé à l'envers 47 mots en une minute, à Helsinki, Finlande, le 19-10-01.

CRÈME GLACÉE

Le 20-03-02, Peter Barnham (GB) a battu son précédent record en fabriquant un litre de crème glacé en seulement 2 091 secondes. Cette tentative réussie de record a été accomplie en cuisine pour l'émission *La chimie de la cuisine* de la chaîne britannique Discovery Channel à Maidenhead, Berks.

TOUR JENGA DE 30 NIVEAUX

Simon Spalding (GB) et Ali Malik (GB) ont été les plus rapides à édifier une tour Jenga stable de 30 niveaux selon les règles du jeu. Ils ont mis 12 min 27 s, au château d'Highclere, Hampshire (GB), le 17-08-97.

LA VIDÉO MUSICALE LA PLUS RAPIDE, DU TOURNAGE À LA DIFFUSION

Le temps le plus le plus court pour filmer et réaliser une vidéo musicale est de 3 h 46 min 19 s. La vidéo, qui montrait le groupe Electric Parade (GB), a été réalisée grâce au logiciel Microsoft Windows XP à Londres, le 25-10-01.

MONTÉE DE L'EMPIRE STATE BUILDING

Paul Crake (Australie) a monté les 1 576 marches de l'Empire State Building en 9 min 53 s pendant la 23e Montée annuelle de l'Empire State Building à New York, le 23-02-2000. Belinda Soszyn (Australie) détient le record féminin : en 1996, elle a atteint le sommet en 12 min 19 s.

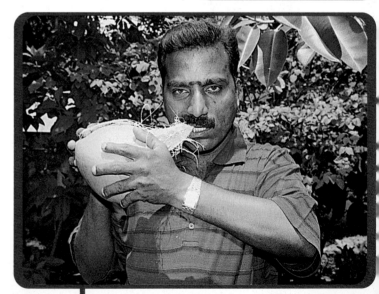

L'ÉPLUCHEUR DE NOIX DE COCO LE PLUS RAPIDE

Avec ses dents, Raman Andiappan (Inde) a enlevé l'écorce d'une noix de coco de 46 cm de circonférence et d'un poids de 4,64 kg en 37,67 secondes sur la scène des Records Guinness mondiaux à Los Angeles, en Californie, le 11-03-01.

LA COURSE EN SAC LA PLUS RAPIDE

Le 19-08-01, Roland Dixen a couru 50 m, le corps enfermé dans un sac noué autour de son cou, en 19 s et 87 centièmes, à Hannut, Belgique.

RECORD DE VITESSE À PIED ET À RECULONS

Le 26-08-01, Christophe Bertaux de Metz, en Moselle, a battu le record du 100 m de course à pied et à reculons en 22 s et 80 centièmes.

CONDUITE EN MARCHE ARRIÈRE LA PLUS RAPIDE

Darren Manning (GB) a atteint une vitesse de 165,08 km/h en conduisant en marche arrière dans une *Caterham 7 Fireblade*, sur l'aéroport de Kemble, Gloucester, GB, le 22-10-01.

RECORD DE VITESSE LES PIEDS CHAUSSÉS DE PALMES

Le 08-04-2000, Christophe Bertaux de Metz, en Moselle, a parcouru 30 m en 4 min 27 s, les pieds chaussés de palmes.

POSE DE TUILES

Le 30-06-95, le Français Dominique Jolivet a recouvert 78 m2 en 18 mn avec des tuiles provenant de l'usine de Domazan, Gard.

REPASSAGE

Le record de rapidité est détenu par la Française Éliane Léveillé, qui a repassé et plié 100 mouchoirs en 17 mn 30 s (10 s 5 par mouchoir) au Fest de Beslon, Manche, le 26-07-87.

ENTASSEMENT MAXIMUM DANS UNE VOITURE

Le 19 août 2001, lors de la fête annuelle Vieille Fête de la ville d'Hannut, Belgique, 29 enfants se sont entassés dans une *Peugeot 205* en 1 mn 21 s.

DÉBOUCHE-BOUTEILLES

Le 10-06-01, à St-Nabord, Vosges, Serge Misslin a débouché 36 bouteilles au tire-bouchon en l'espace de 5 min.

MEUBLE MOBILE

Le canapé décontracté, un canapé motorisé construit par Edd China et David Davenport (GB), peut atteindre une vitesse de 140 km/h. Propulsé par un moteur de Mini de 1300 cm^2, il est autorisé sur les routes de Grande-Bretagne où on le conduit en tournant un moule à pizza. Accueillant un conducteur et deux passagers, ce véhicule a parcouru 10 000 km depuis sa construction.

LE PLUS JEUNE CHEF CUISINIER PUBLIÉ

Le jeune Justin Miller (USA), né en 1990, est devenu célèbre pour ses prouesses culinaires dès l'âge de 5 ans, après une apparition dans l'émission nocturne *The David Letterman Show*. Deux ans plus tard, il publiait un livre, *Cuisinez avec Justin : recettes pour les enfants (et les parents)*.

LE TÉMOIN LE PLUS ÂGÉ

Le 14-08-99, le Britannique Philip Hicks, né en 1906, a été témoin lors du mariage de sa fille, à 93 ans. Lors de la cérémonie civile, à Saint-Michel-de-Vax (France), Phillip a fièrement tenu le bras de sa fille jusqu'à son futur mari, avant de se remettre en place pour remplir son office de témoin du marié.

PUBLICATION D'UN TRAVAIL SCIENTIFIQUE

Emily Rosa (USA) a été la plus jeune personne dont le travail scientifique ait été publié dans une revue scientifique ou médicale sérieuse. Un article co-écrit par elle et relatant une expérience qu'elle avait conçue dès l'âge de 8 ans sur la thérapie par le contact a paru le 01-04-98 dans le *Journal of the American Medical Association*. Cet article suscita un tollé à l'époque, car il remettait en cause cette thérapie utilisée alors dans plus de 80 hôpitaux américains.

DOYEN DES RÉALISATEURS

Manoel Candido Pintol de Oliveira (Portugal), né en 1908, a réalisé *Je rentre à la maison* en 2001, et a présenté son film *Le Principe d'incertitude* au Festival de Cannes 2002. Le doyen des réalisateurs avait 94 ans.

LE PLUS JEUNE AUTEUR

Le plus jeune auteur connu publié commercialement est une petite Américaine, Dorothy Straight. Elle a écrit *How the World Began* (Comment le monde a commencé) en 1962, à 4 ans. Il a été publié en août 1964, par l'éditeur Pantheon Books.

LE PLUS ÂGÉ DES MOTOCYCLISTES

Le 02-05-2000, Len Vale Onslow s'est rendu à moto (194,9 km) aux portes de Buckingham Palace, à Londres, pour y recevoir le télégramme de félicitations que lui adressait Sa Majesté la Reine d'Angleterre à l'occasion de ses 100 bougies. Len est monté sur une moto dès l'âge de 7 ans, et conduit encore régulièrement.

LA PLUS ÂGÉE DES CHORUS GIRLS

La plus âgée des chorus girls à se produire régulièrement dans une revue est Beverly Allen (USA), est née en 1917. Membre de la revue The Fabulous Palm Springs Follies, elle a toujours beaucoup de succès lorsque, comme prévu dans son numéro, son partenaire la soulève au-dessus de sa tête.

LANGUES

L'Anglaise de 4 ans, Chantelle Coleman, a appris seule l'allemand en trois mois grâce à un livre et des cassettes. Elle a un QI de 152 contre 100 pour un individu ordinaire.

LA PERSONNE LA PLUS ÂGÉE À DESCENDRE UN BUILDING EN RAPPEL

Le 25-11-2000, la Britannique Dorothy Williams, née en 1916, a descendu en rappel un immeuble de 30,48 m dans le Flintshire, Pays de Galles. L'événement était sponsorisé par la société de sauvetage des Galles du nord-est et a permi de collecter 2 071 £ (3 300 €) pour la recherche contre le cancer. Dorothy espère également devenir la plus âgée des parachutistes (chute libre).

VIEUX COFFRE

Le basse ukrainien Mark Reizen (1895–1992) a chanté le rôle du prince Gremin dans l'opéra *Eugène Onéguine* de Tchaïkovski au théâtre du Bolchoï, le jour de son 90e anniversaire, mettant ainsi un point d'orgue à 70 ans de carrière.

LE PLUS VIEUX BARBIER EN ACTIVITÉ

Né en 1910, Leamon Ward (USA) a commencé à couper les cheveux en juillet 1927, à 17 ans : cela représente plus de 70 ans de pratique continue. Il a souvent coupé les cheveux à plusieurs générations dans une même famille.

L'ADOPTION LA PLUS TARDIVE

Paula Louise Daly Winter Dolan (USA), née en 1940, a été adoptée en 1988 par son oncle et sa tante, à l'âge de 58 ans, 5 mois et 17 jours. John A. Winter et Elizabeth R Winter (USA) sont officiellement devenus ses parents le 05-11-98.

CONSULTANTE EN POKÉMON

Le 15-04-00, la chaîne Tesco a annoncé qu'elle s'était adjoint les services de la jeune Britannique Laurie Sleator, 7 ans, pour conseiller ses cadres dirigeants sur la " folie Pokémon " qui submergeait alors la planète.

LE PLUS JEUNE MILLIARDAIRE

Jerry Yang, américain né à Taïwan, est devenu milliardaire à l'âge de 29 ans, en 1997 : il est le cofondateur du moteur de recherche Yahoo! Inc. Cependant, selon le *Forbes magazine*, sa fortune en 2002 a chuté de quelques millions.

LE SKIEUR NAUTIQUE
" BARE-FOOT "
LE PLUS ÂGÉ

Le 10-02-02, George Blair (USA) a skié nu-pieds sur le lac Florence, à Winter Haven, en Floride, à l'âge de 87 ans et 18 jours. Il avait déjà établi un record en attaquant les pentes neigeuses de Steamboat Springs, dans le Colorado, sur son surf des neiges le 22-01-01.

LE PARACHUTISTE
LE PLUS ÂGÉ

Le Norvégien Bjarne Mæland, né en 1899, a fait son premier saut en parachute tandem (saut lors duquel deux parachutistes sautent en même temps) à l'âge de 100 ans et 21 jours. Il a sauté au-dessus de l'aéroport Stavanger, à Sola, Norvège, le 08-09-99.

NOBEL

• Lauréats les plus âgés. L'Américain Francis Peyton Rous (1879-1970) et l'Autrichien Karl von Frisch (1886-1982) ont obtenu tous les deux le prix Nobel de physiologie et médecine à 87 ans, respectivement en 1966 et 1973.
• Lauréat le plus jeune. Le professeur Lawrence Bragg (GB, 1890-1971) s'est vu décerner le prix Nobel de physique 1915, à l'âge de 25 ans.

LE PLUS JEUNE DJ

Llewellyn Owen (GB), né en 1992, a pour nom de scène DJ Welly. Il figurait, âgé de 8 ans et 70 jours, à l'affiche de la programmation des DJ's du Warp Club de Londres le 01-05-2000. DJ Welly gagne 125 £ (210 €) par heure, tout comme des DJ's très populaires et cinq fois plus âgés. Il a animé des clubs aussi connus que le Ministry of Sound à Londres, et a officié au Glastonbury Music Festival.

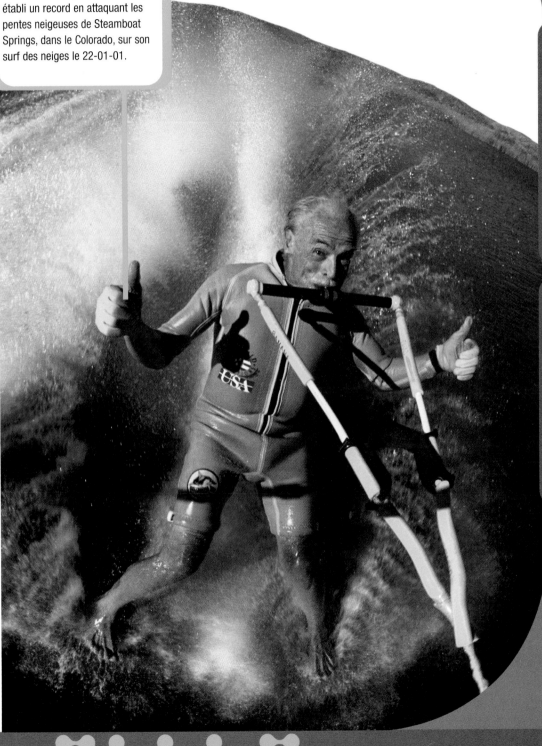

JONGLAGE DE TRONÇONNEUSES
Jonglant avec trois tronçonneuses, Karoly Donnert (Hongrie) a réalisé douze rotations (soit 36 lancers) sur la scène du *Guinness Rekord TV*, à Stockholm, Suède, le 30 -01-01.

SUR UNE CHAISE
Le funambule Henry's a réussi, le 13-06-96, à rester en équilibre sur les deux pieds arrière d'une chaise, eux-mêmes en équilibre sur des verres posés sur une seconde chaise. Le tout sur l'extrême bord de la terrasse de l'aiguille du Midi, à Chamonix, Haute-Savoie, à 3 842 m d'altitude.

SOUFFLEUSE DE RAISIN
La Suédoise Marianne Gille a réussi en soufflant à maintenir en l'air au-dessus de sa bouche un grain de raisin comme une balle en équilibre sur un jet d'eau, pendant 4,81 secondes, le 24-11-01.

POÊLE AU DOIGT
Anders Björklund (Suède) a réussi à faire tournoyer pendant 14 minutes une poêle sur le bout d'un de ses doigts le 29-11-01.

POIDS SOULEVÉ AVEC L'OREILLE
Le poids le plus lourd soulevé avec seulement une oreille est de 50 kg : le Chinois Li Jian Hua a levé du sol une pile de briques pendue à un crochet fixé à l'oreille, le 17-12-98. Il a supporté ce poids pendant 9,31 secondes.

LE PLUS GRAND NOMBRE DE BALLES DE TENNIS TENUES DANS UNE MAIN
L'Espagnol Roberto Barra-Chicote a réussi à saisir seize balles de tennis dans une seule main et à les garder pendant 5 secondes à *l'Émission des records*, le 30-11-01, à Paris.

LA PLUS HAUTE PILE DE BALLES DE GOLF
Don Athey (USA) a fait tenir en pile neuf balles de golf, en n'utilisant aucun adhésif, le 04-10-98.

LE PLUS RAPIDE DES SAUTEURS EN PANTALONS
Matthieu Bommier (France) a sauté dans et hors d'une paire de pantalons 27 fois en seulement une minute, sur le plateau de *l'Émission des records*, le 18-04-01, à Paris.

DÉCAPSULEUR HUMAIN
José Ivan Hernandez (USA) a décapsulé 56 bouteilles de bière avec les dents en une minute sur le plateau du talk-show de Ricki Lake, à New York, USA, le 05-12-01.

CRACHEUR DE FEU
Henrik Segelstrom (Suède) a craché une flamme à 3 m de haut lors de l'émission télé *Guinness Rekord TV*, à Stockholm, le 28-11-2001.

LANCER DE CRÊPES SUZETTE
Jean-Marie Duchet de Bourbon-l'Archambault, a lancé une crêpe à 8,40 m haut en avril 1993.

LA CAGE AUX SCORPIONS
Nor Malena Hassan (Malaysia), porte le surnom de Reine des scorpions. Elle est restée dans une cage de verre de 12 m^2 habitée de 2 000 scorpions, pendant 30 jours, du 1er au 30-07-01 au Kelantan State Museum, Kota Baru, en Malaisie. Après 19 jours, elle a demandé que 700 scorpions soient ajoutés aux 2 000 premiers. Pendant la tentative, elle a été piquée sept fois, dont deux fois sérieusement.

ESCALIERS DE LA TOUR EIFFEL À PIED
• Le Français Alain Guilloteau, en 1990, a gravi les 1 710 marches de la tour Eiffel en 8 mn 46'.
• Femmes. La Française Isabelle Désert, a gravi les 1 710 marches de la tour Eiffel, en 1990, en 11 mn 38.

CRACHER DE NOYAU D'OLIVE
Au Géant Casino d'Arles, Christophe Maeyhieux, de Raphèle-les-Arles, a propulsé avec sa bouche un noyau d'olive à 11,40 m, en juillet 1994.

LANCER DE BOTTE DE PAILLE
Patrick Carrion, Montgivray, a lancé à 5 m de haut une botte de paille de 12 kg, en août 1995.

LANCER DE BOULE DE PÉTANQUE
Au Géant Casino de Vitrolles, Noël Sage a lancé une boule de pétanque à 38,86 m, en avril 1994.

LANCER DE L'ŒUF DE POULE
Jérôme Lafile a lancé un œuf de poule cru à 75,5 m qui a été rattrapé intact par Frédéric Joron, en octobre 1991, à Formerie.

LANCER DE CHARENTAISE
Philippe Jensen, d'Arquian, a lancé une pantoufle charentaise à 26,50 m, en mai 1993.

CRACHER
• Le Français Serge Fougère, de La Martinie, Lisle, a craché une châtaigne à la distance de 8,88 m, le 12-02-02.
• Gil Gilbert, de Heimsbrunn, a craché une lentille à une distance de 7 m, en avril 1994.

PILE DE BOULES DE BOWLING
Dave Kremer (USA) a empilé dix boules de bowling verticalement sans employer d'adhésif d'aucune sorte sur le plateau du *Guinness World Records : Primetime*, à Los Angeles, USA, le 19-11-98.

RÉPERTOIRE DE BRUITS ET DE SONS

Philippe Pujolle, imitateur et comique français, a un répertoire de 124 bruits et sons et détient le record d'imitation du plus long cri de Tarzan. Il a également émis le plus grand nombre de bruits en un minimum de temps, avec 40 bruits imités en 28 s 59", dont celui du plus long bruitage de Formule 1 imité vocalement, soit 37 s 44". Ces deux performances ont été réalisées le 04-04-02.

PINCES À LINGE

Le propriétaire du pub Garry Turner (GB) a épinglé 133 pinces à linge en bois sur son visage le 03-08-01, sur la scène du *Guinness World Records*, à Londres.

CHÂTEAU DE CARTES

Le 06-11-99, l'étudiant en architecture Bryan Berg (USA) a construit avec des cartes à jouer une maison de 131 étages. Avec les 91 800 cartes nécessaires pour la construire, elle culminait à 7,71 m de haut, et le poids total des 1 765 paquets de cartes utilisés atteignait les 110 kg. Elle a été édifiée au casino de Potsdam, à Berlin, Allemagne, sans qu'aucun adhésif d'aucune sorte n'ait été employé.

LE PLUS GRAND NOMBRE DE SERPENTS À SONNETTES TENUS PAR LA BOUCHE

Le 19-05-01, Jackie Bibby (USA) a tenu avec la bouche huit serpents à sonnette vivants par la queue, sans aide, lors du *Guinness World Records Experience*, à Orlando, en Floride. Chaque serpent mesurait 74 cm de long.

LONG DÉRAPAGE CONTINU À VÉLO

Le 17-04-01, James David (USA) a exécuté un dérapage continu de 130 m sur son vélo, sur une surface plane. Ce record a été établi à Spokane Raceway Park, Washington.

COIFFEUR MULTILAMES

Le 12-01-98, l'Israëlien Danny Bar-Gil, connu professionnellement sous le nom de Danny Figaro, a réussi à réaliser une coupe de cheveux en utilisant sept paires de ciseaux tenues simultanément dans la même main, et en contrôlant chaque paire indépendamment.

L'HOMME LE PLUS MENOTTÉ

Depuis 1954 Nick Janson (GB), le roi de l'évasion, a réussi à se débarrasser de 1 680 paires de menottes solidement attachées à ses poignets par des officiers de police.

LE PLUS GRAND NOMBRE D'ÉPÉES AVALÉES ET TOURNÉES

Le 13-08-99, Brad Byers (USA) a avalé dix épées de 68,5 cm de long et leur a fait exécuter une rotation de 180° dans son œsophage, sur le plateau de télévision du *Guinness World Records : Primetime*, à Los Angeles, USA.

LE PLUS GRAND NOMBRE D'ÉPÉES AVALÉES PAR UNE FEMME

Le plus grand nombre d'épées de 35,5 à 53 cm avalées par une femme est de six : c'est Amy Saunders (GB) qui a réalisé cette performance sur le plateau d'*El Show de los Récords* à Madrid, le 27-11-01.

PLUS LONG ÉQUILIBRE ÉPÉE-SUR-ÉPÉE

L'Iranien Ali Bandbaz a gardé son frère Massoud (Iran) au-dessus de sa tête, en équilibre sur les pointes de deux épées d'acier de 36,5 cm, pendant 30 secondes, sur le plateau de *L'Émission des Records,* à Paris, le 26-10-2000.

LE PLUS GRAND ÉVENTAIL DE CARTES DANS LA MAIN

Ralf Laue (Allemagne) a réussi à tenir 326 cartes à jouer en éventail dans une main, de façon à ce que la couleur et la valeur de chaque carte soient visibles, à Leipzig Allemagne, le 18-03-94.

LE « CRABE » HUMAIN LE PLUS RAPIDE

Se tenant dans la position du pont, dite aussi du crabe, Agnès Brun (France) a parcouru 20 m en 33,3 s, le 30-11-01, lors de *L'Émission des Records*, à Paris.

L'HEURE DE MANGER

Il a fallu 1 h 34 min 7 s, le 18-12-98, à Seung Do (Corée du Sud) pour manger cinq montres entières, à l'exception du bracelet, sur le plateau de l'émission de télévision *Guinness World Records : Primetime*, à Los Angeles, Californie, USA.

TIR À L'ARC AVEC LES PIEDS

La plus longue distance à laquelle une flèche ait été tirée dans une cible avec un arc contrôlé avec les pieds est de 5,5 m. C'est Claudia Gomez (Argentine) qui a établi ce record sur la scène d'*El Show de los Récords*, à Madrid, le 15-11-01.

LE PLUS GRAND NOMBRE DE FLÈCHES ATTRAPÉES À LA MAIN

Anthony Kelly (Australie) a attrapé au vol et à la main, en l'espace de deux minutes, dix flèches tirées par un archer placé à une distance de 13 m. Ce record a été homologué sur le plateau d'*El Show de los Record*, à Madrid, le 05-12-01.

LE PLUS GRAND NOMBRE DE BOÎTES DE CIGARES TENUES EN ÉQUILIBRE SUR UN MENTON

Le Britannique Terry Cole a tenu en équilibre sur son menton 220 boîtes de cigares non modifiées pendant neuf secondes, le 24-04-92.

LA PLUS GRANDE DISTANCE EN PORTANT DES FÛTS DE BIÈRE

Le 20-07-92, dans un concours à Cadillac, Michigan, Duane Osborn (USA) a parcouru une distance de 15 m en 3,65 secondes avec cinq fûts de bière pleins dans chaque main.

ON L'APPELLE JACKPOT

Le Britannique Stevie Starr a avalé onze pièces de 100 pesetas espagnoles, chacune marquée d'une année de frappe différente. Il les a régurgitées à la demande, une par une, en réponse à onze membres différents de l'audience du studio de l'émission *El Show de los Récords*, à Madrid, le 05-12-01.

RECORD D'ENTASSEMENT DANS UNE COCCINELLE

Le 29-04-01, 25 personnes se sont entassées dans une Coccinelle Volkswagen standard, à Kremser, Autriche. Pour homologuer ce record, toutes les portes et fenêtres devaient être fermées.

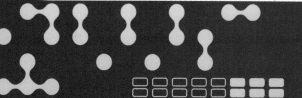

NOEUDS
DE CERISES
AVEC LA LANGUE

Al Gliniecki (USA) a réussi à
nouer 39 queues de cerise
en 3 mn, avec sa langue, lors du
Guinness World Records Experience,
à Orlando, Floride, le 26-01-99.

LA PLUS GRANDE
THÉORIE DE DOMINOS

Dix heures par jour, pendant 31 jours,
Klaus Friedrich (Allemagne), a
installé les uns à côté des autres
320 236 dominos, à Fürth,
Allemagne. Le 27-01-84, il a fait
basculer le premier : celui-ci a
entraîné les 281 581 suivants,
en en laissant 38 655 debout.
La cascade a duré 12 min 57 s 3".

LA PLUS LONGUE ROTATION
D'UN BALLON DE FOOT
SUR LA TÊTE

Le 25-11-01, Tommy Baker (GB)
a fait tourner un ballon homologué
par la FIFA sur son front pendant
11,9 secondes après l'avoir transféré
de son doigt sur sa tête, sur le
plateau de l'émission *Guinness
Rekord TV*, à Stockholm, Suède.

RÉSISTANCE AU
CONTACT DE LA GLACE

Wim Hof (Pays-Bas) a résisté au
froid, debout dans un tube rempli
de cubes de glace et vêtu d'un
maillot de bain, pendant 1 h 6 min 4 s,
le 13-03-200, sur la scène de
l'émission *Tomorrow's World*, GB.

LE PLUS DE POISSONS
ATTRAPÉS AVEC UNE
MAIN EN 30 SECONDES

Le 11-03-01, Justin Hall (USA) a
attrapé au vol, avec une seul main,
seize saumons pesant entre 1,81 et
2,72 kg : les poissons lui étaient
lancés par Jaison Scott (USA),
qui s'était placé à une
distance de 5,48 m.

LE PLUS DE PAILLES TENUES DANS LA BOUCHE

Marco Hort (Suisse) a réussi à tenir simultanément dans sa bouche 210 pailles
d'un diamètre de 6,4 mm chacune, pendant dix secondes, le 21-02-02
sur la scène du *Guinness : Die Show der Rekorde* à Munich, Allemagne.

LE CORPS HUMAIN

LES PLUS GRANDES MAINS

Le Somalien résidant en Grande-Bretagne Hussein Bisad est l'homme qui a les plus grandes mains. Du poignet à l'extrémité du majeur, elles mesurent 26,9 cm. Le record historique des mains les plus grandes appartient à l'Américain Robert Wadlow, mort en 1940. Ses mains mesuraient 32,3 cm. Sa bague était de taille 25.

LA PLUS FORTE POITRINE

Annie Hawkins-Turner, qui vit et travaille à Washington DC, USA, est détentrice du record mondial avec les mensurations suivantes : 1,09 m pour le tour du buste (à la base des seins) et 1,79 m pour le tour de poitrine (au mamelon). La taille de ses soutiens-gorges est la plus grande disponible sur le marché.

LA PLUS GRANDE VARIATION DE TAILLE

À 21 ans, en 1920, l'Autrichien Adam Rainer ne mesurait que 1,18 m. En 1931, en raison d'une poussée de croissance, il avait atteint la taille de 2,18 m. Très affaibli par cette transformation, il a dû passer le restant de ses jours alité. À sa mort en 1950, il mesurait 2,34 m. C'est la seule personne qui, dans sa vie, aura été nain puis géant.

PRISE DE POIDS

• Femmes. Le record de prise de poids la plus élevée est détenu par l'Américaine Doris James qui a grossi de 147 kg durant les douze derniers mois de sa vie. À sa mort en août 1965, à l'âge de 38 ans, elle pesait 306 kg pour seulement 1,57 m.

• Hommes. C'est Arthur Knorr (USA) qui détient le record : il a gagné 133 kg en 1960, au cours des six derniers mois de sa vie.

PERTE DE POIDS

• Hommes. Le record de la plus importante perte de poids est détenu par Jon Brower Minnoch (USA). Après avoir atteint un poids de 635 kg, déjà un record en soi, il est descendu à 216 kg en juillet 1979, soit une perte de 419 kg en 16 mois.

• Femmes. L'Américaine Rosalie Bradford est passée de 544 kg (également un record) en janvier 1987 à 128 kg en février 1994, soit un amaigrissement de 416 kg.

LA PLUS GRANDE FEMME

• À sa mort le 13-02-82, Zeng Jinlian (Chine) mesurait 2,48 m. Il s'agit en fait d'un chiffre corrigé, cette taille ayant été calculée selon la courbure normale d'une colonne vertébrale ; Zeng Jinlian souffrait d'une forte scoliose qui ne lui permettait pas de se tenir droite. Dès l'âge de quatre mois, sa croissance s'était révélée anormale ; elle mesurait 1,56 m à quatre ans et 2,17 m à treize ans.

• La femme vivante la plus grande est Sandy Allen (USA) qui mesure 2,32 m. L'évolution anormale de sa courbe de croissance a commencé dès sa naissance : à dix ans, elle mesurait déjà 1,91 m.

LES JUMEAUX LES PLUS GRANDS

• Hommes. Les faux jumeaux Michael et James Lanier (USA)

FRANÇAIS LES PLUS GRANDS

• Artistes forains et grandes vedettes de l'Exposition universelle de 1900 à Paris, les jumeaux Baptiste et Antoine Hugo, nés en 1878, mesuraient respectivement 2,29 m et 2,28 m. Chacun pesait 200 kg.

• La basketteuse en 1ere division à l'ASPTT Lyon, Rose-Marie Scheffler, née en 1962, mesure 2,02 m.

détiennent le record du monde des jumeaux vivants les plus grands : ils mesurent tous deux 2,23 m.

• Les frères Knipes (GB, décédés) détiennent toujours le record pour les vrais jumeaux : ils mesuraient 2,18 m.

• Femmes. Les vraies jumelles vivantes les plus grandes sont Heather et Heidi Burge (USA), qui mesurent 1,95 m.

LA LANGUE LA PLUS LONGUE

Quand Umar Alvi (GB) tire la langue, celle-ci mesure 5,65 cm de son bout jusqu'à la lèvre supérieure, record mesuré officiellement le 15-11-2001.

L'HOMME LE PLUS GRAND

• L'homme le plus grand de tous les temps était Robert Wadlow (USA) : peu de temps avant sa mort à 22 ans en juin 1940, il mesurait 2,32 m.

• L'homme vivant le plus grand est le Tunisien Radhouane Charbib dont la taille, très précisément vérifiée au cours de sept séances de mesures effectuées les 22 et 23-04-99 à Tunis, est de 2,359 m.

DOYEN HISTORIQUE

L'homme qui vécut le plus longtemps est le Japonnais Shigechiyo Izumi qui mourut à l'âge de 120 ans et 237 jours. Né le 29-06-1865, il a six ans lors du premier recensement du

LA PLUS LONGUE VIE DU MONDE

La Française Jeanne Louise Calment détient le record officiel mondial de longévité, hommes et femmes confondus, avec 122 ans et 164 jours. Elle est naquit à Arles, le 21-02-1875, et mourut le 04-08-97.

HOMME VIVANT LE PLUS ÂGÉ

Yukichi Chuganji, né le 23-03-1889 et résidant à Ogori, Fukuoka, Japon, est devenu l'homme le plus âgé du Japon le 18-01-00, puis du monde le 04-01-02 à l'âge de 112 ans et 288 jours.

Japon en 1871. Il expira le 21-02-86 des suites d'une pneumonie.

DOYEN VIVANT

La femme vivante la plus âgée est, à 114 ans en 2002, la Japonnaise Kamato Hongo, née le 16-09-1887. Au Japon, l'espérance de vie augmente régulièrement depuis 160 ans au rythme de trois mois par an.

ESPÉRANCE DE VIE

• Le record est détenu par le Japon avec 84 ans pour les femmes et 77,1 ans pour les hommes.
• La France tient le deuxième rang avec 83 ans pour les femmes et 75,5 ans pour les hommes.

LA NAINE LA PLUS ÂGÉE

Originaire de Hongrie, Susanna Bokonyi (USA) est morte le 24-08-84 à l'âge de 105 ans. Elle mesurait 1,015 m.

LA PLUS PETITE FEMME

La plus petite femme de tous les temps fut la Néerlandaise Pauline Musters qui mesurait 30 cm à sa naissance en 1876. À sa mort le 01-03-1895, elle mesurait 61 cm.

CERVEAU LE PLUS LÉGER

Dans la catégorie des cerveaux normaux, c'est-à-dire non atrophiés, le plus léger pesait 680 g. Il s'agit du cerveau de Daniel Lyon (Irlande), qui, à sa mort à New York en 1907 à l'âge de 46 ans, mesurait 1,5 m et pesait 66 kg.

CERVEAU LE PLUS LOURD

Il pesait 2,3 kg. C'est le service de pathologie et d'analyse biologique de l'université de Cincinnati, Ohio, USA, qui a homologué ce record en décembre 1992. Ce cerveau était celui d'un homme de 30 ans.

L'HOMME LE PLUS PETIT

L'homme vivant le plus petit est le Jordanien Younis Edwan qui mesure 65 cm. C'est Gul Mohammed (Inde) qui détient le record officiel de la plus petite taille chez un homme adulte : il mesurait 57 cm. Il est mort en 1997 à l'âge de 39 ans.

LOIN DES YEUX

L'Américaine Kim Goodman est capable de faire saillir ses globes oculaires jusqu'à 11 mm de leurs orbites. Ce record étonnant a été précisément mesuré le 13-06-1998.

LE PLUS ANCIEN ADN HUMAIN

Une chercheuse française, Éliane Béraud-Colomb, a réussi à analyser de l'ADN humain datant de 12 000 ans. L'échantillon provient d'ossements découverts à Taforalt, dans l'Ouest marocain. C'est le plus vieil ADN jamais analysé.

LE FŒTUS DE SON JUMEAU DANS LE VENTRE

En juillet 1997, on a découvert un fœtus mort dans l'abdomen d'un adolescent de 16 ans, Hicham Ragab (Égypte), qui se plaignait de maux d'estomac. Il avait les reins comprimés par un sac gonflé qui s'est avéré être son vrai jumeau. Le fœtus, long de 18 cm et d'un poids de 2 kg, s'était développé à l'intérieur d'Hicham et avait atteint l'âge de 32 ou 33 semaines.

LES RONFLEMENTS LES PLUS BRUYANTS

Le 24-05-93, on a évalué le niveau sonore des ronflements de Kare Walkert (Suède), qui souffre d'apnée (dysfonctionnement respiratoire), à 93 QB, soit un niveau sonore similaire à celui d'une rue à une heure d'affluence.

LE PLUS GRAND NOMBRE DE DOIGTS ET D'ORTEILS

• Selon le compte-rendu d'une autopsie pratiquée sur un bébé le 16-09-21 à Londres, celui-ci avait 14 doigts et 15 orteils. La polydactylie est assez courante : deux enfants sur 1000 en sont en effet atteints. Il s'agit en général d'excroissances de chair qui ne comportent pas d'os ; la présence surnuméraire de doigts et d'orteils complets est très rare.

• Avec 12 doigts dont quatre pouces, le Britannique Godfrey Hill est la personne vivante qui a le plus grand nombre de doigts. Une malformation que Godfrey a pu utiliser à son avantage au cours de sa scolarité : au temps où il fallait douze pennies pour faire un shilling, il était premier de sa classe en calcul.

LA PLUS GROSSE TUMEUR EXTRAITE INTACTE

La plus grosse tumeur intacte jamais enlevée était une masse polykystique qui se trouvait dans l'ovaire droit d'une femme de 34 ans ; d'un diamètre de 1 m, elle pesait 137,6 kg. C'est le Pr américain Katherine O'Hanlan qui, en octobre 1991, a pratiqué l'intervention chirurgicale d'une durée de six heures permettant l'extraction de cette énorme tumeur.

LA PLUS GROSSE TUMEUR DE TOUS LES TEMPS

En 1905, le Dr Arthur Spohn (USA) a traité une patiente dont le kyste à l'ovaire atteignait un poids faramineux de 148,7 kg, selon les mesures du médecin. Il fallut drainer le kyste pendant toute une semaine avant de procéder à l'intervention, dont la patiente s'est parfaitement remise.

UN CŒUR EXTERNE

Né le 19-08-75 et toujours en vie, Christopher Wall (USA) détient le record de longévité des cas d'ectopie du cœur, état où le cœur se trouve à l'extérieur du corps. La plupart des bébés atteints de cette malformation, entre 5,5 et 7,9 nouveau-nés sur un million, meurt dans les 48 heures.

LA FAMILLE LA PLUS POILUE

Les corps des frères Ramos Gomez, Victor, " Larry ", et Gabriel " Danny " (Mexique) sont couverts à 98% d'une épaisse toison. Ils sont issus d'une famille de 19 enfants, qui se trouve être atteinte d'hypertrichosité (ou syndrome du loup-garou) depuis cinq générations. Chez les femmes de cette famille, le duvet est léger ou moyennement épais tandis que les hommes sont recouverts de poils sur tout le corps, à l'exception de la paume des mains et de la plante des pieds.

LE PLUS GRAND NOMBRE DE CALCULS RÉNAUX

Le Canadien Don Winfield a produit et expulsé 3 711 calculs rénaux entre le 20-02-86 et le 30-06-01.

LA PLUS LONGUE BARBE CHEZ UNE FEMME

• La femme à barbe, américaine, s'appelait Janice Deveree. Sa barbe, mesurée en 1884, était longue de 36 cm .

• En 1990, Viviane Wheeler (USA) a cessé de raser l'épaisse barbe qui, chose inhabituelle chez une femme, recouvrait son visage. Elle est l'actuelle détentrice du record de la plus longue barbe féminine, les poils les plus longs mesurant 27,9 cm, record établi en 2000.

LE PLUS PETIT NOMBRE D'ORTEILS

Parmi les membres des tribus Wadamo de la vallée du Zambèze,

LA PEAU LA PLUS SOUPLE

Le barman anglais Garry Turner est parvenu à étirer la peau de son ventre de 15,8 cm, mesure effectuée le 29-10-99 à Los Angeles, USA. Il sait aussi étirer la peau de son cou jusqu'à ce qu'elle recouvre sa bouche, et donner ainsi l'impression qu'il a un cou de tortue.

LES PLUS LONGS POILS DANS LES OREILLES

B. D. Tyagi (Inde) a des poils qui lui poussent dans l'oreille externe d'une longueur atteignant jusqu'à 10,2 cm.

(Zimbabwe) et
Kalanga dans l'Est du
désert de Kalahari (Botswana),
certains n'ont que deux orteils.
Ce syndrome est héréditaire ;
le gène responsable est un
gène mutant.

ENFANTS ALBINOS DANS UNE MÊME FAMILLE

La famille qui détient le record du plus grand nombre d'enfants albinos en compte trois :
Ayonote, Osimo et Atinuk, enfants de Cynthia et Dixkson Unoarumhi (GB). Leurs parents,
noirs, sont tous deux porteurs du gène de l'albinisme, soit une probabilité d'une sur
quatre d'avoir des enfants atteints d'une déficience partielle ou totale de la pigmentation.
Les enfants ont la peau translucide, des yeux vert très clair et les cheveux blond pâle.

ONZE NAISSANCES PAR CÉSARIENNE

Entre le 15-05-79 et le 20-11-98, l'Américaine Kristina House a donné naissance à onze enfants par césarienne. Il faut plus d'un an au corps d'une femme pour se remettre d'une césarienne et il est théoriquement recommandé de ne pas y avoir recours plus de trois fois dans sa vie.

TOUTE UNE VIE AVEC UN REIN GREFFÉ

Johanna Rempel (Canada) a reçu un rein de sa vraie jumelle Lana Blatz le 28-12-1960. L'intervention a eu lieu à l'Hôpital Brigham de Boston, Massachusetts, USA. Johanna et sa sœur n'ont jamais eu de problèmes de santé par la suite et ont toutes deux donné naissance à des enfants bien portants.

LA PLUS IMPORTANTE TRANSFUSION SANGUINE

En décembre 1970, Warren C. Jyrich (USA), 50 ans, a subi une opération à cœur ouvert à l'hôpital Michael Reese, Chicago, Illinois. En raison de son hémophilie, les médecins ont dû lui transfuser 2 400 unités de sang, soit 1 080 litres. Une quantité effarante quand on considère qu'en moyenne, le corps humain contient cinq litres de sang.

HYPOTHERMIE RECORD

Le 23-02-94, Karlee Kosolofski (Canada), une petite fille de deux ans, a été oubliée à l'extérieur du domicile familial pendant six heures à une température de –22 °C. Lorsqu'elle a été retrouvée, la température de son corps était descendue à 14,2 °C, un cas record sachant que la température du corps humain avoisine les 37 °C et qu'une température inférieure à 35 °C est déjà considérée comme un cas d'hypothermie. Bien que la petite Karlee ait dû être amputée de la jambe gauche en raison d'engelures, elle s'est bien remise de cette épreuve.

HYPERTHERMIE RECORD

Chez l'être humain, une hyperthermie supérieure à 42,7 °C entraîne en général la mort. Pourtant, Willie Jones (USA), âgé de 52 ans, est arrivé à l'hôpital Grady Memorial d'Atlanta, USA, le 10-07-80 suite à un coup de chaleur qui avait fait monter sa température à 46,5°C. Il a regagné son domicile 24 jours plus tard en bonne santé.

VALVULE AORTIQUE PORCINE

Le 12-04-78, le Dr John Keats a procédé sur Harry Driver (GB) à l'ablation d'une valvule aortique défectueuse qu'il a remplacée par une valvule aortique porcine. Celle-ci fonctionne toujours parfaitement bien. Harry Driver détient par ailleurs le record du receveur d'organe le plus âgé.

POIDS LE PLUS FAIBLE POUR UN NOUVEAU-NÉ

À sa naissance en 1938, six semaines avant terme, la petite Anglaise Marian Taggart pesait 283 g, un record dans la catégorie des nouveau-nés les plus légers qui ont survécu. Pendant les trente premières heures, on lui a donné toutes les heures un mélange de cognac, de glucose et d'eau. Un stylo à plume a fait office de biberon. À l'âge de trois semaines, elle pesait 821 g et avait atteint un poids de 6,3 kg pour son premier anniversaire.

POIDS RECORD POUR UN NOUVEAU-NÉ

Le 19-01-79, la Canadienne Anna Bates, qui mesurait 2,27 m, a accouché chez elle, à Seville, Ohio, USA, d'un petit garçon qui pesait 10,8 kg. Le bébé est mort onze heures après sa naissance.

ERREUR CLASSIQUE, HÉLAS

Une habitante de Brétigny-sur-Orge, Essonne, âgée de 42 ans, a dû se faire réopérer en 1994 à la suite d'une erreur commise par un chirurgien orthopédiste de l'hôpital d'Arpajon, Essonne. Il a opéré le genou droit de sa patiente alors qu'elle souffrait d'une fracture du ménisque gauche. La Sécurité sociale, économe, déclara qu'elle ne pouvait prétendre au remboursement des deux opérations.

LA NAISSANCE LA PLUS PRÉMATURÉE

Le Canadien James Elgin Gill est né le 20-05-87, 128 jours avant terme, avec un poids de 624 g. La femme porte en moyenne son enfant pendant 280 jours. Les parents de James ont donc été informés que les chances de survie de leur enfant étaient nulles. En effet, son corps était encore en pleine constitution : c'était en particulier le cas de la peau, des mains et des pieds, ainsi que des paupières qui étaient complètement collées. Aujourd'hui, James est en excellente santé.

NAISSANCE MULTIPLE LA PLUS NOMBREUSE

• Le 19-11-97 à l'hôpital universitaire d'Iowa, USA, l'Américaine Bobbie McCaughey a

EXTRACTION D'UN ÉCLAT D'OBUS

En 1982 à Paris, le Dr Molhant a extrait un éclat de Schrapnel qui s'était logé dans la mandibule d'un "poilu" au cours de la première guerre mondiale. Cela faisait 64 ans qu'il en souffrait.

OPÉRATION À DISTANCE

Le 07-09-01, un robot a opéré Madeleine Schaal (France) de la vésicule biliaire à Strasbourg tandis que les chirurgiens commandaient le robot à distance depuis New York, soit un éloignement de 6 222 km entre patient et médecins.

donné naissance à des septuplés, quatre garçons et trois filles. Les bébés sont nés par césarienne à 31 semaines ; l'intervention a duré 16 minutes. Les bébés pesaient entre 1,048 et 1,474 kg chacun.

• Ce record est également détenu par Hasna Mohammed Humair (Arabie Saoudite) qui, le 14-01-98, à l'âge de 40 ans, a accouché de septuplés, quatre garçons et trois filles, nés huit semaines avant terme. Le plus petit de ces nouveau-nés pesait 907 g.

LA PREMIÈRE TRANSPLANTATION NEUROLOGIQUE

La première transplantation neurologique a été effectuée au centre médical de l'université de Pittsburgh, Pennsylvanie, le 23-06-98. Il s'agissait pour la personne opérée, Alma Cerasini, 62 ans, de recouvrer les capacités de parole et de motricité qu'elle avait perdues à la suite d'une attaque d'apoplexie.

LA PREMIÈRE GREFFE DE DEUX BRAS EN UNE SEULE INTERVENTION

En janvier 2000, le Pr Jean-Michel Dubernard (France) a dirigé une équipe médicale composée de 50 personnes, dont 18 chirurgiens, qui a réussi à greffer deux avant-bras, coudes non compris. Spécialisé dans les explosifs, le greffé de 33 ans avait perdu les deux bras lors d'un accident du travail quatre ans auparavant.

LE PLUS GRAND BRÛLÉ À AVOIR SURVÉCU

Un adolescent de 16 ans, David Chapman (GB), a survécu à ses brûlures bien que son corps ait été brûlé à 90%. Lors de son accident le 02-07-96, l'explosion d'un bidon d'essence qu'il tenait à la main l'avait transformé en torche humaine. Les chirurgiens de l'hôpital St Andrew,

Billericay, Essex, GB, ont passé 36 heures à retirer la peau morte. Les trois semaines suivantes, l'adolescent a subi des opérations de sept heures tous les deux jours. Après neuf mois de greffes régulières de peau donnée par des membres de sa famille, il est parti à Houston, Texas, USA, afin d'être suivi par des spécialistes.

LA PREMIÈRE GREFFE DE REINS

R. H. Lawler (USA) fut le premier à pratiquer cette intervention chirurgicale révolutionnaire à l'hôpital Little Company of Mary, Chicago, Illinois, le 17-06-50.

SURVIE EXTRA-UTÉRINE D'UN FŒTUS

Ronan Ingram (GB), qui est un triplé, a survécu en dehors de l'utérus de sa mère pendant 29 semaines. La trompe s'était rompue six semaines après la conception et l'œuf fertilisé s'était attaché à la paroi extérieure de l'utérus en produisant son propre placenta, tandis que ses deux sœurs se développaient normalement dans l'utérus.

Les trois bébés sont nés par césarienne à 29 semaines. Les médecins ont sorti les deux sœurs avant de libérer Ronan de son attache à l'utérus. La probabilité de mener en même temps une grossesse intra-utérine et extra-utérine est de l'ordre d'une sur 80 millions.

LA PLUS JEUNE PERSONNE MUNIE DE BRAS ARTICULÉS

En février 2002, alors qu'il avait huit ans, Kyle Barton (GB) a été équipé d'un second bras articulé, opération réalisée à l'hôpital général du Nord à Sheffield, GB. Kyle avait dû être amputé des bras et des jambes après avoir contracté la méningite en 1998.

LÈVRES À PLATEAUX

Les femmes des tribus Surma et Mursi d'Éthiopie fabriquent des plateaux de lèvre à partir de terre glaise, les colorient avec de l'ocre et du fusain, et les cuisent au feu de bois. Elles commencent à insérer les plateaux, qui peuvent atteindre 15 cm de diamètre, un an avant le mariage. La taille finale indique la quantité de bétail exigée en échange de sa main.

LA PLUS LONGUE MOUSTACHE

La plus longue moustache du monde est celle de Kalyan Ramji Sain (Inde), qu'il fait pousser depuis 1976. En juillet 1993, elle mesurait en tout 3,39 m, soit 1,72 m de long du côté droit, et 1,67 m à gauche. Pour préserver et entretenir leurs moustaches, les passionnés utilisent de la moutarde, de l'huile, du beurre et de la crème.

PLUS GRAND NOMBRE DE PIERCINGS

Antonio Agüero (Cuba) porte 230 piercings sur le corps et la figure. Son visage seul compte plus de 175 anneaux. Depuis 1990, Antonio s'est fait percer les oreilles, les joues, les lèvres, le menton, les narines et le front avec des anneaux, et deux tiges passent à travers son arête nasale. Afin de subvenir aux besoins de toute sa famille, Agüero se fait photographier pour une modeste somme d'argent.

LE PLUS GRAND NOMBRE DE PIERCINGS EN UNE SESSION

Le 22-09-01, l'Américain Greg Thompson s'est paré de 227 nouveaux piercings sans aucune anesthésie. Tous les piercings ont été exécutés par Beaker Trigg (USA), au cours d'une séance continue de six heures, au centre Area 51, Tattoo and Body Piercing, Colorado Springs, USA.

AIGUILLES CHIRURGICALES EN PIERCINGS

Jérôme Abramovitch (Canada) détient le record du plus grand nombre de piercings d'aiguilles chirurgicales. Lors d'une émission télévisée enregistrée le 31-10-99, il a introduit 200 aiguilles chirurgicales de 3,81 cm de long (calibre 22) dans sa poitrine, son cou et ses bras.

LA FEMME LA PLUS TATOUÉE

La femme la plus tatouée du monde est la strip-teaseuse Krystyne Kolorful (Canada). Ses tatouages, estimés à 15 000 $ canadiens (9 977 €), couvrent 95% de son corps. Il aura fallu dix années pour qu'ils soient achevés par treize artistes différents. Le plus grand, représentant 40 heures de travail, est un dragon s'enroulant autour de sa poitrine et son dos.

SÉANCE DE TATOUAGE LA PLUS LONGUE

Kevin Gill (GB) a tatoué en continu Dave Sheldrick (GB) pendant 27 heures et 12 minutes, entre le 15 et le 17-03-01, au Kev's Tattoo Parlour à Welling, Kent, GB.

GROSSE POITRINE

La poitrine de la défunte Eve Valois (France), alias Lolo Ferrari mesurait 1,80 m et nécessitait un soutien-gorge de taille 130, bonnet F. Ses seins ont subi 22 opérations : ils ont été agrandis une première fois jusqu'à 1,17 m, puis elle a fait appel à un ingénieur aéronautique qui lui a spécialement conçu des moules de 1,3 m. Ses seins ont finalement atteint un poids total de 11,7 kg.

DIAMANTS FANTAISIE SUR LE CORPS

Le record du plus grand nombre de diamants fantaisie sur un corps est détenu par Maria Rosa Pons Abad (Espagne). Elle a attaché 30 361 strass sur le corps d'un mannequin le 22-11-01.

ONGLES DE PIED LES PLUS LONGS

En 1991, la longueur totale des 10 ongles de pied de Louise Hollis (USA) était de 221 cm. Louise a été incitée à se faire pousser les ongles de pied en 1982 après avoir vu une émission télévisée sur les ongles les plus longs. Cette mère de douze enfants porte rarement des chaussures et conserve tous ses ongles cassés. Actuellement, chacun de ses ongles de pieds fait environ 15,24 cm de long.

LES ONGLES LES PLUS LONGS

• Le 08-07-98, Shridhar Chillal (Inde) battait le record des ongles les plus longs. Mesurés sur sa main gauche, les cinq ongles faisaient au total 6,15 m. Il s'est coupé les ongles pour la dernière fois en 1952.

• Le record pour une femme appartient à Lee Redmond (USA), qui les a laissés pousser pendant 19 ans. Leur longueur totale est de 6,62 m.

PAR AMOUR DE L'ART

Depuis 1990, Orlan, artiste française dont l'œuvre majeure est sa propre personne, a subi moult interventions chirurgicales pour se transformer tour à tour en Vénus, Diane, Europe, Psyché et Mona Lisa. Les différentes réincarnations de Sainte Orlan furent exposées dans le monde entier.
La vidéo *New York Omnipresence* la montre alors qu'elle se fait coudre des implants aux tempes.

L'HOMME LE PLUS TATOUÉ

Près de 99,9% du corps de Tom Leppard (GB) est tatoué. Son tatouage représente une peau de léopard. Il évalue qu'il a dépensé plus de 5 000 £ (7 900 €) pour la réalisation de ce travail corporel.

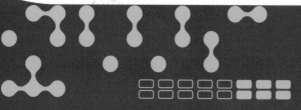

L'ongle le plus long,
celui de son pouce gauche,
mesure 68,58 cm.

LES PLUS GROS BICEPS
Le biceps droit de Denis Sester
(USA) mesure 77,8 cm à froid.
Il a affermi sa musculature en
s'entraînant à soulever un seau
de 68 kg rempli de sable.

LES CHEVEUX
LES PLUS LONGS
La plus longue chevelure est
celle de Hoo Sateow, Thaïlande.
Croyant ses cheveux à l'origine
de ses pouvoirs de guérison, il ne
les a plus coupés depuis plus de
70 ans. Une longueur de 5,15 m de
cheveux fut officiellement mesurée
le 21-11-97.

LA CHIRURGIE ESTHÉTIQUE
LA PLUS IMPORTANTE
Depuis 1979, Cindy Jackson (USA)
a dépensé 99 600 $ (108 564 €)
pour 28 opérations esthétiques.
Elle a subi trois liftings complets,
deux opérations du nez, une
chirurgie au niveau des genoux,
de la taille, de l'abdomen, et du
menton, ainsi qu'une liposuccion
des cuisses, une diminution puis
une augmentation de la poitrine.
Enfin, elle s'est fait farder d'un
maquillage semi-permanent.

TOUR DE TAILLE
• Ethel Granger (GB) détient le record
du plus petit tour de taille mesuré
officiellement sur une personne de
taille normale. Elle est passée d'un
tour de taille de 56 à 33 cm entre
1929 et 1939.
• La même taille a été revendiquée
par l'actrice française Émile Marie
Bouchand. De tels tours de taille
sont obtenus grâce au port de
corsets.

LE PLUS LONG COU
L'extension maximale d'un cou est de 40 cm, obtenue par la superposition d'anneaux
de cuivre, selon la coutume des femmes de la tribu Padaung ou Kareni de Myanmar
(Birmanie). La modification morphologique est telle que le cou se briserait si on les retirait.

PARASITE LE PLUS ASSOIFFÉ DE SANG

Les œufs des ankylostomes *Ancylostoma duodenale* et *Necator americanus* sont présents dans les matières fécales d'1,3 milliard d'individus. Ils couvrent la paroi de l'intestin d'une couche épaisse comme les poils d'un tapis. L'alimentation des vers provoque des hémorragies estimées à 10 millions de litres par jour dans le monde.

ESCHERICHIA COLI

En 1996 au Japon, 9 500 cas de contamination alimentaire par le colibacille de l'*Escherichia coli* ont été signalés. Onze personnes en sont mortes. L'infection, qui n'est pas toujours mortelle, peut provoquer une défaillance des reins. En Grande-Bretagne, l'épidémie a tué 21 personnes sur les 500 touchées après ingestion de viande infectée par la bactérie.

VIRUS LES PLUS MORTELS

Le sida (syndrome immunodéficitaire acquis) et la rage encéphalite, une infection virale du système nerveux, sont largement répandus dans le monde. En 2001, on a rescensé trois millions de morts du sida, dont 580 000 enfants de moins de 15 ans. Chaque année, la rage encéphalite tue entre 40 et 70 000 personnes. Dix millions de personnes

dans le monde subissent un traitement après avoir été en contact avec des animaux suspects.

MALADIE CONTAGIEUSE LA PLUS COURANTE

Le rhume est la maladie contagieuse la plus fréquente dans le monde, à l'exception des communautés isolées de l'Antarctique où aucun virus ne peut survivre à ces températures extrêmes. Il existe environ 40 virus provoquant le rhume, transmis dans l'air ou par contact direct.

PRINCIPALE CAUSE DE DÉCÈS

Dans les pays industrialisés, les maladies cardio-vasculaires, provoquant des congestions cérébrales et des infarctus, sont responsables de 50% des décès. Les principales causes de ces maladies coronariennes sont la consommation de tabac, l'hypertension et l'alimentation trop riche en cholestérol.

PROPAGATION D'UNE MALADIE

• En 2001, on comptait, par jour, 14 000 nouvelles contamination du VIH, principalement chez les jeunes âgés de 15 à 24 ans. Début 2002, on estimait à 40 millions le nombre de personnes vivant avec le VIH.
• Le premier diagnostic du virus VIH a été établi sur un jeune Américain décédé en 1969.

VIRUS FATAL

La fièvre hémorragique à virus Ebola tue 90% de ceux qui la contractent. Elle provoque de graves hémorragies internes qui font " fondre " les organes. Aucun remède n'a encore été trouvé. Identifiée pour la première fois en 1976 au Zaïre, son nom provient de la rivière où l'épidémie s'est déclarée. Sur les 1 500 cas dénombrés, 1 000 ont déjà succombé à la maladie.

L'ALLERGIE LA PLUS RÉPANDUE

L'asthme est une maladie des bronches qui affecte 150 millions de personnes à travers le monde, ce qui représente l'entière population de la Russie. Chaque année, elle entraîne la mort de 180 000 personnes. Les dépenses liées aux traitements des asthmatiques dépassent celles des tuberculeux et des porteurs du VIH réunis.

LA PLUS GRANDE PANDÉMIE

Entre 1347 et 1351, près d'un tiers de la population européenne a été frappée par la " Mort Noire ", forme pneumonique de la peste. À l'échelle mondiale, 75 millions de personnes en sont mortes.

PROPAGATION DE LA LÈPRE

Selon l'Organisation mondiale de la santé (OMS), l'Inde comptait 634 901 malades de la lèpre au mois de juillet 1999. Cette maladie provoque des lésions viscérales et oculaires, provoquant des déformations et des mutilations. Les victimes souffrent aussi de leur exclusion de la société.

LE MICROBE LE PLUS MORTEL

Au 14e siècle, le *Bacterium yersinia pestis* a provoqué la mort de 25 millions de personnes en Europe. Identifié en 1894, il déclenchait la peste bubonique, maladie mortelle transmise par les puces et les rats.

ÉPIDÉMIE DE GRIPPE

Entre 1918 et 1919, la grippe a provoqué la mort de 21 640 000 personnes dans le monde. Cette infection virale se transmet le plus fréquemment lors de toux et d'éternuements.

LE PARASITE LE PLUS DANGEREUX

L'OMS a estimé en 1998 que la malaria provoquait un million de morts chaque année. Elle est devenue un problème grave dans 90 pays. Les parasites de la malaria du type *Plasmodium*, portés par des moustiques *Anopheles*, sont responsables de la moitié de tous les décès depuis l'Âge de pierre, guerres et accidents exceptés .

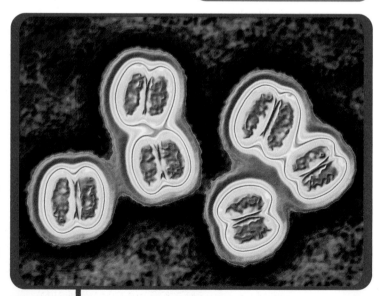

LES PLUS GRANDES ÉPIDÉMIES DE MÉNINGITE

En Afrique, on comptait 187 000 cas de méningite en 1996. L'épidémie la plus importante s'est déclarée en 1974 à São Paulo, au Brésil, où 30 000 personnes ont été infectées.

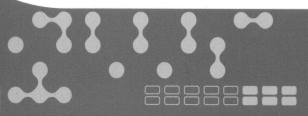

MALADIES LES PLUS ANCIENNES

Des cas de lèpre sont décrits dès 1350 av. J.-C. Les momies égyptiennes de la XXe dynastie (1250-1000 av. J.-C.) présentaient des traces de tuberculose schistosomiase, maladie contagieuse des poumons. La Bible mentionne la peste et le choléra.

CONTAMINATRICE

Originaire de Suisse, Marie Mallon, plus connue sous le sobriquet de Marie Typhoïde, émigra aux États-Unis en 1868. Cette cuisinière aurait déclenché 53 épidémies de typhoïde, dont celle de 1903 qui contamina 1 400 personnes et en tua trois dans la ville d'Ithaca, New York. Dès 1915 et jusqu'à sa mort, le 11-11-38, elle est restée hospitalisée au Riverside hospital de New York.

INFECTION PALUDÉENNE

Le *Plasmodium falcipare* entraîne une malaria maligne qui affecte le cerveau, provoquant des crises, des comas, ainsi que des morts subites.

ÉPIDÉMIES DE MALARIA

Selon l'OMS, 144 épidémies de malaria ont été recensées dans le monde, au cours de l'année 1991. Le virus de la malaria a muté et devient maintenant résistant aux traitements antimalariaux.

MALADIE RÉSURGENTE

L'effondrement de l'Union soviétique en 1991 a entraîné une détérioration des services de santé laissant apparaître une résurgence de la diphtérie. Le nombre de cas dans les pays de l'ex-URSS est passé de 2 000 en 1991 à 200 000 en 1997.

QUARANTAINE

En 1942, l'île Gruinard, Écosse, a été mise en quarantaine à la suite d'une expérience chimique militaire qui déclencha une épidémie d'anthrax (*Bacillus anthracis*) tuant un troupeau de moutons. La quarantaine a été levée 48 ans plus tard, le 24-04-90. Chaque année, 2 000 personnes infectées par ce bacille sont signalées .

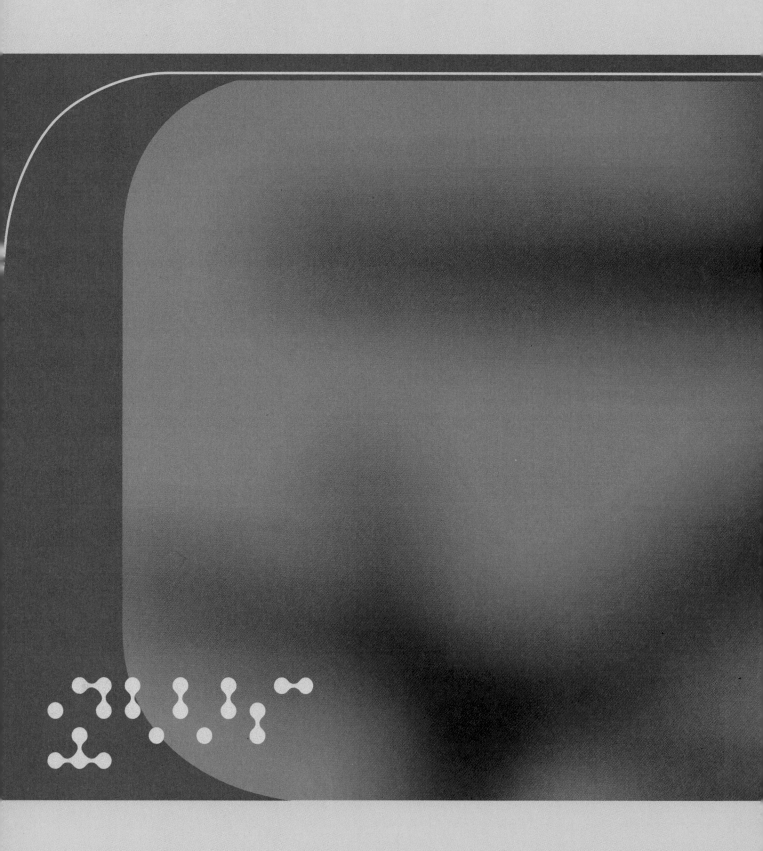

RICHESSES DU MONDE

SAPHIR TAILLÉ

Le *Millennium Saphir,* de 61 500 carats, a été gravé par le lapidaire Alessio Boschi (Italie). Il arbore des représentations célébrant les plus grands exploits de l'humanité. Il est actuellement exposé au Fort Worth Metroplex à Dallas, Texas.

DIAMANT

Le 26-01-05, le *Cullinan*, de 3 106 carats, a été découvert à la Premier Diamond Mine à Prétoria, en Afrique du Sud. Il fut offert à Édouard VII, roi d'Angleterre à l'époque. Taillé en 106 diamants polis de la plus haute qualité, il est à l'origine d'un gros diamant de 530,2 carats, l'*Étoile d'Afrique*, qui est serti sur le sceptre royal britannique.

LA PLUS GROSSE PÉPITE D'OR

La pépite d'Holtermann pesait 235,14 kg. Elle a été découverte le 19-10-1872 dans la mine Beyers & Holtermann Star of Hope Mine, Hill End, Australie. La pépite fut concassée peu de temps après sa découverte : 82,11 kg d'or pur en ont été extraits.

LA PLUS GROSSE ÉMERAUDE

La plus grosse émeraude de qualité Gemme pèse 7 025 carats. Découverte en Colombie en 1969 dans la mine Cruces, près de Gachala, elle est actuellement la propiété d'une société minière privée.

LE PLUS GROS LINGOT

Fabriqué au Japon le 15-12-99 par la société Mitsubishi Materials à la raffinerie Naoshima de Kagawa, le plus gros lingot d'or pur pèse 200 kg. Le lingot, d'une largeur de 19,5 cm et d'une longueur de 40,5 cm est certifié d'or pur à 99,99%. Acheté par la société Toi Marine Kanko le 20-12-99, il est actuellement exposé à la mine d'or de Shizuoka, Japon. Sa valeur est estimée à 20 millions de yens (170 000 €).

FORAGE DANS LA GLACE

En juillet 1993, le forage le plus profond jamais entrepris dans la glace a atteint le fond de la couche de glace du Groënland à une profondeur de 3 053,51 m. Cette performance importante a été réalisée par des chercheurs américains après cinq ans de forage.

LE PLUS PROFOND FORAGE EN MER

En 1993, le *Joides Resolution*, navire utilisé lors du programme de forage en haute mer, a effectué dans l'Océan pacifique équatorial Est, le forage le plus profond au-dessous du niveau de la mer. Il a atteint 2 111 m de profondeur. En 1995, le plus gros bloc de terre extrait du fond de la mer avait un volume de 6 731 m^3

LA PLUS VIEILLE MINE

La mine la plus vieille du monde est la mine de Chert (silice) à Nazlet Sabaha, Égypte. La première exploitation minière y a débuté il y a 100 000 ans.

PÉNÉTRATION LA PLUS PROFONDE SOUS LA CROÛTE TERRESTRE

Elle fut le résultat d'un forage géologique près de Zapolyarny sur la péninsule Kola, en Russie. Les travaux ont commencé en mai 1970, et en 1983 le forage atteignait une profondeur de 12 261 m. Le projet fut interrompu, faute de capitaux. La température des rochers au fond du forage est de 210 °C.

LE PUITS LE PLUS PROFOND

Le puits Stensvad Water Well 11-W1 atteint une profondeur de 2 231 m. Il a été creusé par la société Great Northern Drilling (USA) dans le comté de Rosebud, Montana, en octobre 1961.

EXPLOSION NUCLÉAIRE SOUTERRAINE

Le 18-06-85, une explosion nucléaire de 2,5 kilotonnes a été déclenchée au fond d'un puits à 2 850 m de profondeur, sur un site situé à 60 km au sud de Nefte-Yugamsk, Sibérie. Cette explosion avait pour but de stimuler la production de pétrole environnante.

LA MINE LA PLUS PROFONDE

Le 12-07-77, dans la mine d'or Western Deep Levels, Carletonville, Afrique du Sud, des mineurs sont descendus à 3 581 m de profondeur. La chaleur géothermale qui s'y dégage étant insupportable, les mineurs sont rafraîchis par des tuyaux d'arrosage. Le puits de hissage, qui a 2 072 m de profondeur, est équipé d'un ascenseur qui remonte à 1 095 m/min.

JAILLISSEMENT DE PÉTROLE

Un jaillissement de pétrole d'un forage éclata près de Qum, Iran, le 26-08-56. Le pétrole non maîtrisé

PIERRES PRÉCIEUSES RECORDS

PIERRE, NOM, OBS., DÉCOUVERTE, PROPRIÉTAIRE, CARATS/KG

DIAMANTS • Brut *Cullinan* - 1905 - 3 106 carats.
• Taillé *Golden Jubilee* - Offert au roi de Thaïlande pour ses 50 ans de règne - Monté sur sceptre - 545,67 carats.
DIAMANT NOIR - *Le Korloff* - 87,95 carats, 110 à l'origine, taillé, brillant - Daniel Paillasseur et Sté Korloff, Lyon, Rhône - 04-99.
RUBIS • *Le Gerfaut* - Découvert en Thaïlande - 1996 - Bernard Robisco - 10 250 carats
• *L'Héraclès* - Ornemental - 17 750 carats, 180 x 114 x 87 mm, B. Robisco, Colombo, Sri Lanka, découvert en Thaïlande et expertisé le 14-09-99.
ÉMERAUDE - Enchères - Citoyen mauricien - 80 kg.
SAPHIRS • Brut À l'effigie de Lincoln - 1935 - Fondation Kazanjian, Beverly Hills, LA - 2 302 carats.
• Taillé *Le Côte d'Azur*, saphir bleu azur de qualité gemme, Cabochon de 397,095 carats, origine Myanmar (ex-Birmanie), 42,33 x 31,88 x 29,14 mm, Olivier Galibert, Hong Kong, Chine, 2-10-99.
CRISTAL - Musée de Watters, Tyrol - 310 000 c / 62 kg.

CONSOMMATION D'ÉNERGIE

Les USA sont les plus grands consommateurs d'énergie industrielle, à savoir de combustibles fossiles, et d'énergie hydraulique et nucléaire. En 1998, cette consommation s'élevait à 2 147 millions de tonnes de pétrole.

EXPLOITATION D'OR

AngloGold de Johannesburg, en Afrique du Sud, est la plus grosse entreprise de mines d'or. Elle possède 24 exploitations dans le monde entier et a produit 217 700 kg d'or en 2000, deux fois plus que le rendement de son principal concurrent. La compagnie dispose de 2,73 millions de kg d'or en réserves, et renferme également 12,37 millions de kg de ressources d'or.

a jailli jusqu'à 52 m, à un débit de 120 000 barils/jour. Après 90 jours d'extraction, le puits a été refermé par Mostofi et Myron Kinley (USA).

LE GLISSEMENT DE TERRAIN LE PLUS CATASTROPHIQUE

2 500 personnes ont trouvé la mort le 09-10-63 sous 240 millions de m³ de roche qui ont glissé du versant du mont Toc dans les Alpes italiennes pour s'écrouler dans un réservoir situé derrière le barrage de Vaiont. Ce barrage, d'une hauteur de 266,7 m, a résisté. Mais une vague de 100 m de haut déferla par-dessus le barrage, engloutissant la bourgade de Longarone. Des travaux étaient à l'origine de ce désastre.

LE CHAMP PÉTROLIFÈRE LE PLUS VASTE

Le champ pétrolifère de Ghawar, Arabie Saoudite, développé par Aramco, mesure 240 km de long et 35 km de large. En mai 2000, on a estimé que ce champ renfermait encore entre 70 et 85 milliards de barils.

LA CARTE 3D DE LA TERRE LA PLUS PRÉCISE

Une carte 3D de la Terre représentant 80% de la masse terrestre, a été dressée par la Nasa en utilisant des données rassemblées pendant la mission STS-99 de onze jours dans la navette spatiale *Endeavour*. En utilisant deux grosses antennes radar, une dans l'aire de chargement et l'autre sur un pylône de 60 m, l'équipage de la navette a rassemblé huit térabytes (équivalant à 160 millions de pages de texte) de données topographiques précises sur la géographie physique de la Terre, avec une résolution de 10 m, à l'horizontale comme à la verticale. La Nasa commença à publier la carte en août 2001.

VOLCANS ACTIFS

• Mauna Loa, Hawaï, USA, s'étend en longueur sur 120 km, sur une largeur de 50 km. Avec un volume total de 42 500 km³, ses coulées de lave recouvrent 5 125 km² de l'île. Aucune éruption depuis 1984.
• Le Piton de la Fournaise, sur l'île de la Réunion (alt. 2 631 m), est le plus grand et le plus important volcan français en activité.

PIERRES LES PLUS CHÈRES

Pierre, Acheteur, Obs., Vente, Prix, Carats

DIAMANTS - • Brut - William Goldberg, Diamond Chow Tai Fook - Originaire de Guinée - mars 1989 - 50 millions de FF, 255,10 carats.
• Taillé - Chk. Ahmed Fitaihi - Poire sans défaut - 17-05-95 - Sotheby's, Genève - 74 millions de FF - 100,10 carats.

RUBIS - Monté sur une bague Chaumet - 26-10-89 - Sotheby's, New York - 23 millions de FF - 32,08 carats.

ÉMERAUDE - En collier, Cartier - 1937, 15,4 millions de FF.

EXCAVATION FAÇONNÉE PAR L'HOMME

Située à 800 m de profondeur et d'une largeur de 4 km, la mine de cuivre du Canyon de Bingham, près de Salt Lake City, Utah, se voit de l'espace. Depuis 1906, lorsque les travaux ont commencé, 5,4 milliards de tonnes de roches ont été excavés de la mine, qui a également produit 14,5 millions de tonnes de cuivre, 630 000 kg d'or et 5,9 millions de kg d'argent.

POLLUTION AÉRIENNE LA PLUS DÉVASTATRICE

Un nuage empoisonné de méthyl isocyanate s'échappa le 03-12-84 de l'usine de pesticides Union Carbide de Bophal, capitale du Madhya, en Inde. Cet accident causa la mort de 6300 personnes, et des milliers de survivants ont souffert de maladies incurables au cerveau, aux poumons, au foie et aux reins, ou sont devenus aveugles.

POLLUTION MARINE

De 1953 à 1967, dans la baie de Minamata, Kyushu, au Japon, une usine d'engrais déversa en continu des résidus de plomb dans la mer. Près de 20 000 personnes furent affectés par la maladie de Minamata, dont 4 500 cas graves, et 43 morts. Cet empoisonnement au mercure causa indirectement 800 autres décès, et 111 autres personnes souffrirent de lésions permanentes.

LA VILLE LA PLUS POLLUÉE

La ville de Mexico est la ville la plus polluée au monde. Elle dépasse les seuils recommandés par l'OMS (Organisation mondiale pour la santé), en dioxyde de soufre, en ozone, en monoxyde de carbone, et en particules en suspension. Elle souffre aussi d'une forte pollution en plomb et en dioxyde d'azote. Les montagnes environnantes

emprisonnent les gaz et les polluants qui ont un effet de serre sur la ville, atteignant des niveaux toxiques records.

LES PLUS FORTES ÉMISSIONS DE DIOXYDE DE CARBONE

Les USA sont les plus gros producteurs de dioxyde de carbone, l'un des principaux gaz responsables de l'effet de serre. En 2000, les USA ont émis 5 800 millions de tonnes de CO_2, soit une augmentation de 3,1% par rapport à l'année précédente.

LES PLUS FAIBLES ÉMISSIONS DE DIOXYDE DE CARBONE

Parmi les nations occidentales industrialisées, la France est le pays qui produit le moins de CO_2. En 1999, la France en a émis 400 millions de tonnes. Ces émissions – liées à l'emploi d'énergies fossiles comme le pétrole, le charbon, etc. – sont faibles car une grande partie de l'énergie française provient du nucléaire.

LA PLUS FORTE POLLUTION DE PÉTROLE EN MER

Lors de son retrait du Koweït, pendant la guerre du Golfe, Sadam Hussein ordonna à une raffinerie koweitienne de déverser dans le Golfe 908 millions de litres de pétrole, soit 25 fois le volume perdu par l'Exxon Valdez en 1989.

LA DÉFORESTATION LA PLUS IMPORTANTE

Entre 1990 et 2000, pour répondre aux besoins de bois et de terres cultivables, le Brésil a déboisé une surface de la taille de la Belgique, soit 22 264 km². De 1994 à 1995, les taux de déforestation ont doublé pour atteindre 29 000 km² par an, ce qui représente la plus importante augmentation jamais enregistrée.

LE PLUS GRAND TROU DANS LA COUCHE D'OZONE

La couche d'ozone se situe dans la stratosphère et protège la Terre des effets nocifs des rayons ultra-violets (UV-B). En septembre 2000, les scientifiques de la Nasa ont détecté le plus grand trou jamais connu dans la couche d'ozone, près de 28,3 millions de km². Ce trou au dessus de l'Antarctique mesure environ trois fois la taille des USA.

Depuis le début des années 90, ces chiffres sont redescendus aux alentours de 13 000 km² par an.

CHAMPIONS DU RECYCLAGE DU VERRE

Les champions du monde du recyclage du verre sont les Suisses : environ 91% du verre vendu en Suisse est recyclé, grâce à sa tradition de tri sélectif et à son réseau de collecte. Enfin, le fait d'avoir rendu payante la collecte d'emballages non-recyclables encourage l'emploi de matériaux réutilisables.

LA DÉFORESTATION LA PLUS RAPIDE

Au Burundi, en Afrique centrale, les zones forestières ont diminué à un rythme moyen de 9% entre 1990 et 2000. Si ce rythme est maintenu, les forêts du Burundi auront complètement disparu en onze ans.

MARÉE NOIRE

Le 19-07-79, lors de la collision de l'*Atlantic Empress* avec l'*Aegean Captain* au large de Tobago, en mer des Caraïbes, 161,6 millions de litres de pétrole ont été déversés dans la mer.

LES PLUS GRAVES DÉGÂTS CAUSÉS PAR DES PLUIES ACIDES

Les pluies acides proviennent des retombées des polllutions industrielles. Ce sont les forêts de la République tchèque qui en souffrent le plus avec 71% des forêts affectées. Le nord de la Bôhème (République tchèque) connaît aussi de graves problèmes dûs aux nuages toxiques provoqués par les industries voisines, polonaises et allemandes.

LA PLUS GRANDE REFORESTATION

Entre 1990 et 2000, la Chine a replanté assez d'arbres pour couvrir une surface moyenne de 18 063 km² (deux fois la Corse) chaque année. Des prêts de la Banque mondiale aident le programme de reforestation de la Chine.

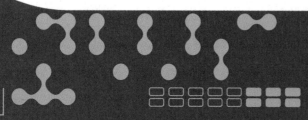

LA VOITURE AU GAZ LA PLUS ÉCOLOGIQUE

La *Honda Civic GX*, présentée en 1998, est le véhicule à gaz le plus écologique. Ses émissions de CO, HC, et NOX ont été réduites à presque zéro, et ses émissions de CO_2 d'environ 20%. La *Civic GX* émet 98% de polluants en moins par rapport à un véhicule standard.

LES PLUIES ACIDES

Plus le pH d'un acide est bas, plus il est corrosif (7 étant le point de neutralité). Le pH le plus bas jamais enregistré pour une pluie acide est de 1,87 à Inverpolly Forest, Écosse, GB, en 1983. Cette zone est celle qui reçoit les pluies les plus acides.

ACCIDENT NUCLÉAIRE

Lors de l'accident du réacteur n°4 de la centrale de Tchnernobyl, en ex-URSS, aujourd'hui l'Ukraine, le 26-04-86, le bilan officiel fit état de 31 morts au moment de l'accident. Mais 1,7 million de personnes furent exposées aux radiations. On ne connait toujours pas le nombre réel de victimes. 135 000 personnes furent évacuées mais 850 000 vivent encore dans la zone concernée. La contamination a été constatée sur une surface de 1 200 km^2. Les décès survenus parmi les 200 000 personnes impliquées dans les opérations de décontamination dans les cinq ans après l'accident n'ont pas été recensées.

ACCIDENT LIÉ À DES DÉCHETS NUCLÉAIRES

À la suite d'une surchauffe, en 1957, un conteneur de déchets nucléaires explosa dans un complexe proche de Kyshtym, Russie. Des composants radioactifs furent dispersés sur 23 000 km^2. Trente communautés dans un rayon de 1 200 km furent rayées de la carte et 17 000 personnes furent évacuées. Un rapport de 1992 indiqua que 8 015 personnes sont mortes à cause des radiations, sur une période d'observation de 32 ans.

LE PLUS GRAND CHAMP D'ÉOLIENNES

Le champ d'éoliennes de la Pacific Gas and Electric Co à Altamont Pass, Californie, couvre 140 km^2. Depuis 1981, ses 7 300 turbines ont produit 60 millions de kW/h d'électricité, suffisamment pour alimenter 800 000 foyers pendant un an.

TOIT SOLAIRE

Le plus grand toit du monde équipé de cellules photovoltaïques nécessaires à la récupération l'énergie solaire, mesure 10 000 m^2. C'est celui de l'Académie Nordrhein-Westphalen, Mont-Cenis, Allemagne. Ce toit à " un-megawatt " est équipé de 3 185 cellules solaires, connectées par 55 km de câbles et produit annuellement le double des besoins en consommation du bâtiment.

" LE " PAYS ÉCOLOGISTE

En 2001, le Forum économique mondial a nommé la Finlande n°1 dans le domaine de la protection de l'environnement, selon les critères de l'ESI (Environmental Sustainability Index). S'appuyant sur 22 indicateurs couvrant cinq domaines tels que les systèmes environnementaux, la réduction de la vulnérabilité humaine, ou la dégradation de l'environnement, la Finlande a obtenu un score de 80,5/100. Le pays le plus mal noté est le Kirghizistan, avec une note de 39,6.

L'ENDROIT LE PLUS SEC DU MONDE

Entre 1964 et 2001, la moyenne annuelle des précipitations de la station météorologique de Quillagua (21° 38' de latitude S, 69° 33' de longitude O), dans le désert d'Atacama, Chili, n'était que de 0,5 mm. C'est en préparant la série documentaire *Going to Extremes,* de Keo, que ce record extrême a été découvert.

CHUTES DE NEIGE

- Le 15-03-96, il est tombé 260 cm de neige à 1 567 m d'altitude, sur le Mont-Aigoual, dans le Gard.
- Le 21-02-96, en plaine, il est tombé 21 cm de neige, à Caen, dans le Calvados.

MONTÉE DE TEMPÉRATURE FULGURANTE

+27 °C en deux minutes : c'est la montée de température la plus subite jamais connue. Elle fut enregistrée à Spearfish, Sud Dakota, où la température passa de -20 ºC à 7 h 30 du matin à 7 ºC à 7 h 32, le 22-01-43.

L'ANNÉE LA PLUS CHAUDE

Depuis que l'on enregistre les températures, c'est-à-dire depuis 1880, l'année la plus chaude a été 1998, avec des températures dépassants de 0,57 °C les moyennes enregistrées

entre 1961 et 1990. Les années 90 ont été les années les plus chaudes avec six années records enregistrées.

LE MOINS DE SOLEIL

Au pôle Sud, le soleil ne se lève pas pendant 182 jours de l'année ; même chose au pôle Nord avec 176 jours par an. De par leurs situations géographiques, le soleil ne s'élève pas au-dessus de la ligne d'horizon pendant la moitié de l'année .

MODIFICATEUR CLIMATIQUE NATUREL

Les variations de la pression atmosphérique provoque un courant dans l'océan Pacifique appelé El Niño. Il apparaît régulièrement à cause du réchauffement cyclique de l'océan Pacifique Est et Central. En dehors des variations liées aux changements naturels de saisons, c'est le bouleversement climatique à court terme le plus important sur terre. Le cycle complet de El Niño dure entre trois et sept ans, provoquant des phénomènes climatiques dévastateurs sur l'ensemble du globe. Les années 1982-1983 et 1997-1998 furent particulièrement terribles.

GOUTTES DE PLUIES FOSSILISÉES

Le 15-12-01, la ville de Chirananda, Inde, annonça la découverte d'empreintes fossilisées de gouttes de pluies sur des roches anciennes de la chaîne de Vindhyan, Madhya Pradesh. Ces roches prouvent qu'il pleuvait déjà sur terre il y a plus de 16 millions d'années.

LA PREMIÈRE IMAGE D'UN SPRITE

Les sprites sont des phénomènes électriques associés aux éclairs. Ces flashs inhabituels se déclenchent au-dessus des orages et montent jusqu'à 100 km d'altitude. Les récits de ces

L'ENDROIT LE PLUS CHAUD DE LA TERRE

L'endroit le plus chaud de la terre 1a été enregistré autour d'un éclair. Pendant une fraction de seconde, la température de l'air est montée à 30 000 °C, soit près de cinq fois la température de la surface du soleil.

phénomènes n'avaient jamais été pris au sérieux jusqu'à ce que les premières images soient enregistrées, par accident, avec un appareil photo ultra-sensible pointé au-dessus d'un orage. Des vues de sprites ont été filmées en vidéo depuis la navette spatiale.

AVALANCHES

- Les plus grandes avalanches naturelles ont lieu dans l'Himalaya, mais leur volume n'est pas évalué.
- On a calculé que 3,5 millions de m³ de neige sont tombés lors d'une avalanche dans les Alpes italiennes, en 1885.
- Le 18-05-80, à la suite de l'éruption du mont Saint-Helens, Washington, une avalanche a déferlé à 400 km/h, déplaçant 2,8 milliards de m³ de neige.

- France. Une avalanche estimée à 2,5 millions de m³ de neige a eu lieu le 14-02-55 à Chamonix, Hte-Savoie.
- Le 31-05-70, 18 000 personnes ont été tuées par une avalanche à Yungay, au Pérou.

PRESSIONS ATMOSPHÉRIQUES

La pression barométrique – pression que l'air exerce sur nous – diminue lorsque l'on s'élève en altitude. Elle se mesure en millibars ou en millimètres de mercure. La plus haute jamais enregistrée était de 1 083,8 mb à Agata, Sibérie, le 31-12-68. Ce chiffre indique que l'on devrait atteindre les 600 m d'altitude, mais ce record est d'autant plus

LANCEMENT ÉCLAIR

En juin 1987, un éclair frappa la base de la Nasa de Wallops Island, en Virginie. Il provoqua la mise à feu inopinée de trois fusées non habitées. Deux d'entre elles commencèrent à suivre leur trajectoire programmée, pendant que la troisième plongeait dans l'océan. Ironie du sort, cette troisième fusée avait été conçue pour étudier les orages.

LE PLUS HAUT PHÉNOMÈNE ATMOSPHÉRIQUE

Les phénomènes atmosphériques visibles les plus hauts sont les magnifiques aurores boréales. On remarque les plus basses à une altitude proche de 100 km, et les plus hautes aux alentours de 400 km d'altitude.

troublant qu'Agata ne se situe qu'à 262 m au-dessus du niveau de la mer. La pression barométrique la plus basse enregistrée est de 870 mb, à 483 km à l'ouest de Guam, Océan pacifique, le 12-11-79.

BROUILLARDS SANS FIN

Des brouillards, avec une visibilité de 900 m seulement, peuvent stagner durant des semaines sur les grands bancs de Terre-Neuve. Leur présence annuelle moyenne est de 120 jours par an.

LES NUAGES LES PLUS HAUTS

Les nuages les plus hauts de l'atmosphère sont des nuages nocturnes, appelés *noctilucents*. C'est aux endroits les plus hauts ou les plus bas que l'on observe le mieux ces phénomènes splendides qui forment 99,9% de l'atmosphère. On peut les admirer juste après le coucher du soleil,

quand ils sont encore lumineux. On pense qu'ils sont constitués d'un mélange de cristaux de glace et de poussière de météores.

LES PLUS GROS GRÊLONS DU MONDE

Les grêlons les plus lourds jamais mesurés pesaient jusqu'à un kilo chacun. Ils ont provoqué la mort 92 personnes dans le district de Gopalganj, Bengladesh, le 14-04-86.

LES PLUS VIOLENTS JETSTREAMS

Les jetstreams sont des courants aériens violents et étroits provenant des hautes couches de l'atmosphère. La plus grande vitesse jamais mesurée d'un vent de jetstream est de 500 km/h. Cette vitesse a été détectée au-dessus du Japon où l'air tropical du nord de l'Inde se déplaçait en direction du nord-est.

HALOS SOLAIRES

Le 11-01-99, 24 sortes de halos solaires furent observés par des scientifiques au pôle Sud géographique. Les halos solaires se forment quand la lumière du soleil est réfractée par des cristaux de glace dans l'atmosphère, faisant apparaître des anneaux autour du soleil et des zones de couleurs vives dans le ciel. Les conditions atmosphériques du pôle favorisent ce genre de phénomène.

UN PAIN DE GLACE QUI TOMBE DU CIEL

Le 13-08-49, des témoins rapportèrent qu'un morceau de glace de 6 m de long était tombé du ciel en Écosse. La glace transparente semblait composée de plusieurs petits fragments de glace. En effet, des grêlons auraient pu être compactés au passage d'un éclair, car le bloc de glace était tombé après un coup de tonnerre.

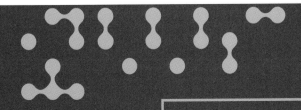

FOUDRE MORTELLE

Le 08-12-63, la foudre frappa en plein vol un *Boeing 707*, tuant 81 personnes. L'accident se produisit près de la ville d'Elkton, Maryland, USA.

LE CYCLONE LE PLUS DÉVASTATEUR

L'ouragan Mitch a frappé l'Amérique centrale (Honduras et Nicaragua) entre le 26-10 et le 04-11-98. L'aide internationale fut le seul recours de 2,5 millions de personnes, dont les 93 690 maisons furent détruites.

L'INONDATION LA PLUS MEURTRIÈRE

900 000 personnes furent tuées par le débordement de la rivière Jaune (Huang He), dans la région de Huayan Kou, en Chine, en octobre 1887.

LA TORNADE LA PLUS MEURTRIÈRE

Le 26-04-89, la ville de Shaturia au Bengladesh fut rayée de la carte par une tornade géante : 1 300 personnes périrent et 50 000 perdirent leur maison.

LE PLUS TERRIFIANT RAZ-DE-MARÉE

• En 1896, un raz-de-marée géant, appelé aussi tsunami – il s'agit d'une vague gigantesque générée par un tremblement de terre ou une éruption volcanique, a inondé la côte du Japon, noyant 27 000 personnes.
• Le tsunami contemporain le plus meurtrier a eu lieu dans la région du golfe Moro, aux Philippines, le 17-08-76, dont le bilan fait état de 8 000 morts.

L'ANNÉE LA PLUS CHÈRE

L'année 1995 fut la plus coûteuse qu'on ait jamais connue en termes de catastrophes naturelles, avec une facture à hauteur de 1,8 milliards $ (2 milliards €). Une bonne partie de ces coûts étaient due au tremblement de terre de Kobé (Japon), en janvier de cette année-là.

TREMBLEMENT DE TERRE LE PLUS DÉVASTATEUR

Le tremblement de terre de la plaine de Kanto au Japon le 01-09-23 détruisit 575 000 maisons dans les métropoles de Tokyo et Yokohama. 142 807 personnes moururent ou furent portées disparues. La ville de Yokohama fut entièrement détruite. Des incendies se déclarèrent dans les deux villes, ajoutant à la dévastation. À Misaki, au sud de Yokohama, le niveau du sol s'éleva de 7,30 m, modifiant la forme de la côte. Après 72 heures, le sol commença à revenir à son niveau initial. En plus des terribles pertes en vies humaines, on estime le coût de cette catastrophe à un milliard $ (1,1 milliard €).

LE PLUS MEURTRIER DES TREMBLEMENTS DE TERRE

On estime que le tremblement de terre le plus meurtrier des temps modernes fut celui de Tangshan en Chine, le 28-07-76. D'une magnitude de 7,9, il tua 255 000 personnes.

LES SANS-ABRIS DE LA MOUSSON DE 1978

En septembre 1978, les pluies de la mousson du Bengale causèrent de telles inondations que 15 millions de personnes sur un total de 44 millions se retrouvèrent sans toit. Par ailleurs, 1 300 personnes et 26 000 têtes de bétail moururent. Les pertes économiques s'élevèrent à 11,3 millions $ (12,5 millions €).

DÉGÂTS CAUSÉS PAR UNE INONDATION

Les rivières Hwai et Yangtze en Chine ont débordé en août 1950, détruisant 890 000 maisons, faisant 490 morts et dix millions de sans-abris. Au total, deux millions d'hectares de terres furent inondés, rendant 1,4 million d'hectares incultivables pour les semis.

BILAN D'UN CYCLONE

Les îles du Delta du Gange, au Bengladesh, ont été touchées les 12 et 13-11-70 par un cyclone tropical dont le bilan fait état d'un million de morts, soit plus de la moitié de la population.

ORAGE DE GRÊLE

Ce sont 246 personnes qui ont été tuées par un orage de grêle à Moradabad, Uttar Pradesh, Inde, le 20-04-1888.

TUÉS PAR L'ÉRUPTION D'UN GEYSER

L'une des violentes éruptions du geyser Waimangu en Nouvelle-Zélande, en août 1903, tua quatre personnes. Le système hydrothermal qui génère cette activité s'était formé en 1886 quand le volcan Tarawera, à proximité, est entré en éruption. Les victimes se trouvaient à 27 m du geyser, mais leurs corps projetés furent retrouvés jusqu'à 800 m plus

CHAT MIRACULÉ

En décembre 1999, 80 jours après le tremblement de terre de Taïwan qui fit 2 400 victimes, un chat fut découvert vivant, prisonnier dans les décombres de Taichung. Le chat, déshydraté et respirant à peine, pesait moins de la moitié du poids d'un chat en bonne santé. Il fut pris en charge d'urgence dans un centre vétérinaire et se remit complètement.

LE CYCLONE LE PLUS RAVAGEUR

On estime que l'ouragan Andrew a causé 155 millions $ (170 millions €) de dégâts, uniquement pour les biens assurés. Il est passé sur Homestead, Floride, USA, entre les 23 et 26-08-92.

LA PLUS DÉSASTREUSE TEMPÊTE DE GLACE

Dans le sud-est du Canada, région limitrophe des USA, la tempête de glace de janvier 1998 est restée dans les mémoires. Elle avait commencé le 6 du mois, bloquant aéroports, trains et autoroutes, et privant de courant trois millions de personnes, 40% de la population du Québec. Pendant cinq jours, une pluie verglaçante enroba progressivement de 10 cm de glace les câbles électriques, qui cédèrent. Des dizaines de milliers de poteaux s'abattirent. La facture fut estimée à 650 millions $ (720 millions €).

loin. L'un était coincé entre deux rochers, l'autre dans un trou du sol, le troisième suspendu dans un arbre et le quatrième sur le sol.

GLISSEMENT DE TERRAIN

Le 31-05-70, un glissement de terrain de débris de rochers a fait 18 000 morts dans la ville de Yungay (Pérou), au mont Huascaran. Une masse de rochers et de glace d'environ 900 m de large et de 1,6 km de long s'est mise en mouvement et a glissé à une vitesse moyenne de 160 km/h avant d'atteindre la ville, 14,4 km plus bas.

L'ORAGE MAGNÉTIQUE LE PLUS DANGEREUX

Le grand orage géomagnétique du 13-03-89 fut classé G5, la plus haute graduation sur l'échelle de la météo spatiale. Il causa des perturbations de grande envergure dans le réseau électrique nord-américain, changea l'orbite d'un satellite et généra de magnifiques aurores boréales. Ces orages sont le produit des explosions solaires, qui, lorsqu'elles sont très fortes, produisent de grandes quantités de particules, perturbant ainsi le champ magnétique terrestre.

DOMMAGES CAUSÉS PAR LA GRÊLE

En juillet 1984, à Munich, en Allemagne, un énorme orage de grêle a haché arbres, maisons, bâtiments et véhicules. Le montant des dégâts remboursé par les assurances s'est élevé à 550 millions €, et la facture finale, incluant les pertes économiques liées aux destructions sur les bâtiments non assurés, a été estimée à 1,1 milliard €.

LA PLUS GROSSE COULÉE DE LAVE DÉTOURNÉE

En 1973, le flot de lave de l'éruption du volcan Eldfell sur l'île d'Heimaey en Islande dévala en direction de Vestmannaeyjar, détruisant un tiers du village. Les habitants, armés de tuyaux à incendie et de pompes à eau, créèrent un barrage naturel en refroidissant la lave qui se solidifia et dévia vers la mer.

SURFACE LA PLUS LISSE DU SYSTÈME SOLAIRE

La lune glacée de Jupiter, Europe, orbite à 670 900 km au-dessus de la planète. Sa surface est plus lisse que celle de n'importe quel corps solide du système solaire. Des congères de 800 m de haut forment son seul relief.

L'AMAS D'ÉTOILES LE PLUS BRILLANT

Les Pléiades sont aussi appelées les Sept Sœurs, ou M45. Cet amas de 500 étoiles distinctes occupe dans l'espace une zone de 20 années-lumière de large, à 380 années-lumière de la Terre. La plus brillante des Pléiades est Alcyone, dont la magnitude apparente (luminosité perçue de la Terre) est de 2,87. Celle du soleil est de -26,5.

LA PLUS HAUTE ÉRUPTION VOLCANIQUE

Le 06-08-01, la sonde Galilée de la Nasa passa très près de la Lune volcanique active de Jupiter, Lo. Dans les mois qui suivirent, en consultant les données transmises à la terre, les scientifiques réalisèrent que le vaisseau était passé à travers les projections d'une éruption volcanique de 500 km de haut : la plus haute jamais vue.

LE JOUR LE PLUS LONG

Il faut à Vénus 243,16 jours terriens pour tourner une fois autour de son axe, alors qu'il ne faut à la Terre que 23 h 56 min 4 s. Comme Vénus est plus près du soleil que la Terre, une année vénusienne est donc plus courte qu'une année terrestre, avec 224,7 jours. Par conséquent, sur Vénus un jour est plus long qu'une année.

LE SATELLITE LE PLUS PROCHE DE SA PLANÈTE

Le satellite Phobos est une petite lune de Mars. Parmi tous les satellites du système solaire, c'est celui qui orbite le plus près de sa planète : il se trouve à 9 378 km du centre de Mars, et à 5 981 km de sa surface. Par comparaison, la Lune se trouve à 384 400 km du centre de la Terre, et à 376 284 km de surface à surface, soit 40 fois plus loin.

GRANDES VALLÉES DU SYSTÈME SOLAIRE

Sur Mars, les énormes vallées de la face nord-ouest mesurent environ 200 km de large, et furent probablement creusées par des cataractes d'eau jaillissant de la surface il y a environ 3 500 millions d'années. Ces vallées furent découvertes par James Dohm et ses collègues de l'université d'Arizona en 2001, grâce aux chiffres collectés par la sonde de la Nasa.

COEUR DE FER

C'est la Terre qui est la plus dense des planètes du système solaire : sa densité moyenne est 5,517 fois supérieure à celle de l'eau. Formée il y a 4,6 milliards d'années, notre planète est composée d'un noyau interne solide de fer et de nickel, d'un noyau externe liquide de fer et de nickel également, d'un manteau de roche en fusion, et d'une fine croûte de roche solide.

LA PLUS LOINTAINE DES SUPERNOVÆ

En avril 2001, des astronomes annoncèrent qu'ils avaient découvert, grâce au téléscope spatial *Hubble*, la plus lointaine des supernovæ. La lumière de cette étoile en explosion nous arrive d'une distance de 10 milliards d'années-lumière. Une année-lumière est la distance que parcourt la lumière en une année, soit 9,5 trillions de km.

PLUS LUMINEUX QUE LE SOLEIL

Quasar signifie objet quasi-stellaire, c'est-à-dire qui ressemble à une étoile. Mais les quasars ont beaucoup plus d'énergie que les étoiles. Le quasar APM08279 + 5255 a été découvert en mars 1998 par des astronomes à La Palma (îles Canaries, Espagne), grâce au téléscope *Isaac Newton*, de 2,5 m d'ouverture. Ce quasar est environ 4 à 5 millions de milliards de fois plus brillant que le Soleil, et, selon des estimations, dix fois plus brillant que n'importe quel autre quasar connu. Lorsque sa lumière nous arrive, elle a quitté le quasar depuis 11 milliards d'années.

LA PLUS BRILLANTE DES NÉBULEUSES

La plus brillante des nébuleuses est celle d'Orion. Ce nuage de particules et de gaz est située dans " l'épée " de la constellation d'Orion, facilement visible à l'œil nu.

LE POINT LE PLUS CHAUD DU SYSTÈME SOLAIRE

Le centre du Soleil est l'endroit le plus chaud du système solaire : selon les plus récentes estimations, la température y atteindrait 15 600 000 ºC. La pression y est 250 milliards de fois plus forte que la pression de référence, à savoir la pression au niveau de la mer. Chaque seconde, près de 600 millions de

STRUCTURE

La plus grande structure jamais découverte dans l'Univers s'appelle le Grand Mur. Ce voile géant, ou filament de galaxies, a été découvert en 1989 par les Américains Margaret Geller et John Huchra. On estime la surface du Grand Mur à 270 sur 700 millions d'années-lumière, et son épaisseur à 15 millions d'années-lumière.

LE TROU NOIR LE PLUS LOURD

Le 28-11-01, un trou noir d'une masse 14 fois supérieure à celle du Soleil a été découvert par une équipe de l'observatoire Paranal en Europe du Sud. Ce trou noir se situe approximativement à 40 000 années-lumière de la Terre.

tonnes d'hydrogène
fusionnent pour donner
de l'hélium, provoquant une
réaction de fusion nucléaire
permanente, grâce à laquelle
le soleil brille.

LA PLUS PROCHE DES ÉTOILES À NEUTRONS

L'étoile à neutrons la plus proche du
système solaire s'apelle RX J185635-
3754. Après avoir été une supernova
(une étoile formée d'hydrogène en
cours d'explosion) il y a un million
d'années, elle est devenue une petite
étoile extrêmement dense, formée
uniquement de neutrons, qui s'est
effondrée sous sa propre gravité.
Elle ne se trouve qu'à 200 années-
lumière de nous, et a pu être
observée grâce au téléscope
spatial *Hubble*.

ATMOSPHÈRE, ATMOSPHÈRE

Il existe une planète, autre que la
Terre, qui possède une atmosphère :
cette planète encore sans nom orbite
autour de l'étoile HD 209458, à
150 années-lumière de la Terre. Sa
présence a été détectée en 1999, à
cause du léger balancement que sa
gravité imprime à sa voisine, et
a été confirmée grâce encore au
téléscope spatial *Hubble*.

LA PLUS BRILLANTE

La supernova SN 1006, près de
l'étoile Beta Lupi, brûla pendant deux
ans et atteignit une magnitude de -
9,5. Cette explosion cosmique
titanesque était si lumineuse qu'on
pouvait la voir à l'oeil nu pendant
24 mois. À son maximum de
luminosité, elle était 1 500 fois plus
brillante que Sirius, l'étoile la plus
brillante du ciel. Elle se trouve à
3 260 années-lumière de la Terre
(137 000 000 000 000 000 km).

LA PLUS GRANDE ÉRUPTION SOLAIRE

Le 02-04-01 à 21 h 51 GMT, on enregistra la plus forte éruption connue à la surface du
Soleil. Elle a émis des dizaines de millions de tonnes de gaz électrifié et des radiations.
Une partie de cette matière a atteint l'atmosphère terrestre, créant une aurore boréale.

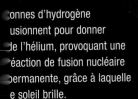
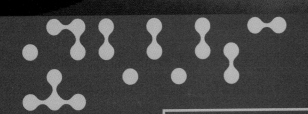

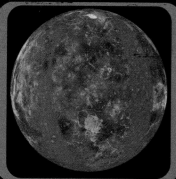

LA PLANÈTE LA PLUS EXPLORÉE

Il y a eu 28 missions spatiales à destination de Vénus et 26 à destination de Mars. La sonde *Cassini-Huygens* est le dernier engin spatial à s'être approché de Vénus. Elle l'a survolée en 1998 et en 1999 afin de prendre de la vitesse à partir de l'orbite solaire de la planète.

LE PLUS LONG VOL SPATIAL FÉMININ

Le vol spatial le plus long réalisé par une femme a duré 188 jours, 4 h et 14 s. L'Américaine Shannon Lucid a décollé le 22-03-96, pour la station *Mir* à bord de la navette américaine *Atlantis*. Elle est revenue sur terre le 26-09-96. Son séjour est aussi le plus long jamais effectué par un astronaute américain.

LA PLUS LONGUE SORTIE DANS L'ESPACE

Le 11-03-01, les Américains Jim Voss et Susan Helms ont effectué une sortie de 8 h 56 min dans l'espace. Leur mission consistait à préparer la station spatiale internationale avant l'arrivée du module de ravitaillement *Leonardo*, acheminé par la navette *Discovery*.

PREMIERS FRANÇAIS

• Jean-Loup Chrétien, né en 1938, fut le premier Français à effectuer un vol spatial, à bord du vaisseau soviétique Soyouz, du 24-06 au 02-07-82.
• Patrick Baudry, né en 1946, fut le deuxième Français dans l'espace, sur la navette américaine Discovery, du 17 au 24-06-85.

FOULE DANS L'ESPACE

Le 14-03-95, treize personnes se trouvaient dans l'espace en même temps. Sept Américains étaient à bord de la navette *Endeavour*, trois cosmonautes russes étaient à bord de la station *Mir*, deux cosmonautes de la Communauté d'États indépendants (CEI) et un astronaute américain étaient à bord de *Soyouz TM21*.

L'ATTERRISSAGE LE PLUS VIOLENT

Le 04-07-97, la sonde américaine *Mars Pathfinder* s'est posée sur la planète Mars grâce à l'utilisation d'un parachute et de fusées-freins. Ce système a été utilisé pour ralentir la sonde après son entrée dans l'atmosphère de Mars. L'atterrisseur s'est ensuite détaché du parachute et a poursuivi son approche vers Mars, enveloppé dans plusieurs airbags. Lors de l'atterrissage, à 16 h 57 GTM, il a rebondi une première fois à 15 m de hauteur, puis quinze fois encore avant de s'immobiliser.

L'ENGIN À ÉNERGIE SOLAIRE LE PLUS DISTANT

En avril 2002, la sonde américaine *Stardust* se trouvait à 407 millions de km du Soleil. *Stardust* devait survoler la comète Wild 2 en janvier 2002 afin de collecter des échantillons. Ce type d'engin n'explore en général que les planètes ou comètes les plus proches du Soleil, qui leur fournit leur énergie.

LE PREMIER SATELLITE FRANÇAIS

Réalisé par le SEREB et lancé le 26-11-65 par la fusée *Diamant 1*, le premier satellite français s'appelait *Astérix*, pesait 42 kg et contenait un répondeur radar ainsi qu'un émetteur de télémesure. Construit en fibre de verre, il surmontait le 3e étage de la fusée *Diamant 1*.

LE PLUS VIEIL ENGIN HABITABLE EN SERVICE

La navette américaine *Columbia* a effectué son premier vol le 12-04-81. Avant de prendre les commandes de la première mission de *Columbia*, John Young avait déjà effectué quatre vols dans l'espace, dont deux missions lunaires à bord d'*Apollo*. *Colombia* fait partie des quatre navettes spatiales en service composant la flotte de la Nasa.

NOMBRE DE VOLS SPATIAUX PAR UN SEUL ASTRONAUTE

Le 08-04-02, l'astronaute américain Jerry Ross, 54 ans, s'est envolé pour sa septième mission spatiale à bord de la navette *Atlantis*. Il participait comme membre d'équipage à la mission STS 110 à destination de la station spatiale internationale. Jerry Ross a effectué tous ses vols à bord d'*Atlantis*, dont le premier remonte à 1985.

LA CARTE ASTRONOMIQUE LA PLUS PRÉCISE

Le satellite *Hipparcos*, lancé par l'Agence spatiale européenne, a mesuré les coordonnées de 100 000 étoiles avec une précision 200 fois supérieure à toutes les autres mesures effectuées à ce jour. Les données collectées par *Hipparcos*, à l'issue d'une mission qui a duré de 1989 à 1993, ont été publiées par l'Agence spatiale européenne en 1997.

LE PLUS VIEIL ENGIN INTERPLANÉTAIRE EN SERVICE

Pioneer 6, engin spatial non habité, a été lancé le 16-12-65. Après avoir gagné l'orbite solaire situé entre la Terre et Vénus, *Pioneer 6* a fourni des informations sur l'espace interplanétaire, et notamment sur les vents solaires. Il est toujours en service mais ne collecte plus de données.

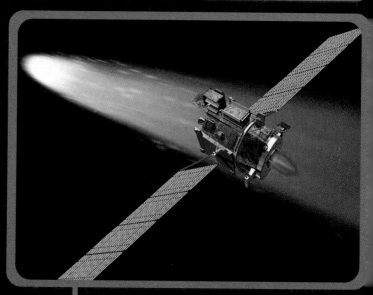

IMAGE LA PLUS PRÉCISE D'UNE COMÈTE

Le 22-09-01, la sonde *Deep Space 1* lancée par la Nasa, a survolé la comète Borelly à une distance de 2 000 km. Elle a photographié son noyau nucléaire de roches et de glace, révélant des détails distants de 45 m.

LE PLUS LONG VOL SPATIAL FRANÇAIS EN STATION ORBITALE

René Haigneré est resté 188 jours, 20 h 16 min en station orbitale du 20-02 au 28-08-99.

L'ENTRÉE LA PLUS RAPIDE DANS UNE ATMOSPHÈRE

Une sonde du programme *Galileo* a atteint la vitesse vertigineuse de 170 000 km/h lors de sa descente vers Jupiter, le 07-12-95. La sonde de 339 kg était équipée d'un bouclier destiné à lui permettre de résister à une température de 15 500 °C résultant du frottement dû à son entrée dans l'atmosphère de Jupiter.

TÉLESCOPES LES PLUS PUISSANTS

• Le télescope spatial *Chandra*, qui étudie les rayonnements X, a été lancé en juillet 1999. Sa puissance lui permet de lire un panneau routier à un éloignement de 19 km. Il est en orbite autour de la Terre à une distance 200 fois supérieure à celle du télescope *Hubble*.
• Lancé en 1991, le plus puissant des télescopes gamma est le *Compton Gamma Ray Observatory*. Il a brûlé le 04-06-00, lorsqu'on l'a ramené dans l'atmosphère terrestre.
• Le télescope *Ukirt* (United Kingdom Infrared Telescope), situé à Mauna Kea à Hawaii, est le plus grand télescope infrarouge. Son miroir mesure 3,74 m. Il est si puissant qu'on l'utilise pour l'observation du visible, mais aussi pour celle de l'infrarouge.

L'ÉTUDE LA PLUS APPRONFONDIE SUR LES GALAXIES

Grâce aux données récoltées par l'*Anglo-Australian Telescope*, situé en Australie, des chercheurs ont pu réaliser une carte de l'univers en trois dimensions d'une précision inégalée.

NOMBRE DE MISSIONS PAR UN MÊME ENGIN

La navette *Discovery* a décollé le 10-08-01 pour une mission d'acheminement du module de ravitaillement *Leonardo* vers la station spatiale internationale, assurant la relève de l'équipage de la station. C'était la 30ᵉ mission de *Discovery*. La navette est en service depuis 1984.

L'étude, menée par une équipe internationale d'astronomes, portait sur 100 000 galaxies.

LA PLUS LONGUE SORTIE SUR UN CORPS CÉLESTE

Les Américains Eugène A. Cernan et Harrisson H. Schmitt ont passé au total 74 h 59 min 40 s sur la surface de la Lune durant la mission Apollo 17 en 1972. C'était la dernière mission américaine habitée vers la Lune. Elle dura 12 jours 13 h 52 min, du 07 au 19-12-72.

COUP DE GOLF

En février 1971, à la fin de la mission Apollo 14, l'astronaute américain Alan Shepard a envoyé deux balles de golf sur la Lune. Il avait fabriqué un club grâce à un outil destiné à prélever des échantillons lunaires. Une des balles de golf a effectué une trajectoire de 15 m.

L'IMAGE LA PLUS DISTANTE DE LA TERRE

Le 04-02-90, la sonde *Voyager 1*, lancée douze ans et demi plus tôt par la Nasa, a pris des clichés de la Terre à une distance de 6,5 milliards de km.

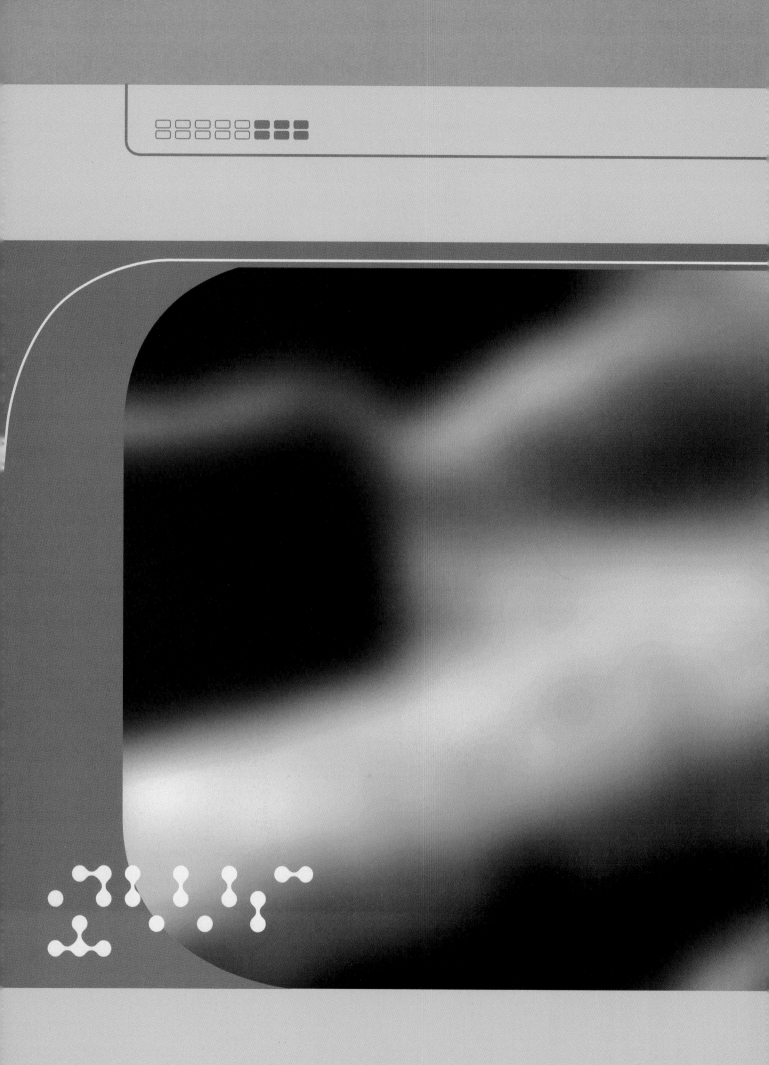

MYSTÈRES DE LA NATURE

LE PLATEAU
LE PLUS ÉTENDU
Le plateau du Tibet, en Asie Centrale, s'étend sur 1 850 000 km². Son altitude moyenne est de 4 900 m.

LE PLUS VIEUX
FRAGMENT TERRESTRE
Un morceau de zircon datant d'il y a 4,3 milliards d'années, a été découvert en Australie. Il a 100 millions d'années de plus que n'importe quel autre découvert à ce jour. Ce fragment atteste la thèse selon laquelle la surface de la Terre était, à cette période, constituée d'un océan de magma.

LES PLUS
GRANDES ÎLES
• La plus grande île, le Groenland, couvre 2 175 000 km². Elle se compose en fait de plusieurs îles recouvertes d'un manteau de glace sans lequel elle n'aurait qu'une superficie de 1 680 000 km².
• France. Longue de 185 km et une large de 85 km, la Corse a une superficie de 8 720 km².

LE CRATÈRE DE VOLCAN
LE PLUS ÉTENDU
La caldeira, c'est-à-dire le cratère d'effondrement, du volcan Toba, en Indonésie, s'étend sur 1 775 km². La dernière éruption du volcan s'est produite il y a 75 000 ans.

LE PHÉNOMÈNE
D'EXTINCTION DE MASSE
LE PLUS IMPORTANT
Il y a 248 millions d'années, un phénomène d'extinction de masse a provoqué la disparition de 90% des espèces marines et de 70% des espèces vivant sur terre. Plusieurs explications sont avancées. Il peut s'agir d'un impact d'astéroïde, d'un changement climatique, ou d'une modification de la composition des océans. Cette période marque également un tournant dans l'évolution des espèces ayant survécu, ancêtres des poissons et des dinosaures.

LES PLUS HAUTS
SOMMETS
• Le mont Everest, situé à la frontière du Népal et du Tibet, dans l'Himalaya, culmine à 8 848 m. Officiellement reconnu comme le mont le plus haut du monde dès 1856, il porte le nom du Général George Everest, qui dirigea une étude britannique en Inde de 1830 à 1843.
• Le mont Blanc, Haute-Savoie, dont l'altitude est de 4 807 m, est le plus haut sommet d'Europe avant l'Oural.

LA GROTTE
LA PLUS VASTE
La Sarawak Chamber, parc de Gunung Mulu, en Malaisie, mesure 700 m de long. Elle a une largeur moyenne de 300 m et une hauteur minimale de 70 m. Découverte en 1980, elle est assez grande pour contenir l'hôtel des Invalides à Paris.

GROTTES EN FRANCE
• Le réseau Félix-Trombe, au sud-ouest de Toulouse, Haute-Garonne, s'étend sur 90 km.
• Au gouffre de la Pierre-Saint-Martin, Pyrénées-Atlantiques, la salle de La Verna mesure 270 m x 250 m, pour une hauteur de 180 m.
• La plus profonde est le gouffre Jean-Bernard, Samoëns, Haute-Savoie. En 1989, le groupe Vulcain a atteint une profondeur de 1 602 m.

LE PLUS GRAND
MONOLITHE
Le monolithe de grès d'Uluru, ou Ayers rock, en Australie, mesure 348 m de haut, 2,5 km de long et 1,5 km de large.

LE VOLCAN EN ACTIVITÉ
LE PLUS ÉTENDU
Le Mauna Loa, à Hawaii, USA, mesure 120 km de long et 50 km de large. Il s'élève à 4 170 m au-dessus du niveau de la mer. Son volume total est de 42 500 m³, dont 82,4% se situent au-dessous du niveau de la mer. Son cratère, le Mokuaweoweo, couvre 10,5 km² pour une profondeur de 150 à 180 m. Sa dernière éruption remonte à 1984.

LE CONTINENT
LE PLUS ÉTENDU
DE TOUS LES TEMPS
Il y a 250 millions d'années, la Pangée (du grec *Pangea* signifiant " toutes les terres ") regroupait tous les continents. Ce supercontinent s'est disloqué en raison de la tectonique des plaques il y a 180 millions d'années.

L'ÎLE LA PLUS ISOLÉE
L'île Bouvet, une île déserte norvégienne, est située dans l'Atlantique sud, à 1 700 km de la terre la plus proche, la terre de la Reine Maud en Antarctique est, également inhabitée. L'île Bouvet fut découverte le 01-01-1739 par le Français Jean Bouvet de Lozier.

L'ÎLE HABITÉE LA PLUS
ÉLOIGNÉE DES TERRES
L'île habitée la plus éloignée des terres est Sainte-Hélène, où l'empereur Napoléon Ier fut retenu prisonnier par les Anglais et où il mourut. Le continent le plus proche, l'Afrique, se trouve à 2 740 km au plus près.

LES PLUS HAUTES FALAISES
• Les falaises de la côte nord-est de l'île de Molokai, Hawaii, USA, culminent à 1010 m au-dessus du niveau de la mer.
• La falaise du cap Canaille, à Cassis, Bouches-du-Rhône, mesure 362 m.

LE DÉSERT
LE PLUS ÉTENDU

Le Sahara, en Afrique du Nord, s'étend sur 9 269 000 km², soit la taille des USA. C'est le désert chaud le plus étendu du monde. Il atteint une largeur de 5 150 km et s'étend sur 1 280 à 2 250 km du nord au sud.

Environ un huitième des terres de la planète sont dites arides, avec une quantité de pluie inférieure à 25 cm par an.

L'IMPACT SUR TERRE
LE PLUS PUISSANT

Le 30-06-08, une énorme explosion a dévasté le bassin du fleuve Toungouska, en Russie, sur une étendue de 3 900 km. L'onde de choc fut perçue sur un rayon d'1 km. On pense que le choc a été provoqué par la désintégration, à 10 km d'altitude, d'une météorite de 30 m de diamètre arrivée à un angle de 45°, à une vitesse hypersonique.

L'ÎLE DÉSERTE
LA PLUS ÉTENDUE

L'île Devon, au Canada, située dans le Cercle arctique au nord de la terre de Baffin, s'étend sur 66 800 km². Le tiers de l'île est recouvert de glace. On y trouve le cratère de Haughton, large de 20 km,

qui se serait formé il y a 23 millions d'années. L'île abrite aussi le projet scientifique Haugton-Mars qui étudie les conditions de survie sur Mars.

LE PLUS GRAND
CRATÈRE MÉTÉORITIQUE

Le cratère météoritique de Vredefort, en Afrique du Sud, a un diamètre estimé à 300 m. Il s'est formé il y a deux milliards d'années lorsqu'une météorite provenant d'un astéroïde est entrée en collision avec la Terre. À ce jour, 150 cratères dûs à des impacts ont été identifiés sur terre.

LES PLUS GRANDS
RONDS DE VAPEUR

L'Etna, en Sicile, Italie, émet des ronds de vapeur pouvant atteindre 200 m de diamètre. Ces ronds peuvent demeurer au-dessus du

volcan pendant dix minutes tout en s'élevant progressivement jusqu'à 1000 km au-dessus du sommet. On pense que ce phénomène est dû à la forme particulière de leur sommet.

CENTRES
GÉOGRAPHIQUES
DE FRANCE ET D'EUROPE

• L'IGN le situe à Nassigny, Allier, au lieu-dit La Brande-de-Murat, en incluant la Corse dans les calculs. Si l'on exclut la Corse, le centre se trouve à La Coucière, Vesdun, Cher.
• L'IGN situe le centre de l'Europe physique – celle qui s'étend de l'Atlantique à l'Oural – à Purnuskis, village de Lituanie, à 20 km au nord de Vilnius.

LE LAC
LE PLUS PROFOND

Le lac Baïkal, en Sibérie, atteint 1 637 m de profondeur, dont 1 181 m se trouvent au-dessous du niveau de la mer. Il contient 20% des réserves mondiales d'eau douce. C'est aussi le plus vieux lac d'eau douce de la planète : il s'est formé il y a 20 à 25 millions d'années.

LE TSUNAMI
LE PLUS HAUT

Le 09-07-58, un tsunami (raz-de-marée généralement engendré par un séisme ou une éruption volcanique en mer) de 524 m de haut s'est formé dans la baie de Lituya, Alaska. La vague géante, due à un glissement de terrain, déferlait à 160 km/h.

L'OCÉAN
LE PLUS VASTE

L'océan Pacifique représente 45,9% de la surface totale des océans. Il s'étend sur 166 241 km² et a une profondeur moyenne de 3 940 m. Il couvre plus d'un tiers de la surface de la Terre.

LA COLONNE
HYDROTHERMALE
LA PLUS HAUTE

Ces colonnes d'eau chaude se forment au-dessus des dorsales océaniques en raison de l'activité volcanique sous-marine. La plus haute colonne hydrothermale jamais observée mesure 55 m de haut. Elle a été découverte en décembre 2000 sur la dorsale médio-atlantique par le vaisseau américain *Atlantis*.

TEMPÉRATURE OCÉANIQUE
LA PLUS ÉLEVÉE

La plus haute température enregistrée dans un océan est de 404 °C. Elle a été mesurée dans l'Océan pacifique en 1985 par un sous-marin américain sur un site hydrothermal, à 500 km au large de la côte ouest américaine.

POINT OCÉANIQUE
LE PLUS PROFOND

Ce point, situé au fond de la fosse des Mariannes, dans l'Océan pacifique, fut repéré pour la première fois en 1951 par le navire *Challenger*. Il se situe à une profondeur de 10 911 m, selon la mesure effectuée le 24-03-95 par la sonde japonaise Kaiko.
• France. La profondeur au large d'Antibes, Alpes-Maritimes, atteint 1 500 m en un endroit situé dans la zone des Quatre Mille Marins (7,5 km) bordant le territoire métropolitain.

LE LAC LE PLUS ÉTENDU

La Mer Caspienne (Russie, Iran, Turkménistan, Azerbaïdjan, et Kazakhstan) a une superficie de 371 800 km², et une longueur de 1225 km. Plus du tiers de la Mer Caspienne se situe en Iran. Elle a une profondeur maximale de 1 025 m et sa surface se trouve à 28,5 m au-dessous du niveau de la mer. Son volume est estimé à 89 600 km³.

PLUS HAUTES VAGUES
• Mesurée le 30-12-72 par le navire britannique *Weather-Reporter* dans l'Atlantique nord par 59° de latitude N et 19° de longitude O, la plus haute vague atteignait 26 m.
• Dans la nuit du 06-02-33, le lieutenant Frederic Margraff (US) a observé une vague de 34 m de haut. Il voyageait à bord de l'*USS Ramapo*, de Manille, Philippines, à San Diego, Californie.

LE PLUS GROS
DÉBIT ANNUEL

Les chutes de Boyoma, sur le fleuve Congo (République démocratique du Congo) ont un débit moyen de 17 000 m³/s.

LE PLUS GRAND MASCARET

Le plus grand mascaret , une barre d'eau provoquée par les marées et remontant le cours d'un fleuve à contre-courant, s'est formé le 18-08-93 dans la baie d'Hangzhou, en Chine. La vague a atteint une hauteur de 9 m et a déferlé sur 320 km. Elle a déversé 9 millions de litres d'eau par seconde sur le rivage, tuant une centaine de personnes.

LE PLUS GRAND
ICEBERG

Un iceberg de 31 000 km², plus grand que la Belgique, a été repéré en 1956 par le navire américain *USS Glacier* dans le Pacifique Sud. Long de 335 km et large de 97 km, il s'est formé en se détachant d'une plate-forme de glace de l'Antarctique.

LE LAC SOUTERRAIN
LE PLUS ÉTENDU

Le lac souterrain de Drachenhauchloch, découvert en 1986 près de Grootfontein, Namibie, a une superficie de 2,61 hectares. Situé à 66 m sous terre, il a une profondeur de 84 m.

LES FLEUVES
LES PLUS COURTS
• Le plus petit fleuve du monde est le D, à Lincoln City, Oregon. Il relie le lac du Diable à l'Océan pacifique sur une longueur de 37 m.
• France. La Veules, en Seine-Maritime, est le plus petit fleuve de France : 1 100 m seulement séparent sa source de la Manche.

LE LAC LE PLUS MEURTRIER
En août 1986, une quantité importante de dioxyde de carbone s'est échappée du Lac Nyos, au Cameroun. Plus de 1 500 personnes et de nombreux animaux ont trouvé la mort. On ignore l'origine de ces échappées de gaz mortels.

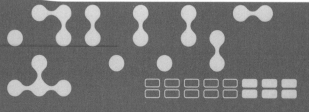

LES CHUTES D'EAU LES PLUS HAUTES

Les chutes de Salto Angel, au Vénézuela, ont une hauteur de 979 m, dont 807 m de chutes directes. Elles sont aussi connues sous le nom d'Angel Falls, d'après le pilote américain Jimmie Angel, qui les avaient signalées en novembre 1933. L'explorateur vénézuélien Ernesto Sanchez la Cruz est le premier à les avoir mesurées, en 1910.

LA PLUS GRANDE SOURCE D'EAU CHAUDE

La source chaude de Deildartunguhver, en Islande, se forme au rythme de 245 litres d'eau bouillante par seconde.

LES PLUS LONGS FLEUVES

• Le Nil et l'Amazone sont les deux fleuves les plus longs du monde. Le débat sur leur longueur respective n'a pas été tranché. Le Nil mesure officiellement 6 695 km de long, mais il a perdu plusieurs kilomètres après la formation du Lac Nasser, derrière le barrage d'Assouan, en Égypte.

• L'Amazone, au Brésil, a plusieurs embouchures, son point de fin exact est donc incertain. Si l'on inclut l'estuaire de Para, son embouchure la plus éloignée, la longueur de l'Amazone est de 6 750 km.

• France. La Loire, le plus long fleuve de France, prend sa source à 1 408 m d'altitude, au mont Gerbier-de-Jonc, Ardèche, et coule sur 1 012 km.

LE LAC LE PLUS SALÉ

Le Don Juan Pond, à Wright Valley (Antarctique), peut contenir jusqu'à 40,2% de sel dans les zones où il est le plus salé.

LES PLUS GRANDS LACS

• Le lac Supérieur, Amérique du Nord, couvre une superficie totale de 81 350 km^2 : 53 600 km^2 aux USA et 27 750 km^2 au Canada. Il se trouve à 180 m au-dessus du niveau de la mer.

• France. Le lac Léman couvre une superficie de 582 km^2. Situé entre la Suisse et la France, la partie française couvre 200 km^2.

• France. Le lac du Bourget, en Savoie, couvre une superficie de 45 km^2 et a une profondeur maximale de 145 m.

LA FONTE LA PLUS RAPIDE

En octobre 1996, une éruption volcanique s'est produite sous le plus grand glacier d'Europe, le Vatnajökull, en Islande. La chaleur dégagée par l'éruption a provoqué une importante fonte de glace, ce qui a fait déborder le lac sous-glaciaire Grimsvötn à une vitesse estimée à 45 000 m^3/s.

LA PLUS LENTE PLANTE À FLEURS

La *Puya raimondii* a des panicules qui fleurissent au bout de 80 à 150 ans. En 1870, un specimen de cette plante a été découvert en Bolivie à une altitude de 3 960 m. Un autre, planté en Californie en 1958, a atteint une hauteur de 7,6 m et a fleuri 28 ans plus tard.

LA FLEUR LA PLUS ODORANTE

Lorsqu'elle fleurit, ce qui est rare, l'*Amorphophallus titanum* dégage une odeur nauséabonde comparable à celle d'un corps en décomposition, que l'on peut sentir dans un rayon d'un kilomètre. Originaire de Sumatra, elle est également connue sous le nom de " fleur cadavre ".

LA PLUS VIEILLE PLANTE

" King's holly " (*Lomatia tasmanica*), plante découverte dans les régions sauvages du sud-ouest de la Tasmanie, aurait 43 000 ans. Pour évaluer son âge, une datation au carbone a été effectuée sur le fossile d'un spécimen identique découvert à proximité. Cette plante, qui ne se développe que dans cette région du monde, est en voie de disparition.

LA PLUS ANCIENNE ESPÈCE D'ARBRES VIVANTS

Le Gingko biloba, originaire de Zhejiang, Chine, date du Jurassique. Il serait apparu il y a 160 millions d'années. Ses feuilles sont utilisées pour traiter de nombreuses maladies, notamment la sénilité.

L'ARBRE LE PLUS MASSIF DE TOUS LES TEMPS

L'arbre de Lindsey Creek, un séquoia côtier (*Sequoia sempervirens*) qui se trouvait en Californie, était le plus massif de tous les temps. Son tronc avait un volume de 2 549 m³. Sa masse totale, en incluant ses feuilles, ses branches, et ses racines, était d'au moins 3 630 tonnes, soit le poids de 900 éléphants. Il a été détruit lors d'une tempête en 1905.

L'ARBRE VIVANT LE PLUS HAUT

Le *Mendocino tree,* un séquoia côtier (*Sequoia sempervirens*) de la réserve d'État de Montgomery, en Californie,

CYCLAMEN EN FLORAISON

En pratiquant une technique horticole datant du début du siècle, Jean-Pierre Foussard de Boinville-en-Mantois, Yvelines, a obtenu 102 fleurs sans compter celles en boutons, à partir d'un seul pied de cyclamen en janvier 2002.

s'élevait, en septembre 1998, à 112 m. Sa hauteur équivaut à la longueur moyenne d'un terrain de football. Cet arbre, qui n'a pas encore atteint sa taille maximale, serait âgé de 1 000 ans.

LE PLUS GROS ARBRE VIVANT

Le *General Sherman,* un séquoia géant (*Sequoiadendron giganteum*), du Sequoia national parc, Californie, mesure 83,82 m de haut. Son tronc a une circonférence de 31,3 m, pour un diamètre de 11,1 m et un volume de 1 487 m³.

L'ARBRE LE PLUS HAUT DE TOUS LES TEMPS

Un eucalyptus australien (*Eucalyptus regnans*) de Watts River en Australie, avait une hauteur, mesurée en 1872, de 132,6 m.

LE PLUS GROS TRONC

Le tronc d'arbre le plus gros est celui d'*El Arbol del Tule,* dans l'État d'Oaxaca, au Mexique. C'est un cyprès montezuma (*Taxodium mucronatum*), dont le tronc, mesuré en 1998, a une circonférence de 58 m et un diamètre de 14,05 m. Il mesure 40 m de haut. Il faudrait mettre 19 voitures bout à bout pour former un cercle de la même circonférence. Les baobabs africains

LA PLANTE LA PLUS TOXIQUE DU MONDE

Une dose de 70 microgrammes du poison de la *Ricinus communis* suffit pour tuer un homme d'un poids de 70kg. Le poison de la ricine, contenu dans les graines, est approximativement 6 000 fois plus toxique que le cyanure, et 12 000 fois plus toxique que le venin du serpent à sonnette.

RECORDS DE FRUITS ET LÉGUMES

Fruit/Légume	Poids/Taille	Cultivateur	Lieu	Année
Ananas	10 kg	R. Simete	Mata Utu, îles Wallis	1990
Asperge	1,22 m	A. Weber	Village-Neuf, Haut-Rhin	1987
Betterave	18,37 kg	I. Neale	Newport, GB	1994
	18 kg,	D. Petit	Baslieux-les-F., Marne	2002
Brocoli	15,87 kg	J. et M. Evans	Palmer, Alaska, USA	1993
Carotte	7,095 kg	B. Lavery	Spalding, GB	1996
	3,1 kg	R. Drochon	Thouarcé, Maine-et-Loire	1987
	8,180 kg	J. Minard	St-Valéry, Seine-Mar.	1999
Céleri	20,9 kg	B. Lavery	Llanharry, Mid Glam, GB	1990
Chou	56,2 kg	B. Lavery	Llanharry, Mid Glam, GB	1989
	22 kg	M. Eonet	Orbec, Calvados	1981
Chou-fleur	14,740 kg	B.Mathevet	Lot et Garonne	2000
Chou-rave	25,880 kg	R. Bizet	Wismes, Pas-de-Calais	1996
Citrouille	449 kg	H. Bax	Ashton, Ontario, Canada	1994
Citron	4,8 kg	A. Menhinick	Lacock, Wiltshire, GB	1983
	720 g	C.Mouilleau	St-Jean-de-Monts, Vendée	1994
Concombre	9,1 kg	B. Lavery	Llanharry, Mid Glam, GB	1991
Courge	408,6 kg	J. et C. Lyons	Baltimore, Canada	1994
	2 m	M. Toth	Tarn	1985
Courgette	80 kg	B. Kawucha	Lorris, Loiret	1986
Fraise	231 g	G. Anderson	Folkestone, Kent, GB	1983
Haricot	122 cm	B. Rogerson	Robertsonville, USA	1994
Melon	28,12 kg	G. Daughtridge, Rocky Mt.	N.-Caroline	1991
Oignon	7 kg	M. Ednie	Dundee, Écosse	1995
Olive	10 g	K. Ripoll	Villeneuve-îles-Av., Gard	1986
Pastèque	118,84 kg	B. Carson	Arrington, Tennessee, USA	1990
Poire	1,4 kg	M. Malou	Hte-Garonne	1981
Poireau	5,5 kg	P. Harrigan	Northumberland, GB	1987
Pomme	1,43 kg	Miklovic	Caro, Michigan	1992
	1,010 kg,	O. Valentini	Mitry-Mory, S.-et-Marne	1996
P. de terre	12,4 kg	G. Karpicel	Rhône	2000
Potiron	236,5 kg	J. Murat,	St-Hilaire-de-L., L.-et-Gar.	2000
Radis	17, 2 kg	Litterini	Tanunda, Australie	1994
Tomate	3,51 kg	G. Graham	Oklahoma, USA	1986
Tomate	1,740 Kg	G.Garcia	Tarn	2000

PLUS VIEIL ARBRE VIVANT

Le *Mathusalem,* un pin bristlecone (*Pinus longaeva*) de Californie, est âgé de 4 767 ans. Il a été découvert par le Dr Edmund Schulman (USA) dans les White Mountains en 1957.

(*Adansonia digitata*) ont généralement les troncs les plus gros. Leur circonférence peut atteindre 43 m.

LA PLUS GRANDE FEUILLE

Les feuilles les plus grandes sont celles du palmier raffia (*Raffia farinifera*), originaire des îles Mascareignes dans l'Océan indien, et celles du palmier d'Amazonie (*Raffia Taedigera*), qui se trouve en Amérique du Sud et en Afrique. Leurs feuilles peuvent atteindre 20 m de long, dont les pétioles, qui rattachent les feuilles à la tige, mesure 4 m.

LES RACINES LES PLUS PROFONDES

Les racines les plus profondes sont celles d'un figuier sauvage d'Echo Caves, dans la région du Tranvaal, en Afrique du Sud. Leur profondeur est évaluée à 120 m.

L'ORGANISME LE PLUS VOLUMINEUX

Un réseau de trembles (*Populus trémuloides*) découvert en 1992 dans l'Utah, USA, a engendré un organisme de 6 000 tonnes qui s'étend sur 40 hectares. Les arbres qui composent cet organisme se comportent tous de façon identique, changeant de couleur et perdant leurs feuilles en même temps.

LYS

En juin 2000, à Dreux, Eure-et-Loire, le lys *Lollypop* de Paul Ozier a atteint la taille de 1,98 m.

LA PLUS GRANDE PLANTE CARNIVORE

Les plantes de la famille des Néphentès peuvent digérer des proies mesurant jusqu'à 30 cm de long. Les plantes *Nepenthaceae rajah* et *Nepenthaceae rafflesiana*, que l'on trouve en Asie, mangent des grenouilles, des oiseaux, et même des rats.

LE PLUS LONG BEC
• Le bec du pélican d'Australie (*Pelicanus conspicillatus*) peut atteindre jusqu'à 47 cm.
• Plus long que son corps, le colibri des Andes (*Ensifera ensifera*) au Vénézuela a proportionnellement le plus grand bec. Il mesure 10 cm .

L'ANIMAL LE PLUS LENT
L'escargot de jardin est l'animal le plus lent, avec une vitesse moyenne au sol de 20 m/h. Bien entraînés, les escargots de course peuvent atteindre la vitesse record de 25 m/h.

LE PLUS LONG VOL
Une sterne pierregarin (*Sterna hirundo*), lâchée en Finlande en juin 1996, a été retrouvée à 26 000 km de distance sur

LE PLUS VIEIL ÉLÉPHANT
Lakshmikutty, un éléphant femelle qui vivait au temple Guruvayur Sri Krishna de Mathrubhami, en Inde, a vécu 84 ans. Elle est décédée le 30-06-97. C'est le record de longévité pour cette espèce.

une île au large de l'Australie en janvier 1997. Elle a parcouru en moyenne 200 km par jour.

LES OISEAUX LES PLUS RAPIDES
Certains oiseaux de la famille des anatidés (oies, canards, etc.) comme le harle huppé (*Mergus serrator*) ou l'eider à duvet (*Somateria mollissima*) peuvent voler à une vitesse de 100 km/h.

MAMMIFÈRES TERRESTRES LES PLUS RAPIDES
• Sur une courte distance, le guépard des savanes (*Acinonyx jubatus*) d'Afrique australe peut courir à une vitesse de 100 km/h.
• L'antilope américaine (*Antilocapra americana*) peut tenir une vitesse de 56 km/h sur une distance de 6 km. C'est l'animal le plus rapide sur les longues distances.
• L'autruche est l'oiseau terrestre le plus rapide. Elle peut atteindre une vitesse de 72 km/h.

MAMMIFÈRES TERRESTRES LES PLUS GRANDS
• L'éléphant d'Afrique (*Loxodromie africana*) mesure entre 3 et 3,70 m au garrot et pèse de 4 à 7 tonnes. Le plus gros specimen connu, un éléphant abattu en Angola en 1974, mesurait 3,96 m au garrot et pesait 12,24 tonnes.
• France. Siam, éléphant d'Asie, pèse 5,5 tonnes pour 3,50 m au garrot. Ses défenses pèsent 40 kg chacune, et mesurent 2 m jusqu'à la racine. Arrivé au zoo de Vincennes de Paris à l'âge de 17 ans, il a fêté ses 52 ans en 1997.
• France. Pompon, girafe mâle (*Giraffa camelopardalis tippelskirchi*) accueillie au zoo de Vincennes en 1972, mesurait 5 m. Elle est décédée en janvier 1998, à l'âge de 26 ans. Un autre mâle, de race masaï, entré en 1929 au zoo de Vincennes et mort

L'OISEAU LE PLUS RAPIDE DU MONDE
Le plus rapide de tous les êtres vivants est le faucon pèlerin (*Falco peregrinus*), dont la vitesse en piqué, à un angle de 45°, peut atteindre 350 km/h.

en 1935, mesurait 5,50 m.
• France. Platon, gorille de 230 kg et d'1,80 m né 1972 au Gabon, fut sauvé de la mort puis transféré à l'âge de cinq ans, en 1977, au zoo de Saint-Martin-la-Plaine, Loire.

BATTEMENTS D'AILES
Le colibri à huppe d'or (*Heliactin cornuta*) d'Amérique du Sud bat des ailes en moyenne 90 fois par secondes. A cette vitesse, ses ailes bourdonnent, d'où le nom d'oiseau-mouche donné à cet oiseau.

ALTITUDE
Le 29-11-73, un vautour de Ruppell (*Gyps ruppellii*) est entré en collision avec un avion de ligne au-dessus d'Abidjan, Côte d'Ivoire, à 11 277 m d'altitude. L'oiseau a été identifié grâce à des plumes retrouvées dans le réacteur de l'avion.

LES PLUS GROS YEUX DE MAMMIFÈRE
Le tarsier (*Tarsius pumilus*) d'Asie mesure entre 8 et 16 cm, et se trouve doté d'yeux de 1,6 cm de diamètre. Pour un humain, cela équivaudrait à des yeux de la taille de pamplemousses. Les tarsiers ont une autre particularité : ce sont les seuls primates à pouvoir tourner la tête à gauche ou à droite à 180°.

ENVERGURE
L'albatros hurleur (*Diomedea exulans*) est l'oiseau qui a l'envergure la plus importante. En 1965, un spécimen de 3,63 m d'envergure a été capturé en mer de Tasmanie.

POISSON GRIMPEUR
• La perche grimpeuse (*Anabas testudineus*) d'Asie du Sud-Est a la capacité de marcher et d'escalader les palmiers. Grâce à ses branchies qui lui permettent d'absorber l'oxygène atmosphérique, elle peut se déplacer sur la terre ferme.
• Les gobies des marais peuvent rester hors de l'eau. Ils arrivent à grimper aux arbres en utilisant leurs nageoires pectorales pour s'accrocher aux troncs .

LE PLUS BRUYANT DES MAMMIFÈRES TERRESTRES
Les singes hurleurs (*Alouatta*) d'Amérique centrale et d'Amérique du Sud ont une structure osseuse élargie au niveau de la trachée qui amplifie leurs cris, que l'on peut entendre à 4,8 km de distance.

LE PLUS PETIT HIBOU

La chevêchette des saguaros (*Micrathene whitneyi*), hibou nain vivant au sud-ouest des États-Unis et au Mexique, mesure entre 12 et 14 cm de long et pèse, pour le plus lourd, 50 g.

LE PLUS GROS ŒUF

En juin 1997, un œuf de 2,35 kg a été pondu dans un élevage d'autruche à Datong, Chine. Un œuf d'autruche mesure généralement entre 15 et 20 cm de haut pour un diamètre de 15 cm, et pèse 1,7 kg.

LE PLUS PETIT MAMMIFÈRE

La chauve-souris de Kitti à nez de cochon (*Craseonycteris thonglongyai*) a la taille d'un bourdon. D'une envergure de 13 à 14,5 cm, elle mesure entre 2,9 et 3,3 cm. On la trouve dans les grottes calcaires du fleuve Kwae Noi, en Thaïlande.

LE PLUS GRAND NID

Un couple d'aigles pygargues à tête blanche (*Haliaeetus leucocephalus*) a construit un nid de 2,90 m de large et de 6 m de profondeur près de Saint-Petersburg, Floride. Son poids fut évalué à deux tonnes, en 1963.

LES PLUS VIEUX OISEAUX

Exceptée l'autruche, qui peut vivre jusqu'à 68 ans, l'oiseau domestiqué le plus endurant est l'oie, qui peut fêter un quart de siècle.
- Terrestre. Cocky, cacatoès à huppe jaune (*Cacatua galerita*), est mort au zoo de Londres en 1982, à 80 ans.
- Marin. Le plus vieil oiseau marin bagué est un albatros royal femelle (*Diomedea epomophora*), Grandma, qui a pondu un œuf en 1988, à l'âge de 60 ans, à Taiaroa Head, Nouvelle-Zélande. Des longévités de 80 ans ne sont pas rares chez ces oiseaux.
- En juillet 1965, un jeune soldat ramena d'Algérie un cigogneau

tombé du nid. Le 12-02-66, l'oiseau fut adopté par Léopold Bozec, de Pontoise, Val-d'Oise. Baptisée Rosalie, cette cigogne blanche femelle (*Ciconia alba*), entrait dans sa 34ᵉ année au mois de juin 1998. Sa longévité est le résultat d'une alimentation très saine, d'un environnement propice et de l'absence de migration depuis sa naissance.
- Le 16-12-76, George, le jars de Florence Hull, de Thornton, GB, est mort à 49 ans et 8 mois.
- L'oiseau en cage réputé pour vivre le plus longtemps est le canari (*Serinus canaria*). Joey, un mâle appartenant à Mme K. Ross, de Hull, GB, depuis 1941, est mort le 8-04-75, à l'âge de 34 ans.
- La plus vieille perruche ondulée (*Melopsittacus undulatus*) était une femelle du nom de Charlie. Elle appartenait à Mlle J. Dinsey, GB. Elle est morte le 20-06-77, à l'âge de 29 ans.
- France. Titinne, tourterelle mâle née en 1956 et appartenant à Marguerite Duhamel, de Muille-Villette, Somme, est morte en juillet 1990, à l'âge de 35 ans.

LES PLUS GRANDS FÉLINS

- Le tigre de Sibérie mâle (*Panthera tigris altaica*) mesure 3,15 m de long du museau jusqu'au bout de la queue, environ 1 m au garrot et pèse aux alentours de 265 kg.
- France. Baïkal, tigre de Sibérie né au zoo de Ravensden, GB, arrivé à six mois le 07-11-85 au zoo de Saint-Martin-la-Plaine, Loire, mesurait 3,25 m de long et 1,25 m au garrot.

LE PLUS GROS APPÉTIT

Durant les 56 premiers jours de sa vie, la larve du polyphème (*Antheraea polyphemus*), un papillon de nuit d'Amérique du Nord, consomme l'équivalent de 86 000 fois son poids de naissance. C'est comme si un bébé humain de 3 kg ingurgitait 270 tonnes de nourriture.

LE PERROQUET LE PLUS INTELLIGENT

Alex, un perroquet gris d'Afrique (*Psittacus erithacus*) connaît les noms de plus de 35 objets et reconnaît sept couleurs. Il est également capable de construire des phrases, et distingue des formes géométriques à trois, quatre, cinq, et six côtés. Smudge, un autre perroquet prétendant au titre, a réussi à retirer dix clés placées dans un porte-clés en novembre 2001. Son propriétaire, Mark Steiger vit en Suisse.

RASSEMBLEMENT DE CHEVAUX ET CHAMEAUX

Le 30-12-95, le Sultanat d'Oman a présenté, à l'occasion de la 3e Fête royale d'Équitation, un défilé de 210 purs-sangs et 170 chameaux, exploit réputé impossible, les chevaux ayant peur des chameaux.

SAUT DE CHIEN

Le 27-09-93, un lurcher anglais nommé Stag a sauté par-dessus un mur de 3,72 m de haut. Il a réussi ce saut à la foire de Cotswold, GB, sans utiliser d'appui.

LA PLUS LONGUE DISTANCE À LA NAGE PAR UN CHIEN

Le 02-09-95, deux labradors, Kai et Gypsy, ont parcouru 15,2 km à la nage entre l'île Lanai et l'île Maui, à Hawaii. Leur propriétaire, Steve Fisher (USA), a fait le trajet à la nage avec eux. Leur traversée a duré 6 h 3 min 42 s.

LES MEILLEURS PISTEURS

• Chat. En avril 1996, Balthazar, âgé de quatre ans, a parcouru 800 km, entre Sens, Yonne, et Aiguefonde, Tarn, en 28 jours, pour rejoindre ses maîtres à Aiguefonde.

• Chien. Beethoven, chien qui s'était perdu durant l'été 1998 à Carpentras, Vaucluse, a été retrouvé le 04-03-99, à Nomeny, Meurthe-et-Moselle, à 70 km de la maison de ses maîtres. Il a parcouru environ 700 km et a pu être restitué à ses propriétaires grâce à son tatouage.

CHIEN SAVANT

Chandra-Leah, caniche toy femelle (un peu plus petit qu'un caniche nain), connaît 469 tours différents. Sa maîtresse, Sharon Robinson, Canada, lui a notamment appris à jouer du piano et à rouler en skateboard. Chandra-Leah connaît aussi les tables de multiplication de 3, 4 et 5.

LA PLUS LONGUE DISTANCE PARCOURUE PAR UN CHIEN

En 1979, Jimpa, né d'un croisement entre un labrador et un boxer, est rentré chez lui à Pimpinio, Victoria, Australie, après avoir parcouru 3 220 km. Quatorze mois auparavant, son propriétaire l'avait emmené avec lui sur son lieu de travail à Nyabing, Australie-Occidentale. Pendant son périple, Jimpa a dû survivre à la traversée de la région extrêmement aride de Nullarbor Plain, dans le Sud.

LE CHIEN-ÉCRIVAIN LE MIEUX PAYÉ

En 1991, l'épagneul Mildred Kerr, Millie pour les intimes, a gagné plus de quatre fois ce que gagnait son maître, le président des USA de l'époque, George Bush, avec son *Autobiographie*, vendue à 400 000 exemplaires. Dicté à la " first lady " Barbara Bush, le livre de Millie donnait une vision de la famille Bush de dessous la table. Il a rapporté 900 000 $ (1 million €).

CHIENS SAUVETEURS

• Un saint-bernard prénommé Barry a sauvé la vie de 40 personnes au cours de sa carrière de douze ans dans les Alpes suisses. Parmi ses sauvetages figure celui d'un garçon de douze ans enseveli sous une avalanche dans laquelle il avait perdu sa mère. Barry s'est allongé sur lui et lui a léché le visage jusqu'à ce qu'il se réveille. Il l'a ensuite transporté jusqu'à la maison la plus proche.

• Idole, berger allemand sapeur-pompier de six ans appartenant au caporal-chef Didier Roisse de Beauvais, Oise, a gravi une échelle aérienne de 28,20 m, inclinée à 65°, en 2 min 30 s, le 19-09-98.

CHIMPANZÉ CALCULATEUR

Aï est le premier chimpanzé qui sache compter jusqu'à neuf. Elle peut aussi mémoriser cinq chiffres choisis arbitrairement et sait les classer en ordre croissant. Née en Afrique en 1976, elle a été transférée à l'Institut de recherche sur les primates de l'université de Kyoto, au Japon, en décembre 1977. C'est là que le Professeur Tetsuro Matsuzawa (Japon) l'a formée.

CHIEN CANONISÉ

Guinefort, lévrier français, a été canonisé au 13e siècle pour son grand courage. Il avait perdu la vie en sauvant un enfant menacé par un serpent.

GORILLE, NOMBRE DE SIGNES

En 1972, Koko, gorille né au zoo de San Francisco, a appris l'ALS (le langage des signes américain) grâce au Dr Francine Patterson. En 2000, Koko connaissait plus de 1 000 signes et comprenait 2 000 mots anglais. Elle sait se référer au passé et au futur, débattre, plaisanter et mentir. Koko a déclaré au Guinness qu'elle était honorée de détenir le record du gorille le plus prolifique et de figurer dans ce livre.

LE PREMIER CHIEN DANS L'ESPACE

Le premier animal qui s'est envolé dans l'espace est une chienne russe, Laïka, mise en orbite à bord de *Spoutnik 2* en novembre 1957. Mais l'engin n'était pas conçu pour revenir sur Terre et Laïka est morte quelques jours plus tard.

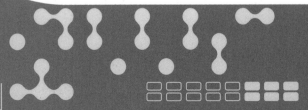

LE JEU POUR LE JEU

Aux Galapagos, les iguanes marins sont toujours victimes de l'humeur fantasque des jeunes otaries qui, lorsqu'elles les aperçoivent, les tirent par la queue, les entraînent un plus loin, puis les relâchent.

LIVRE ÉCRIT PAR UN MAÎTRE SUR SON CHIEN

François Rataj, Nice, Alpes-Maritimes, a écrit sept volumes sur son chien en 2001. Ces livres sont intitulés *Notre chow-chow n'est pas un chien*. Ces sept tomes représentent 2 850 pages.

LE PLUS HAUT SAUT EN PARACHUTE PAR UN CHIEN

Le 20-05-97, Brutus, un teckel miniature, a sauté en parachute avec son maître depuis un avion à 4 572 m d'altitude au-dessus du lac Elsinore, en Californie. Il avait à cette date 71 sauts à son actif.

LE PREMIER CHIMPANZÉ À SAVOIR SE SERVIR D'UN ORDINATEUR

En 1972, Lana, chimpanzé femelle, a appris à lire et à écrire le yerkish, langage dans lequel les mots sont représentés par des symboles sur un clavier d'ordinateur. Lana a appris à utiliser ce langage au Yerkes Primate Research Center à Atlanta en Georgie (USA). Au bout de trois ans, elle connaissait 120 mots et savait demander un café de 23 façons différentes.

LE PLUS VIEUX PRIMATE

Cheeta, chimpanzé célèbre pour avoir joué dans les films de *Tarzan* dans les années 30 et 40, a fêté son 69e anniversaire en mars 2001. Une étoile à son nom sur le Walk of Stars de Palm Springs (Californie) rend hommage à sa carrière.

MOUTON RESCAPÉ

Le 24-03-78, un mouton a été retrouvé vivant après être resté enseveli sous une avalanche pendant 50 jours à Sutherland, en Grande-Bretagne. Son souffle avait percé des trous d'air dans la neige et il avait mangé s a propre laine, riche en protéines. Aucun des seize autres moutons du troupeau n'a survécu.

L'OISEAU LE PLUS CHER

Le 13-08-91, le Belge Jean-Luc Van Roy, habitant à Ronse, Tournai, Belgique, a vendu Play-Boy, son meilleur pigeon-voyageur, pour la somme de 130 000 €.

L'ESCARGOT LE PLUS RAPIDE

Depuis 1970, la course d'escargots de Saint Andrew's Church se tient chaque année au mois de juillet à Congham, Norfolk, GB. 150 escargots sont lâchés au centre d'un cercle de 33 cm de diamètre dont ils doivent rejoindre le périmètre. L'escargot qui détient le record de vitesse, Archie, a effectué le trajet en 2 min 20 s le 14-07-95.

LE VOCABULAIRE LE PLUS ÉTENDU POUR UN OISEAU

Une perruche, nommée Puck et appartenant à Camille Jordan (USA), avait un vocabulaire estimé à 1 728 mots à la fin de sa vie. Elle est morte en 1994.

SUICIDE COLLECTIF

Terrifiés par l'orage, le 18-07-94, 43 chevaux se sont précipités dans le vide du haut d'une falaise, à Saint-Julien-en-Quint, dans la Drôme. Ce phénomène, déjà observé chez les moutons et les bovins, était sans précédent chez les équidés.

LE CHIEN POLICIER LE PLUS EFFICACE

Trepp, célèbre golden retriever de la police américaine, a contribué au 31-12-01 à plus de 100 arrestations et à de très nombreuses saisies de stupéfiants, dont la valeur totale est estimée à 63 millions $ (68 millions €).

LE PLUS GRAND SCORPION

L'*Heterometrus swannerdami* du sud de l'Inde est la plus grande des quelque 800 espèces de scorpions. Les mâles mesurent en général 18 cm de la queue aux pinces. Un spécimen trouvé en 1943 avait une longueur de 29,2 cm, mais il est totalement inoffensif et peut ainsi devenir un agréable animal de compagnie.

L'ARAIGNÉE LA PLUS LOURDE

Les araignées femelles mangeuses d'oiseaux, de la famille des *Theraphosidae,* sont plus corpulentes que les mâles. En 1985, un spécimen femelle pesant 122,2 g fut capturé au Surinam. Il avait une envergure de 26,7 cm, une longueur totale de 10,2 cm et des crochets de 2,5 cm de long.

LE SERPENT LE PLUS VENIMEUX

L'*Oxyuranus microlepidotus*, serpent à écailles lisses du Queensland en Australie, mesure 1,70 m. Il peut cracher des doses de 60 mg, qui peuvent tuer plusieurs êtres humains. Sur un spécimen, on a recueilli 0,1 g de venin, ce qui suffirait à foudroyer 250 000 souris ou 15 hommes.
• France. Le serpent le plus venimeux est une sous -

espèce de la vipère aspic (*Aspis zinnikeri*), de deux à quatre fois plus dangereuse que la *Vipera aspis aspis*. On la trouve dans le Gers et dans les Pyrénées.

LE SERPENT LE PLUS RAPIDE

Le mamba noir (*Dendroaspis polylepis*) d'Afrique tropicale atteint, sur terrain plat, la vitesse de 19 km/h sur de courtes distances.

LE SERPENT LE PLUS LOURD

L'anaconda (*Eunectes murinus*) d'Amérique du Sud et de l'île de la Trinité est le serpent le plus lourd. Une femelle de 8,45 m de long et de 1,11 m de circonférence pour un poids de 227 kg a été tuée au Brésil en 1960.

LE SERPENT LE PLUS LONG

• Le python réticulé d'Indonésie (*Python reticulatus*) dépasse 6,25 m de long. En 1912, un spécimen de 10 m a été abattu sur l'île des Célèbes, en Indonésie.
• France. La couleuvre de Montpellier (*Malpolon monspessulanus*), que l'on trouve dans le Midi, peut atteindre 2,50 m de long.

L'INSECTE LE PLUS LOURD

L'insecte le plus lourd est le scarabée goliath d'Afrique équatoriale (famille des *Scarabaeidae*). Les plus grands sont les scarabées *Goliathus regius*, *Goliathus meleagris*, *Goliathus goliathus* et *Goliathus druryi*. Les mâles adultes mesurent 11 cm de l'extrémité des antennes au bas de l'abdomen et pèsent de 70 à 100 g.

RÉSISTANCE À LA CHALEUR

La *Cataglyphis bicolor*, fourmi vivant dans le désert du Sahara, s'accommode de températures dépassant 55 ºC.

L'ARAIGNÉE LA PLUS VENIMEUSE

Les araignées vagabondes du Brésil (*Phoneutria*) sont les plus venimeuses au monde. Parmi elles, c'est l'araignée chasseuse d'homme (*Phoneutria fera*) qui est la plus toxique : une dose de 0,006 mg de son venin suffit à tuer une souris. Un antidote a été mis au point pour les humains.

LES INSECTES LES PLUS RAPIDES

En 1991, un *Periplaneta americana*, grand cafard tropical de la famille *Dictyoptera*, a été chronométré à 5,4 km/h à l'université de Berkeley, Californie. C'est l'équivalent de 50 fois sa longueur par seconde.

LE PLUS LONG CROCODILE

Le reptile le plus long du monde est un crocodile marin (*Crocodylus porosus*) qui vit au parc naturel Bhitarkanika Wildlife Sanctuary, en Inde, et qui mesure plus de 7 m de long. Plusieurs spécimens de 10 m de long ont été signalés, mais leur taille n'a pu être certifiée.

LE PLUS LONG LÉZARD

Le *Varanus salvadorii*, un varan de Nouvelle-Guinée, peut atteindre 4,75 m de long. Sa queue représente 70% de sa longueur totale.

LE LÉZARD LE PLUS RAPIDE

Le *Ctenosaura*, iguane d'Amérique Centrale, a été chronométré à 34,9 km/h. C'est la plus grande vitesse atteinte par un reptile sur la terre ferme.

LE PLUS GROS LÉZARD

Le varan de Komodo d'Indonésie (*Varanus komodoensis*) pèse 60 kg et mesure 2,25 m de long. Ce carnivore vorace peut tuer des buffles et des

TOILES D'ARAIGNÉES

• Les plus grandes sont celles des membres de l'espèce indienne *Stegodyphus* qui tissent d'énormes toiles tridimensionnelles de plusieurs kilomètres.
• Les fils jaunes que produisent les araignées appartenant à l'espèce *Nephila* peuvent atteindre jusqu'à 3 m de long et vont parfois jusqu'à s'étendre à travers de petites rivières.

L'INSECTE LE PLUS BIOLUMINESCENT

Les lucioles (*Pyrophorus noctilucus*) transforment près de 100% de leur énergie en lumière, contrairement à une ampoule électrique, dont 10% de l'énergie se transforme en lumière et les 90% restant, en chaleur.

êtres humains.
Le plus grand spécimen
observé mesurait 3,1 m de
long et pesait 166 kg, en 1937,
au zoo de Saint Louis, Missouri.

LE LÉZARD
LE PLUS DANGEREUX

Le *Heloderma suspectum*, ou monstre
de Gila, vit au Mexique et dans le
sud-ouest des États-Unis. Ce lézard
qui peut atteindre 60 cm de long
attaque très rarement, mais possède
huit glandes de venin à l'intérieur de
sa mâchoire inférieure, capables de
tuer deux humains.

L'INSECTE
LE PLUS RÉSISTANT

45 000 € sont dépensés chaque
année pour tenter d'exterminer
les cafards à Paris. Seuls insectes
à avoir survécu à la bombe de
Hiroshima, ils sont très intelligents
et prolifèrent extrêmement vite :
un million de rejetons par couple.
Seule une molécule sous forme
de gel est efficace à ce jour. Cette
résistance s'accompagne d'une
croissance inquiétante puisque des
spécimens de 5 cm de long sont
traqués dans les égouts parisiens.

LE PLUS GROS CAFARD

Le plus gros cafard est le
Megaloblatta longipennis de
Colombie. Un spécimen appartenant
à Akira Yokokura, Japon, mesure
9,7 cm de long et 4,45 cm de large.
Un cafard moyen mesure entre
0,6 et 7,6 cm de long.

LA FOURMI
LA PLUS DANGEREUSE

La fourmi bouledogue (*Myrmecia
pyriformis*), que l'on trouve dans
certaines zones côtières d'Australie,
est extrêmement agressive. Ses
piqûres peuvent être mortelles
pour l'homme.

LE PLUS PETIT LÉZARD

Le minuscule gecko (*Sphaerodactylus parthenopion*) de l'île de Virgin Gorda
dans l'archipel des îles Vierges, est le plus petit lézard du monde. Il mesure
1,6 cm de long, la queue non incluse.

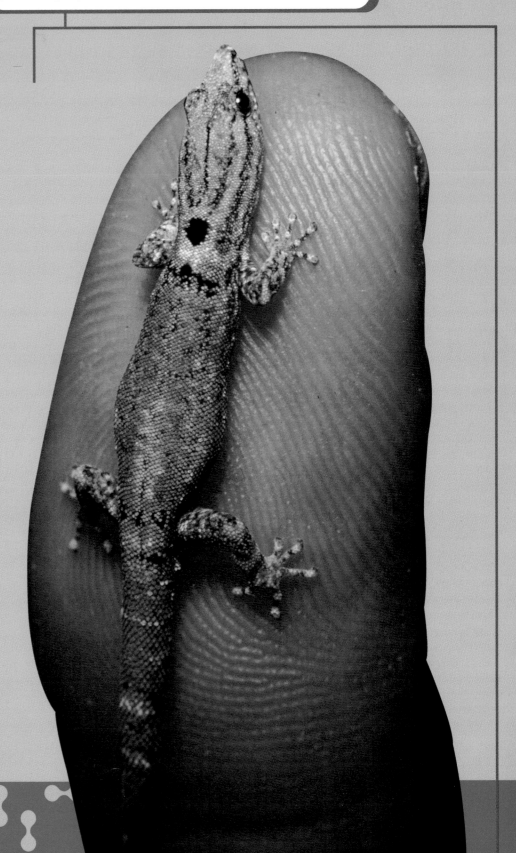

LE POISSON OSSEUX LE PLUS LOURD

Le poisson-lune (*Mola mola*) pèse en moyenne deux tonnes et peut mesurer jusqu'à 3 m de long. Ce grand poisson plat vertical des régions tropicales et tempérées se nourrit exclusivement de plancton et d'algues. En septembre 1908, le vapeur *Fiona* heurta par accident un spécimen de 4,26 m au large de Sydney.

• PLUS GRAND CALMAR

En 1948, un calmar géant (*Architeuthis kirkii*) de 8,53 m de long a été retrouvé à Wingan Inlet, en Australie. Ses tentacules mesuraient 1,22 m.

• L'ÉTOILE DE MER LA PLUS PETITE

Une étoile de mer (*Patiriella parvivipara*) découverte en Australie en 1975 avait une envergure de seulement 4,7 mm.

LA PLUS LONGUE NAGEOIRE

• Les requins-renards de la famille *Alopiidae* ont une nageoire caudale (la nageoire qui termine la queue) qui constitue quasiment toute la longueur de leur corps.
• Les requins-renards *Alopias vulpinus*, l'espèce la plus répandue, atteignent grâce à leur nageoire caudale de 3 m, jusqu'à 6 m de long.

L'ESPÈCE LA PLUS RÉPANDUE

L'espèce de poisson la plus répandue est le cyclothone jaune (*Cyclothone microdon*), de 7 cm environ, que l'on trouve dans presque toutes les mers du monde.

LE POISSON LE PLUS LENT

Les poissons les plus lents sont les hippocampes (famille des *Syngnathidas*), qui comptent quelque 30 espèces. En raison de leur morphologie rigide, ils sont peu mobiles et ne se déplacent qu'en utilisant leurs nageoires pectorales et dorsales. Ils ne peuvent pas nager à contre-courant et doivent s'agripper aux coraux et aux plantes marines pour ne pas être emportés.

LA PLUS GRANDE ÉTOILE DE MER

Parmi les 1 600 espèces d'étoiles de mer, c'est la *Midgardia xandaros* qui est la plus grande. En 1968, un spécimen d'1,38 m d'envergure a été découvert dans le golfe du Mexique.

LA PLUS GRANDE RAIE

La raie manta (*Manta birostris*), que l'on trouve dans l'Océan altlantique, est la plus grande espèce de raie. Son envergure varie de 5,20 m à 6,80 m en moyenne mais peut dépasser 9 m.

L'ANIMAL LE PLUS LONG

Le sinophore *Praya dubia* est l'organisme le plus long du monde. Doté de tentacules qu'il traîne derrière lui, il mesure entre 30 m et 50 m de long. Comparativement, une baleine bleue ne mesure en moyenne que 25 m.

PROFONDEUR

Une anguille *Abyssobrotula galatheae* de 20 cm de long a été découverte dans la fosse de Porto Rico, à 8 370 m de profondeur.

LES YEUX QUI CAPTENT LE PLUS DE LUMIÈRE

Les yeux du crustacé *Gigantocypris* sont ceux qui perçoivent le mieux la lumière. Ils parviennent à capter la lumière à une ouverture de 0,25. À titre comparatif, les humains captent normalement la lumière à une ouverture de 2,55 ; et un objectif photographique à 1,8. Les *Gigantocypris* ont des pupilles d'un diamètre de 1,5 cm.

LA PLUS GRANDE BOUCHE

La baleine boréale (*Balaena mysticetus*) est dotée d'une bouche qui peut mesurer jusqu'à 5 m de long, 4 m de haut et 2,5 m de large. Sa langue pèse environ 900 kg.

LE PLUS GROS POISSON PRÉDATEUR

Le plus gros poisson prédateur est le grand requin blanc (*Carcharodon carcharias*), qui mesure en moyenne de 4,30 m à 4,60 m de long à l'âge adulte et pèse entre 520 et 770 kg. Des témoins ont affirmé avoir aperçu des spécimens de plus de 10 m, mais leur attestation n'a pu être certifiée.
• France. Un requin pèlerin mâle pêché dans la nuit du 21-11-1810 au large de Dieppe, Seine-Maritime, mesurait 9,52 m de long et pesait huit tonnes. Il est conservé au Museum d'histoire naturelle de Paris.

LES POISSONS D'EAU DOUCE LES PLUS FÉROCES

• Les piranhas d'Amérique du Sud (famille *Serrasalmus*) *Pygocentrus* et *Pygopristis* sont les poissons les plus dangereux. Grâce à leurs dents aiguisées, ils peuvent dévorer un animal de la taille d'un cheval en quelques minutes.
• Le 19-09-81, 300 personnes ont été dévorées par des piranhas, leur bateau avait chaviré dans le port d'Obidos au Brésil.

LE PLUS PROFOND

Le Dr Jacques Piccard et le lieutenant Don Walsh, de l'US Navy, disent avoir vu le 24-01-60, du bathyscaphe *Trieste* plongé à 10 917 m dans la fosse des Mariannes (Pacifique), une sole de 33 cm, qu'ils identifièrent comme un *Chascanopsetta lugubris*. Cela est contesté par des spécialistes, car le vertébré vivant au plus profond est le *Bassogigas*.

LE POISSON LE PLUS VENIMEUX

Le *Synanceia horrida*, un poisson-pierre qui vit dans les eaux tropicales des Océans pacifique et indien, peut être mortel par simple contact avec ses nageoires, dont les épines contiennent un neurotoxique puissant.

LE PLUS GRAND POISSON D'EAU DOUCE

Un silure glane (poisson-chat) pêché le 11-08-86 dans la Seille, affluent de la Saône, mesurait 2,20 m de long et pesait 52 kg.

LE POISSON LE PLUS ÉLECTRIQUE

L'anguille électrique (*Electrophorus electricus*) des fleuves d'Amérique du Sud peut dépasser 1,80 m de long. Pour immobiliser ses proies, elle émet des décharges électriques de 650 volts, assez puissantes pour assommer un homme.

LE POISSON DE MER LE PLUS VENIMEUX

Le serpent marin *Hydrophis belcheri*, que l'on trouve dans la mer de Timor, au large de l'Australie, crache un venin plus toxique que n'importe quel serpent terrestre. Le serpent de mer *Enhydrina schistosa* est moins venimeux, mais il est plus agressif et beaucoup plus répandu.

LE PLUS GROS MAMMIFÈRE

Le plus gros mammifère du monde est la baleine bleue (*Balaenoptera musculus*). Elle a une longueur moyenne de 35 m et peut peser jusqu'à 130 tonnes. En 1947, un spécimen de 27,6 m de long et de 190 tonnes a été capturé dans l'Océan antarctique. Les baleines bleues ont également la progéniture la plus imposante : leur nouveau-né mesure entre 6 m et 8 m de long. Il pèse entre deux et trois tonnes.

LA PLUS GRANDE ÉPONGE

L'éponge à grande tête, en forme de tonneau (*Spheciospongia vesparium*), que l'on trouve dans les eaux des Antilles et au large de la Floride, peut atteindre une hauteur d'1,05 m, et 91 cm de diamètre.

MÉDUSES LES PLUS VENIMEUSES

Les guêpes marines australiennes (*Chironex fleckeri*) sont les cnidaires les plus venimeux. Elles possèdent jusqu'à 60 tentacules qui peuvent chacune tuer 60 humains. Chaque année, elles causent la mort d'au moins une personne.

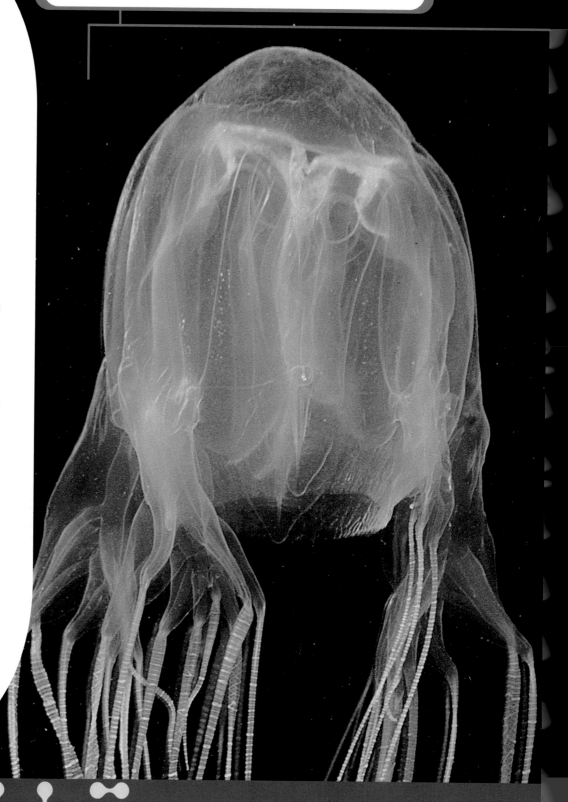

LE PLUS ANCIEN VOMI

Le 12-02-02, l'équipe de palaéontologues du Pr Peter Doyle (GB) a découvert un vomi d'ichthyosaure fossilisé de 160 millions d'années. Ce vomi, trouvé à Peterborough, GB, pourrait fournir des éléments d'information sur les habitudes alimentaires de ces reptiles marins disparus.

CRÉATURE GÉANTE

Un *Sauroposeidon,* dont les restes ont été découverts dans l'Oklahoma en 1994, est la plus grosse créature ayant jamais existé. Semblable à une girafe mais 30 fois plus large, il mesurait 18 m de haut, la taille d'un immeuble de six étages, et pesait 60 tonnes. Il vivait il y a 110 millions d'années, au Crétacé.

LES PLUS GRANDES EMPREINTES

En 1932, des empreintes mesurant 1,36 m de long et 81 cm de large ont été découvertes à Salt Lake City, Utah. Elles appartenaient à un hadrosaure, également appelé dinosaure à bec de canard.

LE PLUS LONG VERTÉBRÉ

En 1980, les ossements d'un *Seismosaurus halli,* herbivore au long cou qui mesurait entre 39 et 52 m de long, ont été déterrés au Nouveau-Mexique, USA.

Son squelette a été reconstitué en 1999 au Wyoming Dinosaur Center. Il mesure 41 m.

LE DINOSAURE LE PLUS RAPIDE

Des empreintes découvertes en 1981 au Texas indiquent qu'un dinosaure carnivore a atteint la vitesse de 40 km/h à la fin de l'ère jurassique, il y a 145 à 155 millions d'années.

LE DINOSAURE LE PLUS LOURD

Les animaux terrestres les plus lourds de tous les temps sont les sauropodes. Ces dinosaures herbivores au long cou vivaient à l'époque du Jurassique (de 203 à 135 millions d'années) et du Crétacé (de 135 à 65 millions d'années). Les restes d'un sauropode de la race *Argentinosaurus* découverts en 1994 indiquent qu'il a pu peser jusqu'à 100 tonnes et qu'il mesurait entre 40 et 42 m de long.

LE PLUS GROS INSECTE PRÉHISTORIQUE

La libellule *Meganeura monyi* vivait il y a 280 millions d'années. Des restes fossilisés découverts à Commentry, dans l'Allier, laissent penser que son envergure pouvait atteindre 70 cm. À titre comparatif, la plus grande libellule vivante, la *Megaloprepus caeruleata,* que l'on trouve en Amérique du Sud et en Amérique centrale, peut mesurer jusqu'à 12 cm de long avec une envergure maximale de 19,1 cm.

LE PLUS GRAND DINOSAURE CARNIVORE

Giganotosaurus carolinii, un dinosaure carnivore plus haut et massif que le *Tyrannosaurus rex,* mesurait 12,5 m de long et pesait 8 tonnes. On a pu estimer sa taille grâce à un squelette découvert en Argentine en 1995.

LE PLUS GRAND CROCODILE

Apparue il y a 225 millions d'années, la famille des crocodiles est l'une des plus vieilles du monde. *Sarchosuchus imperator* est un crocodile préhistorique qui vivait il y a 110 millions d'années. Des restes fossilisés découverts récemment dans le Sahara indiquent que ce crocodile atteignait sa taille maximale à l'âge de 50 ans. Il pouvait atteindre 12 m de long et peser jusqu'à 8 tonnes.

LE PLUS GRAND MAMMIFÈRE TERRESTRE PRÉHISTORIQUE

L'*Indricotherium,* également connu sous le nom de *Baluchitherium* ou *Paraceratherium,* est considéré comme le plus grand mammifère terrestre préhistorique. Ce lointain parent du rhinocéros, au long cou mais dépourvu de cornes, vivait en Asie occidentale et en Europe il y a 35 millions d'années. On a pu estimer sa taille grâce à des ossements découverts en 1907 au Beluchistan, Pakistan. Un squelette presque complet, reconstitué à l'American Museum of Natural History de New York, mesure 5,41 m au garrot, et 11,27 m si l'on compte le cou et la tête.

LA PLUS GRANDE QUEUE DE TOUS LES TEMPS

Le *Diplodocus,* un dinosaure au long cou de la fin du Jurassique, mesurait 27 m de long. Sa queue interminable, qui lui servait de fouet, pouvait atteindre 13 à 14 m de long. Les scientifiques estiment qu'il pesait en moyenne 12 tonnes, mais il est fort possible qu'il ait pu atteindre un poids de 18 tonnes.

LE PLUS GROS ŒUF DE DINOSAURE

Les œufs de *Hypselosaurus priscus,* dinosaure de 12 m de long qui vivait il y a 80 millions d'années, étaient au moins deux fois plus gros qu'un œuf d'autruche. Des œufs découverts près d'Aix-en-Provence en octobre 1961, mesuraient 30 cm de long, pour un diamètre de 25,5 cm et une capacité de 3,3 litres.

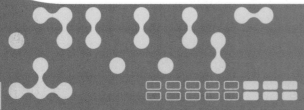

SQUELETTE DE *TYRANNOSAURUS REX* COMPLET

Le 12-08-92, un squelette quasiment intact de *Tyrannosaurus rex,* carnivore célèbre pour sa grande taille, a été découvert dans le Dakota du Sud (USA). Baptisé Sue, il mesure 4 m de haut et 12,5 m de long.

LES PLUS INTELLIGENTS

Les trodons étaient probablement les plus intelligents de tous les dinosaures, car ils avaient proportionnellement le plus gros cerveau. Longs d'1,50 m – on a trouvé un spécimen d'1,52 m – on pense qu'ils étaient de bons chasseurs carnivores.

LE PLUS GRAND POISSON PRÉHISTORIQUE

Les scientifiques estiment que le poisson préhistorique le plus grand était le requin *Carcharodon megalodon,* cousin du requin blanc ou du mako, qui vivait il y 50 à 4,5 millions d'années pour s'éteindre il y a 1,5 million d'années, à la fin du Pliocène. Des études récentes indiquent qu'il pouvait mesurer 15 m de long, avec des dents de 20 cm de haut, trouvées en Nouvelle-Calédonie. À titre de comparaison, le plus grand requin blanc connu à ce jour, qui fut pêché en Méditerranée, près de l'île de Malte, mesurait 7,10 m.

LE PLUS GRAND OISEAU PRÉHISTORIQUE

Dromornis stirtoni, une énorme créature qui ressemblait à une autruche, vivait dans le centre de l'Australie il y a 20 millions d'années. Des os de pattes fossilisés découverts près d'Alice Springs en 1974 indiquent qu'il mesurait environ 3 m de haut et pesait 500 kg.

NOM LE PLUS LONG

Micropachycephalosaurus est le nom générique le plus long donné à un dinosaure. Il signifie " petit lézard à grosse tête ".

LE PLUS VIEIL OISEAU

Des restes fossilisés d'*Archæopteryx lithographica* datant d'il y a 153 millions d'années ont été découverts en Allemagne en 1961. C'est le plus vieil oiseau connu.

LE PLUS GRAND NOMBRE DE DENTS

Les hadrosaures pouvaient avoir jusqu'à 960 dents, soit plus que n'importe quel autre dinosaure. Grâce à ces dents aiguisées, qui mesuraient entre 3 et 12 m de long, ces herbivores pouvaient mâcher les plantes les plus dures.

LE PLUS PETIT DINOSAURE

Le *Compsognathus* (jolie mâchoire), qui vivait dans le Sud de l'Allemagne et dans le Sud-Est de la France, avait la taille d'un poulet. Il mesurait 60 cm de long et pesait environ 3 kg. Ce petit dinosaure vivait à la fin de l'ère jurassique et se nourrissait de lézards et d'insectes. Seulement deux fossiles de *Compsognathus* ont été découverts à ce jour.

LE PLUS GROS DINOSAURE CUIRASSÉ

L'ankylosaure mesurait entre 7,5 et 10,7 m de long pour 1,2 m de haut. Cet herbivore qui vivait il y a 70 millions d'années, à la fin de la période Crétacée, était doté d'épaisses écailles et de deux rangées parallèles d'épines sur le dos. L'ankylosaure est aussi le plus gros et le plus large dinosaure connu : il pouvait atteindre 2,5 m de largeur.

FAITS DE SOCIÉTÉ

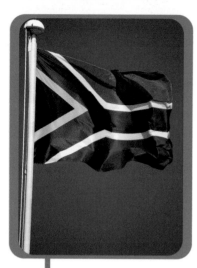

NOMBRE DE LANGUES OFFICIELLES

L'Afrique du Sud compte 43 840 000 habitants et onze langues officielles : l'afrikaans, l'anglais, le xhosa, le swazi, le zoulou, le setswana, le sesotho, le xitsonga, le tshivenda, le ndebele, et le sepedi.

ESPÉRANCE DE VIE

• Le Japon est le pays où l'espérance de vie est la plus élevée. Elle est de 77,3 ans pour les hommes et de 84 ans pour les femmes, soit une espérance de vie moyenne de 80,6 ans.
• La Sierra Leone est le pays où l'espérance de vie est la plus faible. Elle est de 35,9 ans pour les hommes et de 39,8 ans pour les femmes, soit une moyenne de 37,3 ans.

LA PLUS ANCIENNE CAPITALE DU MONDE

Damas, en Syrie, est la plus ancienne capitale. Elle est habitée de manière continue depuis 2 500 av. J.-C. et comptait 1 431 821 habitants en 1998.

LE PAYS LE PLUS ÉTENDU

La Russie couvre 17 075 400 km² pour 145 924 900 habitants en 2000. Sa superficie représente 30 fois celle de la France et 11,5% des terres émergées.
• France. Le territoire métropolitain s'étend sur 551 602 km². C'est le premier d'Europe par sa superficie, si on excepte l'ex-URSS dont la partie européenne seule 5 570 000 km².
• La principauté de Monaco a une population de 30 500 habitants en 1996 sur une superficie de 1,95 km², soit une densité de 15 461 hab/km², ce qui en fait l'État dont la densité est la plus élevée au monde.

DENSITÉS MINIMALES ET MAXIMALES

• Parmi les pays de plus de 2 500 km², celui dont la densité est la plus élevée est le Bengladesh. En 2000, ce pays comptait 129 194 000 habitants pour une superficie de 147 570 km², soit une densité de 875 hab/km².
• L'État souverain ayant la densité de population la plus faible est la Mongolie, avec une population de 2 440 000 habitants en 1999, pour une superficie de 1 564 116 km², soit une densité de 1,6 hab/km².
• L'île la plus peuplée est Java, avec une population en 1997 de 118 700 000 habitants pour une superficie de 132 186 km², soit une densité de 897 hab/km².

REVENU NATIONAL BRUT

• Selon les chiffres publiés en 2000 par la Banque mondiale, c'est le Luxembourg qui a le revenu national brut (PNB) le plus élevé du monde : 39 906 € par an et par habitant. Il est suivi par le Liechtenstein et la Suisse.
• L'Éthiopie arrive en dernière position avec un revenu national brut par habitant de 90 € par an. Le revenu national brut désigne l'ensemble des biens et services produits par un pays au cours d'une année.

LES POPULATIONS LES PLUS JEUNES

• 49,29% de la population des îles Marshall est âgée de moins de 15 ans. En juillet 2001, on comptait 70 822 habitants dans cette république de l'Océan pacifique, dont 34 900 âgés de moins de 15 ans.
• 48,89% de la population de la bande de Gaza, sous autorité palestinienne, est âgée de moins de 15 ans.

LA PLUS FAIBLE DENSITÉ DE POPULATION

L'Antarctique n'est habité que par des équipes de scientifiques qui se relaient sur le continent depuis 1943. Cette population peut atteindre 4 000 personnes.

LA PLUS FORTE DENSITÉ INSULAIRE

Au large de Hong Kong, l'île d'Ap Lei Chau, compte 80 000 habitants pour une superficie de 1,3 km², soit une densité de 60 000 hab/km².

LA PLUS LONGUE FRONTIÈRE MARITIME

La frontière maritime qui sépare le Groenland du Canada s'étend sur 2 697 km de long.

LE PLUS ANCIEN VILLAGE

Le village de Dolni Vestonice, en République tchèque, date de la civilisation gravettienne, qui remonte au Paléolithique supérieur, il y a 27 000 ans.

IMMIGRATION

Ce sont les États-Unis qui accueillent chaque année le plus grand nombre d'immigrants légaux. Entre 1820 et 1996, 63 millions de personnes s'y sont légalement installés. Le pays comptait par ailleurs cinq millions d'immigrés clandestins en 1996, dont 2,7 millions de Mexicains.

DENSITÉ POUR UN TERRITOIRE DE 1 000 KM²

Hong Kong, qui couvre 1 075 km², comptait 7 millions d'habitants en 2001, avec 6 511 hab/km². Le recensement de 1976 montra que Mong Kok, sur la péninsule de Kowloon, avait une densité de 252 090 hab/km².

LE PAYS LE MOINS PEUPLÉ

Avec 890 habitants en 2001, le Vatican est l'État le plus petit et le moins peuplé du monde. Situé à l'intérieur de Rome, il comprend l'église Saint-Pierre, la place Saint-Pierre, le Vatican et les jardins du Vatican.

FRONTIÈRES

La Chine et la Russie ont chacune 14 frontières terrestres :

• La Chine avec l'Afghanistan, le Bhoutan, l'Inde, le Kazakhstan, le Kirghizistan, le Laos, la Mongolie, la Birmanie, le Népal, la Corée du Nord, le Pakistan, la Russie, le Tadjikistan et le Viêt-Nam.

• La Russie avec l'Azerbaïdjan, la Biélorussie, la Chine, l'Estonie, la Finlande, la Georgie, le Kazakhstan, la Lettonie, la Lituanie, la Mongolie, la Corée du Nord, la Norvège, la Pologne et l'Ukraine .

ALPHABÉTISATION

• Le Niger a le taux d'alphabétisation le plus faible du monde : 15% pour la population adulte globale, c'est-à-dire âgée de 15 ans et plus, et seulement 6,6% pour les femmes.

• Le taux d'alphabétisation des femmes en Afghanistan, qui était de 15% en 1999, serait tombé à un niveau proche de celui du Niger après l'arrivée des talibans au pouvoir. Ce régime, renversé en 2001, avait interdit aux femmes l'accès à l'éducation.

LES PLUS PETITS PAYS

• Créé le 11-02-29, l'État du Vatican, ou Saint-Siège, constitue une enclave territoriale de 44 hectares, au cœur de Rome.

• Depuis 1834, la résidence officielle du grand maître de l'Ordre des chevaliers de Malte est la *Villa del Priorato di Malta*, qui s'étend sur 1,2 hectare et bénéficie du statut d'extraterritorialité diplomatique. L'Ordre est quelquefois considéré comme le plus petit État du monde.

• La principauté de Monaco, qui couvre 1,9 km², est le deuxième plus petit État du monde.

• La plus petite république du monde est Nauru, dans l'Océan pacifique, qui a une superficie de 2 129 hectares pour 9 000 habitants en 2002.

LES PLUS LONGUES FRONTIÈRES

La plus longue frontière continue au monde sépare le Canada des USA sur 6 416 km (ce chiffre comprend les rives des Grands Lacs, mais exclut les 2 547 km de frontière entre le Canada et l'Alaska). Si l'on exclut les Grands Lacs, la frontière terrestre la plus longue sépare le Chili et l'Argentine et s'étend sur une longueur de 5 255 km.

LE PAYS LE PLUS PEUPLÉ

En 2000, la Chine comptait 1 265 207 000 habitants. Sa population a augmenté d'1,3% entre 1997 et 1998, ce qui représente plus de 16 millions de naissances. On estime qu'en 2025, il y aura plus 1,48 milliard de Chinois.
La population actuelle de la Chine dépasse la population mondiale d'il y a 150 ans.

LE CHAT LE PLUS POPULAIRE

Socks, le chat de Bill et Hillary Clinton, aurait reçu en moyenne 75 000 lettres et colis par semaine pendant son séjour de huit ans à la Maison Blanche. Les employés chargés du courrier présidentiel l'aidaient à répondre à son courrier. Socks (Chaussettes) a été adopté par les Clinton en 1991. Un voisin du couple l'avait recueilli alors qu'il résidait à Little Rock, Arkansas.

LE PLUS LONG SERVICE

À 31 ans, François Mitterrand fut le plus jeune ministre de la IVe République (1916-1996). Il a exercé tous les mandats électifs français : parlementaire pendant 35 ans, 11 fois ministre, conseiller municipal, conseiller général, et maire. Mitterrand détient le record présidentiel avec deux septennats, soit 13 ans et 361 jours.

ENTOURAGE PRÉSIDENTIEL LE PLUS IMPORTANT

Lors de sa visite officielle en Chine en juin 1998, 1200 personnes accompagnaient le président Bill Clinton, dont 20 membres des services secrets, 150 membres des services militaires, 375 journalistes, 70 conseillers et quatre équipes de télévision . La délégation a utilisé quatre avions incluant *Air Force One*. Des avions militaires

ont par ailleurs acheminé dix limousines blindées, deux véhicules de communication, un hôpital mobile et un bureau par balle. Lors de sa visite officielle en Chine en 1972, le président Richard Nixon n'était accompagné que de 300 personnes.

PALAIS PRÉSIDENTIELS

Saddam Hussein a huit palais présidentiels à sa disposition, auxquels s'ajoutent plusieurs résidences en Irak. Le président irakien a notamment construit un palais à proximité des ruines du Palais de Nabuchodonosor II, roi de Babylone de 620 à 562 av. J.-C.

FONCTIONS

Le roi du Cambodge Norodom Sihanouk a occupé huit fonctions différentes dans son pays. Il a été roi de 1941 à 1955, Premier ministre de 1955 à 1962, chef de l'État de 1960 à 1968, chef du gouvernement en exil en 1970, président en 1975 et 1976, président en exil de 1982 à 1988, chef du gouvernement en exil de 1989 à 1991, président du Conseil national en 1991 et chef de l'État de 1991 à 1993. Il a été couronné roi pour la deuxième fois en 1993.

LE PLUS GRAND VOL D'ARGENT PUBLIC

L'ancien dictateur des Philippines, Ferdinand Marcos et son épouse Imelda ont dérobé 950 millions € à l'État lors de leur fuite. Le 23-04-86, le gouvernement philippin a annoncé que la perte due à ce vol s'élevait au total, depuis novembre 1965, à une somme vertigineuse comprise entre 5,5 et 11 milliards €.

LE PLUS GROS MONARQUE

Le roi Taufa'ahau Tupou IV de Tonga (Océanie) pesait 209,5 kg pour 1,90 m en septembre 1976. Après un régime draconien, son poids est tombé à 127 kg en 1993.

LA DOYENNE DES PERSONNALITÉS ROYALES

La reine-mère Elizabeth, *Queen Mother* appelée *Queen Mum*, naquit en 1900. Le 26-04-23, elle épousa le prince Albert qui devint roi sous le nom de George VI. Lors de son couronnement, elle devint la première épouse de souche britannique depuis le règne des Tudor, et fut la dernière impératrice des Indes. Elle s'est éteinte à l'âge de 101 ans, le 30-03-02.

POIGNÉES DE MAIN

Le président de la Chambre des représentants au Congrès américain, Newt Gingrich, a serré la main de 3 609 personnes en cinq heures, le 22-08-88, lors du pique-nique de King County organisé par le Parti républicain à Vashon Island, dans l'État de Washington. Il a commencé à 10 h 30 et fini à 15 h 30.

LE PREMIER MINISTRE LE MIEUX PAYÉ

L'ancien Premier ministre japonais Yoshiro Mori, qui exerça ses fonctions du 05-04-00 au 26-04-01, avait un salaire annuel de 69 290 000 yens (700 000 €). Cette somme incluait les primes de fin d'année.

LES MONARQUES LES PLUS RICHES

• La fortune personnelle du prince Alwaleed Ben Talal Alsaud est estimée à 22 milliards €. Le roi Fahd reste officiellement le souverain d'Arabie Saoudite, mais l'attaque qu'il a subie en 1995 a fait de son demi-frère le prince Abdallah le souverain de facto.

• La fortune de la reine Béatrix, qui accéda au trône des Pays-Bas en 1980, est estimée à 4 milliards €, faisant d'elle la reine la plus riche du monde. En comparaison, la fortune de la reine Elizabeth II d'Angleterre ne s'élève qu'à 230 millions £ (360 millions €).

LES PLUS LONGS RÈGNES

• Louis XIV devint roi en 1643, à l'âge de cinq ans. Il mourut en 1715, après 72 ans de règne. Il ne prit réellement le pouvoir qu'après la régence de sa mère, la reine Anne d'Autriche, puis le ministère du cardinal Mazarin, mort en 1661.

• Le prince Rainier de Monaco, né en 1923, règne depuis 1949, soit depuis 53 ans en 2002.

LA CAMPAGNE ÉLECTORALE LA PLUS ONÉREUSE

Michael Bloomberg, maire républicain de New York, a dépensé 69 millions $ (75 millions €) pour la campagne des élections municipales de 2001. Les 744 757 voix obtenues ont donc coûté chacune 100 €.

LE PLUS LONG RÈGNE EUROPÉEN

• Le règne européen le plus long a été celui d'Afonso I Henrique de Portugal, qui accéda au trône le 30-04-1112 et régna 73 ans et 220 jours, d'abord comme comte, puis comme roi à partir de 1139. Il mourut le 06-12-1185.

LA PLUS NOMBREUSE FAMILLE ROYALE

La famille royale saoudienne compte plus de 40 000 membres dont 4 200 princes.

LE PREMIER MINISTRE LE PLUS ACCESSIBLE

À l'exception de quelques dirigeants de micro-états, le dirigeant le plus accessible était le Premier ministre danois Poul Nyrup Rasmussen, qui exerça de 1993 à 2001. Le numéro de téléphone de son domicile a toujours fait partie du domaine public, et Rasmussen était connu pour répondre par téléphone aux questions des citoyens danois.

PRÉSIDENT EN EXERCICE

Omar Bongo est président de la République du Gabon, pays d'Afrique occidentale grand producteur d'huile, depuis le 02-12-67. Sans opposition, dans un système de parti unique, il fut réélu tous les sept ans jusqu'en 1993, date à laquelle il restaura, avec une faible majorité, un système multipartiste.

LES PREMIERS MINISTRES LES PLUS ÂGÉS

• Le Premier ministre nommé la première fois à l'âge le plus avancé fut l'Indien Morarji Desai, né en 1896, qui fut désigné à ce poste en mars 1977, à 81 ans.
• En 1994, Sirimavo Bandaranaike fut Premier ministre du Sri Lanka à 78 ans. Son accession à ce poste en 1960 était déjà un événement : elle était la première femme Premier ministre de l'histoire. Sa fille Chandrika Bandaranaike Kumaratunga est l'actuelle présidente de la République.

LA PREMIÈRE FEMME FRANÇAISE PREMIER MINISTRE

Premier ministre le 15-05-91, Édith Cresson, née le 27-01-34 à Boulogne-Billancourt, est devenue la première femme chef de gouvernement en France.

LES PLUS JEUNES PREMIERS MINISTRES

• Le Dr Mario Frick né en 1965, est devenu Premier ministre du Liechtenstein le 15-12-93, à l'âge de 28 ans.
• France. Laurent Fabius, né en 1946 était âgé de 37 ans et 11 mois lorsqu'il fut nommé Premier ministre de France, le 19-07-84.

AU HIT-PARADE

La princesse Stéphanie de Monaco, la plus jeune des filles du prince Rainier et de la princesse Grace, est la seule personnalité royale à avoir enregistré un tube européen. Son album *Rendez-Vous,* sous le label Success, est entré au top 10 en Allemagne, au top 40 aux Pays-Bas, et figurait aux hit-parades français et italiens.

LE PLUS JEUNE DIRIGEANT BRITANNIQUE

Tony Blair est devenu le plus jeune dirigeant du parti travailliste anglais en 1994, à l'âge de 41 ans. Il est également devenu en 1997 le plus jeune Premier ministre britannique du 20e siècle, à 44 ans.

LA PLUS GRANDE MANIFESTATION GAY ET LESBIENNE

Le 25-04-93, 300 000 personnes ont manifesté à Washington pour l'égalité des droits civiques en faveur des gays, lesbiennes et bisexuels. Organisée près du Washington Memorial, la manifestation visait à faire adopter des lois de non-discrimination, en particulier pour mettre fin à l'exclusion des homosexuels dans l'armée.

ESPÉRANCE DE VIE

• La plus longue est au Japon : les femmes vivent jusqu'à 84 ans, tandis que les hommes atteignent l'âge moyen de 77,1 ans.
• En France, les femmes peuvent espérer vivre jusqu'à 83 ans, soit dix années de plus qu'il y a quarante ans. Les hommes vivent en moyenne 75,5 ans.

LE RECORD EN CONSOMMATION DE CAFÉ

La Finlande détient le record de consommation de café par habitant, avec une moyenne de 11,3 kg par personne en 1998, soit 58 000 tonnes pour l'ensemble de la population. Toujours en 1998, les USA ont consommé la plus grande quantité de café au monde : 1 148 tonnes ou 4,2 kg (646 tasses) par habitant.

Après l'eau, le café est le premier produit alimentaire en France. Avec une moyenne de 3,7 tasses par jour (près de 55 millions de tasses par an) en 2001, il s'en est consommé 250 000 tonnes, près de 5 kg par habitant.

LA PLUS FORTE CONSOMMATION DE BIÈRE AU MONDE

La République tchèque détient le record de consommation de bière avec une moyenne de 160 litres par habitant en 1998, soit 653 millions de litres pour l'ensemble de la population. Durant la même année, les USA ont consommé le plus grand volume de bière au monde, quelque 24 376 millions de litres, ce qui représente une moyenne de 89 litres par habitant.

LA PLUS IMPORTANTE CONSOMMATION D'ÉLECTRICITÉ

En électricité, les USA ont consommé 3 235,9 milliards de kWh en 1999, ce qui représente pratiquement un quart de l'électricité utilisée dans le monde entier (12 832,7 milliards de kWh). En 1995, les plus grands consommateurs d'électricité étaient les Norvégiens : 26 956 kWh par personne, alors que chaque citoyen américain consomme 12 663 kWh.

LES PLUS GROS FUMEURS

La Corée détient le record de consommation de tabac, avec une moyenne de 4 153 cigarettes par an et par personne. Le Japon et la Hongrie détiennent respectivement la seconde et la troisième place dans ce domaine, avec une moyenne par habitant de 2 739 et 2 689 cigarettes chaque année.
En 1999, 4,6 trillions de cigarettes sont parties en fumée. Bout à bout, elles équivalent à la distance d'un aller-retour de la Terre au Soleil.

MVA EN FRANCE

Market Value Added : Richesse accumulée par l'entreprise, depuis sa création, pour ses actionnaires. En milliards de FF, année 1998, Classement des 20 meilleures MVA :
L'Oréal 118,9 ; Carrefour 93,6 ; Total 67,4 ; France Télécom 58,6 ; Pinault-Printemps-Redoute 48,4 ; LVMH 44,2 ; Promodès 35,6 ; Air Liquide 31,8 ; Elf-Aquitaine 29,6 ; Danone 21,7 ; Accor 21,1 ; Legrand 21,1 ; Vivendi 19,6 ; Rhône-Poulenc 18,7 ; Sodexho Alliance 18,3 ; Bic 17,5 ; Cap Gemini 17,2 ; Casino 15 ; Dassault Systèmes 14,7 ; Canal Plus 12 ; Hermès International 11,8 ; Schneider 11,4 ; Essilor 11,1 ; Sidel 11 ; Comptoirs modernes 11 ; TF1 9,6 ; Valeo 7,9 ; Seb 7,8 ; Coflexip Stena Offshore 7 ; Castorama 6,7.

LE MEILLEUR CUISINIER DU MONDE, EN 2002

Le Robuchon californien Thomas Keller, qui fut élève de Savoy et de Besson, a remporté le World Master of Culinary Arts 2002. On peut déguster son art culinaire dans son restaurant *The French Laundry*, à Yountville, dans la Nappa Valley.

LE TAUX DE NAISSANCE LE PLUS ÉLEVÉ

C'est au Nigeria, en 1998, que la plus forte natalité au monde a été enregistrée : 52 naissances pour 1 000 habitants. En comparaison, la Grande-Bretagne a compté

13 naissances, en 1980, et 12 naissances, en 1998, pour 1 000 habitants.

LE CLUB DE FOOTBALL LE PLUS CHER

Le Club de première division Manchester United Football, GB, a réalisé, au 08-03-00, un profit de plus de 1,73 milliards €. C'est le premier club au monde à avoir atteint un tel record.

LES GAINS DE LOTERIE LES PLUS GROS

• Le gros lot du Big Game Lottery, qui associe sept États américains (Georgie, Illinois, Maryland, Michigan, Massachusetts, Virginie et New Jersey), a atteint le chiffre record de 350 millions $ (380 millions €) lors

LE COÛT DE LA VIE

Selon une étude bisannuelle de *The Economist*, les deux villes japonaises Tokyo et Osaka détiennent le record du coût de la vie le plus élevé. Viennent ensuite Hong Kong, Libreville (Gabon), Oslo, Londres, conjointement New York et Zurich, Singapour, et enfin aussi conjointement Taïpei et Tel Aviv.

LE PLUS GRAND NOMBRE DE PARIS HIPPIQUES

En 1997-98, le Hong Kong Jockey Club a réalisé un chiffre d'affaires de 13 milliards €. On estime qu'environ un tiers de la population adulte de Hong Kong joue aux courses.

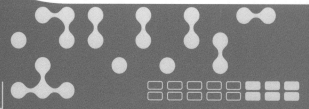

du tirage du 9-05-00. Deux gagnants se sont partagés cette fortune.

• Le plus gros lot jamais gagné par une seule personne a été de 197 millions $ (215 millions €). L'heureuse gagnante, l'Américaine Maria Grasso, a remporté cette somme lors du tirage du Big Game Lottery le 13-04-99.

LES IMPÔTS LES PLUS ÉLEVÉS

C'est sur la péninsule du Danemark que les contribuables sont les plus taxés au monde. Les prélèvements fiscaux sur les revenus varient entre 44% et 63%. En contrepartie de ces impôts, les Danois bénéficient d'un large éventail d'avantages comme la gratuité des soins médicaux, des études de second cycle, ainsi que de plusieurs autres services sociaux de premier ordre.

LE PLUS GRAND EMPLOYEUR AU MONDE

La société publique des chemins de fer indiens, Indian Railways employait le nombre incroyable de 1 583 614 personnes, selon une étude réalisée en 1997. Les salaires versés par Indian Railways, en 1996-97, se sont élevés à 2,30 milliards €.

L'AGENCE MATRIMONIALE LA PLUS CHIC

« Orly, la marieuse de Beverly Hills », Californie, dirige depuis 25 ans une agence internationale de rencontres très branchée, dont les prestations sont les plus chères du monde. Ancien mannequin, Orly fait payer l'adhésion jusqu'à 100 000 $ (109 000 €).

LOYERS DE BUREAUX LES PLUS CHERS

Une estimation de mars 2002 fait de Londres la ville la plus chère au monde en ce qui concerne les locations de bureaux. Le prix au m² par mois, incluant les charges, s'élève à 1 700 €. Tokyo arrive en seconde place, où le m² s'élève à 1 200 €.

CIMETIÈRE SPATIAL

Les cendres de 24 fous de l'espace, dont le créateur de Star Strek, Gene Roddenberry, et l'ancien astrophysicien nazi Ehricke Kraffte ont été envoyées en orbite le 21-04-97, à bord de la fusée espagnole *Pégase,* pour 4 600 € par capsule de cendres, de la taille d'un briquet. Chacune porte le nom du défunt avec un message. Elles ont été mises en orbite pour une durée de 10 ans et 18 mois.

LE PLUS GRAND TOMBEAU INDIVIDUEL

Le tombeau du premier empereur de Chine, Quin Chi Huangdi, est situé à 40 km à l'est de la ville de Xiandu, Mont Li, Chine. Deux murs d'enceintes entourent le mausolée, l'un de 2 173 x 974 m, et le second de 685 x 578 m. Toute une armée de soldats grandeur nature en terracotta est disposée dans quatre fosses autour de la sépulture.

LES MARIAGES LES PLUS LONGS

William Wen Lung, né en Chine en 1899, et sa femme Woo Fung Siu, née en 1900, vivant tous les deux aux USA, se sont mariés le 17-03-17. À la mort de William, le 01-10-01, la durée de leur mariage

était de 84 ans, 6 mois et 15 jours.
• Paul, né en 1885, et Alice Nicot née en 1892 ont été mariés pendant 79 ans et 10 mois. Leur mariage avait été célébré le 22-02-11.
• Marcel, né en 1901 et Germaine Usquelis, née en 1897 ont fêté le 20-06-1995, à Narbonne, dans l'Aude, leurs noces d'albâtre, soit 75 années de vie commune.

ANNIVERSAIRES COMMUNS DE FRÈRES ET SOEURS

• Le seul record connu de parents ayant donné naissance à cinq enfants à la même date est celui des Américains Carolyn et Ralph Cummins. Catherine (1952), Carol (1953), Charles (1956), Claudia (1961) et Cecilia (1966) sont tous les cinq nés un 20 février.
• Les trois enfants de la famille norvégienne Henriksen, Heidi (1960), Olav (1964), et Lief-Martin (1968), célèbrent ensemble mais rarement leur anniversaire, chaque 29 février.

LA JEUNE MARIÉE LA " PLUS ÂGÉE "

La mariée la plus âgée officiellement, Minnie Munroe, Australie, est âgée de 102 ans en 2002 . Elle avait épousé le jeune Australien Dudley Reid de 83 ans à Point Clare, le 31-05-91.

LES JEUNES ÉPOUX LES PLUS ÂGÉS

Ils ont respectivement 94 et 96 ans, François Fernandez, né le 17-04-06 et Madeleine Francineau, née le 15-07-07 se sont mariés le 01-02-02 dans leur maison de repos à Clapiers, France.

LA PLUS GRANDE DIFFÉRENCE DE TAILLE DANS UN COUPLE

Les Français Fabien Pretou et Natalie Lucius mesurent respectivement 188 et 94 cm. Ils se sont mariés dans la commune de Seyssinet-Pariset le

LA PART DE GÂTEAU LA PLUS CHÈRE

Le 28-02-98, une boîte contenant une part du gâteau de mariage du duc et de la duchesse de Windsor (1937), a été vendu par Sotheby's à New York pour la fabuleuse somme de 29 900 $ (35 000 €) à Benjamin et Amenda Li (USA). L'estimation de départ s'élevait à 1 000 $. Les bénéfices de la vente ont été versés à des œuvres caritatives.

14-04-90. À la maison, Fabien s'est adapté : pour cuisiner, par exemple, il doit s'asseoir afin d'être à la hauteur de la plaque de cuisson spécialement aménagée pour sa femme.

LA MÈRE LA PLUS FÉCONDE

Le plus grand nombre d'enfants nés de la même mère, et connu à ce jour, est de 69. Il s'agit de la femme d'un paysan russe du 18e siècle nommé Feodor Vassilej qui, au cours de 27 accouchements, a donné naissance à seize jumeaux, sept triplés et quatre quadruplés. Par ailleurs, son mari a eu 18 enfants de sa deuxième femme.

LA PLUS GRANDE AUDIENCE POUR UNE ÉMISSION EN DIRECT

Le nombre de téléspectateurs à travers le monde pour les obsèques de Diana, princesse de Galles, a été estimé à 2,5 milliards au cours de la retransmission de la cérémonie tenue à l'Abbaye de Westminster à Londres, le 06-09-97. En 1981, 750 millions de téléspectateurs ont regardé la cérémonie de son mariage avec le prince Charles.

LE PLUS GRAND NOMBRE DE MARIAGES

• Le plus grand nombre de mariages monogames contractés

BÉBÉS BAPTISÉS DANS LA MÊME ROBE

La robe de baptême de la famille royale britannique, confectionnée pour l'aîné des enfants de la reine Victoria en 1841, a connu jusqu'ici 68 baptêmes royaux. La robe a été portée par les neuf enfants de la reine Victoria, les cinq enfants du prince Albert Edouard, tous les enfants du roi George V, et tous les enfants et petits-enfants d'Élisabeth II.

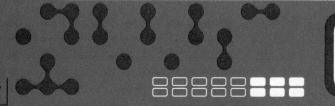

LE PLUS GRAND NOMBRE DE MARIAGES DANS UNE VILLE

Las Vegas, capitale du mariage, compte 100 chapelles célébrant 8 400 mariages par mois, soit 280 mariages par jour, un mariage toutes les cinq minutes. Les couples étrangers ne représentent que 12% .

LE CIMETIÈRE POUR NOS AMIS LES BÊTES

Le cimetière pour chiens et autres animaux domestiques d'Asnières, Hauts-de-Seine, ouvert en 1899, s'étend sur 9 798 m² et abrite 3 000 tombes. 55 000 animaux y sont enterrés, parmi lesquels une lionne, une poule, des chevaux, ainsi que les les chiens de Courteline et ceux de Sacha Guitry.

par un homme est de 28. L'ancien ministre du culte baptiste, Glynn Wolfe, Scotty (USA), s'est marié pour la première fois en 1927. Il estime avoir eu 41 enfants.

• Le plus grand nombre de mariages monogames contractés par une femme est de 22. L'Américaine Linda Essex a eu quinze maris depuis 1957. Son mariage le plus récent, célébré en octobre 1991, s'est, comme les autres, soldé par un divorce.

LE PLUS GRAND CIMETIÈRE

• Au 31-12-96, les 400 hectares de surface du cimetière d'Ohlsdorf, à Hambourg en Allemagne, avaient été le théâtre de 982 117 enterrements et de 413 589 incinérations. Il date de 1877.

• En France, le cimetière de Pantin, Seine-Saint-Denis, ouvert en 1886, s'étend sur 107 hectares. Il abrite 200 000 sépultures.

LE PLUS PETIT CIMETIÈRE

Le plus vieux cimetière juif de Paris a été rouvert au public le 01-10-95. Situé rue de Flandres (19ᵉ), il mesure 35 x 10 m et date du 17ᵉ siècle.

MARIAGES LES PLUS DURABLES

Sir Temulji Nariman et Lady Nariman ont été mariés 86 ans, de 1853 à 1940. Les deux cousins furent unis à l'âge de cinq ans. Sir Temulji, née le 3-09-1848, est mort en août 1940 à Bombay, Inde, à 91 ans et 11 mois.

LE PLUS GRAND NOMBRE DE COUPLES MARIÉS SIMULTANÉMENT

Le 25-08-95, dans le stade olympique de Séoul, en Corée du Sud, 35 000 couples se sont mariés au cours d'une cérémonie célébrée par Sun Myung Moon de l'Association pour l'unification de la chrétienté mondiale. La cérémonie, retransmise par satellite, a aussi permis à 325 000 autres couples de célébrer leur union.

LA PLUS GRANDE FOULE AUTOUR DU PAPE

Aux Philippines, le 15-01-95, le pape Jean-Paul II a célébré une messe devant 4 ou 5 millions de personnes. La messe s'est tenue au Luneta Parc, à Manille.

DONATION DE CHEVEUX

Chaque pèlerin en visite au temple de Tirupati, Andhra, Inde, fait don d'une partie de sa chevelure. Avec 6,5 millions de donateurs annuels, 2 millions € par an sont collectés, lors d'une vente aux enchères de cheveux. 600 coiffeurs coupent 30 000 visiteurs par jour.

LA PREMIÈRE RELIGION

Le christianisme est la religion la plus répandue dans le monde. Elle comptait deux milliards d'adeptes en 2000, soit le tiers de la population mondiale.

LE PLUS GRAND COMPLEXE RELIGIEUX

L' Angkor Wat, cité du Temple, édifié au Cambodge entre 1113 et 1150, occupe 1 626 000 m². Les murailles qui l'entourent mesurent 1 280 m et la population qui y résidait en 1432 comptait 80 000 personnes. L'ensemble, qui comprend 72 édifices historiques, s'étend sur une zone de 24,8 km.

LA PLUS GRANDE SYNAGOGUE DU MONDE

Le Temple Emanu-El, situé au coin de la 5ᵉ avenue et de la 65ᵉ rue, à New York, occupe une surface de 3 523 m². Le sanctuaire principal peut accueillir 2 500 personnes et la chapelle Beth-El compte 350 sièges. Quand toutes les salles de prières sont en activité, 5 500 personnes trouvent place dans la synagogue.

LE PLUS GRAND TEMPLE HINDOU DU MONDE

Le temple de Srirangam, dédié au dieu hindou Vishnu, s'étend sur une surface de 631 000 m² à Tiruchirappalli, Inde. Son périmètre mesure 9 934 m. Le sanctuaire intérieur est entouré par sept murailles concentriques, dont la plus haute mesure 70 m.

LA PLUS GRANDE ÉGLISE DU MONDE

La plus grande église du monde est la basilique Notre-Dame-de-la-Paix à Yamoussokro, capitale officielle de la Côte d'Ivoire. Les travaux achevés en 1989, auront coûtés 150 millions €. D'une surface totale de 30 000 m², l'église compte 7 000 sièges. Du niveau du sol à l'extrémité de sa croix en or, l'édifice s'élève à 158 m.
• France. La grotte basilique Saint-Pie X à Lourdes, Hautes-Pyrénées, fut achevée en 1957 pour 20 millions FF (3 millions €). D'une longueur de 200 m, elle peut accueillir 20 000 fidèles.

LE PLUS GRAND TEMPLE BOUDDHISTE

Construit entre 750 et 842, le plus grand temple bouddhiste est le Borobudur de Java, Indonésie. La structure de pierre qui occupe une surface de 60 000 m², repose sur une base de 123 m x 123 m, et mesure 34,5 m de haut.

LA STATUE QUI PLEURE

Une statuette en plâtre de 40 cm à l'effigie de la Vierge Marie aurait versé des larmes de sang durant 14 jours, entre le 02-02 et le 17-03-95, dans le lieu saint de Marian à Medjugorje, Bosnie-Herzégovie. L'évêque du diocèse a été témoin de l'une de ces manifestations. Néanmoins, la plupart des témoignages de statues pleureuses ne sont pas reconnus officiellement par l'Église .

L'ÉGLISE QUI A SUSCITÉ LE PLUS D'ENGOUEMENT

L'Église kimbanguiste fut fondée en 1959 par Simon Kimbangu, étudiant baptiste, en République démocratique du Congo (ex-Zaïre). En 1996, cette église, membre du Conseil mondial des églises, comptait 6,5 millions de fidèles.

LE PLUS GRAND ENSEMBLE DE MOSQUÉES

La plus grand complexe religieux islamique est la Mosquée du Shah Faysal, près d'Islamabab, Pakistan. L'ensemble occupe une surface de 189 700 m², dont 4 800 m² de surface couverte, et comprend une cour intérieure de prière. Le complexe peut accueillir 100 000 fidèles dans la cour intérieure principale et 200 000 personnes peuvent se recueillir sur les terrains adjacents.

LE PLUS GRAND TEMPLE SOUTERRAIN

Il a fallu seize années de fouilles archéologiques aux 800 membres de la communauté religieuse de Damanhur de Baldissero, près de Turin, pour déterrer le plus grand temple souterrain au monde, le temple de l'Humanité. C'est à l'aide de pioches et de seaux rudimentaires que la communauté a extrait le temple d'un volume de 6 000 m³ de la colline où il était enfoui.

RELIGIONS EN FRANCE

En 1998, la France comptait 46 millions de catholiques baptisés. L'Islam, avec 4,5 millions de fidèles, représente la deuxième religion. On dénombre aussi 950 000 protestants, 600 000 juifs, ainsi que 450 000 bouddhistes. 9,5% de la population se déclare sans religion.

FESTIN DE SINGES

Le Temple Kala, dans la province de Lopburi, Thaïlande, prépare chaque année un buffet de plus de 3 000 kg de fruits et légumes tropicaux pour les quelque 2 000 singes des environs. Ce festin est devenu une véritable attraction.

LE PLUS GRAND LIEU DE PÈLERINAGE

• La maison de la Vierge Marie, à Loretto, Italie, reçoit 3,5 millions de pèlerins par année (sans compter les touristes), soit trois fois plus que n'en accueille la ville de Lourdes. Selon la tradition, ce sont des anges qui ramenèrent la sainte Maison de Loretto de la Palestine vers l'Italie.

• Le Hadj, le pèlerinage annuel de La Mecque, Arabie Saoudite, attire plus que tout autre lieu saint de l'Islam, une foule de 2 millions de personnes.

LES PLUS ANCIENS LIEUX DE CULTE

• Synagogues. La plus ancienne du monde est le petit édifice d'El Ghriba, construit en 586 av. J.-C. sur l'île de Djerba, en Tunisie.

• En Europe, l'édifice connu le plus ancien du culte hébraïque, est la synagogue-école yeshiva de Rouen, construite à la fin du 11e siècle.

• Pagode. D'une hauteur de 99 m, la pagode de Shwedagon, Rangoon, Birmanie, est construite sur le site d'une ancienne pagode de 8,20 m, datant de 585 av. J.-C.

• Église chrétienne. C'est en Syrie orientale, à Douro-Europos (Qal'at es-Salihiye), que subsiste l'église la plus ancienne du monde, qui date de l'an 232 de notre ère.

• Monastère. Saint-Martin, évêque de Tours, fonda en 361 à Ligugé, Vienne, le premier monastère de Gaule, qui abrite aujourd'hui une abbaye bénédictine.

• Mosquée. La mosquée d'Al-Malawiya à Samarra en Irak, fut édifiée en 852 sur une superficie de 37 200 m² (239 x 156 m). Il n'en subsiste aujourd'hui que des ruines.

OBJET SACRÉ

En or massif, le Bouddha du temple Wat Timitr, Bangkok, Thaïlande, datant du 15e siècle, est l'objet sacré qui a la plus grande valeur intrinsèque au monde. Haute de 3 m, la statue pèse 58 tonnes et a été évaluée à 50 millions €, soit 340 € par once d'or (30 g). L'or, qui se trouve sous la couche de plâtre recouvrant la statue, n'a été découvert qu'en 1954.

LA PLUS GRANDE FOULE RELIGIEUSE

Une foule de 20 millions de personnes s'est réunie le 30-01-95 à l'occasion de la fête hindoue Ardh Kumbha Mela, à Allahabad, Inde. À cet endroit convergent le Gange, le Yamuna et fleuve souterrain Saraswati. La fête religieuse se déplace tous les trois ans, et Allahabad est l'un des quatre sites de célébration.

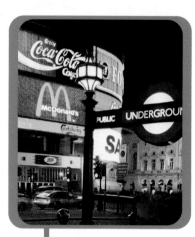

LA RÉGION LA PLUS FRÉQUENTÉE

Selon l'Organisation mondiale du tourisme (WTO), c'est l'Europe qui a accueilli le plus de touristes en 2000, avec plus de 4 millions de visiteurs, soit 57% du marché mondial du tourisme. Pour la même année, les Amériques représentaient 18% du marché.

LA DESTINATION TOURISTIQUE N°1

La France a attiré à elle seule plus de 10,8% des touristes du monde, avec 75,5 millions d'hôtes en 2000, plus que la population du pays de 60 millions d'habitants. En comparaison, les USA, en deuxième place, qui comptent presque 300 millions d'habitants, n'avaient accueilli que 50,9 millions de visiteurs, à savoir 7,3% des touristes arpentant le monde.

LE PLUS PETIT NOMBRE DE VOITURES PAR HABITANT

La Somalie et le Tadjikistan comptent le plus petit nombre de voitures par habitant, soit un dixième de voiture pour 1 000 personnes, ou une voiture pour 10 000 personnes.

À l'opposé, le Luxembourg possède 576 voitures pour 1 000 habitants, soit une voiture pour 1,7 personne.

LA PLUS LONGUE AUTOROUTE

L'autoroute Pan-American, qui relie Fairbanks, Alaska (USA), à Santiago, Chili, longeant ensuite la côte Est vers Brasilia, Brésil, en passant par Buenos Aires, Argentine, s'étend sur plus de 24 140 km. Un petit tronçon de cette route, appelé le Cap Darién, (Panama et Colombie), reste inachevé du fait de certaines difficultés politiques et financières.

LE PLUS GRAND AÉROPORT

L'aéroport international King Khalid de la périphérie de Riyad en Arabie Saoudite, aura coûté 3,17 milliards $ (3,5 milliards €) et s'étend sur une superficie de 225 km².
• France. L'aéroport Paris-Charles-de-Gaulle, à Roissy, Val-d'Oise, s'étend sur 31 km² et celui de Paris-Orly, Val-de-Marne, sur 15,5 km².

LE TRAFIC ROUTIER LE PLUS DENSE

La ville de Monaco concentre le plus grand nombre d'automobiles par habitant par rapport à son réseau routier. Selon les chiffres les plus récents, on comptait 480 véhicules par km de route en 1996. Si l'ensemble du parc automobile était aligné en file dans les rues de la ville, la moitié des véhicules n'y trouverait pas de place.

LE COULOIR AÉRIEN LE PLUS FRÉQUENTÉ

Le couloir aérien entre Hong Kong, Chine, et Taipei, Taiwan, est le plus fréquenté au monde. En 1999, 3,96 millions de passagers voyagèrent entre les deux villes. Celui qui relie Londres (GB) et Dublin (Irlande), arrive en seconde place avec 3,85 millions de passagers.

ESSOR TOURISTIQUE LE PLUS RAPIDE

Selon l'Organisation mondiale du tourisme, le Pacifique est la région qui a manifesté le développement touristique le plus rapide en 2000. L'Australie, le Cambodge, la Chine, l'Indonésie, la Malaisie, le Vietnam et la Thaïlande ont accueilli cette année-là 112 millions de touristes, soit une augmentation de 14,7% par rapport à l'année précédente.

LE TRAFIC AÉRIEN INTERCONTINENTAL LE PLUS DENSE

La voie intercontinentale qui relie Londres et New York est le couloir aérien la plus fréquenté. En 1999, 3,82 millions de passagers volèrent au-dessus de l'Atlantique, parcourant les 5 539 km qui séparent les deux villes. Cela représente une moyenne de 26 Boeing 747 par jour, équivalente à 10 645 voyageurs.

L'AÉROPORT LE PLUS FRÉQUENTÉ

L'aéroport international d'Hartsfield, à Atlanta, USA, a vu 80 millions de passagers transiter dans son enceinte en 2000, soit une augmentation de 2,7% par rapport à 1999. Avec 915 454 décollages et d'atterrissages en 2000, les pistes de l'aéroport recensent le trafic le plus dense.

LE PAYS DOTÉ DU PLUS GRAND NOMBRE D'AÉROPORTS

Le record est détenu par les USA avec 14 459 aéroports. Le Brésil arrive loin derrière en deuxième place avec 3 291 aéroports.

L'AÉROPORT LE PLUS HAUT

L'aéroport de Bangda, à l'est du Tibet, est l'aéroport le plus haut du monde : il a été construit à 4 739 m d'altitude.

LES TOURISTES LES PLUS DÉPENSIERS

Les Américains sont les touristes les plus généreux. En 2000, ils ont dépensé la somme incroyable de 65 milliards $ (70 milliards €) durant leurs vacances à l'étranger, sans compter les billets d'avion. L'Allemagne et la Grande-Bretagne arrivent en deuxième et troisième places avec respectivement, 52 milliards € et 40 milliards €.

LA PLUS GRANDE AÉROGARE

L'Aéroport International de Hong Kong comprend une aérogare d'une longueur de 1,3 km, occupant une surface de 550 000 m². Le hall de livraison des bagages est à lui seul plus grand que le Stade de France.

**LE PLUS GRAND NOMBRE
DE TRAJETS EFFECTUÉS
SANS BILLET**

En 1993, Marie-Édith X, 36 ans, totalisait 2 800 000 FF (500 000 €) d'amendes impayées à la SNCF pour avoir parcouru près de 2 300 000 km sans billet sur le réseau français. Elle parcourait quotidiennement 200 km environ.

**LES PLUS
GRANDS
VOYAGEURS**

Si l'on additionne l'ensemble des distances parcourues en vol par chaque passager américain en 2000, l'ensemble de la population a totalisé 1,11 milliards de km de vol.

**LE RÉSEAU ROUTIER
LE PLUS DENSE**

L'île de Malte, en Méditerranée, détient le réseau routier le plus grand proportionnellement à sa taille, avec 15,2 km de route par km^2. Comparativement, les USA, qui ont le réseau routier le plus grand au monde, ont une densité routière de 0,69 km par km^2, chiffre qui s'explique par l'immensité de leur surface.

**L'AÉROPORT
LE PLUS FRÉQUENTÉ**

L'aéroport international O'Hare Field de Chicago, Illinois, détient le record mondial d'affluence, avec 69,1 millions de passagers et 909 593 mouvements d'avion en 1996.

**LES AÉROPORTS
LES PLUS CENTRAUX**

• L'aéroport de Hong Kong se trouve au cœur de l'agglomération de Kowloon, sur le continent.
• L'aéroport de Gibraltar se trouve à 800 m seulement du centre ville.
• Celui de Berlin-Tempelhof est situé à 2 km de l'avenue Unter-den-Linden.

**LA PLUS GRANDE
INDUSTRIE D'EXPORTATION**

Le tourisme est généralement considéré comme l'activité d'exportation la plus importante. En 1999, la vente de services liés au tourisme avait ainsi généré un total de recettes de 555 milliards $ (600 milliards €).

**LES PLUS GRANDS
BÉNÉFICES PROVENANT
DU TOURISME**

Les premiers bénéficiaires du tourisme international sont les USA. Cette source lucrative de revenus leur a rapporté 82 milliards $ (89 milliards €) en 2000, trois fois plus qu'à leurs concurrents directs l'Espagne (34 milliards €), et la France (33 milliards €). Le gain total des USA représente 17% des bénéfices mondiaux issus du tourisme, qui s'élèvent à 519 milliards €.

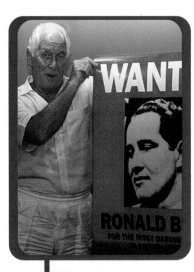

LE PLUS GRAND BRAQUAGE DE TRAIN

Le 08-08-63, entre 3 h 03 et 3 h 27, un train des services postaux britanniques est tombé dans une embuscade à Sears Crossing, GB, avant d'être pillé près du pont Bridego. Les malfaiteurs, ont emporté 120 sacs contenant 2,6 millions (8 millions €) en billets de banque destinés à être détruits à Londres. Sur cette somme, seulement 333 448 £ ont pu être récupérés (363 458 €).

COMPLICITÉ DE MEURTRE

Les sœurs Delfina et María de Jesús-Gonzáles (Mexique) enlevaient des filles pour les prostituer, et sont réputées pour en avoir assassiné 90, ainsi qu'un certain nombres de leurs clients. Elles furent condamnées en 1964, à une peine de 40 ans d'emprisonnement .

LE PLUS PETIT NOMBRE DE DÉTENUS PAR HABITANT

Selon une enquête menée par le Centre d'études international sur les prisons en 2001, le pays comptant le moins de prisonniers au monde est l'Indonésie.

On y compte 162 886 prisonniers environ, pour une population de 215 millions, soit 29 détenus pour 100 000 habitants.

LE PLUS GRAND VOL D'ŒUVRES D'ART

• Le 14-04-91, 20 tableaux estimés à 750 millions € ont été dérobés au musée Van Gogh d'Amsterdam. L'ensemble a été retrouvé près du musée 35 minutes plus tard, dans une voiture abandonnée.
• Dans la nuit du 14-03-90, deux hommes déguisés en policiers se sont introduits au musée Isabella-Stewart-Gardner, à Boston, USA, pour y dérober dix toiles : trois Rembrandt, un Vermeer, quatre Degas, un Manet, un Flinck, et un vase chinois en bronze datant de 1200 av. J.-C. Le système d'alarme n'avait pas été branché. Le FBI a estimé le montant de ce vol à 1,5 milliards €.
• *La Joconde,* du célébrissime Léonard de Vinci, a disparu du Louvre le 21-08-11, avant d'être retrouvée en Italie en 1913, chez son voleur, Vincenzo Perruggia.

LE PLUS GRAND CAMBRIOLAGE DE BIJOUX

• Le 11-08-94, trois malfaiteurs armés de mitraillettes ont cambriolé la bijouterie de l'hôtel Carlton, à Cannes. Le butin, assortiment de pierres précieuses et de bijoux, a rapporté 38 millions € aux trois individus.
• Le 24-07-80, des malfaiteurs ont cambriolé la villa du prince saoudien Abdel Aziz al-Thani près de Cannes, emportant ainsi un butin de bijoux d'une valeur de 17,5 millions €.

LA PLUS GRANDE RANÇON

Kidnappés respectivement en 1996 et 1997, deux hommes d'affaires originaires de Hong Kong, Walter Kwok et Victor Li, ont versé au malfaiteur Cheung Tze-keung,

---

LE PLUS GRAND NOMBRE DE PERSONNES TUÉES DANS UN ATTENTAT

L'attaque du World Trade Center de New York, le 11-09-01, a causé la mort de 2 800 personnes, dont 624 ont été formellement identifiées. Ce chiffre comprend les 157 passagers et membres de l'équipage des deux Boeing 767 qui se sont écrasés sur les deux tours, et les 479 agents des services de secours. Le nombre exact de victimes pourrait ne jamais être connu.

connu sous le nom de Big Spender, une rançon record de 206 millions $ (225 millions €) en échange de leur libération.

LA CONTRAVENTION LA PLUS COÛTEUSE

En octobre 2001, Anssi Vanjoki a payé une amende de 113 360 € pour avoir roulé sur sa Harley Davidson à une vitesse de 75 km/h dans une zone limitée à 50 km/h, à Helsinki. En fait, la loi finlandaise punit les contrevenants proportionnellement à leur revenu annuel. Directeur de la société de télécommunication Nokia,

---

Vanjoki avait ainsi été condamné à payer l'équivalent de quatorze jours de son salaire annuel estimé à 13,6 millions € en 1999.

LA PLUS GRANDE ÉVASION DE PRISON

Un employé d'Electronic Data Systems a déclenché le 11-02-89 une émeute afin de libérer des collègues américains détenus dans la prison de Gasr, à Téhéran. C'est H. Ross, le propriétaire d'EDS et futur candidat à l'élection présidentielle qui a orchestré le plan d'évasion, permettant ainsi à 11 000 prisonniers de profiter de la confusion pour organiser la plus grande évasion de l'Histoire.

PENDU TROIS FOIS

L'Australien Joseph Samuel a survécu au plus grand nombre de sentences de pendaisons. Âgé de 22 ans, il fut condamné à mort pour meurtre à Sydney le 26-09-1803, mais la corde se brisa. Une autre exécution échoua, la corde s'étira, à tel point que ses pieds touchaient le sol. À la troisième tentative, la corde se brisa à nouveau. Joseph Samuel fut alors gracié.

LE PLUS GRAND SYSTÈME CARCÉRAL

L'État de Californie détient le système carcéral le plus développé. Il renferme plus de détenus que toutes les prisons réunies de France, de Grande-Bretagne, d'Allemagne, du Japon, de Singapour et de Hollande.

LA PLUS LONGUE PEINE DE PRISON

Le Français Henry Parot, membre de l'organisation basque ETA et responsable d'un attentat qui a coûté la vie à 11 personnes et blessé 83 autres le 11-12-87, a été condamné par la justice espagnole à 20 siècles de prison.

LA PERSONNE LA PLUS FRÉQUEMMENT APPRÉHENDÉE

En 1998, l'Australien Tommy Johns a été arrêté à 3 000 reprises pour ivresse et conduite contraire aux bonnes mœurs sur la voie publique.

LE PRISONNIER POLITIQUE DÉTENU LE PLUS LONGTEMPS

Kim Sung-Myun, Corée du Sud, a été emprisonné pendant 43 ans et 10 mois à Séoul, pour avoir soutenu le régime communiste de Corée du Nord. Il a été libéré en août 1995, à l'âge de 70 ans.

LE PAYS MENANT LE PLUS D'EXÉCUTIONS CAPITALES

Selon les chiffres publiés par Amnesty International en 2001, la Chine exécute plus de personnes que l'ensemble des autres pays du monde. En 1999, la Chine a exécuté 1 077 personnes, tandis que l'on comptait 736 exécutions dans l'ensemble du reste du monde. Les chiffres communiqués par le pays seraient en outre inférieurs à la réalité.

L'ÉTAT AMÉRICAIN RECORD

En avril 2001, le Texas avait procédé à l'exécution capitale de 244 condamnés, plus qu'aucun autre État américain. Depuis 1974, la Virginie a exécuté 82 personnes, et la Floride 51.

DERNIER GUILLOTINÉ

La dernière exécution capitale en France a eu lieu le 10 -09-77 à la prison des Baumettes, à Marseille ; le condamné était le criminel tortionnaire Hamida Djandoubi, âgé de 28 ans.

PENDU LE PLUS VIEUX ... ET LA PLUS JEUNE

• En 1843, Allan Mair fut exécuté à Stirling, GB, pour assassinat. Âgé de 82 ans, incapable de se tenir debout, il fut pendu assis sur une chaise.
• Une fillette âgée de sept ans fut pendue en 1808 à King's Lynn, GB. En Grande-Bretagne, la peine de mort pour les mineurs de moins de 16 ans fut abolie en 1908.

LA PLUS GRANDE CARGAISON DE DROGUE JAMAIS SAISIE

Le 29-09-89, des officiers de la brigade des stupéfiants de Virginie ont saisi un chargement de cocaïne de 21 570 kg à Sylmar, Californie. Selon cette brigade basée à Alexandria, Virginie, la plus grande saisie d'héroïne jamais effectuée a eu lieu à Bangkok, Thaïlande, le 11-02-88, où des officiers de police confisquèrent 1 277 kg de drogue.

CRÉATION MONÉTAIRE

L'immeuble du Trésor américain, construit entre 1965 et 1969 à Philadelphie, s'étend sur une surface de 4,7 hectares. En 2001, le Trésor a frappé 9,5 milliards de pièces de monnaie, soit près de 38 millions de pièces par jour. La Graeber press, une machine à estampiller à haute vitesse (42 000 pièces à l'heure), a atteint son record de production de 12 milliards et 647 millions de pièces en 2000.

CONTREFAÇON DE BILLETS DE BANQUE

Au cours de la seconde guerre mondiale, le IIIe Reich allemand a mené l'" Opération Bernhard ", vaste machinerie destinée à ruiner l'économie britannique, en injectant de faux billets. Neuf millions de faux billets évalués à 570 millions € furent ainsi façonnés dans le camp de concentration de Sachsenhausen par 140 prisonniers juifs. Ils furent mis en circulation dans des pays occupés ou neutres.

LA MONNAIE DE PAPIER LA PLUS ANCIENNE

Son apparition remonte à l'époque de la dynastie Song (960-1279 av. J.-C.), en Chine. Elle était utilisée par des commerçants de Szechuan, qui est aussi le lieu de naissance de l'art de l'imprimerie.

LES PIÈCES DE MONNAIE LES PLUS ANCIENNES

Bien qu'elles ne soient pas datées, les plus petites pièces retrouvées remontent au règne du roi Gyges de Lydie (Turquie), en 630 av. J.-C. Elles étaient fabriquées en électrum, un alliage naturel d'or et d'argent.

LES PLUS ANCIENNES PIÈCES DE MONNAIE DATÉES

Une pièce d'argent de quatre drachmes, unité monétaire samiane découverte à Zankle, aujourd'hui Messine en Sicile, porte l'inscription " An 1 " (494 av. J.-C.). La date est mentionnée sur l'une des faces par la lettre A.

• Les plus anciennes pièces de l'ère chrétienne se rapportent à l'évêque danois Roskilde. On en a retrouvé six, portant toutes l'inscription MCCXXXIIII pour l'année 1234.

LES CHÈQUES LES PLUS IMPORTANTS

Le plus grand montant historique payé au moyen d'un unique chèque est de 2 474 655 000 £ (3 milliards €), émis le 30-03-95 et signé par Nicholas Morris, de Glaxo, au profit de Wellcome trust nominees, en paiement de sa participation dans Wellcome. Le système informatique de la banque Lloyds ne pouvant établir un chèque d'un tel montant, il fut rempli par un employé avec une machine à écrire. Ce dernier fut tellement impressionné qu'il dut s'y reprendre à trois fois. Ce chèque historique portait le numéro 020503.

LE LINGOT D'OR LE PLUS CHER

La plus célèbre transaction effectuée dans le domaine de la numismatique, la science des médailles et des monnaies, a eu lieu le 07-11-01. Trouvé dans l'épave du navire SS Central America baptisé *Eurêka*, un

LA PLUS HAUTE PILE DE PIÈCES DE MONNAIE

Le 03-05-91, Dipak Syal (Inde) a réalisé une colonne de 253 pièces d'une roupie, empilées sur la tranche d'une pièce de cinq roupies. Le 11-05-91, il est parvenu à faire tenir en équilibre une pile de dix pièces de une roupie alternées par dix pièces de dix paises, les unes à l'horizontale et les autres à la verticale.

lingot d'or de 30 kg datant de 1857 a été acquis au prix de 8 millions $ (8,7 millions €) par un acheteur anonyme.

BILLETS DE BANQUE

• Les plus petits. Le billet de 10 bani, émis par le ministère des Finances de Roumanie en 1917, était le plus petit au monde. Sa surface imprimée mesurait 27,5 x 38 mm, environ le dixième d'un billet d'1 $.

• Les plus grands. Les billets chinois de 1 guan sous la dynastie Ming, de 1368 à 1399 avaient des dimensions de 22,8 x 33 cm.

• France. Le billet de 5 000 FF, type 1918 Flameng mesurait

25,6 x 12,8 cm, et celui de 200 FF, type Montesquieu 1981, avait des dimensions de 17,2 x 9,2 cm.

LE PLUS GROS MAGOT

Le plus gros magot de pièces jamais retrouvé pesait un poids record de 43 tonnes d'or, d'une valeur totale de 26 millions €. Ce trésor a été récupéré sur le paquebot *White Star Liner HMS Laurentic* qui avait coulé à la suite d'une collision avec une mine sous-marine, à 40 m de profondeur au large des côtes de Malin Head à Donegal, Irlande, le 25-01-17.

LA COLLECTION DE PIÈCES LA PLUS CHÈRE

La collection de pièces américaines et coloniales de la famille Garrett, rassemblées entre 1860 et 1942,

SIGLE DE L'EURO GÉANT

Pour le lancement de la nouvelle monnaie européenne, la mairie de Pelousey, Doubs, a organisé, avec tous les habitants, le 27-10-01, la réalisation du sigle de l'euro avec 6 000 couvercles de boîtes de conserves mesurant 14,66 m de long, 14,37 m de large et 1,15 m d'épaisseur.

LA PLUS GRANDE FAILLITE

La plus grande faillite qu'ait connue une entreprise s'élève à 63,3 milliards $ (69 milliards €). Elle a touché la société Enron, le 02-12-01. Jusqu'alors, Enron occupait le septième rang des entreprises américaines les plus importantes.

a été vendue pour la somme de 25 235 360 $ (27,5 millions €) les 28 et 29-11-79 et les 25 et 26-03-81, à Wolfeboro, New Hampshire, USA.

LES PLUS GROSSES COUPURES DE BILLETS DE BANQUE

• La US Federal Reserve System a émis un billet de 100 000 $ (90 000 €) à l'effigie du président Woodrow Wilson, exclusivement destiné à des transactions avec le Trésor.

• Des billets de 10 000 $ (10 900 €) à l'effigie de Salmon P. Chase, juge de la Cour suprême américaine, ont été imprimés par la US Federal Reserve System et mis en circulation au 19e siècle. En 1969, les autorités monétaires américaines ont déclaré qu'aucun billet supérieur à 100 $ (109 €) ne serait plus jamais émis. Seules 10 000 coupures de 200 $ (218 €) demeurent en circulation.

LA PLUS PETITE CRÉATION MONÉTAIRE

L'unique petite presse à monnaies de l'Ordre souverain militaire de Malte, à Rome, est installée dans une chambre et a servi à confectionner des prototypes de pièces depuis 1961.

LES PLUS GRANDES RÉSERVES D'OR

Le Trésor américain détenait environ 262 millions d'onces d'or fin, en 1996, équivalent à 100 milliards $ (109 milliards €), c'est-à-dire 382 $ par once d'or (416 € les 30 g).

LA PLUS GROSSE VALEUR NOMINALE POUR UN BILLET

Un billet de banque hongrois de 100 millions de B-pengos a été émis en 1946, sans mentionner le chiffre sur le billet. Il valait environ 0,20 €.

LA PLUS GRANDE MISE EN CIRCULATION DE BILLETS

Le 01-01-02, 15 milliards de billets de banque et 50 milliards de pièces de monnaie en euros (plus de 664 milliards €) ont été mis en circulation en Allemagne, Autriche, Belgique, Espagne, Finlande, France, Grèce, Hollande, Irlande, Italie, Luxembourg, et Portugal, pour répondre aux besoins de liquidité des 290 millions de personnes de la zone Euro. Bout à bout, tous ces billets couvrent cinq fois la distance Terre-Lune.

OBJETS DE DÉLIRE

LE PLUS PETIT NOUNOURS FAIT MAIN

Le Japonais Utaho Imako a réalisé de sa main le plus petit nounours du monde, qui mesure 9 mm. Les six parties, à savoir la tête, le corps et les quatre pattes, sont entièrement mobiles, composées à l'intérieur de fibres polyester, et recouvertes de suédine.

LE PLUS PETIT VOILIER NAVIGUANT

Jean-Pierre Boutemy, Angoulins, Charente Maritime, a construit en 2000 un voilier dériveur complet de dimension 1,40 m x 0,80 m et d'un poids de 12 kg, sur lequel peut naviguer un enfant.

LES PLUS PETITES BICYCLETTES

La plus petite bicyclette utilisable au monde a une roue avant de 11 mm de diamètre et une roue arrière de 13 mm. Elle a été conduite par son constructeur polonais Zbigniev Rûzanekit sur une distance de 5 m, le 11-08-99.

• Le Français Jacques Puyou a construit un tandem de 36 cm, qu'il a conduit accompagné de son épouse.

LA PLUS PETITE PAIRE DE CISEAUX

En 1998, Ramech Chand Dhiman (Inde) a réalisé une paire de ciseaux parfaitement fonctionnelle, qui mesure 3,12 mm de long et 2,17 mm de large.

LE PLUS PETIT CHIEN DE TOUS LES TEMPS

De la taille d'un poing, le yorkshire terrier nain, qui a appartenu au Britannique Arthur Markles, est le plus petit chien jamais connu. A l'âge adulte, ce chien minuscule avait une taille de 6,3 cm de hauteur d'épaule et 9,5 cm du bout de son nez à l'extrémité de sa queue. Il est mort en 1945, peu avant son deuxième anniversaire.

LE PLUS PETIT CHAT DU MONDE

Dénommé Tinker Toy, le plus petit chat connu, est un mâle himalayen-persan. Adulte, il mesure seulement 7 cm de haut et 19 cm de long. Ce félin miniature appartient aux Américains Katrina et Scott Forbes.

LE PLUS PETIT SOUS-MARIN

En 1991, le Britannique William Smith a construit un sous-marin opérationnel ne mesurant que 2,95 m de long, 1,15 m de large et 1,42 m de hauteur. Baptisé Scarabée Marin, il peut atteindre une profondeur de 30,40 m et rester immergé pendant 4 h grâce à deux bouteilles d'oxygène de 23 kw (et plus longtemps encore avec deux bouteilles supplémentaires fixées sur l'habitacle). Le sous-marin sert actuellement au repérage d'épaves d'avion près de la côte Sussex dans le Sud-Est de la Grande-Bretagne.

MONOCYCLE

Sans accessoire ni rallonge, le plus petit monocycle utilisable mesure 30 cm de haut. Le diamètre de la roue est de 16,5 mm. Il a été monté en public à plusieurs reprises par le Suédois Peter Rosenthal. La plus grande distance parcourue par l'engin est de 11,61 m dans les studios d'El Show de los Records, à Madrid, le 11-10-01.

LES PLUS PETITS LIVRES

• Le plus petit livre jamais imprimé, *Les 12 signes du zodiaque chinois*, mesure 0,95 mm x 0,95 mm, et a été édité en 100 exemplaires en octobre 2000 par la société Toppan Printing Co sous la direction du Printing Museum de Tokyo, Japon. Le livre de seize pages contient les pictogrammes des douze animaux du calendrier chinois, désignés par leur nom en anglais et en hiragana (écriture japonaise à idéogrammes).
• Le plus petit Coran, appartenant aux Indiens Neera et Narendra Bhatia, mesure 2 cm x 1,5 cm x 1 cm. Cette édition reliée non abrégée de 572 pages est rédigée en caractères arabes manuscrits.

• En septembre 1999, le Canadien Nahed Koussa a confectionné un livre des Évangiles miniature, qui comprend enluminures et dessins, et qui mesure 19 mm x 15 mm.

LE PLUS PETIT JOURNAL

Le mensuel *Vossa Senhoria*, publié par la Brésilienne Dolores Nunes Schwindt mesure 3,5 cm x 2,5 cm.

COLLECTION DE VÉHICULES DE POMPIERS MINIATURES

Alain Peyreton, Bourbonne-les-Bains en Haute-Marne, a réalisé son rêve d'enfant en parvenant à collectionner, au 14-02-02, 939 véhicules de pompiers miniatures de différents pays du monde.

LA PLUS PETITE BOÎTE DE NUIT

The Minuscule of Sound à Londres, est un local de 2,4 m x 1,2 m, et de 2,4 m de haut. Équipée d'une sono professionnelle et d'une piste de danse de 2 m², elle a été construite en août 1998 à partir de murs de carton dur. La capacité maximale est de 14 personnes, DJ compris.

LE PLUS PETIT PUB

Le rez-de-chaussée du Nutshell, à Bury St-Edmunds, GB, mesure 4,82 m sur 2,28 m. La légende raconte que le roi Charles II en personne, de passage en ces lieux, s'y désaltéra et accorda la licence de vente d'alcool à ce pub.

CHÂTEAU D'ALLUMETTES

Du 11-01-98 au 24-05-00, Abilio Madeira, à Châteaugay, dans le Puy-de-Dôme, a construit avec 1 506 806 allumettes un château qui comprend tours, portes et fenêtres. Ce chef-d'œuvre s'élève à 2,02 m, pour un temps de travail de 4 379 heures.

LA PLUS PETITE LOCOMOTIVE À VAPEUR

Parfaitement utilisable, la plus petite locomotive à vapeur fixe a été réalisée par l'Indien Iqbal Ahmed. Le volant mesure 6,8 mm et l'engin est alimenté par la vapeur d'une chaudière externe reliée à un tuyau de cuivre. La locomotive mesure tout juste 6,8 mm de haut, 16,24 mm de long et pèse 1,72 g.

FUSIL MINIATURE

Louis Martin, Jean Luquet, Joannes Frey et Pierre Petiot ont fabriqué un petit fusil hammerless, à l'échelle 1/3. Cette arme de 37 cm fonctionne à la perfection. Elle a été achevée en 1991 et exposée au musée de l'Art et de l'Industrie de Saint-Étienne.

LES PLUS PETITS TÉLÉVISEURS

L'écran noir et blanc de la montre-télévision Seiko mise sur le marché le 23-12-82 au Japon, mesure 30,5 mm de large. L'ensemble, comprenant le récepteur et les écouteurs, coûte 880 € et ne pèse que 320 g.
• Le plus petit téléviseur, le Casio-Keisanki TV-10, comprend un écran de 6,85 cm de large et pèse 338 g. Ce téléviseur minuscule fut lancé à Tokyo en juillet 1983.
• Le plus petit et le plus léger téléviseur couleur, le Casio CV-1 a été commercialisé en juillet 1992 par le fabricant japonais Casio Computer.

194 LOCOMOTIVES POUR UN WAGON

Le 14-04-95, au Salon de la maquette et du modèle réduit de Paris, 194 locomotives miniatures Märklin pesant chacune 526 g ont tracté un véritable wagon pesant 26,5 tonnes sur 9,40 m. Elles ont ensuite été vendues au profit de la lutte contre la mucoviscidose.

Ce poste pèse, avec sa batterie, 168,5 g et mesure 60 x 24 x 91 mm. L'écran mesure 35 mm et l'ensemble coûte environ 330 €.

MODÈLE RÉDUIT, RECORD DE VITESSE

Le 05-07-98, le Club de modélisme de Mourenx, Pyrénées-Atlantiques, a battu le record du monde de vitesse avec une voiture électrique miniature télécommandée. La reproduction à l'échelle 1/5 de la Mercedes CLK GTR Type 24 heures du Mans a atteint les 81,27 km/h au départ lancé sur une distance de 44,70 m, et a parcouru 50 m à l'épreuve du départ arrêté, en un temps record de 3,81 s.

LA PLUS PETITE COUPE DE CRISTAL

La coupe de cristal réalisée par l'Irlandais Jim Irish, ancien maître-verrier de Waterford Crystal, mesure 8,55 mm de large et 4,6 mm de long pour une épaisseur de 2,1 mm.

ÉCRITURES

• Le 19-05-91, Surendra Apharya à Jaipur en Inde, a écrit 1 749 lettres sur un seul grain de riz.
• En avril 1995, le Chinois Pan Xixing, de la ville de Wuxi, a écrit les 395 caractères chinois du proverbe «L'amitié est comme la santé, sa valeur n'est reconnue que lorsqu'on l'a perdue» sur un cheveu humain de 2 cm de long seulement.

LA PLUS PETITE AUTOMOBILE

La société Nippodenso, Kariya, Japon, a construit un modèle réduit de la première voiture Toyota, la AA Sedan de 1936, mesurant 4,78 mm de long, 1,73 mm de large et 1,73 mm de haut. Le pare-chocs mesure 50 microns d'épaisseur (un cheveu a une épaisseur de 100 microns). Le moteur, dont le rotor électrique fait 1 mm de diamètre, peut propulser cette miniature à la vitesse maximale de 0,018 km/h.

LES PLUS HAUTES CHAUSSURES À TALONS

Les chaussures commercialisées qui ont les plus hauts talons au monde, ont une semelle compensée de 27,9 cm et un talon de 40,6 cm. En cuir rouge ou noir, ce modèle Vertigo coûte 1 100 €. Le fabricant Lady B. Wear décline toute responsabilité pour les chutes éventuelles causées par le port de ces chaussures " renversantes ".

LE PLUS GRAND SOUTIEN-GORGE

En septembre 1990, l'usine Triumph International Japan a fabriqué un soutien-gorge de 24 m pour un tour de poitrine de 28 m.

LE PLUS GRAND ARBRE DE NOËL FAIT D'AMPOULES

Un arbre de Noël uniquement décoré d'ampoules électriques a été monté par l'Italien Pietro Cucchi, à Milan, le 23-11-98. L'arbre avait une hauteur de 51 m pour une envergure de 21 m. Pour le fabriquer, il a utilisé 77 300 ampoules. L'arbre est resté allumé jusqu'à son démontage, le 18-01-99.

LE PLUS GRAND LUSTRE

Le plus grand ensemble de lustres au monde a été créé par Kookje Lighting, à Séoul en Corée du Sud. Il mesure 12 m de haut, pèse 10,67 tonnes et porte 700 ampoules. Achevé en novembre 1988, il occupe trois étages du grand magasin Lotte Chamshil.

LE PLUS GRAND CALENDRIER-ÉVÉNEMENT

Le calendrier Coca-Cola Blow UP Media mesure 54 m de long et 17,3 m de large. Il fut dévoilé le 30-11-01 par des écoliers à l'extérieur de la mairie de Birmingham, GB.

LES PLUS GRANDS BOUQUETS DE FLEURS

• Le plus grand bouquet du monde mesurait 23,4 m de haut. Achevé par par une équipe américaine dirigée par Ashrita Furman le 26-08-01, il fut exposé à Jamaica, New York.
• Le plus grand bouquet de fleurs jamais vendu par un fleuriste comprenait 518 tiges, mesurait 1,20 m de diamètre et pesait 28,49 kg. Ce bouquet, commandé à la boutique Flores do Liz à Leira, au Portugal, fut livré le 29-07-01.

TOUR EIFFEL EN CHOCOLAT

Le 08-11-00, Philippe Delalay, Martigny, Suisse, a monté une tour Eiffel en chocolat d'un poids de 80 kg. La base mesurait 1,12 m et la hauteur 3,30 m.

ŒUVRE D'ART EN BOUTEILLES

Les 08 et 09-12-02, lors du Téléthon 2000, la municipalité d'Albi, Tarn, a reproduit un tableau de Toulouse-Lautrec à l'aide de 18 477 bouteilles peintes à la main. Le travail fini mesure 14,6 m x 9,87 m et a requis 20 heures de travail, le 18-01-2001.

LE PLUS GRAND POT DE CRÈME HYDRATANTE

Avec un diamètre de 2 m et 53 cm de profondeur, le plus grand pot de crème hydratante contient 1 124 490 ml de crème Nivea. Réalisé par Beiersdorf Hellas, il a été exhibé pour la première fois en public à Athènes le 15-12-01. Ce pot géant, créé à l'occasion du 90e anniversaire de Nivea, est 16 327 fois plus grand que le pot original.

LE PLUS GROS RÉGIME DE BANANES

La société Kabana and Tecorone a fait pousser un gigantesque régime comprenant 473 bananes, sur l'île El Hierro aux Canaries, Espagne. Le 11-07-01, le régime pesait 130 kg.

LA PLUS GROSSE CITROUILLE

Gerry Checkon (USA) a fait pousser une citrouille de 513 kg, le poids a été établi à Altoona, Pennsylvanie, le 02-10-99, à la pesée du Pennsylvania Pumpkin Bowl. Altoona est le siège officiel du Festival de la citrouille.

LA PLUS GRANDE CHEMISE

La plus grande chemise du monde mesure 45,40 m de haut, 49,60 m de tour de poitrine avec des manches de 15 m de long et de 9 m de tour de bras. Conçue pour les fabricants de détergent Procter & Gamble en Roumanie, elle a été mesurée le 27-09-01 à Bucarest.

LE PLUS GRAND PÉTARD DE NOËL

Le plus grand pétard de Noël utilisable jamais réalisé mesurait 55,45 m de long et 3,60 m de large. C'est l'ancien champion du monde de rugby Ray Price (Australie) qui l'a fabriqué sur commande de la société

LA PLUS GRANDE SCULPTURE DE VERRE

L'hôtel Bellagio de Las Vegas, le plus cher jamais construit, exhibe la plus grande sculpture de verre au monde. Le lustre, en forme de composition florale, est suspendu au-dessus du lobby et mesure 9 m x 20 m. Réalisée par Dale Chihuly (USA) l'œuvre s'intitule Fiori di Como, et pèse 4 535 kg d'acier et 18 143 kg de verre soufflé bouche.

LA PLUS GRANDE TRESSE D'AIL

D'une longueur incroyable de 11 099 m, la plus longue tresse de gousses d'ail a été confectionnée par les Somerfield Stores (GB), et exposée en novembre 2001 au Greenwich Park, à Londres.

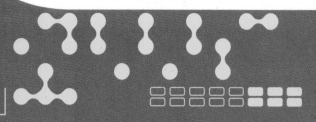

CARTE DE VŒUX GÉANTE

Pour célébrer l'an 2000, Jean-Pierre Couturier, président de Villers-Animation à Villers-sur-Mer a fait réaliser une carte de vœux géante. Ainsi, 3 000 enfants se sont mobilisés pour peindre cette carte de 2 000 m² (20 m x 100 m) afin de l'offrir au monde entier par Internet le 19-06-00.

Markson Sparks. Il a été allumé le 16-12-98 sur le parking de Westfield Shopping Town, Chatswood, Australie.

LA PLUS GRANDE PISCINE

• La plus grande piscine du monde se trouve à Casablanca, Maroc. Orthlieb Pool, piscine d'eau de mer, mesure 48 m x 75 m.
• Willow Lake, la plus grande piscine d'eau douce mesure 183 m x 46 m et se trouve à Warren, Ohio, USA.

LA PLUS GROSSE CAROTTE

John Evans, GB, a fait pousser une étonnante carotte qui pesait 8,61 kg lors de sa présentation à la Foire agricole de l'État d'Alaska.

GUITARE ACOUSTIQUE

Parfaitement fonctionnelle, la plus grande guitare acoustique du monde mesure 16,75 m de long et 7,57 m de large. Fabriquée par équipe de 50 personnes de Realizarevents, à Porto, Portugal, elle pèse 4 064 tonnes.

GUITARE ÉLECTRIQUE

Parfaitement fonctionnelle, la plus grande guitare électrique du monde mesure 13,29 m de long, 5,01 m de large, pour

un poids de 907 kg. Cette reproduction à l'échelle 1/12 d'une Gibson Flying V de 1967 a coûté 3 000 $ (3 200 €). Elle est l'œuvre des étudiants de l'Académie des sciences et de technologies de Conroe, au Texas. L'élaboration a commencé en octobre 1999 et les notes de la chanson des Beatles *A Hard Day's Night* ont été les premières à sortir de l'instrument dans la salle du Cynthia Woods Mitchell Pavilion, le 06-06-00.

JOURNAL GÉANT

Pascal Fleury et Jean-Marc Velleman (Suisse) ont réalisée une reproduction agrandie de l'édition du 14-09-00 de l'hebdomadaire *Lausanne Cités*, d'une dimension de 3,39 m x 5,03 m, ce qui correspond à un agrandissement d'environ 113 fois.

LE PLUS GRAND SANDWICH TOASTÉ

La Cabot Creamery dans le Vermont, USA, a préparé le plus grand sandwich toasté au fromage le 04-11-00, lors du deuxième Festival annuel Cheese & Cracker d'Everglades, Floride. Après sa cuisson, le sandwich mesurait 1,52 m de large, 3,05 m de long et 6,35 cm d'épaisseur pour une diagonale de 3,42 m.

LE PLUS HAUT CHÂTEAU DE SABLE

La société néerlandaise Holland Sand Sculpture a construit sur la plage un château de conte de fées en sable, d'une hauteur de 20,91 m.

LA PLUS GRANDE PYRAMIDE DE BOULES DE GLACE

La direction, les franchisés, et les spécialistes en desserts glacés de Baskin-Robbins (USA) ont érigé, avec 3 100 boules de glace, la plus grande pyramide de crème glacée au monde, à Hawaii, le 18-05-00. La pyramide, constituée de 21 strates, pesait 362,87 kg et mesurait 1,21 m de haut. Elle a fondu 45 minutes après la photo.

LE PLUS GRAND COUSCOUS

Le 23-01-00, à Tozeur en Tunisie, la société CDS Diari a cuisiné le plus grand couscous du monde : 2 tonnes de semoule, 1 570 kg de légumes, 300 poulets, et 30 moutons ont mijoté dans un couscoussier de 5 m de haut et de 2 m de diamètre.

LA PÂTE LA PLUS LONGUE

Michael Sorge (USA) est parvenu à cuire un fettucini d'un seul tenant d'une longueur de 127,4 m à New York au restaurant Sorge's, le 02-06-01.

LA PLUS GRANDE MAQUETTE EN CHOCOLAT

Une maquette de maison en chocolat mesurant 4,2 x 4,2 x 2 m, et pesant 5,08 tonnes a été assemblée par José Rafael Palermo à Córdoba, en Argentine, entre le 08-03-97 et le 23-03-97.

LA PLUS GRANDE PHOTO DE NU

Le 07-10-01, à Melbourne, Australie, 4 000 volontaires se sont dévêtus dans la fraîcheur du matin pour une séance collective de photos de nu, organisée par l'artiste américain Spencing Tunick.

LE CANAPÉ LE PLUS LONG

En septembre 2001, le société italienne Industrie Natuzzi a fabriqué le canapé le plus long du monde, en forme de croissant. La courbe extérieure du canapé mesurait 35,11 m et la courbe intérieure, 24,86 m. Pour le recouvrir, 250 m² de cuir rouge ont été nécessaires.

LA PLUS GRANDE BOULE DE BAL

Une boule à facettes de miroirs de 2,41 m de diamètre et pesant 137,89 kg, a été installée au Mayan Club, à Los Angeles, Californie. Fabriquée par Big Millennium Balls, cette boule est constituée d'une mosaïque de 6 900 miroirs carrés mesurant chacun 5 cm de côté.

LA PLUS GRANDE TRUFFE

Une truffe blanche (*Eutuberaceae tuber*) d'un poids de 1,31 kg, a été trouvée par Giancarlo Ziganto, le 02-11-99 près de Buje, en Croatie. Mesurant 19,5 cm de long, 12,4 cm de large et 13,5 cm de haut, sa valeur a été estimée à 5 800 €.

LE PLUS GRAND PLAT DE RAVIOLIS

Le plus grand plat de raviolis du monde se composait de 224 040 pièces de raviolis Tesco Italiano Fresh Pasta fabriqués par Geest, GB. Il a été servi le 15-11-01 lors de la fête précédant la course du Grand Nord Bupa, South Shields, GB. Au total, 11 202 assiettes de ce plat, soit 1 600 kg de raviolis, ont été servis.

PROTECTEUR

En 2001, la société Guard Industrie-Alain Wayser a procédé au traitement anti-graffiti et anti-chewing-gum sur une surface totale de 10,2 millions de m². Cette pollution est devenue mondiale.

LA PLUS GRANDE SCULPTURE EN CURE-DENTS

Un million de cure-dents ont été utilisés par l'association William Adams Middle School, Alice, Texas, pour réaliser une œuvre mesurant 0,76 m de large, 5,18 m de long, et 2,28 m de haut.

LA PLUS GRANDE FRESQUE MURALE

Le *Pueblo Levee Project*, à Pueblo, Colorado, est la plus grande peinture murale au monde, qui couvre une surface de 16 554,80 m². Commencée dans les années 70, cette fresque est l'œuvre collective de plusieurs milliers d'artistes, enfants, adultes et vieillards. Libre à chacun d'utiliser de la peinture recyclée pour apporter sa contribution artistique aux panneaux longs de 3,21 km et haut de 17,67 m.

LE PLUS GROS SUNDAE

Un sundae pesant 24,9 tonnes a été réalisé par Palm Dairies, Edmonton, Canada, sous la direction de Mike Rogiani le 24-07-88. 20,27 tonnes de crème glacée, 4,39 tonnes de sirop, et 243,700 kg de nappage ont été incorporés dans la préparation.

LE PLUS GRAND TABLEAU, ŒUVRE D'UN SEUL ARTISTE

Le canadien Éric Waugh a dévoilé sa toile de 3 846 m², *Héros,* au musée d'Art de Caroline du Nord à Raleigh, USA, le 01-12-01 lors de la Journée mondiale de la lutte contre le sida. *Héros* mesure deux fois la hauteur de la Statue de la Liberté.

LA PLUS GRANDE KABSA DU MONDE

Le 24-02-02 à Manama, Bahrain, la plus grande kabsa du monde a été cuisinée dans un chaudron de 4 m de diamètre et de 1,50 m de profondeur. Ce plat préparé selon la recette traditionnelle à base de riz et de viande, est le met national des États du Golfe. Il pesait 6 239 kg après la cuisson des 33 ingrédients le composant.

LE PLUS GRAND COCKTAIL

Le personnel du Jimmy Buffet's Margaritaville and Mott's, Universal City Walk, à Orlando, en Floride, a concocté une margarita de 26 645 litres, le 17-05-01.

LE PLUS GRAND PLAT DE LENTILLES

Un plat d'une tonne de lentilles a été préparée dans une chaudron de 5 m de diamètre, par l'Association sportive de Roche-la-Molière, Loire, le 13-09-01.

LE PLUS GRAND TAPIS TISSÉ MAIN

Quarante tisserands de l'entreprise Bakharden Art Carpet-Making de la corporation Turkmenhaly State Join-Stock, Ashgabat, Turkménistan, ont fabriqué un tapis de 14 m de large sur 21,50 m de long, entre le 09-02 et le 10-10-01. Ce tapis en pure laine de 301 m² a une densité de 304 000 points noués par m².

LA PLUS GRANDE SAUCISSE

Une saucisse de 59,14 km de long a été préparée par J.-J Tranfield pour le compte de la société Asda, à Sheffield, GB, le 29-10-00.

LE PLUS GRAND PAQUET DE CHIPS

Le plus grand paquet de chips du monde a été fabriqué le 20-01-01, par le Belge Dirk Haverals et ses quinze assistants au centre sportif d'Opwijk Heivelds. Haut de 2,62 m, il contenait 180,21 kg de chips.

GARBURE GÉANTE

Le centre commercial E. Leclerc, à Mont-de-Marsan, dans les Landes, a fait déguster une garbure de 1 768 litres, le 29-09-01.

TROTTINETTE

L'Office du tourisme de Rougemont, en Suisse, a construit une trottinette géante de 0,30 m x 19,80 m, et d'un poids de 280 kg, le 21-07-01.

BRISOLÉE GÉANTE

Un rôti de chataîgnes (brisolée) de 2 016 kg, a été offert aux habitants de Fully, en Suisse, le 29-10-00.

LE PLUS GRAND CADENAS DU MONDE

Cheikh Zafar Iqbal, Pakistan, a fabriqué le plus grand cadenas du monde en état de marche. Entièrement construit en acier, le cadenas mesure 67,30 x 39,60 x 12,40 cm et pèse 96,3 kg, clé non comprise.

LE PLUS GRAND CAKE

Le 07-09-01, à Sfax, les sociétés tunisiennes Diari, Jadida, et Le Petit Poussin, ont fourni les ingrédients nécessaires à la confection du plus grand cake du monde. Encadrés par quatre enseignants, 40 étudiants des Arts et Métiers ont travaillé pendant cinq jours et cinq nuits pour obtenir un cake de 100 m de long pour un poids de 700 kg.

LA PLUS LONGUE GUIRLANDE DE PAPIER

L'Office cantonal des associations du Lencoîtrais, Vienne, a terminé le 09-06-01 une guirlande faite de bandes de papier agrafées formant des anneaux d'une longueur totale de 20 827,20 m.

SANTON GÉANT

La mairie des 1er et 7e arrondissements de Marseille, a exposé pour la Noëlle 2001, une crèche géante dont le plus grand santon, Joseph, atteint 3,17 m. Les santons étaient réalisés selon une technique médiévale, en papier et carton.

LA PLUS GRANDE BAKLAWA DU MONDE

La patisserie Masmoudi, à Sfax, Tunisie, a élaboré le 15-05-02 une pièce de baklawa (pâtisserie orientale) de 115 x 210 cm pour 100 cm de haut. Son poids est de 1 155 kg. On a pu y découper 57 750 portions de taille classique.

FAN DES BEATLES

Au 09-08-01, l'Argentin Rodolfo Renato Vazquez avait rassemblé 5 612 objets-souvenirs liés aux Beatles : livres, posters, laissez-passer de coulisses et même des illustrations grandeur nature des Quatre Grands sont actuellement amassés dans le grenier de sa maison à Buenos Aires. Sa collection a été exposée à travers le pays et lui a valu la visite, en 1997, du batteur des Beatles, Pete Best.

MUSIQUE EN COULEURS

L'Italien Alessandro Benedetti possède 934 disques pressés dans du vinyle coloré. Sa collection comprend 647 disques 33 tours dont 601 en couleurs et 46 illustrés de photos. Concernant les 287 disques 45 tours, 255 sont en couleurs, 13 sont illustrés de photos, et 19 ont des formes non conventionnelles.

GRANDE COLLECTION DE PRÉSERVATIFS

L'Italien Amatore Bolzoni a collectionné 1 947 modèles de préservatifs depuis le début des années 80. Le plus ancien de sa collection, fabriqué à partir d'un intestin de mouton, date du 19e siècle.

COLLECTION DE PANSEMENTS

La collection de pansements du Britannique Brian Viner se composait en 2001 de 3 750 pièces adhésives neuves de couleurs, de formes et de tailles différentes.

EMBRASSE-MOI

Les sociétés Breakthrough Breast cancer et Avon Cosmetics ont récolté 3 201 traces de rouge à lèvres lors de la campagne de lutte contre la maladie baptisée Baisers d'adieu au cancer du sein. Les baisers ont été recueillis sur des cartes postales distribuées par les détaillants aux clientes. Les empreintes ont été exposées au 10, Downing Street, à Londres le 25-10-99.

COLLECTION DE MÈCHES

L'Américain John Reznikoff, dans le Connecticut, a collectionné les cheveux de 115 personnalités. Cette collection de mèches est assurée pour 1 million € et comprend des mèches de la chevelure de Lincoln, Kennedy, Marylin Monroe, Einstein, Napoléon, Elvis Presley, Charles Dickens, et du roi Charles Ier. Reznikoff possède pour chaque spécimen de cheveux des documents et/ou des tests ADN attestant de leur origine.

D'INSTRUMENTS DE MUSIQUE EN ALLUMETTES

Le Britannique Tony Hall possède dix instruments de musique qui fonctionnent, quoiqu'ils aient été entièrement confectionnés avec des allumettes. C'est son père Jack, aujourd'hui disparu, qui en fut l'artisan. La collection comprend un violon (avec son archet et son appui-menton), une mandoline napolitaine et une mandoline à dos plat, une guitare classique, un banjo-ténor, des percussions, des castagnettes, une flûte à bec, des baguettes de tambour et un ukulélé. Le premier instrument de musique fut terminé en 1936 et toute la collection a nécessite 106 000 allumettes.

ARMAGNAC EN ALSACE

Au 23-05-00, le restaurant strasbourgeois Le Fossile possédait 85 millésimes de bouteilles d'Armagnac de 1885 à 1989.

COGNAC

En 1998, Michel Gillet, Montréal, Québec, possédait 367 bouteilles de Cognac pleines.

DÉFORMATION PROFESSIONNELLE

Expert en effets spéciaux, le Britannique Jason Joiner qui a travaillé sur les derniers épisodes de la série La Guerre des étoiles, a collectionné plus de 20 000 objets souvenirs se rapportant au film, comprenant des jouets, des cartes postales et des livres. En plus de cette collection, Joiner possède l'un des prototypes du robot C-3P0, un R2-D2, et un costume de Darth Vader.

TOUT SUR SHEILA

Le 08-03-02, Évelyne Simon, de Givors, dans le Rhône, a exposé une collection rassemblant plus de 15 000 disques, documents et photos sur la vie et la carrière de la chanteuse Sheila.

LA PLUS GRANDE COLLECTION D'ÉTIQUETTES DE MARQUE DE VÊTEMENT

Depuis 1992, la Néerlandaise Leonie Robroek collectionne des étiquettes de griffes de vêtements. Elle en détient 1 729 différentes.

LA PLUS GRANDE COLLECTION DE POTS DE CHAMBRE

L'Allemand Manfred Klauda a constitué une collection de 9 400 pots de chambre, dont le plus ancien date du 16e siècle. Sa collection est exposée au musée Zentrum für Aubergewöhnliche de Munich.

COLLECTION ANIMALIÈRE D'ORIGAMIE

Éric Vigié, Incheville, Seine-Maritime, a créé 111 animaux différents selon la tradition japonaise du pliage de papier sans découpage.

LA PLUS GRANDE COLLECTION DE POUPÉES BARBIE

Tony Mattia (GB) a réuni 1 125 poupées Barbie, soit la moitié de toutes les créations depuis 1959, incluant plusieurs versions de Ken, petit ami de Barbie. Tony change les costumes de ses poupées une fois par mois.

ÉTIQUETTES DE FRUITS ET DE LÉGUMES

Au 30-04-01, Martine Janin du Vésinet, Yvelines, détenait une collection de 3 380 étiquettes différentes de fruits et légumes.

HABILLEMENT LE PLUS PRATIQUE

Eric Le Fou, Lyon, porte quotidiennement, depuis sa réalisation le 11-04-01, l'habillement le plus complet : il comporte plus de 1200 accessoires pratiques intégrés à la tenue.

POTS À LAIT

En 2000, Guy Lambert, Pesmes, Haute-Saône, possédait 107 pots à lait différents.

LA PLUS GRANDE COLLECTION D'AIMANTS

L'Américaine Louise Greenfarb a amassé 30 ans durant 29 000 aimants à frigidaire.

MÉDAILLES

Au 05-05-01, Jacques Corvaisier de Château-du-Loir, Sarthe, possédait une collection de 2 931 médailles à la gloire de l'Histoire de France, datant de 1493 à nos jours.

MORCEAUX DE SUCRE EMBALLÉS

En février 1999, Danielle Sortais de Benodet, Finistère, possédait 909 sucres emballés, tous différents.

" DO NOT DISTURB "

Le Suisse Jean-François Vernetti a accumulé, depuis 1985, 1 750 panneaux " Ne pas déranger ", provenant d'hôtels d'une centaine de pays différents. Il compte élargir sa collection aux 191 pays de la planète.

BOUTEILLES DE COCA

En mars 1994, Michel Houche, à Avignon, Vaucluse, possède une collection de 2 100 bouteilles de coca-cola de 168 pays, dont 1 574 bouteilles de 25 cl de 154 pays.

SOUVENIRS DE CONAN LE BARBARE

En un peu plus de 30 ans, le couple américain Robert et Patricia Leffler ont constitué une collection de 2 418 articles se rapportant à la créature fantastique inventée par Robert E. Howard (USA), Conan le Barbare. Leur collection comprend des bandes dessinées, des posters, des affiches de film, des statues, des bracelets, des épées et des boucliers.

CANIF MULTI-LAMES

Le canif de l'année, fabriqué en 1822 par les couteliers Joseph Rodgers & Sons (GB), comprenait à l'origine 1 822 lames. Chaque année une nouvelle lame lui était soigneusement ajoutée. En 1969, le canif fut acquis par le plus grand manufacturier d'outils faits main, Stanley Works. Puis, en 1999, le célèbre canif fut restauré et une lame d'argent lui fut encore ajoutée pour marquer l'arrivée de l'an 2000.

PREMIER STYLO À BILLE

C'est avec son frère Georg que le journaliste hongrois Biro a inventé le stylo à bille en 1938. L'une des premières institutions à mettre en valeur l'idée de Biro fut la Royal Air Force, dont les pilotes avaient besoin d'un stylo dont l'encre ne coulerait pas à haute altitude. L'aviation est ainsi responsable du grand succès populaire de ce stylo.

LE PLUS ANCIEN BREVET-RADIO

Le premier brevet pour un système de communication par ondes électromagnétiques fut attribué à l'Italo-Irlandais Marchese Guglielmo Marconi, le 02-06-1896.

LA PREMIÈRE BANDE MAGNÉTIQUE

L'enregistrement magnétique a été inventé en 1898 par le Danois Valdemar Poulsen qui avait utilisé le fil d'acier Telegraphone, protégé par le brevet américain n° 661 619. En 1928, l'Allemand Fritz Pfleumer a introduit la première bande magnétique (brevet allemand n° 500 900). En 1929, les studios Blattner (GB) furent les premiers à utiliser cette invention pour des enregistrements. Les bandes magnétiques sur support plastique ont été conçues par la société allemande BASF entre 1932 et 1935, avant d'être commercialisées en 1950 par Recording Associates (USA).

LES PLUS IMPORTANTS DOMMAGES ET INTÉRÊTS RELATIFS À UN BREVET

La société américaine Litton Industries s'est vu attribuer 1,2 milliards $ (1,3 milliards €) de dommages et intérêts par la société Honeywell à Los Angeles, Californie, le 31-08-93. Un jury estima que Honeywell avait piraté l'invention de tout un procédé de navigation aérienne, brevetée par Litton. Cette société intenta des poursuites en mars 1990 contre Honeywell, qui récusa l'accusation neuf mois plus tard.

LA FERMETURE ÉCLAIR

En 1893, l'Américain Whitcomb Judson a fait breveter le système de fermeture ancêtre de la fermeture Éclair. Le Suédois Gedeon Sundback s'est par la suite illustré en tant que

LE SYSTÈME SONORE LE PLUS PERFECTIONNÉ

L'Audio Spotlight transmet des ultrasons à travers un étroit faisceau sonore, dont les ondes se déplacent dans l'air et sont audibles à une distance préétablie. Ce procédé permet de véhiculer des sons sur une distance de 100 m, à l'intérieur d'un étroit faisceau de 2 à 5°. Une telle invention conviendrait aux musées : face à un tableau, on écouterait un commentaire que personne d'autre ne pourrait entendre à plus de 30 cm.

dessinateur au sein de la compagnie Judson's. Après plusieurs années de recherches, il présenta en 1913 la célèbre fermeture Éclair, brevetée en 1917.

CHAUSSURE GÉNÉRATRICE D'ÉNERGIE

Créée en mars 2000 par l'inventeur Trevor Baylis et les fabriquants de chaussures Texon International, la société Electric Shoe à Leicester (GB), a conçu une chaussure qui génère de l'électricité. Des prototypes ont été mis à l'essai en août 2000 par Baylis et John Grantham, employés de

Texon, au cours d'une marche de 120 km dans le désert de Namibie. À la fin de la randonnée, Baylis avait réussi son expérience : il est parvenu à joindre l'entrepreneur britannique, Richard Branson, en utilisant un téléphone portable chargé par l'électricité de ses chaussures.

LA PREMIÈRE TRANSMISSION RADIO

La première transmission radiophonique a été théorisée le 21-07-1864 par le docteur américain Mahlon Laomis. L'expérience a par la suite été tentée en octobre 1866 à l'aide de deux cerfs-volants distants de 22 km, lancés au-dessus de Bear's Den, conté de Loudoun,

STYLO GADGET

Le Pen Tool est un stylo qui présente douze accessoires interchangeables : un poinçon, deux cuters, une pince à enlever les agrafes, un tournevis cruciforme, une lame de scie miniature, une lime en acier inoxydable, un tournevis, un grattoir, une petite pince, une fourchette en acier inoxydable et, bien sûr, un stylo.

LE PREMIER VOL D'UN ENGIN À MOTEUR

Le premier vol contrôlé d'un engin à moteur a eu lieu à Kitty Hawk, en Caroline du Nord, le 17-12-03. Le pilote américain Orville Wright a maintenu l'engin *Flyer I* en vol pendant 12 secondes sur une distance de 36,5 m.

en Virginie.
Le 20-07-1872, le docteur
a ainsi déposé le brevet
américain n° 129 971, intitulé
Improvement in Telegraphing.

STYLO POLYVALENT

La gamme Space Pen construite
par Fisher Space Pen (USA) utilise
des cartouches pressurisées par
nitrogène pour dispenser de l'encre
viscoélastique. Le stylo peut alors
fonctionner parfaitement à l'envers
et dans des conditions extrêmes
(froid, chaleur, sous l'eau et même
dans l'espace). Ce modèle a été
utilisé pour la première fois dans
l'espace lors de la mission Apollo 7
en 1968, devenant le stylo standard
des astronautes, notamment de
ceux qui travaillent actuellement
sur l'International Space Station.
Avant l'invention du Space Pen,
ils utilisaient des crayons quand ils
devaient écrire dans l'espace. L'encre
est pressurisée à 50 psi et passe par
une bille en tungstène. L'action de la
bille liquéfie l'encre, qui coule alors
comme dans n'importe quel stylo.

LE PREMIER EXPLOSIF

Déjà au 13e siècle av. J.-C., la
poudre noire était utilisée en Europe.
Ce mélange de charbon, de nitrate de
potassium et de sulfure est l'explosif
le plus ancien, et ne fut supplanté
qu'en 1866, date à laquelle le
suédois Alfred Nobel, dont le fameux
prix porte le nom, parvint à maîtriser
l'usage de la nitroglycérine.

LE PREMIER HÉLICOPTÈRE

Igor Sikorsky, originaire d'Ukraine, a
fabriqué le premier avion à moteurs
multiples et le premier hélicoptère.
Le brevet américain Sikorsky
n° 1994488, principale étape
du développement
de l'hélicoptère,
a été enregistré
le 27-06-31.

LIVRE POUR INVENTIONS INUTILES

La revue *Chindogu*, " outil bizarre "
en japonais, a été lancée par Kenji
Kawakami (Japon). C'est l'art
d'inventer des outils qui semblent
utiles à première vue, mais qui se
révèlent totalement inefficaces par
la suite. Le chapeau-caméra, par
exemple, permettrait de prendre
une photo panoramique de 360°.
Kawakami a publié deux livres
Chindogu.

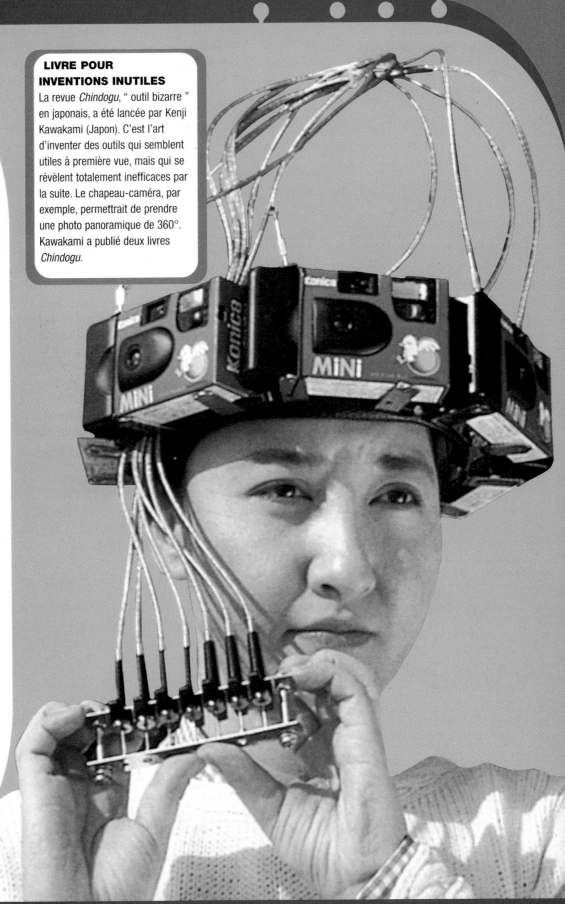

L'INSECTE
LE PLUS CHER
Un scarabée cerf-volant (*Dorcus hopei*) géant de 80 mm a été vendu 10 035 000 de yens (82 000 €) à un chef d'entreprise de 36 ans à Tokyo, au Japon, le 19-08-99. Ce dernier, qui a acheté l'insecte pour sa collection personnelle, reste anonyme par peur du vol.

ROLLS ROYCE
La Rolls Royce Phantom V 1965 de John Lennon a été achetée 2,2 millions $ (2,4 millions €) chez Sotheby's à New York, le 29-06-85 par le Canadien Jim Pattison, président de l'Exposition mondiale de 1986 à Vancouver.

LE BLOUSON EN JEAN
LE PLUS CHER
Lors d'une séance photographique en 1985 avec le Canadien Marcus Leatherdale, Madonna portait un gilet en jean, qui a été vendu 22 000 $ (24 000 €) aux enchères en ligne de Sotheby's le 30-05-01. Il était accompagné de la photo de la star le portant.

LES MANUSCRITS
LES PLUS CHERS
Voir aussi p. 125.
• 1,4 million £ (2 millions €) est la somme record déboursée lors d'une vente privée organisée par Sotheby's, Londres, le 01-12-94, pour obtenir le manuscrit de la *Deuxième Symphonie* du compositeur allemand Robert Schumann.
• Le manuscrit de Paul McCartney, *Getting Better* (1967) a été vendu 161 000 £ (250 000 €) à Sotheby's, Londres, le 14-09-95.
• En février 1998, le manuscrit de la chanson *Candle in the wind 1997* a été vendu 442 500 $ (482 000 €), à Los Angeles, Californie. Les paroles avaient été réécrites par l'Anglais Bernie Taupin, et chantées lors de l'enterrement de Diana par Elton John en septembre 1997. La Lund Foundation for Children finance des programmes pour les enfants handicapés. C'est elle qui a acheté ces trois pages de texte manuscrit.
• *Théorie de la relativité* d'Albert Einstein, 51 pages, daté de 1913, a été vendu 398 500 $ (410 000 €), à Christie's, New York, en 1996.
• Le script relié en cuir utilisé par Clark Gable lors du tournage du film *Autant en emporte le vent* a été vendu 30 000 $ à Steven Spielberg (33 000 €) lors d'une vente aux enchères chez Christie's à Los Angeles, le 15-12-96.

OSCAR
• La statuette de l'Oscar remporté par Vivien Leigh pour *Autant en emporte le vent* en 1939 a été adjugée 400 000 $ (446 000 €) chez Sotheby's, New York, en décembre 1994.

AFFICHE FÉTICHE
Un poster du film *La Momie* s'est vendu 435 500 $ (475 000 €) chez Sotheby's à New-York, en mars 1997.

POST-IT° LE PLUS CHER
On peut y voir le dessin au fusain *D'après Rembrant* de l'artiste américain R. Kitaj. Pour célébrer le 20ᵉ anniversaire de l'invention, des artistes avaient été invités à créer des œuvres d'art sur des post-it°. Ces œuvres ont été vendues en ligne le 13-12-00, permettant ainsi de collecter 8 000 € pour une œuvre caritative.

TEDDY BEAR
Teddy girl est le nom de l'ours en peluche fabriqué en 1904 par la marque Steiff, qui a été vendu 18 fois l'estimation, soit 110 000 £ (174 000 €).

SIX CHIFFRES
POUR UN T-SHIRT
Le mythique maillot n° 10 porté par le Brésilien Pelé lors de la finale de la Coupe du monde de 1970 a été vendu 157 750 £ (250 000 €), soit trois fois plus cher que l'estimation. Le vendeur était le footballeur italien Roberto Rosato qui avait échangé son maillot avec Pelé après la victoire du Brésil, 4 à 1.

PARAPLUIES
En mai 1994, Hung Hee Ho de Hong Kong a fabriqué six parapluies en peau de buffle. Le prix de la pièce s'élève à 2 000 $ HK, soit 270 € .

LA PAIRE DE JEANS
LA PLUS CHÈRE
Le 25-05-01, une paire de jeans, identifiée comme la plus ancienne, a été vendue 46 532 $ (50 720 €), alors qu'on pense qu'elle avait été achetée 1 $, il y a 120 ans, par un travailleur. On l'a trouvée enfouie dans la boue, dans une ville minière du Nevada. Elle avait été fabriquée à Manchester dans l'état du New Hampshire, USA, entre 1880 et 1885.

AFFICHES
• L'affiche originale du film *Metropolis* (1927) de Fritz Lang, signée Boris Bilinsky, a été adjugée 131 000 FF (20 000 €), à l'hôtel Drouot à Paris, le 08-12-89.

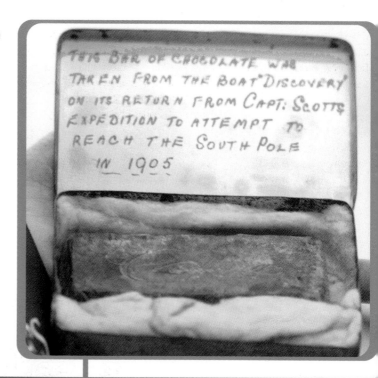

LE CARRÉ DE CHOCOLAT LE PLUS CHER
Vieille d'un siècle, cette barre de chocolat de 10 cm se trouvait sur le bateau du capitaine Scott (GB) lors de son expédition en Antarctique de 1901 à 1904. Elle a été achetée pour 470 £ (630 €) chez Christie's, à Londres, en septembre 2001.

• L'affiche du dessin animé *Alice's day at sea* (1924) de Walt Disney, a été vendue 23 100 £ (37 000 €), chez Christie's, Londres, en 1994.

CERTIFICAT DE NAISSANCE

Le certificat de naissance de Paul McCartney a été vendu 9 millions de yens (78 000 €), à Tokyo, en mars 96.

MAISON LA PLUS CHÈRE

Deux propriétés de Hong Kong, nommées *Genesis* et *Sky High*, ont été achetées par Wong Kwan pour 28 650 €/m² en novembre 1997.

CHIEN EMPAILLÉ

Toto, partenaire de Judy Garland dans *Le Magicien d'Oz,* a été adjugé 2 300 £ (3 600 €), en 1996.

OBJETS EXTRATERRESTRES

Un morceau de 2 x 2 x 4 mm d'une météorite martienne de 0,28 g trouvé au Brésil en 1958, a été vendu 7 333 $, plus de 1 000 fois son poids en or (11 500 €), par Phillips, à New York, en mai 98.

BRIQUET EN OR

Représentant un phare sur une île d'améthyste, un briquet en or d'1,6 kg a été vendu par Alfred Dunhill 37 500 £ (59 250 €), à Londres, en 1986.

MÈTRE EN ARGENT

Un mètre aux initiales de Jacqueline Bouvier-Kennedy a été acquis pour 42 500 $, (44 000 €) à Sotheby's, New York, le 23-04-96.

REVOLVER

Le revolver de Yul Brynner, utilisé lors du tournage des *Sept Mercenaires*, a été adjugé 58 000 FF (8 842 €), à Drouot-Montaigne, Paris, le 16-09-96.

LE PETIT SOLDAT LE PLUS CHER

Un prototype du jouet *GI Joe* a été acheté par Matt Babek (USA) pour 14 000 $ (15 000 €) le 03-12-99 lors d'une vente aux enchères en ligne de eBay. Lorsqu'ils étaient dans le commerce entre 1964 et 1978, ces jouets articulés de douze pièces coûtaient au maximum 4 $ (5 €).

DÉ À COUDRE EN OR

Un dé à coudre en or du XVIᵉ siècle, qui aurait appartenu à la reine Elizabeth Iʳᵉ, a été adjugée 20 070 £ (30 000 €) à Londres, le 13-12-92.

LA CARTE DE NOËL LA PLUS CHÈRE

La carte de vœux de Noël la plus chère a été vendue en Angleterre, le 24-11-01, pour 20 000 £ (31 600 €) lors d'une vente aux enchères à Devizes, dans le Wiltshire. On pense qu'il s'agit de la première carte créée spécifiquement pour les vœux de Noël. Mise en couleur à la main par l'illustrateur londonien John Calcott Horsley, elle mesure 13 cm sur 8 cm. C'est l'Anglais Sir Henry Cole qui l'avait envoyée à sa grand-mère en 1843. On n'en lithographia que 1 000, qui furent vendues à l'époque 1 shilling pièce. Il ne reste que douze cartes originales.

KITSCH DE LUXE

Michael Jackson et Bubbles est une très jolie sculpture en porcelaine créée en 1988 par l'artiste américain Jeff Koons. Elle a été vendue le 15-05-01 chez Sotheby's à New York pour 5 616 750 $ (environ 6,1 millions €). Elle mesure 106 x 179 x 82 cm.

MAGAZINE LE PLUS CHER

Le magazine *Visionaire* est une création de Stephan Gan (USA). 175 $ (190 €) pour un numéro. Il paraît que les collectionneurs sont prêts à débourser 5 000 $ pour des exemplaires rares, tels que le N° 18, paru sous son propre portfolio signé Louis Vuitton.

CIGARES CUBAINS

Vingt-cinq cigares de Trinidad produits par la Fabrique nationale de Cuba ont suffisamment tenté un acheteur asiatique pour qu'il en offre 9 980 £ (16 000 €) à une vente aux enchères de Christie's à Londres, en novembre 1997. Il peut maintenant fumer avec fierté des cigares à 640 € pièce.

SUPERMAN

Un exemplaire de la première édition d'*Action Comics*, daté de juin 1938, a été acheté 100 000 $ (110 000 €) en 1997. Le personnage de Superman y faisait sa première apparition. On pense que cette bande dessinée vaut à présent la somme astronomique de 185 000 $ (200 000 €).

CARAT LE PLUS CHER

Le prix le plus élevé par carat jamais payé pour un diamant est de 926 315 $ (1 million €). Le diamant en question, d'une taille de 0,95 carat, est de couleur rouge-mauve, de forme inhabituelle. Il a été vendu chez Christie's à New York, le 28-04-87.

VANITAS ...

189 000 $ (206 000 €) : c'est le prix payé le 17-11-93 chez Christie's New-York, pour un *vanity case* de la maison Cartier. Cette mallette est incrustée de pierres précieuses et d'un fragment d'acier égyptien antique.

PORTEFEUILLE ROYAL

Des coins en platine, des incrustations de diamants, du crocodile… le portefeuille créé par Louis Quatorze de Paris et Mikimoto de Tokyo, a été vendu 56 000 £ (88 000 €) en septembre 1984.

MONTRE-BRACELET

La vente d'une montre-bracelet pour hommes Patek Phillippe en or 18 carats, datant de 1922, a atteint 1 918 387 $ (2 millions €) chez Antiquorium, à Genève, en 1999. L'heureux acquéreur est un collectionneur du Moyen-Orient.

LES STYLOS LES PLUS CHERS

• Un collectionneur japonais a payé un prix record de 1,3 million FF (200 000 €) en février 1988 pour l'*Anémone*, un stylo à encre créé par Réden (France). Il est incrusté de 600 pierres précieuses, parmi lesquelles des émeraudes, des rubis, des saphirs et de l'onyx. Il a demandé une année entière de travail.

• Le stylo le plus cher du monde, *La Modernista Diamonds* est fabriqué par Caran d'Ache (Genève). Il était en vente chez Harrod's, à Londres, au prix de 169 000 £ (267 000 €) de septembre à décembre 1999.

LA LUGE LA PLUS CHÈRE

La luge *Rosebud*, utilisée pour le film *Citizen Kane* d'Orson Welles, a été adjugée 233 500 $ chez Christie's à Los Angeles, en décembre 1996.

CARTE NOIRE

Il faut payer une cotisation annuelle de 1 000 $ (1 100 €), mais surtout justifier de revenus annuels d'au moins 215 000 $ (230 000 €) pour obtenir la carte de crédit "American Express Centurion", "Black Card". Les possesseurs ne se voient pas imposer de plafond de dépenses, mais cette carte n'est proposée qu'aux privilégiés qui voyagent beaucoup, reçoivent souvent, et attendent un service d'une qualité exceptionnelle.

JEANS CHICS

Le *Genius jeans* de Gucci est orné de perles africaines, de plumes tribales, de déchirures minutieusement étudiées, et de boutons et rivets en argent. On pouvait l'acheter après son lancement en octobre 1998 dans les boutiques Gucci de Milan au prix de 2 900 €.

60 ANS D'ÂGE

Une bouteille de whisky (malt) de 60 ans d'âge a été vendue 11 000 £ (17 000 €) chez Fortnum & Mason, à Londres, en février 2000.

LA BOUTEILLE DE ROUGE

105 000 £ (165 900 €), c'est le prix record qu'a payé Christopher Forbes (USA) pour une bouteille de Château Lafite de 1787, lors d'une vente chez Christie's, à Londres, le 05-12-85.

MEUBLE LE PLUS CHER

Le prix le plus élevé jamais payé pour un meuble est de 8,5 millions £ (13,5 millions €). C'est un meuble italien à tiroirs Badminton du 18e siècle, propriété du duc de Beaufort (GB), qui a atteint ces sommets, le 05-07-90, chez Christie's à Londres.

LA PLUS CHÈRE DES ŒUVRES DE SHAKESPEARE

Un des cinq exemplaires de la première œuvre de William Shakespeare, éditée en 1623, a été vendu 6 166 000 $ (6 730 000 €) le 8-10-2001 chez Christie's à New York. C'est le prix le plus élevé jamais payé pour un livre du 17e siècle.

UN VERRE DE BEAUJOLAIS

Le Britannique Robert Denby a payé 8 600 FF (1 300 €) pour être le premier à déguster un verre de beaujolais nouveau 93 (maison Jaffelin). La vente s'est déroulée à Beaune, Bourgogne, au pub anglais *Le Pickwick's*, le 18-011-93.

DIAMANT « LESOTHO »

Le diamant 40 carats qu'Aristote Onassis a offert à Jackie Kennedy pour leurs fiançailles, a été adjugé 2,58 millions $ (2,8 millions €) chez Sotheby's à New York, le 23-04-96.

LE MANUSCRIT ILLUSTRÉ LE PLUS CHER DU MONDE

Le *Codex Hammer* est un manuscrit composé de textes et de dessins de Léonard de Vinci, dans lequel ce visionnaire décrivait l'invention du sous-marin et de la machine à vapeur. C'est Bill Gates, le propriétaire de Microsoft, qui l'a acheté le 11-11-94 chez Christie's à New York, pour le prix de 30,8 millions $ (33,5 millions €). C'est le seul manuscrit de Léonard de Vinci qui appartienne à une personne privée.

BRONZE

Grande femme debout I, d'Alberto Giacometti, a été sculptée en 1960 et coulée en bronze en 1962. Ce bronze a été vendu 14 306 000 $ (15,6 millions €) chez Christie's à New York, le 08-11-00. C'est le prix le plus élevé jamais atteint par un bronze à une vente aux enchères.

VIOLONCELLE

Le violoncelle *Cholmondeley* a été fabriqué en 1698 à Crémone, en Italie, par le célébrissime Stradivarius. Il a été vendu 682 000 £ (1,1 million €) chez Sotheby's, à Londres, le 22-06-88.

SAXOPHONE

Un saxophone qui avait appartenu à Charlie Parker a atteint un prix de 93 500 £ (148 000 €) lors d'une vente aux enchères chez Christie's à Londres, le 07-09-94.

COFFRET À BIJOUX

Un coffret à bijoux en bois de rose ayant appartenu à Marie-Antoinette, orné de neuf plaques de porcelaine de Sèvres, estampillé Carlin, a été vendu 23 687 000 F (3,6 millions €) par maître Tajan, à Paris, le 07-11-91.

DES RIVIÈRES DE DIAMANTS

Le centre de négoce de diamants d'Anvers, en Belgique, est le plus grand du monde. Le total des ventes négociées sur cette place en 2000 est de 28,1 milliards €, un record inégalé depuis que cette activité a débuté, au 15e siècle.

RIVIÈRE DE DIAMANTS

Le bijou le plus couteux jamais conçu et fabriqué spécialement pour un film est un collier montant serti de 1 308 diamants véritables, qui a été porté par l'actrice australienne Nicole Kidman dans le film *Moulin Rouge* (2001, USA-Australie). La valeur de cette rivière de diamants est estimée à 1 million $ (1,1 millions €). Le succès du film a été très décevant.

ARCHITECTURE

L'AIR DES SOMMETS

La Trump World Tower de New York est le plus haut bâtiment résidentiel du monde. Il s'élève à 265,5 m sur 72 étages : les appartements sont très hauts de plafond. Par conséquent, l'immeuble est plus haut qu'un immeuble classique du même nombre d'étages.

PHARES

• Le plus haut est celui du cap d'Antifer en Seine-Maritime. Haut de 128 m, il a une portée de 53,7 km.
• Le plus puissant est celui de Créac'h sur l'île d'Ouessant, Finistère, dont la portée est de 200 km.

UN CINÉMA DE 12 ÉTAGES

Ouvert le 21 septembre 2001, le plus haut complexe de cinéma du monde se trouve à Glasgow (GB). Haut de 12 étages, il mesure 62 m, et offre aux spectateurs 4 277 fauteuils répartis sur 18 salles.

BUREAUX LES PLUS HAUTS

En mars 1996, les Petronas Towers de Kuala Lumpur, en Malaisie, ont enlevé à la Sears Tower de Chicago le record du monde de hauteur pour un bâtiment de bureaux. Des chapiteaux pointus en acier, longtemps en place au sommet de leurs 88 étages, portaient leur hauteur à 451,9 m contre 443 m pour la tour Sears.
• France. La tour Maine-Montparnasse à Paris mesure 209 m de haut pour 58 étages, avec une terrasse au 56e. La superficie du plancher est de 90 200 m². Les bureaux abritent une centaine de sociétés pour lesquelles travaillent 5 500 personnes. Le plus rapide des 25 ascenseurs atteint une vitesse de 6 m/s (21,6 km/h).

HAUTES NOTES

Le Civic Opera House à Chicago est un imposant gratte-ciel en pierre de 45 étages. Cet opéra ouvert en 1929 peut accueillir 3 563 personnes.

TOTEM GÉANT

Un poteau totem de 54,94 m de haut, appelé Esprit de Lekwannen (pays des vents), a été érigé le 04-08-94 à Victoria, Canada, à l'occasion des jeux du Commonwealth qui s'y déroulaient cette année-là.

LA PLUS HAUTE FLÈCHE DE CATHÉDRALE

La flèche la plus haute est celle de la cathédrale d'Ulm en Allemagne. Les travaux commencèrent en 1377, mais la tour au centre de la façade ouest, qui mesure 160,9 m, ne fut terminée qu'en 1890.
• France. La flèche de la cathédrale de Strasbourg, Bas-Rhin, culmine à 142 m. Achevée en 1439, elle fut, jusqu'au XIXe siècle, la plus haute construction du monde.
• La cathédrale Saint-Pierre de Beauvais, Oise, a une hauteur record sous voûtes de 48,20 m. Commencée vers 1226 et jamais achevée, elle ne possède qu'un chœur et un transept.

DONJON

Le plus haut est le donjon du château de Vincennes, Val-de-Marne, qui mesure 52 m de haut.

CONSTRUCTIONS LES PLUS HAUTES

La tour sans soutien la plus haute du monde est la tour de Canadian National, société de chemins de fer, à Toronto, Canada. Elle s'élève à 553,34 m. La construction de ce bâtiment en béton armé s'est achevée le 02-04-75. Le restaurant tournant et panoramique de 416 places, à 350 m, offre une vue à 120 km.

GAZ À TOUS LES ÉTAGES

Imaginez une cheminée d'usine qui mesure 44 m de diamètre à la base et monte en s'effilant jusqu'à une hauteur vertigineuse de 420 m, avec encore 14,2 m de diamètre au sommet. Achevée en 1987, cette cheminée de 60 000 tonnes fait partie de la centrale à charbon n° 2 d'Ekibastuz, Kazakhstan. Elle est aussi haute que le quatrième plus haut building de bureaux du monde, la tour Jin Mao à Shanghaï.

MINARETS

Le plus haut minaret, qui atteint 200 m de haut est celui de la grande mosquée Hassan II de Casablanca. La mosquée a coûté 443 millions €.

LE PLUS HAUT MONUMENT DU MONDE

Le plus haut monument du monde est le grand portique d'acier Gateway to the West à Saint-Louis, Missouri, achevé le 28-10-65. Ce portail est une immense arche d'acier qui mesure 192 m d'un pilier à l'autre, et s'élève à la même hauteur. Elle a été érigée en 1965 pour célébrer l'expansion vers l'ouest de l'Amérique. Dessinée par l'architecte finno-américain Eero Saarinen, elle a coûté près de 29 millions $ (31,6 millions €).

LA TOUR EIFFEL

La tour Eiffel fut la plus haute tour jamais construite avant l'avènement des antennes de télévision. Conçue par Gustave Eiffel (1832-1923) pour l'Exposition universelle de 1889, elle a été achevée le 31-03-1889. Haute de 300 m (321 m avec son antenne de télévision), elle pèse 7 340 tonnes. Cet édifice de fer compte 1 792 marches et peut osciller de 13 cm par grand vent. Elle a été construite en deux ans, deux mois et deux jours.

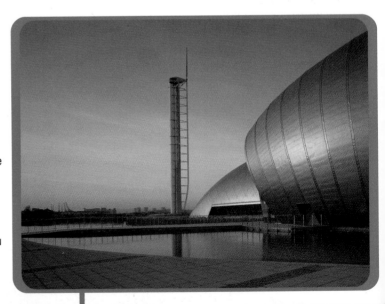

HAUTE VOLTIGE

La Glasgow Tower se trouve au Centre des sciences de Glasgow en Grande-Bretagne, et mesure 127 m de haut. C'est beaucoup lorsque l'on sait qu'elle peut tourner de 360° sur elle-même. Elle a ouvert au printemps 2001.

DÉFI PAR DRAPEAUX

Le plus haut mât de drapeau du monde se trouve à Panmunjon, en Corée du Nord, près de la frontière avec la Corée-du-Sud. Il est le produit d'une lutte de propagande entre les deux pays, et fut érigé en réponse à un autre très haut mât de drapeau construit à proximité, de l'autre côté de la frontière.

LA PLUS GRANDE STATUE DU MONDE

Cette statue en bronze de Bouddha mesure 35 m à la base, 120 m de haut, et pèse 1000 tonnes. La réalisation de ce projet, une coopération entre le Japon et Taïwan, a pris sept ans, et s'est achevée en janvier 1993. Le bouddha géant se trouve à Tokyo.

LE PLUS HAUT JET D'EAU

Lorsqu'elle fonctionne à pleine pression (26,3 kg/cm^2) et à pleine capacité (26 500 litres/min), la fontaine de la ville de Fountain Hills, Arizona, propulse en l'air une colonne d'eau de 172,2 m de haut.

LA PLUS HAUTE STRUCTURE SANS SOUTIEN

Il s'agit de la plate-forme de forage de Petronius (gaz et pétrole). Exploitée par Texaco, elle a commencé à produire le 21-07-00. Son point le plus haut, une cheminée à gaz, est à plus de 610 m de haut au-dessus du fond de l'océan, 50 m plus haut que la tour CN de Toronto.

TOUTES CATÉGORIES CONFONDUES

La structure la plus haute toutes catégories confondues est l'antenne de télévision de Fargo, Dakota, de 629 m, construite pour la chaîne 11 KTHI-TV en 30 jours, le 02-10-63.

LE PLUS HAUT ÉTAGE HABITABLE DANS UN GRATTE-CIEL

Le plus haut étage d'un gratte-ciel s'élève à 443 m au 110e étage de la Sears Tower de Chicago. Les tours Petronas de Kuala Lumpur (Malaisie) sont les tours de bureaux les plus hautes au monde, mais le 88e et dernier étage est 60 m au-dessous.

CONSTRUCTION EN TERRE

La Grande Mosquée de Djenne, au Mali, est le plus grand bâtiment du monde construit en terre. Elle mesure 100 m de long et 40 m de large. La structure a été construite en 1905, d'après les plans d'une mosquée du XIe siècle. Elle est surmontée de deux tours massives. À l'intérieur, une forêt de colonnes occupe presque la moitié de la surface du sol.

BÂTIMENTS SPACIEUX

Boeing a fait construire en 1968, à Everett, Washington, un bâtiment d'une surface intérieure de 39,8 ha, et d'un volume de 13,4 millions m³.
• France. Le hangar aux cotons du Havre, détruit par un incendie en 1982, mesurait 742 x 113 m, soit une superficie totale de 83 846 m².
• Le hangar 1 de l'aéroport Charles-de-Gaulle de Paris mesure 276 m de long et 132 m de large, soit 36 432 m².

LA PLUS GRANDE PYRAMIDE DU MONDE

La plus grande pyramide du monde est aussi le plus grand bâtiment toutes catégories jamais construit. C'est la pyramide de Quetzalcoatl, à Cholula de Rivadavia, à 101 km au sud-est de Mexico. Elle s'élève à 54 m de haut pour une base couvrant 18,2 hectares, ce qui représente un volume de 3,3 millions de m³. Par comparaison, le volume de la plus grande des pyramides de Gizeh, en Égypte (pyramide de Khéops) est de 2,4 millions de m³, soit plus d'un tiers en moins.

9 KM DE NÉON

Une enseigne de 85 m de haut, 6 500 m² de surface (somme des deux faces) et 9,6 km de tubes au néon se trouve sur l'hôtel-casino Hilton à Las Vegas, Nevada.

LE PLUS GRAND DES PLANÉTARIUMS

Le planétarium du Ehime Prefectural Science Museum, à Niihama City, au Japon, a un dôme de 30 m de diamètre d'où l'on peut admirer 25 000 étoiles. Les visiteurs peuvent aussi y observer l'espace vu à partir d'autres planètes que la Terre.

LE PLUS GRAND TOIT DU MONDE

L'aéroport King Abdul-Aziz de Jeddah, Arabie Saoudite, a coûté 6 milliards €. Il a été construit pour permettre de recevoir la foule des pélerins musulmans venus à La Mecque. C'est là que se trouve le terminal Haj, dont le toit est le plus grand du monde, à l'étonnante surface de 1,5 km².

LE PLUS GRAND STADE EN PLEIN AIR

Le plus grand stade en plein air du monde est le stade de Strahov, à Prague, République tchèque, achevé en 1934. Il peut recevoir 240 000 spectateurs.

LE PLUS GRAND STADE COUVERT DU MONDE

Le Superdome de la Nouvelle-Orléans, Louisiane, peut accueillir 97 365 personnes pour un congrès, et 76 791 pour un match de football.

LA PLUS GRANDE BOÎTE

Le Privilège à Ibiza, aux îles Baléares, Espagne, peut recevoir 10 000 danseurs sur 5 500 m² de pistes de danse réparties sur trois niveaux. À l'extrémité du bâtiment, une paroi de verre permet de profiter du lever du soleil. Une piscine, des fontaines et des jardins ajoutent à l'ambiance. La soirée commence rarement avant minuit. C'est là qu'a lieu la légendaire fête Monday Manumission.

Mesurant 83 m de haut, couvrant une surface de 5,26 hectares, il a coûté 173 millions $ (190 millions €). Sa construction a été achevée en mai 1975.

STADES EN FRANCE

• Le Stade de France, Paris-St-Denis, construit pour la Coupe du Monde 1998, s'étend sur une surface de 70 000 m2 (hors œuvre). Sa capacité d'accueil est de 80 000 places lors de matchs de football et 105 000 places lors de spectacles.
• Le Palais Omnisports de Paris-Bercy (POPB), construit en 1984 à Paris, est le plus grand stade couvert français. Il peut accueillir 17 000 spectateurs. Sa superficie totale est de 50 000 m² (hors œuvre).

LE PLUS GRAND TOIT RÉTRACTABLE DU MONDE

Le plus grand toit rétractable du monde couvre le Sky Dome de Toronto, Canada. Achevé en 1989, le toit couvre 3,2 ha, mesure 209 m dans sa largeur maximum, et s'élève à 86 m. Il pèse 11 000 tonnes – autant que 6 000 voitures – et il lui faut 20 min pour s'ouvrir entièrement. Lorsqu'il est ouvert, tout le terrain et 91% des places assises sont découverts.

MUSÉE

Si vous voulez arpenter la totalité des 322 galeries d'exposition du Palais

LE PLUS GRAND COMPLEXE DE CINÉMA

C'est à Madrid, Espagne, que s'est ouvert Kinepolis, le plus grand complexe de salles de cinéma du monde. Il a une capacité de 9 200 fauteuils pour 25 écrans. Les salles comptent de 211 à 996 places.

LE PLUS GRAND STADE DE FOOT DU MONDE

Le plus grand stade de foot est Maracanã à Rio de Janeiro, qui peut accueillir 205 000 spectateurs, dont 155 000 assis. Le 16 juillet 1950, le Brésil et l'Uruguay se rencontraient en Coupe du monde devant 199 854 spectateurs.

LE PLUS GRAND PLATEAU DE TOURNAGE DU MONDE

Il a été construit à Pinewood Studios, Bucks, Grande-Bretagne, et mesure 102 x 42 x 12 m. Conçu par Michael Brown (GB) pour le tournage du film de James Bond, *L'espion qui m'aimait,* il devait contenir 4,5 millions litres d'eau, une partie grandeur nature d'un cargo supertanker de 540 000 tonnes et trois modèles en réduction de sous-marins nucléaires.

d'hiver dans le musée de l'Hermitage à Saint-Petersourg, Russie, il vous faudra parcourir 24 km à pieds. Les galeries de ce musée gigantesque hébergent près de trois millions d'œuvres d'art.

LA PLUS GRANDE BIBLIOTHÈQUE DU MONDE

La bibliothèque du Congrès à Washington DC, est la plus grande du monde. Elle abrite 125 millions d'objets, dont 18 millions de livres ; 2,5 millions d'enregistrements ; 12 millions de photographies ; 4,5 millions de cartes ; et 54 millions de manuscrits, rangés sur 856 km de rayonnages. Elle occupe une surface de 265 000 m².

• La Bibliothèque nationale de France, ouverte depuis le 20-12-96 à Paris, a une capacité d'accueil de 3,6 millions de visiteurs par an. Des rayonnages de 395 km permettent d'aligner 10 millions de livres et 820 000 volumes en libre accès. Deux salles de lecture offrent 3 590 places.

LES PLUS GRANDS MUSÉES

Le musée américain d'Histoire naturelle, l'American Museum of Natural History, fondé à New York en 1869, regroupe 23 bâtiments interconnectés. La surface des bâtiments et du planétarium est de 111 000 m². Le musée héberge 30 millions de specimens et d'animaux mis en scène, et reçoit 3 millions de visiteurs par an.

STUDIOS DE CINÉMA

Universal City, à Los Angeles, Californie, est le berceau des plus grands studios de cinéma du monde. Le site, que l'on appelle le *Back Lot,* couvre 170 hectares. Il compte 561 bâtiments et 34 scènes. Il a été bâti sur le site d'une ancienne ferme de volailles, et les premiers visiteurs pouvaient acheter des œufs à la sortie.

LE PLUS GRAND AMPHITHÉÂTRE DU MONDE

L'amphithéâtre flavien, ou Colisée, à Rome, date de 80 ap. J.-C. Il a mesuré au maximum 187 m de long sur 175 m de large. Couvrant 2 hectares, il pouvait accueillir 87 000 personnes. À l'apogée de la grandeur de l'Empire romain, on pouvait y assister à des combats de gladiateurs, avec esclaves et bêtes fauves. Il fut même parfois rempli d'eau pour recréer des batailles navales.

DÉMÉNAGEMENT DE PHARE

En 1999, le service des parcs nationaux américains a décidé de sauver le phare de Cape Hatteras en Caroline du Nord, menacé par le recul de la côte. Il a donc fallu le déplacer de 0,8 km vers l'intérieur des terres. Les ingénieurs ont remplacé la base de granit par des supports en acier et des crics hydrauliques à roulettes. L'ensemble, haut de 63 m, a roulé le long d'un rail vers son nouvel emplacement situé 883 m plus loin. Parti le 17-06, il est arrivé le 09-07-99.

LE TUNNEL LE PLUS PROFOND DU MONDE

Le tunnel d'Hitra, en Norvège, atteint une profondeur de 264 m sous le niveau de la mer. Reliant l'île d'Hitra au continent, il fut ouvert en décembre 1994. Il est long de 5,6 km, comporte trois voies de circulation et il est à une profondeur égale à la hauteur d'un immeuble de 66 étages.

LE PLUS GROS TUNNEL ROUTIER DU MONDE

Une maison de 4 étages pourrait passer dans le tunnel qui traverse l'île de Yerba Buena, à San Francisco, Californie. Ce tunnel routier comporte deux niveaux, mesure 24 m de large et 17 m de haut, pour seulement 165 m de long. Chaque jour, 280 000 véhicules passent sur ses cinq voies de circulation.

LE PLUS GRAND PONT-TUNNEL

Le pont-tunnel de la baie de Chesapeake s'étend sur 28,4 km, entre la péninsule de Virginie et Virginia Beach. La plus longue partie de pont mesure 7,340 km, et la partie de tunnel la plus longue est de 1,750 km. L'ouvrage a été ouvert à la circulation le 15-04-64.

DÉPLACEMENT D'IMMEUBLE

Le *Cudecom Building* est un ensemble résidentiel de huit étages à Bogota, Colombie. Placées sur le tracé d'une route importante, ses 7 700 tonnes ont pourtant dû être déplacées grâce à un délicat tour de force, le 06-10-74.

LES PLUS VIEUX PONTS

• Un pont à une seule arche, construit avec des pierres longues et plates, tel est l'aspect du plus vieux pont encore emprunté aujourd'hui. Il enjambe la rivière Meles à Izmir, autrefois Smyrne, Turquie. On pense qu'il a été construit autour de 850 av. J.-C.
• Il existe aussi à Mycène, en Grèce, des vestiges d'anciens ponts sur la rivière Havos, construits il y a près de 1600 ans av. J.-C.

PONTS SUSPENDUS

Le pont routier suspendu d'Akashi-Kaikyo relie, dans l'archipel du Japon, les îles d'Honshu et de Shikoku. La travée principale mesure 1 990,80 m. L'ensemble de la longueur d'ouvrage suspendu, en incluant les travées latérales, est de 3 911,10 m. Avec ses 2 tours, qui montent à 297 m au-dessus du niveau de la mer,

PONT-CANAL

Le pont-canal de Briare, Loiret, est au monde le plus long canal sur un pont. Il fut construit de 1890 à 1894 par les sociétés Eiffel et Dayde & Pillé. Il a une longueur de 662,68 m, et sa largeur est de 11,50 m pour une largeur de canal de 6,20 m.

et l'impressionant diamètre de 1,12 m de ses 2 principaux câbles, ce pont gigantesque ne détient pas moins de 3 records à lui seul.
• France. Le plus grand est le Pont de Normandie sur la Seine, inauguré le 20-01-95. Sa travée mesure 856 m. Les pylônes ont une hauteur de 214,77 m, et leurs fondations s'enfoncent jusqu'à 55 m.

LES PLUS LONGS TUNNELS ROUTIERS

• Le tunnel à 2 voies du St-Gothard en Suisse, ouvert en 1980, mesure 16 km. Les travaux, commencés à l'automne 1969, ont coûté 686 millions FS (466 millions €) et 19 vies humaines.
• Le tunnel du mont Blanc, qui relie la vallée de Chamonix, Haute-Savoie, au Val d'Aoste, Italie, mesure

11,6 km, dont 7,64 km en France.
• France. Le tunnel le plus long construit exclusivement sur le territoire français est le tunnel Maurice-Lemaire, à Ste-Marie-aux-Mines, Haut-Rhin, à travers les Vosges. Il mesure 6,87 km.

LES PLUS LONGS TUNNELS FERROVIAIRES

Le plus long est le tunnel de Seikan, Japon, avec 54 km. Il a été creusé à 240 m au-dessous du niveau de la mer et à 100 m au-dessous du fond marin du détroit de Tsugaru, entre l'île de Honshu et l'île de Hokkaido. Les travaux furent terminés en 1988.
• France. Le plus long tunnel ferroviaire est celui du col de Fréjus, Savoie. Sur la ligne Culoz-Modane, entre la France et l'Italie. Inauguré

LE PLUS HAUT PONT DU MONDE

Le pont le plus haut du monde surplombe de 321 m les Royal Gorges de la rivière Arkansas dans le Colorado. Il a fallu six mois pour construire ce pont suspendu d'une portée de 268 m, ouvert au public en décembre 1929.

LA PLUS GRANDE ÎLE ARTIFICIELLE FLOTTANTE

Mega-Float Island se trouve à Tokyo, dans le port de Yokosuka. Ouverte le 10 août 1999, elle mesure 1 km de long, 121 m de large, et 3 m d'épaisseur. Sa fonction est de simuler des désastres et de tester de nouveaux avions.

en 1871, il constitua la première percée des Alpes. Long de 13,7 km, dont 6,900 km en France, il se situe à 1 200 m d'altitude.

• Le plus long tunnel ferroviaire entièrement situé sur le territoire français est celui de Braus, sur la ligne Nice-Breil/Roya, Alpes-Maritimes. Il mesure 5 939 m.

LA GRANDE MURAILLE DE CHINE

Le plus long mur du monde est la Grande Muraille de Chine, construite pour repousser les attaques des Mongols. La partie principale du mur mesure 3 460 km. Sa construction a commencé sous le règne de Qin Shi Huangdi (221–210 av. J.-C.), et s'est achevée sous la dynastie Ming (1368–1644). La hauteur du mur varie entre 4,50 m et 12 m, son épaisseur atteint par endroits 9,80 m. Il a fait l'objet de travaux de réparations jusqu'au XVI siècle, mais, depuis 1966, 51,500 km ont été détruits.

TUNNEL SOUS-MARIN

L'Eurotunnel sous la Manche, a été construit entre décembre 1987 et décembre 1990, et inauguré en mai 1994. Les voitures sont transportées à bord de trains via deux tunnels de 50,500 km de long, dont 38 km sous la mer. À 40 m au-dessous du détroit du Pas-de-Calais, le Channel, leur diamètre est de 8,60 m. Les travaux, commencés le 01-07-87, ont coûté 15 milliards €.

SUPER PÉAGE
L'aire de péage du San Francisco-Oakland Bay Bridge n'a pas moins de 23 voies de trafic, dont 17 dans le sens est-ouest, à l'entrée du pont d'Oakland en Californie.

RÉSIDENCE ROYALE

Le plus grand château habité est celui de Windsor, Berks, en Grande-Bretagne, qui a la forme d'un parallélogramme. Construit principalement au 12e siècle sous le règne d'Henri II, il mesure 576 m sur 164 m.

PALAIS IMPÉRIAL

Au centre de Beijing, Chine, le Palais Impérial couvre une surface de 960 m sur 750 m, soit 72 hectares. Son plan est celui de la construction originale, sous le règne de Yongle, empereur Ming, au 15e siècle. Cependant, la plupart des bâtiments du palais, cinq cours et 17 palais restaurés, datent seulement du 18e siècle.

LA PLUS GRANDE RÉSIDENCE

Le château de St-Emmeram à Regensburg, Allemagne, compte 517 pièces pour une surface de 21 460 m². Il a appartenu à feu le prince Johannes von Thurn und Taxis, dont la famille n'utilise que 95 des pièces. Le château est évalué à 170 millions €.

CURE DE JOUVENCE

En 717 av. J.-C, le Japonnais Taicho Daishi construisit une auberge à proximité d'une source thermale réputée miraculeuse.

Les vertus de ces eaux sont toujours célèbres. Le Hoshi Ryokan Hôtel, dans le village d'Awazu, au Japon est le plus vieil hôtel au monde, qui compte 100 chambres.

SUITES LES PLUS CHÈRES

• Pour la *Bridge Suite* de l'hôtel Les Tours Royales d'Atlantis aux Bahamas, il vous en coûtera 25 000 $ la nuit (27 000 €).
• La suite *Galactic Fantasy* au Crystal Palace de Nassau, aux Bahamas, coûtait 19 000 € la nuit en 1996. Le tonnerre, des éclairs et des vibrations activées par la chaleur corporelle dans le lit, créent une atmosphère électrique.
• France. Au George V Four Seasons, à Paris, la suite royale coûte 9 000 € par nuit, sans petit-déjeuner, en 2002.

LA PLUS GRANDE DENSITÉ DE CHAMBRES D'HÔTELS

Las Vegas, Nevada, a une population de 456 000 habitants, pour une offre de 120 000 chambres d'hôtels et de motels, soit une chambre pour quatre habitants. Cette ville concentre à elle seule 3,3% de toutes les chambres d'hôtel des États-Unis.

HÔTELS À THÈME

Il y a plus de 16 hôtels à thème le long du Strip, l'avenue centrale de Las Vegas, Nevada. Le Luxor est décoré d'un sphinx monumental, d'une pyramide en verre noir, et d'un obélisque. Le New York-New York offre une réplique de la ville à l'échelle 1/2. Le Paris expose… la tour Eiffel, reproduite à l'échelle 1/2. Autres thèmes proposés : l'Île au Trésor, Rome…

L'HÔTEL LE PLUS HAUT

L'hôtel Everest View, au-dessus de Namche, au Népal, se trouve à 3 962 m d'altitude. Namche est le village le plus proche du camp de base de l'Everest.

APPARTEMENTS LES PLUS HAUTS

Ils se trouvent dans le John Hancock Center, à Chicago, Illinois. L'immeuble culmine à 343,50 m et compte 100 étages. Le bâtiment, achevé en 1970, remodelé en 1995, abrite des bureaux. Les étages 44 à 92 sont habités.

L'HÔTEL LE PLUS GLACÉ

L'Hôtel des Glaces, à Jukkasjärvi, en Suède, offre quinze suites et 32 chambres, sur une surface de 4 000 m². Il est reconstruit et agrandi chaque hiver. On y trouve des sculptures de glace, des halls à colonnades, un cinéma, des saunas, un bar, et une chapelle. Actuellement, l'hôtel offre 120 lits, tous couverts d'épaisses peaux de rennes. À l'intérieur, la température oscille autour de 6°C. L'hôtel se trouve à 200 km au nord du Cercle polaire.

LA PLUS GRANDE CONSTRUCTION EN BOIS DU MONDE

Long de 400 m et large de 63 m, le quai de la baie de Woolloomooloo, à Sydney, Australie, est supporté par 3 600 pilotis. Le bâtiment en bois bâti sur le quai lui-même est haut de cinq étages, mesure 350 m de long et 43 m de large, sur une surface de 64 000 m². Il a été converti en hôtel, appartements et marinas.

LA PERSONNE LA PLUS SÉDENTAIRE

Virginia Hopkins Phillips de Onancock, Virginie, a vécu de sa naissance en 1891 jusqu'à son 102e anniversaire en 1993 dans la même maison.

HÔTELS LES PLUS HAUTS

• Le Grand Hyatt Shanghaï à Pudong, Chine, est l'hôtel le plus haut.

HÔTELS GRANDIOSES

Neuf des dix plus grands hôtels du monde sont à Las Vegas. Le MGM est le plus grand. Il a coûté 1 milliard €, et propose 5 005 chambres et suites, dont le *Penthouse* mesure 557 m². Il a 30 étages, comprend une salle de spectacle de 15 200 places, un parc d'attractions de 13 hectares, un parking de 9 000 places, et le deuxième plus grand casino du monde, d'une surface de 15 930 m².

LE JARDIN LE PLUS EXTRAORDINAIRE DU MONDE

Vers la fin du 17e siècle, l'architecte et jardinier André Le Nôtre a créé à Versailles le plus grand parc et jardin du monde. Dessiné pour Louis XIV, il couvre une surface de 6 070 hectares.

LE PLUS GRAND PALAIS DU MONDE

L'Istana Nurul Iman, le palais du sultan de Brunéi dans la capitale Bandar Seri Begawan, a été achevé en janvier 1984. Il a coûté 460 millions €. Ce palais est la plus grande résidence du monde, avec une surface de 200 000 m², 1 788 pièces et 257 salles de bains. Le garage abrite les 253 voitures du sultan.

Il occupe les étages 53 à 87 de la tour Jin Mao qui atteint 420 m, le plus haut bâtiment de la Chine et aussi un des plus hauts du monde. L'hôtel a ouvert le 18-03-1999, et offre des vues magnifiques de la rivière Huang Pu et du Bund Financial Center.

• France. L'hôtel Pullman-Part-Dieu, à Lyon, occupe les neuf derniers étages de la tour du Crédit lyonnais, qui s'élèvent de 145 m à 165 m au-dessus du sol.
• La tour Burj-Al-Arab, le plus haut hôtel du monde, comporte 202 suites. Elle est bâtie au sud de Dubaï, dans les Émirats Arabes Unis et s'élève à 320 m, du sol au haut du mât qui la couronne. Bâtie sur une île artificielle, son architecture lui donne la forme d'une voile. Elle compte 28 doubles-étages, pour une surface totale de 111 480 m².

LA MAISON LA PLUS CHÈRE

Le 12-05-97, l'homme d'affaires Eric Hotunga a vendu sa maison du 6 Black's Link à Hong Kong, 778,9 millions $ de Hong Kong, soit 111 millions €.

LA PLUS GRANDE MAISON

La plus grande maison d'Hollywood se trouve au 594 Mapleton Drive, Hollywood, Californie. Elle occupe une surface de 5 253 m². Son propriétaire, le producteur américain Aaron Spelling, a voulu 123 pièces. Elle est évaluée à 37 millions $ (40 millions €), et comporte une salle de gym, une allée de bowling, une piscine et une patinoire.

L'ÎLE AU TRÉSOR

L'île de Palmyre aux États-Unis se trouve à 1 545 km au sud-ouest d'Honolulu. En 2000, l'île a été achetée pour 30 millions $ (33 millions €) par l'association The Nature Conservancy à la famille Fullard-Leos. Palmyre est unique parce-qu'elle n'a jamais été colonisée.

LE CHÂTEAU LE PLUS CHER

Hearst Castle à San Simeon, Californie, a été construite entre 1922 et 1939 pour William Randolph Hearst, le magnat de la presse qui inspira le film *Citizen Kane*. Elle a coûté 30 millions $ à l'époque, l'équivalent de 380 millions €, et offre une centaine de pièces, une piscine chauffée de 32 m de long, ainsi qu'un salon de réception de 25 m de long. Le garage peut accueillir 25 limousines. Cette demeure légendaire, que l'on peut aujourd'hui visiter, nécessite 60 personnes pour son entretien.

AVIONS, TRAINS, AUTOS

premier avion de ce type à traverser la Manche, le 07-07-81. Décollant de Pontoise, Val-d'Oise, il a couvert les 262 km jusqu'à Manston, GB, en 5 h 23 min, à une altitude de 3 350 m.

LE PLUS RAPIDE DES AVIONS DE LIGNE

Le *Tupolev Tu-144* russe a déjà volé à Mach 2,4 ; soit 2 587 km/h. Sa vitesse commerciale normale est Mach 2,2. Le premier vol de ce modèle a eu lieu le 31-12-1968.

LE PLUS PETIT AVION

Le plus petit avion à réaction du monde est baptisé *Silver Bullet,* c'est-à-dire Balle d'argent. Construit par les Américains Bob et Mary Ellen Bishop en 1976, il ne mesure que 3,70 m de long pour 5,20 m d'envergure. Il pèse 198 kg et peut voler à 483 km/h.

LA PLUS GRANDE VITESSE EN HÉLICOPTÈRE

Selon les standards de la FAI, ce sont John Eggington et son copilote Derek J. Clews (GB), qui ont établi le record du monde en hélicoptère. Avec un modèle de démonstration Westland Lynx, ils ont tenu une moyenne étonnante de 400 km/h en vol au-dessus de Glastonbury, Somerset, GB, le 11-08-1986.

CHUTES

En août 1993, le débutant Kint Freemantle, dont le parachute s'était emmêlé, a effectué une chute libre de 1 100 m près de Napier, Nouvelle-Zélande. Tombé à une vitesse estimée à 70 km/h dans une mare d'un mètre de profondeur, il s'est relevé avec seulement quelques égratignures. Son instructeur, Tim Russel, averti de l'étourderie, ne lui avait pourtant donné qu'une chance sur un milliard de s'en sortir. *Voir aussi p. 24.*

LA PLUS GRANDE CAPACITÉ D'UN AVION DE LIGNE

D'une envergure de 64,90 m et d'une autonomie de 13 340 km, le *Boeing 747-400* peut accueillir 566 passagers. Construit sur mesure pour la Northwest Airlines (USA), il est entré en service en janvier 1989.

AVION SOLAIRE

Le *Solar-Challenger* est un avion qui fonctionne à l'énergie solaire. Conçu par Paul McCready, il a accompli son premier vol le 20-12-80. Piloté par l'Américain Steve Ptacek, il a été le

LE PLUS CHER DES JETS PRIVÉS

Le *Gulfstream V-SP* coûte la bagatelle de 45 millions $ (49 millions €) : c'est le plus cher des avions privés jamais construits. Il peut vous emmener sur 12 500 km en vitesse de croisière et sur 9 260 km à Mach 0,87. Il est équipé de moteurs *Rolls-Royce BR-710* et d'un carénage très aérodynamique.

PARIS-LONDRES

Le 24-09-1983, le Britannique David Boyce ne mit que 38 min 58 s pour relier les deux capitales, distantes de 344 km. Il utilisa une moto et un hélicoptère pour gagner Le Bourget à partir du centre de Paris, un jet jusqu'au Kent et enfin un hélicoptère jusqu'au centre de Londres.

LE PLUS PETIT MONOPLAN

Baby Bird est un monoplan conçu et construit par Donald R. Stits (USA). D'une envergure d'1,91 m, il mesure 3,35 m de long et ne pèse que 114,30 kg à vide. Son moteur, de modèle Hirth à deux cylindres de 41,25 kW, lui permet d'atteindre une vitesse de pointe de 177 km/h. Lors de son premier vol le 04-08-84, à Camarillo, Californie, il était piloté par l'Américain Harold Nemer.

HÉCATOMBE

Lors d'un accident survenu 12-08-85, un *Boeing 747* du vol 123 de la JAL s'est écrasé sur le mont Osutaka, près de Tokyo, tuant 520 des 524 personnes embarquées. C'est le plus meurtrier de tous les accidents d'avions n'impliquant qu'un seul appareil.

PARACHUTE À MOTEUR

Le record officiel FAI pour la plus longue distance parcourue en un seul saut par un parachute à moteur est de 644 km. C'est Juan Ramon Morillas Salmeron (Espagne) qui l'a établi en volant de la localité d'Almonte (Huelva), à Minuesa (Teruel), Espagne, le 21-06-1998.

TRAVERSÉE EN PARAPENTE À MOTEUR

L'Américain Bob Holloway a réussi à relier la frontière canadienne à celle du Mexique en Arizona en parapente à moteur, entre le 15 et le 26 juin 2001. La distance est de 2 400 km .

LA PLUS HAUTE ALTITUDE ATTEINTE

La plus haute altitude atteinte par un avion à propulsion (c'est-à-dire un

AVION-PÉDALO

Kanellos Kanellopoulos (Grèce) a réussi à maintenir en l'air son *Daedalus 88,* un avion à pédales, pendant 3 h 54 min 59 s. Il a parcouru une distance de 114,11 km qui sépare les deux îles grecques qu'il avait choisies pour ce record, le 23-04-88.

LA PLUS GRANDE VITESSE AVEC UN AUTOGYRE

Sur une distance de 3 km à Norfolk, GB, le commandant Kenneth Wallis a atteint la vitesse de 193,60 km/h aux commandes d'un gyrocoptère *WA-116/F/S* à rotors non propulsés, le 18-09-86.

LA PLUS GRANDE VITESSE DANS LES AIRS

La plus grande vitesse en vol jamais enregistrée officiellement est de 3 529,56 km/h. Le capitaine Eldon W. Joersz et le major George T. Morgan Jr (USA) ont réalisé ce record le 28-07-76 sur un avion Blackbird *Lockheed SR-71A,* au- dessus de la base de Beale, Californie, sur une distance de 250 km.

LE PLUS GROS AVION DE LIGNE

L'*Airbus A380,* projet démarré en décembre 2000 qui devrait entrer en service en 2007, aura une envergure de 79,80 m et 73 m de longueur. Il pourra transporter 555 passagers dans des conditions de grand confort. Son poids maximum autorisé pour le décollage sera de 560 tonnes.

LES DÉBUTS DE L'HÉLICOPTÈRE

En 1935, le gyroplane de laboratoire *Bréguet-Dorand* (France) devint le premier hélicoptère capable de voler. Autre particularité, il était entièrement contrôlable.

avion qui vole grâce à un moteur et non lancé par une fusée) est de 29 413 m. C'est *Hélios,* l'avion solaire prototype sans pilote, qui a réalisé ce record au-dessus de l'île de Kauai dans l'archipel d'Hawaï, le 13-08-01. *Hélios* fait partie d'une nouvelle gamme d'avions de haute-altitude, qui remplaceront peut-être un jour les satellites de communication.

AVION EN PAPIER

Le record du plus long vol d'un avion en papier a été établi en intérieur à La Crosse, Wisconsin, USA, le 21-05-85 : l'avion de Tony Felch (USA), a parcouru 58,82 m.

PILOTE NON-VOYANT

Le 08-12-95, Félix Vert-Pré, pilote aveugle, a rallié, accompagné d'un moniteur, la Martinique à la Guadeloupe en 1 h 10 mn à bord d'un petit *Groumane Fogue.*

64 JOURS SANS TOUCHER TERRE

Les Américains Robert Timm et John Cooke sont restés en vol à bord d'un *Cessna 172 Hacienda* pendant 64 jours, 22 h 19 min 5 sec. Ils ont volé du 4-12-58 au 7-02-59. Ils avaient décollé de l'aéroport McCarran à Las Vegas, Nevada, et ont atterri au même endroit après avoir couvert une distance équivalente à six fois le tour de la Terre. Ils étaient ravitaillés en vol en kérosène.

VOL SANS PILOTE

Le *Northrup Grumman Global Hawk Southern Cross II* de l'US Air Force est un avion sans pilote à taille humaine. Il a parcouru le 22-04-01 la distance de 13 840 km, reliant la base aérienne militaire américaine d'Edwards, Californie, à la base de la RAAF à Edinburgh, SA, Australie. Le vol a duré 23 h 23 min.

PREMIERS VOLS

Le premier vol d'un appareil plus lourd que l'air a eu lieu le 09-10-1890 à Gretz-Armainvilliers, Seine-et-Marne. Nommé " avion " du latin *avis* (oiseau), l'appareil construit par le Français Clément Ader (1841-1925) était propulsé par deux légers moteurs à vapeur (15 kW) de son invention. Baptisé *Éole,* il a parcouru 50 m. Bien qu'il ait eu lieu devant témoins, le vol n'a jamais été contrôlé officiellement.
• Le premier vol enregistré officiellement fut celui d'Orville Wright (1871-1948), près de Kitty Hawk, Caroline du Nord, le 17-12-03.

TRANSPORT DE PASSAGERS

Lors de l'opération Salomon qui commença en 1991, 1 087 Juifs éthiopiens furent évacués de Falasha vers Israël, à bord d'un *Boeing 747* de la compagnie civile El Al.

MINI VOITURE

• Avec moins de 2,50 m de long, la *Smart* de Daimler-Benz (Allemagne) est actuellement la plus petite voiture à quatre roues.

• Avant elle, la *Peel P50* était la plus petite voiture agréée pour la conduite sur route. Elle mesurait 134 cm de longueur et 99 cm de large, moins qu'une auto tamponneuse. Le constructeur britannique Peel Engineering la fabriquait entre 1962 et 1965.

LA PLUS CHÈRE DES VOITURES DE SÉRIE

La plus chère des voitures de série du monde est la *Mercedes-Benz CLK/LM* de construction allemande. Elle vaut 1 687 000 €. Elle atteint une vitesse de pointe de 320 km/h, et a une belle accélération de 0 à 100 km/h en seulement 3,8 secondes.

LA VOITURE DE SPORT LA MIEUX VENDUE

La *Mazda MX-5 Miata Sports* est la voiture la plus vendue depuis sa mise en vente en avril 1989, avec 600 000 exemplaires produits au 19-04-01.

BONNE VIEILLE VW

On l'appelle *Coccinelle*. Plus de 21 millions de *Coccinelles* (Volkswagen, Allemagne) ont été produites depuis les années 40. Malgré un nouveau design conçu dans les années 90, l'ancien modèle est encore fabriqué au Brésil.

RECORDS DE VITESSE

• <u>Voitures à roues non-motrices.</u> Le record officiel de vitesse sur un mile (environ 1,6 km) est détenu par le pilote Andy Green sur *Thrust SSC,* avec 1 227,985 km/h, dans le désert de Black Rock, Nevada, en octobre 1997. L'engin, propulsé par deux moteurs *Rolls-Royce Spey 205* d'une poussée de 23 tonnes, a été conçu par Andy Green, qui est le premier à avoir franchi le mur du son sur terre.

• Le 23 octobre 1970, Gary Gabelich (USA), a atteint sur *The Blue Flame,* équipée d'un moteur fusée à gaz naturel liquide et au peroxyde d'hydrogène, la vitesse de 1 016,086 km/h, avec une pointe à 1 046 km/h non homologuée, à Bonneville, Utah. La poussée pouvait aller jusqu'à 10 tonnes.

• Femmes. L'Américaine Kitty Hambleton a établi, le 06-12-76, le record féminin de vitesse : 843,323 km/h sur le *Motivator,* un véhicule à 3 roues à propulsion par fusée de 48 000 chevaux,dans le désert d'Alvard, Oregon. Elle a atteint des pointes de 965 km/h.

• France. Bob Feeler de Gonesse, Val-d'Oise, a atteint 621 km/h avec son dragster *Rocket Car*, le 09-08-1988.

• <u>Voiture à roues motrices.</u> La plus grande vitesse à laquelle une voiture à roues motrices a jamais été conduite est de 659,808 km/h, avec une pointe à 696,331 km/h. L'Américain Al Teague était au volant de *Spirit of '76* à Bonneville Salt Flats, Utah, le 21-08-91.

• Moteur turbine. Donald Campbell (1921-1967) a atteint 690,909 km/h, le 17-07-64, au volant de *Bluebird,* sur le lac salé Eyre, Australie.

LA VOITURE LA PLUS HAUTE

Le Français Jean-Pierre Ponthieu a construit, sur un châssis Renault de 1956, une voiture agréée par les Mines, haute de 2,40 m, longue de 7 m et large de 2 m. Elle pèse 2,4 tonnes et peut rouler à 100 km/h.

• Moteur monopiston. L'Américain Bob Herda a roulé à 575,149 km/h, le 02-11-67 à Bonneville, Utah, sur sa *Herda-Knapp-Milodan.*

• <u>Voitures de série.</u> Les plus rapides et les plus puissantes du monde sont la *Bugatti EB 110* de 550 chevaux, la *Jaguar XJ 220* et *la Mac Laren F1 GT,* qui peuvent toutes trois atteindre 350 km/h.

• France. Le coupé français *Venturi 400 GT* bi-turbo de 408 chevaux peut atteindre 290 km/h.

• <u>Moteur à vapeur.</u> Le 18-07-92, Andy Ochsner détient le record de vitesse d'une automobile à vapeur, sur *Waterthunder,* fabriquée par Exotic Thermo Engineering, avec 343,5 km/h, à Payerne, Suisse.

• Moteur diesel. La voiture *Thermo King-Wynns,* conduite par Virgil Snyder (USA) à Bonneville Salt Flats, Utah, le 25-08-73, a atteint la vitesse de 379,413 km/h.

• Le prototype *Mercedes C 111/3* de 230 chevaux et 3 litres, a atteint, en 1978, la vitesse de 327 km/h sur le circuit Nardo, Italie. En avril de cette même année, il avait atteint la vitesse moyenne de 314,5 km/h pendant une durée de 12 h ; cela lui a permis de battre le record de distance en 12 h, soit 3 773,5 km.

• <u>Vitesse sur glace.</u> Le 02-03-95, à Oulu, Finlande, le pilote monégasque Gildo Pallanca-Pastor a pulvérisé le

LE PLUS GROS FABRICANT DE VOITURES DU MONDE

En 2000, General Motors de Detroit, Michigan, a vendu 8,746 millions de véhicules, encaissé 184 632 milliards $ (200 000 €) et réalisé un profit de 4 452 milliards $ (4 900 €). Parmi les 17 marques de General Motors, on compte les prestigieuses Buick, Cadillac, Chevrolet, Isuzu, Vauxhall, Saab ou Opel.

ÉCONOMIQUE ET ÉCOLOGIQUE

L'équipe Microjoule du lycée La Joliverie de St-Sébastien-sur-Loire, a validé une consommation de 2,762 ml aux 100 km lors de la rencontre Shell Eco Marathon le 23-06-01 sur le circuit de Rockingham Motor à Northants (GB).

record de vitesse sur glace en roulant à 296,34 km/h sur une piste de 7 km de long, à bord de la *Bugatti EB 110 Supersport.*

• Voiture solaire. Le 05-01-91, à Richmond, Australie, *Solar Star,* construite par Star Micronics et pilotée par Manfred Hermann, a atteint 135 km/h.

• Voiture électrique. La *White Lightning Electric Streamliner* de Dempsey's World Record, conduite par Patrick Rummerfield (USA), a atteint la vitesse de 395,821 km/h.

ACCÉLÉRATION

La plus forte, de 0 à 100 km/h, a été atteinte en 3,2 s sur 48,18 m, par Tony Gillet à bord de sa *Vertigo* au moteur *Ford Escort Cosworth,* de deux litres turbo et seize soupapes.

LA PLUS LONGUE VOITURE

Une piscine, avec plongeoir, un lit à eau king-size…, c'est le rêve fou réalisé par Jay Ohrberg (USA) avec sa limousine de 30,50 m de long. Conçue comme un véhicule rigide, elle peut quand même se tordre au milieu pour négocier les passages difficiles. Elle est utilisée surtout pour des films et des expositions.

CLÉMENCE

Le 17-07-01, la Française Arlette H., âgée de 93 ans, a été contrôlée à Paris alors qu'elle venait de "griller" un feu rouge. Puisqu'elle avait passé son permis de conduire en 1926, le policier ne l'a pas verbalisée – du fait qu'il n'y avait pas encore de feux rouges en 1926 – et lui a sévèrement conseillé de ne pas recommencer cette infraction, aujourd'hui très dangereuse.

VOITURE LA PLUS CHÈRE

L'entreprise japonaise Meitec a acheté, en avril 1990, 15 millions $ (16,5 €) la *Bugatti Type 41 Royale Sports Coupé* de 1931, dessinée par Kellner.

LES PLUS GROS MOTEURS

Au début de l'automobile, trois voitures de série ont été développées avec d'énormes moteurs de 13,5 litres : l'*US Pierce-Arrow 6-66 Race* de 1912 à 1918, l'*US Peerles 6-60* de 1912 à 1914 et le *Fageol* en 1918.

NOMBRE DE KM AVEC 1 LITRE

En 1996, lors d'un Marathon-Shell, à Silverstone, GB, la voiture diesel *Combidrive Mouse* a parcouru 201,1 km avec un seul litre de carburant. C'est le record pour un véhicule autorisé à circuler sur route.

LA VOITURE DE SÉRIE LA PLUS VENDUE

De 1966 à 2000, 24 986 607 véhicules *Toyota Corolla* ont été produits sous ce nom de la marque le plus souvent rencontrée dans le monde. Cependant le modèle a été modifié si souvent depuis 1966 que l'on ne peut plus dire qu'il s'agisse vraiment de la même voiture.

LE PLUS GRAND SALON

Le plus grand salon automobile du monde est l'International Motor Show for Passenger Car (IAA) de Francfort, Allemagne, qui se tient tous les deux ans. En septembre 2001, il a réuni 1 000 exposants venus de 39 pays. Les modèles les plus récents, comme cette *Bugatti Veyron 16/4* (Italie), y sont exposés sur 235 000 m^2.

LA COURSE SUR ROUTE LA PLUS RAPIDE

Pendant la Silver State Classic Challenge sur la route 318, Nevada, les pilotes tiennent une moyenne de 305 km/h sur les 145 km de course. Celle-ci a lieu deux fois par an, et est la plus rapide à se courir sur une route publique.

LA PLUS RAPIDE DES MOTOS DE SÉRIE

La *Suzuki GSX 1300R Hayabusa,* est la plus rapide des motos de série du monde. Son moteur, un *DOHX* de 1 298 ch, peut lui faire atteindre les 312 km/h.

MOTO - ROUE AVANT

Le Français Laurent Aubugeau a battu, le 20-07-93, le record de vitesse sur roue avant, sur une *Suzuki 1100 GSXR.* Il a atteint 220,54 km/h, sur le circuit Paul-Ricard du Castellet, Var.

MOTO - ROUE ARRIÈRE

Le 01-03-01, Alain Rousseau d'Erre, Nord, a atteint 201,11 km/h sur la roue arrière de sa moto.

SUPER TRIKE

On appelle *trike* (tricycle) une moto à trois roues.
• La plus longue du monde, baptisée *Greenfly,* mesure 5,48 m. Cette moto est formée de l'arrière d'une voiture Rover, relié à un cadre et une roue avant fabriqués sur mesure. Équipée de cinq sièges, elle est propulsée par les 3,5 litres de cylindrée du moteur d'origine de la Rover.

ÉCHANGE AVANT-ARRIÈRE

Montés à deux sur une moto *Honda CBR600 F2,* Lantinen Jouni et Pitkänen Matti (Finlande), tout en roulant à 140 km/h, ont échangé leurs places. La manœuvre

n'a pris que 4,18 secondes. Ce record a été établi sur l'autoroute qui relie Paimio à Muuria, en Finlande, le 03-07-01.

MARCHE ARRIÈRE À VÉLO

Parti le 03-06-00 d'Aix-les-Bains, Savoie, Robert Poggio a traversé la France pour arriver à Brest le 24-06, parcourant 2 024 km à vélo en marche arrière, assis sur le guidon. Cette traversée aura duré 22 jours à la vitesse moyenne de 20 km/h.

ASCENSION DE LA TOUR EIFFEL À VÉLO

Le 30-04-98, le Français Hugues Richard a gravi avec un vélo de trial les 747 marches menant au 2e étage de la tour Eiffel, soit une hauteur de 115,80 m, en 36 min 26 sec, sans mettre pied à terre.

MUR À MOTO

À Madrid, le 11-10-01, David Cobos (Espagne) a réussi à grimper sur sa moto trial un mur vertical de 3,20 m pour atteindre la plate-forme située au sommet. Selon les règles établies pour cet événement, les participants ont le droit d'utiliser un tremplin d'une hauteur maximum de 50 cm pour prendre l'élan de départ.

MOTO SANS LES MAINS

Le 25-02-01, Manrique Saenz Cruz (Colombie) a fait 33 fois le tour d'un circuit de 6,460 km sans toucher une seule fois le guidon de sa *Honda 125 XL.* Il a roulé ainsi pendant 3 h 28 min 7 s, parcourant au total la distance de 213 km. Le record a été établi à Girardot, Colombie.

SAUT EN HAUTEUR À VÉLO

Daniel Comas Riera (Espagne) a réussi à sauter par-dessus une barre horizontale placée à 116 cm de haut. Il est à noter que son vélo n'était pas équipé de suspension.

RECORD DE VITESSE SANS VISIBILITÉ

Radio-guidé, le pilote non-voyant Gordon Wilson a atteint la vitesse record de 126,17 km/h sur une *Triumph Daytona* de série, sur la base d'Elvington, Yorkshire, GB, le 01-07-2000. Le record est ouvert à toute personne qui veut rouler sans visibilité, qu'elle porte un bandeau ou qu'elle soit non-voyante.

VITESSE À MOTO

Le 14-07-90, Dave Campos (USA) a établi sur sa moto *Easyrider* de 7 m de long les records de l'American Motorcyclist Association (AMA) et de la Fédération internationale de motocyclisme (FIM) avec une vitesse de 518,45 km/h (moyenne de deux passages, dont le plus rapide à 519,6 km/h). Sa moto était poussée par deux moteurs *Ruxton Harley-Davidson* de 1 500 chevaux chacun. La compétition se déroulait à Bonneville Salt Flats, Utah.

PLONGEON À MOTO

Walter Belli (Italie) et David Cachón Labrador (Espagne) ont sauté avec leurs motos *BMX* d'une plate-forme

de 4 m le 05-12-01, à Marid, et ont continué à rouler après l'atterrissage sans poser pied à terre. Ils n'étaient pas autorisés à rouler avant de quitter la plate-forme.

VÉLO, VITESSE À PLAT

La vitesse la plus élevée sur un vélo est de 268,831 km/h et a été atteinte par Fred Rompeberg (Pays-Bas) à Bonneville Salt Lake, Utah, le 03-10-95. Il a été tracté jusqu'à 80 km/h et continua par lui-même, profitant de l'effet d'aspiration que lui procurait le véhicule qui le précédait.

VÉLOS LE PLUS LÉGER

C'est Dionisio Coronado (Espagne) qui a construit le plus léger des vélos : il pèse exactement 5,450 kg. Le cadre

VÉLO - VITESSE SUR NEIGE

Le Français Éric Barone a établi son cinquième record du monde de vitesse en VTT sur neige, en atteignant les 217,391 km/h, le 17-03-99, sur la piste de KL des Arcs, Var, la plus rapide du monde. La pente atteint 82% au maximum, pour un dénivelé de 565 m.

PYRAMIDE DE MOTARDS

L'équipe des Dare Devils de l'Indian Army Signal Corps a réussi à élever une pyramide de 210 hommes en équilibre sur dix motos, à Jabalpur, en Inde, le 05-07-01. La pyramide s'est déplacée sur 129 m.

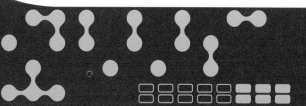

est composé de titanium et de fibre de carbone. Cet exploit technologique a été réalisé à San Sebastian en 1999.

VÉLO - ROUE AVANT
Bobby Root (USA) a atteint la vitesse de 94,62 km/h en roulant sur la roue avant de son vélo à Palmdale, Californie, le 31-01-01.

LE VÉLO LE PLUS LONG
Construit par le Super Tandem Club Ceparana (Italie) en septembre 1998, le plus long vélo de deux roues, réservé aux lignes droites, mesure 25,88 m.

MOTO - ROUE ARRIÈRE
Le pilote japonais Yasuyuki Kudo a couvert 331 km sur la roue arrière de sa *Honda TLM220R*. Cette démonstration a eu lieu sur le circuit d'essai de l'Institut de recherche automobile de Tsukuba, Tsuchiura, Japon, le 05-05-91.

DISTANCE EN 24 H A VÉLO
Didier Pégard, Ville-le-Marclet, Somme, a parcouru la distance record en une journée : 605,73 km à vélo en 24 h, le 08-12-01.

VÉLO - VITESSE ABSOLUE SUR TERRE
Le 12-05-02, devant quinze caméras de télévision du monde entier, le Français Éric Barone a pulvérisé le record du monde de vitesse sur terre avec un VTT de série Giant, en atteignant 163,636 km/h. Le Baron Rouge s'est empressé d'enfourcher son vélo profilé afin de réaliser un meilleur record, à 172,661 km/h. Malheureusement, lors de ce dernier *run*, et suite à la casse d'un élément du vélo, Éric a fait une effroyable chute. Après une journée d'examens médicaux, il était de nouveau debout et prêt à courir de nouveaux records.

LE PLUS GRAND SAUT AVEC UN QUAD
Un quad est deux fois plus lourd qu'une moto classique, et de ce fait plus difficile à contrôler et plus dangereux. Cela n'a pas empêché Matt Kangourou Kid Coulter (Australie) de bondir par-dessus 14 véhicules, réalisant ainsi un saut en longueur de 40,90 m sur le site de RAF Bentwaters, Suffolk, GB, le 17-04-00.

PORTE-CONTAINERS

Naviguant avec la compagnie allemande Hapag-Lloyd Container Line, le *Hamburg Express* est le seul qui puisse transporter jusqu'à 7 500 conteneurs. En taille, les plus grands porte-containers sont les *S-Types* de la compagnie Maersk Sealand's, qui mesurent 347 m.

RECORD DE VITESSE EN AÉROGLISSEUR

Le record est de 137,4 km/h. Il a été établi par Bob Windt (USA) lors des championnats du monde, sur le Rio Douro, Peso de Regua, Portugal, en 1995. Windt pilotait alors *Jenny II*, un aéroglisseur Universal UH19P de 5,8 m, équipé d'un moteur de voiture V6 de 82 kW animant deux ventilateurs, l'un pour la propulsion, et l'autre au-dessous, pour le soulever.

LE COULOIR DE NAVIGATION LE PLUS FRÉQUENTÉ

Chaque jour, 500 à 600 bateaux passent à travers le détroit de Douvres entre la France et la Grande-Bretagne, ce qui en fait le couloir de navigaton le plus fréquenté. En 1990, 62 500 bateaux ont

traversé cette partie de la Manche, tranportant près de 1 400 millions de tonnes.

LA PLUS RAPIDE DES TRAVERSÉES DE L'ATLANTIQUE AU MOTEUR

Il a fallu 2 jours, 10 h 34 min et 47 s au yacht de luxe *Destriero*, long de 68 m, pour traverser l'Atlantique entre le 06 et le 09-08-92. Le bateau, propulsé par une turbine à gaz, a maintenu une vitesse de 45,7 nœuds (84,6 km/h), malgré son poids de près de 400 tonnes.

BATEAU À VOILES LE PLUS RAPIDE

Le 26-10-93, le *Yellow Pages Endeavour*, un catamaran à trois petites coques, a atteint la vitesse record de 46,52 nœuds (86,21 km/h) sur un parcours chronométré de 500 m à Sandy Point, près de Melbourne, Australie.

LE PLUS GRAND DE TOUS LES BATEAUX

Le plus grand bateau du monde, tous genres confondus, est le pétrolier *Jahre Viking*, qui s'est aussi appelé *Happy Giant* et *Seawise Giant*. Ce tanker de 564 763 tonnes à vide et 260 815 tonnes de capacité, mesure 458,45 m de long. Déclaré irréparable après avoir subi de graves bombardements durant la guerre Iran-Irak, il a fait l'objet de moult réparations s'élevant à 66 millions €. Après cette importante réhabilitation effectuée à Singapour et aux Émirats Arabes Unis, il a été relancé en 1991.

ÉPAVES

En juin 1998, deux bateaux phéniciens construits il y a environ 2 700 ans ont été trouvés au large d'Israël. Ils ont été découverts par le Pr Robert Ballard (USA), qui avait aussi retrouvé les épaves du Titanic et du Bismarck dans les années 80.

RECORDS DE VITESSE SUR L'EAU

• La plus grande vitesse atteinte sur l'eau est de 511,1 km/h. Ce record est détenu par l'Australien Ken Warby, sur le Blowering Dam Lake, NSW, Australie, le 20-11-77, avec son hydroplane *Spirit of Australia*.
• Autre record, non officiel : Warby a aussi atteint 300 nœuds (555 km/h) avec le même appareil, sur le même lac, le 08-10-78.

LA PLUS GRANDE DISTANCE PARCOURUE PAR UN BATEAU TÉLÉCOMMANDÉ

Les 17 et 18-08-91, au parc de loisirs du Dôme, à Doncaster, Grande-Bretagne, des membres du Lowestoft Model Boat Club ont réussi à faire parcourir à un bateau télécommandé la distance de 178,93 km en 24 h.

BATEAUX LES PLUS ANCIENS

• Découvert à Pesse aux Pays-Bas, le bateau le plus ancien est une barque monoxyle en sapin datée d'environ 6315 av. J.-C. Elle se trouve maintenant au musée provincial d'Assen, Pays-Bas.
• Datant approximativement de 3000 av. J.-C, vient ensuite une flotte de 12 barques fluviales funéraires, découvertes en 1991 à Abydos, Égypte.

LA PLUS LONGUE RÉGATE EN SOLO ET EN CONTINU

La plus longue régate en solo et en continu est le Vendée Globe Challenge, dont la première édition a eu lieu en novembre 1989. Elle se commence et s'achève aux Sables d'Olonne, et revendique son statut de course à la voile la plus longue et la plus difficile jamais courue. Les bateaux couvrent à peu près

LE PLUS GRAND BATEAU DE CROISIÈRE

Le *Voyageur des mers* est le plus grand paquebot du monde. Il compte 1 181 membres d'équipage de toutes nationalités, et peut transporter jusqu'à 3 114 passagers. Il mesure 310 m de long, 48 m de large, pour un volume de 42 000 tonnes. Lancé le 07-11-99, il est la propriété de la société Royal Caribbean.

LE PLUS RAPIDE DES BATEAUX À MOTEUR

Le 15-06-00, l'Américain Russ Wicks, sur l'hydroplane *Miss Freeia*, a atteint 178,61 nœuds (330,79 km/h) sur le lac Washington, à Seattle. C'est la plus grande vitesse jamais atteinte sur l'eau par un bateau.

LE PREMIER NAVIRE ENTIÈREMENT EMBALLÉ DANS UN TISSU

À l'occasion de sa mise à flot, le porte-avions nucléaire français *Charles-de-Gaulle* a été enveloppé dans un immense drapeau tricolore de 35 000 m². Pour le dévoiler, il a fallu dix minutes, le 07-05-94.

22 500 miles nautiques (41 652 km), doivent mesurer entre 15 et 18 m, et n'avoir à bord qu'un skipper.

LE PLUS GRAND ÉQUIPAGE DE CANOË

À Kerala, au sud de l'Inde, le *Nadubhagóm,* dit le Snake Boat, le Bateau-Serpent, a une équipe de 109 rameurs et neuf entraîneurs. Il mesure 41,10 m, ce qui ne laisse guère que 35 cm à chaque équipier.

LE PREMIER VOL D'UN AÉROGLISSEUR

D'un poids de 4 tonnes, le premier aéroglisseur à voler fut le *Saunders-Roe SRN1* à Cowes, sur l'Île de Wight, GB, le 30-05-59. Équipé d'un moteur Viper turbojet de 680 kg, l'engin atteignait 68 nœuds (126 km/h) en juin 1961.

LE PLUS GRAND AÉROGLISSEUR CIVIL

Le *SRN4 Mk III* est un aéroglisseur civil construit en Grande-Bretagne d'une longueur de 56,38 m, d'un poids de 310 tonnes et d'une capacité de 418 passagers et 60 voitures. Propulsé par

quatre moteurs *Bristol Siddeley Marine Proteus,* sa vitesse maximum est supérieure à celle autorisée sur la Manche, à savoir 65 nœuds (120 km/h). Il a cessé ses traversées lorsque les catamarans *Seacat,* plus lents mais plus économiques, ont été mis en service.

LA DOYENNE DES RÉGATES

En 1848, la reine Victoria autorisa la création d'une récompense, la *100 Guinea Cup* pour une régate ouverte à toutes les nations. C'était l'ancêtre de l'America Cup, la plus ancienne course internationale à la voile. La première a été gagnée par le New York Yacht Club en 1851, à Cowes, île de Wight, GB.

LE PLUS GRAND DES CAR-FERRIES

Le plus grand des car-ferries prenant en charge voitures et passagers (*roll-on/roll-off*)

est le *MV Pride* de Rotterdam. Entré en service pour la compagnie P&O North Sea Ferries en avril 2001, il a une capacité de 59 925 tonnes. Sorti des chantiers Fincantieri en Italie, il peut transporter 250 voitures et 1 360 passagers dans un luxe digne d'un bateau de croisière.

RECORD DE L'ATLANTIQUE À LA VOILE

Le record est détenu par Steve Fossett sur son catamaran, *Playstation.* Entre le phare d'Ambrose, New York, et la pointe Lizard, Cornouailles (GB), il mit quatre jours, 17 h 28 min 6 s. Vitesse moyenne : 25,78 nœuds (47,74 km/h).

LA PLUS GRANDE DISTANCE PARCOURUE EN 24 H À LA VOILE

Le catamaran *Playstation,* conduit par Steve Fossett (USA), a parcouru 687,17 miles nautiques (1 272,6 km) en 24 heures, le 07-10-01, à la vitesse moyenne de 28,63 noeuds (53 km/h). Ce record a été établi pendant une tentative, couronnée de succès, pour battre le record de la traversée transatlantique d'ouest en est.

FOULE SOUTERRAINE

À l'époque de sa plus grande activité, 3 300 millions de personnes empruntaient chaque année le splendide métro du Grand Moscou. Ce chiffre est cependant descendu à 2 550 millions depuis 1988. Pour desservir la capitale russe, ce réseau possède 3 135 wagons, 159 stations et 212 km de rails. Créé en 1935, il est magnifiquement décoré.

LE PLUS LONG TUNNEL FERROVIAIRE

Le tunnel de Seikan est long de 53,85 km et relie Tappi Saki sur l'île principale du Japon, Honshu, à Fukushima, sur l'île d'Hokkaido, plus au nord.

LE PLUS LONG MONORAIL DU MONDE

Le monorail *Osaka* à Osaka, Japon, a une longueur de 22,2 km. Il est pleinement opérationnel depuis août 1997, et assure la liaison entre l'aéroport international d'Osaka et la gare de Minami Ibaraki du Hankyu Railway. Le second tronçon relie Hankyu et la gare de Kadomashi des Keihan Railway.

MINI-MÉTRO

Le réseau de métro le plus court du monde s'appelle le *Carmelit,* dans la ville d'Haïfa, Israël. Ouvert en 1959, c'est un funiculaire qui grimpe une pente de 12° et de 1 800 m de long. Il relie le square de Paris à Carme Central, et n'a que six stations.

LE TRAIN LE PLUS HAUT

La plus haute ligne de chemin de fer du monde est la voie ferrée standard (écartement de 1 435 mm) des chemins de fer nationaux péruviens entre Lima et La Oroya. Cette ligne principale atteint une altitude de 4 818 m en gare de La Cima.
• La ligne de 54 km (1988) du tunnel de Seikan, entre les îles de Honshu et de Hokkaido, Japon, passe à 240 m sous la mer, sous le détroit de Tsugaru.
• Europe. La ligne de plus basse altitude est celle de l'Eurostar dans le tunnel sous la Manche, qui passe à 127 m au-dessous du niveau de la mer.

GARES LES PLUS ÉLEVÉES

• Ouverte en 1908, la gare de Condor en Bolivie, sur la ligne Río Mulato-Potosí, est située à 4 786 m au-dessus du niveau de la mer.
• France. La gare de Bolquère-Eyne, dans les Pyrénées-Orientales, se trouve à 1 592 m d'altitude.

LE PLUS GRAND RÉSEAU FERROVIAIRE DU MONDE

Les chemins de fer américains totalisent 225 000 km de rails, ce qui en fait le plus grand réseau du monde juste devant la Russie, équipée de 149 000 km.

LE PLUS LONG TRAIN DE PASSAGERS

Le 27-10-91, les Chemins de fer nationaux Belges ont formé un train 1,732 km dont les 70 wagons ont été tirés par une locomotive électrique. Il a roulé sur 62,5 km de Gand à Ostende.

TRAIN LE PLUS RAPIDE

Le 18-05-90, la rame *TGV Atlantique 325* a atteint la vitesse de 515,3 km/h entre Courtalain et Tours. Le 26-05-01, la rame *TGV 531* a parcouru les 1 067,2 km qui séparent la mer du Nord de la mer Méditerranée (Calais - Marseille) en 3 h 29 min 50 s. Ce jour-là, 1 000 km ont été parcourus à la vitesse moyenne de 317,46 km/h en 3 h 9 min, avec une pointe à 366,6 km/h.

LA PLUS GRANDE GARE

Les tours JR Central Towers à Nagoya, Japon, occupent une surface de 410 000 m². Achevé le 20-12-99, ce complexe a été construit par la Compagnie centrale des chemins de fer japonais pour remplacer l'ancienne gare.

LE PLUS LONG MÉTRO

Le métro de New York est doté de 1 355 km de voies, dont 299 dans des dépôts, magasins, et entrepôts. Avec 468 stations et 4,3 millions de passagers par jour, soit 1 300 millions par an, il détient le record mondial en longueur de voies comme du nombre de stations.

QUAI DE MÉTRO LE PLUS LONG

Le quai du métro du State Street Center sur The Loop (la boucle) à Chicago, Illinois, mesure exactement 1 066 m de long.

LE TRAIN LE PLUS RAIDE

Le *Katoomba Scenic Railway* dans les Blue Mountains en Australie est un train panoramique qui transporte les voyageurs sur une voie de 311 m de long, sur une pente d'une dénivellation de 82%. Le wagon est tiré par un treuil électrique de 15 kW qui le monte en 1 min et 40 s grâce à un câble de 2,2 cm de diamètre.

LE TRAIN LE PLUS LONG ET LE PLUS LOURD

Le plus long train jamais formé mesurait 7,353 km de long et pesait 99 732 tonnes. Huit locomotives diesel-électrique poussaient les 682 wagons de minerai qui ont voyagé sur 275 km, des mines de Yandi à Port Hedland, en Australie, le 21-06-01. Le train et les mines appartiennent à la société BHP Iron.

LE PLUS GRAND NOMBRE DE QUAIS

Grand Central Terminal à New York City est la gare dotée du plus grand nombre de quais au monde. Répartis sur deux niveaux, les 44 quais desservent en haut 41 voies et 26 en bas.

RECORD DU PARCOURS LE PLUS RAPIDE DE TOUTES LES STATIONS DU MÉTRO PARISIEN

Le 01-04-88, les Français Christophe Grouhel et Lionel Laroche ont parcouru les 366 stations du métro de Paris en 13 h 42 min. Ils ont parcouru les 300 km, à la vitesse moyenne de 21,9 km/h.

LE PLUS GRAND RÉSEAU DE TRAMWAY DU MONDE

C'est la ville de Saint-Pétersbourg, Russie, qui a le plus vaste réseau de tramways du monde. Les 64 lignes couvrent 690,6 km parcourus par 2 402 voitures.

LA PLUS LONGUE LIGNE DROITE

La ligne transaustralienne des Chemins de fers nationaux d'Australie est totalement rectiligne sur 478 km dans la plaine de Nullarbor, entre le mile 496 (entre Nurina et Loongana, à l'ouest du pays) et le mile 793 (entre Ooldea et Watson, au sud). C'est le plus long tronçon de voie totalement rectiligne.

LE PLUS GRAND ESCALATOR DE MÉTRO

L'un des escalators du métro de Saint-Pétersbourg a un dénivelé de 50,50 m.

LE PLUS LONG ET PLUS HAUT TÉLÉPHÉRIQUE

Le téléphérique *Merida* au Vénézuela relie Merida City à 1 639,50 m au sommet du pic Espejo à 4 763,70 m, soit un dénivelé de 3 124 m. Le trajet de 12,5 km dure 1 heure.

LE PLUS LONG VOYAGE D'UN TRAIN FOU

Le 26-03-1884, huit wagons à charbon se sont mis en mouvement sous l'action de vents violents, à Arkon, au Colorado, USA. Les wagons ont parcouru sur une distance de 160 km la ligne de la compagnie Burlington & Quincy Railroad, à l'est de Denver. Le convoi aurait atteint la vitesse de 106 km. C'est une locomotive, après s'être lancée à la poursuite du convoi, qui est enfin parvenue à reprendre le contrôle du train fou.

LE PLUS LONG TRAIN DE MARCHANDISES

Le train de marchandises le plus long du monde mesurait 7,3 km de long et était composé de 660 wagons, d'un réservoir et d'un poste de garde. Il a voyagé sur les rails de Sishen Saldhanna, Afrique du Sud, les 26 et 27-08-89. Il a parcouru 861 km en 22 h et 40 min, tracté par neuf locomotives alimentées par 50 kV. Il lui a fallu 9 km de rails pour s'arrêter totalement après avoir freiné.

LE PLUS LONG QUAI DE GARE

Le quai de la gare de Khargpur, au Bengale-Occidental, Inde, mesure 833 m de long.

LE TOUR LE PLUS RAPIDE DU MÉTRO LONDONIEN

Le record pour faire le tour des 272 stations du métro londonien est de 19 h 57 min 47 s. Il a été établi par Robert Robinson, Chris Loxton, Chris Stubley, Chris Whiteoak, Olly Rich et Adam Waller Berks (GB) pendant la journée du 16-03-00.

LOCOMOTIVE À VAPEUR

Cette superbe machine est la *Class A4 (4–6–2) Nº 4468 Mallard* (plus tard renumérotée 60022), de la London North Eastern Railway. Elle a atteint 201 km/h le 03-07-38, sur la descente de Stoke Bank, près d'Essendine, entre Grantham, Lincolnshire, et Peterborough, Cambridgeshire, GB. C'est la vitesse la plus élevée jamais enregistrée pour une locomotive à vapeur. Elle tirait derrière elle sept wagons qui pesaient 243 tonnes.

LE PLUS GROS BULLDOZER DU MONDE

L'énorme *Komatsu D575A Super Dozer* (USA), pèse la bagatelle de 152,6 tonnes, soit environ le poids de douze berlines. Sa pelle mesure 7,4 x 3,25 m pour une capacité de 69 m³. Ses 11,72 m de long se déplacent sur des chenilles qui ressemblent à celles des tanks, et son moteur est un turbo-diesel de 858 kW.

KART, DISTANCE EN 48 H

Le 21-07-00, Michel Flandin, de Biarritz, a parcouru 2 112 km en 48 heures non-stop (avec cinq minutes d'arrêt technique par heure) à une vitesse moyenne de 48 km/h sur le karting de Briscous.

LA PLUS GRANDE GRUE MOBILE DU MONDE

Construite par Mannesmann Dematic (Allemagne), la *Demag CC 12600* mesure 198 m de haut dans sa plus grande configuration. Elle est constituée d'un mât de 120 m de haut, et d'un bras de 114 m presque vertical. Elle peut soulever un poids maximum de 1600 tonnes à un rayon (distance entre la charge et le mât central) de 22 m. Elle est si grande qu'il faut 100 camions pour amener toutes ses parties sur un site.

LE PLUS GROS VÉHICULE TERRESTRE

Le plus gros véhicule terrestre est le bulldozer *Excavateur RB293*, une machine de terrassement fabriquée par Man Takraf (Allemagne). Elle est à l'œuvre dans une mine de charbon à ciel ouvert de Westphalie, Allemagne, où elle peut déplacer 24 000 m³ de terre par jour. Elle mesure 220 m de long et 94,5 m de haut.

LE PLUS GROS CHARIOT ÉLÉVATEUR À FOURCHE

En 1991, Kalmar LMV (Suède) a fabriqué trois chariots élévateurs à contrepoids capables de soulever 90 tonnes. Ces monstres pèsent 116,5 tonnes et mesurent 16,6 m de long.

LA PLUS GROSSE PELLETEUSE HYDRAULIQUE

La plus grosse pelleteuse du monde, construite par O & K Mining (Allemagne), est capable de remplir le plus gros camion benne du monde en seulement six passages. Sa pelle a une capacité de 51,7 m³, et pèse environ 900 tonnes. Le sommet de la cabine de conduite se trouve à 10,20 m au-dessus du sol, l'équivalent de trois étages.

ENGIN DE TERRASSEMENT

Le plus gros engin de terrassement à conduite classique (volant) est le *L-1800,* développé par l'entreprise LeTourneau (USA).

LE PLUS GROS CAMION BENNE À DEUX ESSIEUX

Le *T-282,* fabriqué par l'entreprise Liebherr Mining Equipment (USA), est le plus gros camion à deux essieux du monde. D'un poids de 201 tonnes, il a une capacité de 327 tonnes, mesure 14,40 m de long, 8,70 m de large et 7,30 m de haut.

LA PLUS GROSSE EXCAVATRICE À LAME

Big Muskie est un machine excavatrice mobile sur pieds qui pèse 13 200 tonnes. C'est la plus grosse excavatrice du monde, et l'une des plus grosses machines mobiles jamais construites. Elle pèse autant que 10 000 berlines. Elle se trouvait sur la mine en plein-air de Central Ohio Coal Co's, en Ohio, USA, mais elle a été démantelée en 1999. *Big Muskie* mesurait 46 m de large (autant qu'une autoroute à huit voies).

CAMION DE GUERRE

Ce véhicule est, à la base, un *Ford F350* standard. Pour le reste, ce camion n'a rien de classique : il est équipé d'une série de systèmes de défense pour protéger ses occupants. Parmi ses équipements dignes d'un film de James Bond, on compte des poignées de portes électrifiées, des phares surpuissants pour éblouir les poursuivants, des clous pour percer les pneus, de l'huile à lâcher sur la route, un canon laser rétractable pour faire exploser les mines en avant. Toutes ces fonctions sont contrôlées par des ordinateurs à écrans tactiles, qui ne répondent qu'à des empreintes digitales enregistrées.

LE PLUS RAPIDE DES CAMIONS ÉQUIPÉS DE MOTEURS-FUSÉES

Le camion le plus rapide du monde est l'*Hawaiian Eagle* de Shannen Seydel (USA). C'est un *Ford 1940* rouge, propulsé par 2 moteurs *Rolls-Royce Bristol Viper* qui développent 4 470 kW par moteur et génèrent une poussée de 5 443 kg. Il a atteint une vitesse de 655 km/h en Ontario, au Canada, le 11-07-98.

LE PLUS GROS PNEU DU MONDE

Le plus gros pneu du monde, fabriqué par Michelin, France, mesure 4 m de haut et pèse plus

ROUES LATÉRALES EN CAMION

Le 13-05-90, à Feurs, Loire, le cascadeur Patrick Bruneton, 28 ans, a parcouru 128,8 m sur deux roues latérales d'un semi-remorque *Renault Turbo* de huit tonnes en 13,9 s, à la vitesse de 33,334 km/h.

LE PLUS LONG TRAIN DE SEMI-REMORQUES

Près de Kalgoorlie, Australie, Steven Matthews a accroché 79 remorques derrière un camion *Kenworth C501T*, le 19-10-00. Le train de remorques ainsi formé mesurait 1 018 m, et a roulé sur une distance de 8 km.

ROUES ARRIÈRE EN CAMION

• Le 28-09-86, le Français Patrick Bourny, de Baume-les-Dames, Doubs, a parcouru 1,3 km sur les roues arrière d'un *Renault R360*. Quelques années plus tard, le 21-10-00, il a réussi une roue arrière avec son camion modifié à 90 km/h, à Lure.

• Le 16-06-90, le cascadeur français G. Bataille a parcouru 13,8 km sur deux roues, à bord d'un *Iveco 190-32 Turbo* dans le tunnel du Fréjus, Savoie.

de 4 tonnes. Il permet de chausser les plus gros camions, comme le plus grand modèle *Caterpillar 797*.

LA PLUS GRANDE GRUE-TOUR DU MONDE

Une grue-tour standard mesure 80 m de haut et peut lever 3,5 tonnes, avec un rayon de 82 m. La *Kroll K-10000* fabriquée au Danemark peut soulever 120 tonnes pour le même rayon. Elle s'élève à 120 m, montée sur un cylindre rotatif de 12 m de diamètre. Elle n'a pas de hauban, mais c'est un contrepoids de 223 tonnes qui équilibre son bras, qui mesure 84 m.

LOOPING EN CAMION

Le 17-09-90, Patrick Bourny a effectué avec succès un looping avec un camion muni d'arceaux semi-cylindriques fixes.

LA PLUS GRANDE PRODUCTION DE CAMIONS

Ford F est le nom que l'on a vu le plus souvent sur des plaques de camions. En janvier 2002, on estimait que 27 257 475 camions de la série F avaient été produits. Le premier de cette série, le *F-1*, est sorti des chaînes de montage en 1948 et un *F-150* a été plus tard la base du fameux *Bigfoot*. Il se vend annuellement entre 800 000 et 900 000 séries F, en grande partie en Amérique du nord, qui représentent 1/8ᵉ des ventes totales de Ford.

LE PLUS LONG SAUT D'UN BIGFOOT SUR UNE RAMPE

Le 11-11-99, un *Bigfoot 14* a sauté par dessus un *Boeing 727* passager, à l'aéroport de Smyrna, Tenessee, USA. Longueur du saut : 61,57 m, un record, qui s'est doublé par la même occasion du record de vitesse pour un très gros camion, 111,5 km/h pendant la course d'élan. Après le saut, le camion avait le châssis tordu et cassé, deux roues pliées, des problèmes de carrosserie, et son conducteur, Dan Runte (USA), avait mal au dos.

LE PLUS HAUT SAUT DE BIGFOOT SUR UNE RAMPE

Le record du monde de saut sur une rampe avec un bigfoot est détenu par Dan Runte (USA) avec un saut de 7,30 m sur *Bigfoot 14*, le 14-12-99. Sous le choc de l'atterrissage, une des roues s'est détachée de l'essieu, l'autre s'est repliée sous la voiture. Au volant de différents bigfoot, Runte a gagné trois Championnats du monde et établi quatre records de saut.

armées

L'ARMÉE LA PLUS ANCIENNE

La plus ancienne force armée est la garde suisse pontificale, forte de 80 à 90 hommes, au Vatican. Elle a été formée le 21-01-1506, mais son origine remonte probablement avant 1400. Les tuniques colorées des gardes auraient été dessinées par Michel-Ange lui-même.

LA PLUS GRANDE FORCE AÉRIENNE

En juillet 1944, l'armée de l'air américaine alors appelée United States Army Air Corps, aujourd'hui US Air Force, était forte en mars 1944 de 79 908 avions, et de 2 411 294 personnes. En 1995, ces chiffres étaient de 5 900 avions en service et 408 700 personnes.

LA PLUS GRANDE MARINE DU MONDE

En janvier 2000, la marine américaine (United States Navy) avait un effectif de 570 400 hommes, en comptant le corps des Marines.

GUERRE LA PLUS COURTE

La guerre la plus courte du monde a opposé la Grande-Bretagne à Zanzibar, devenu depuis une région de la Tanzanie. Elle s'est terminée à 9 h 45 min, après une bataille de 45 min, le 27-08-1896.

LE PLUS LONG SIÈGE DE L'HISTOIRE

Le siège d'Azotus, à présent Ashdod en Israël, a duré 29 ans, entre 664 et 610 av. J.-C. C'est le plus long dont on ait un récit crédible, écrit par l'historien grec Hérodote. Les forces égyptiennes conduites par Psamtik Ier tentaient alors de prendre la ville.

LA GUERRE LA PLUS SANGLANTE

La Seconde Guerre mondiale (1939-1945) fut celle qui coûta le plus de vies humaines. Le nombre de morts, civils et militaires, de tous les pays, s'élève à 56,4 millions, dont 26,6 millions de Soviétiques et 7,8 millions de civils chinois. La Pologne, proportionnellement, a le plus souffert : 17,2% de sa population périt, soit 6 037 200 morts pour une population de 35,1 millions d'habitants. Elle fit 15,6 millions de victimes militaires tandis que la Première Guerre mondiale (1914-1918) avait entraîné la mort de 9,7 millions de soldats, dont 1,3 million de Français.

LA PLUS GRANDE TOMBE COMMUNE

Il existe à Okinawa, au Japon, une tombe commune où reposent 18 000 personnes victimes de la Seconde Guerre mondiale. Elle fut agrandie en 1985 par l'ajout de 9 000 corps que l'on pensait enterrés sur l'île.

LA GUERRE LA PLUS CHÈRE

Le coût matériel de la Seconde Guerre mondiale dépasse celui de toutes les autres guerres réunies. On l'estime à 1,6 trillion €, dont 49,4 milliards £ (54,3 milliards €) pour la Grande-Bretagne, et dix fois plus pour les États-Unis avec 530 milliards $ (578 milliards €).

LE PLUS VASTE DÉPLOIEMENT D'UNE FORCE DE MAINTIEN DE LA PAIX

La plus grande mission de maintien de la paix a été l'Unprofor (United Nations Protection Force), qui a pris place en ex-Yougoslavie pendant trois ans, de février 1992 à mars 1995. La mission a complété son effectif à 39 922 personnes en septembre 1994. Elle incluait aussi une force d'intervention rapide.

SOLDATS DÉVORÉS PAR LES CROCODILES

Le 19-02-45, une unité japonaise basée sur l'île birmane de Ramree se trouva encerclée par l'armée anglaise, obligée de reculer à travers 16 km de profonds marais de mangroves, repaire de milliers de crocodiles d'eau salée (*Crocodylus porosus*) de 4,50 m de long. Le lendemain, il ne restait que 20 survivants sur les 1 000 soldats qui étaient entrés dans le marais.

LA GUERRE CONTINUE LA PLUS LONGUE

La guerre la plus longue qui s'est poursuivie en continu est la Guerre de Trente ans, qui a opposé divers pays européens dont la France, de 1618 à 1648.

LA GUERRE DISCONTINUE LA PLUS LONGUE

La guerre de Cent Ans entre la France et l'Angleterre, qui dura en réalité de 1338 à 1453, c'est-à-dire 115 ans), était une succession irrégulière de guerres et de trêves.

LE BAIN DE SANG DE LÉNINGRAD

Le siège le plus atroce de l'histoire a été celui de Léningrad, aujourd'hui à nouveau Saint-Pétersbourg, pendant

PORTUGAIS-PORTUGAISE

Un Portugais, général de réserve, accusé d'escroquerie et d'usurpation d'identité par un tribunal de Lisbonne, a avoué, à l'âge de 60 ans, être une femme. Pendant quinze ans, habillée en homme, Maria Teresinha Gomes s'est fait passer pour le général Tito Gomes.

LA PLUS GRANDE ARMÉE DU MONDE

Selon Jane's World Armies, l'Armée populaire de Chine comptait 2,2 millions d'actifs en mai 2000. La Chine est en train de réduire ses effectifs, mais elle compte toujours sur une milice et sur une police armée de réserve.

LA PLUS GRANDE ÉVACUATION MILITAIRE

La plus grande évacuation militaire de l'histoire fut celle de 338 226 hommes évacués du front de mer à Dunkerque, en France, entre le 26-05 et le 04-06-40. Leur rescousse a nécessité 1 200 appareils civils et militaires.

la Seconde Guerre mondiale. L'armée a campé devant la ville du 30-08-41 jusqu'au 27-01-44, pendant deux ans et cinq mois. Selon les estimations les plus réalistes, il y aurait eu entre 1,3 et 1,5 million de morts. Parmi ceux-ci, 641 000 moururent de faim, et 17 000 civils ont été victimes d'obus. Plus de 150 000 obus et 100 000 bombes ont été largués sur la ville.

LA PLUS GRANDE ARMÉE DE L'AIR

L'armée de l'air chinoise recensait 470 000 hommes en service en janvier 2000. En comparaison, l'US Air Force en comptait 370 022 en 1998.

LA PLUS SANGLANTE DES BATAILLES MODERNES

On estime que 1,9 million de personnes sont mortes lors de la bataille de Stalingrad, aujourd'hui Volgograde en Russie, pendant la Seconde Guerre mondiale. La bataille a commencé pendant l'été 1942, et s'est achevée par la reddition allemande le 31 janvier 1943.

LA FORCE MILITAIRE LA PLUS COSMOPOLITE

En mars 2002, la Légion étrangère française comptait 8 200 soldats de 120 pays différents. Les recrues étrangères reçoivent un passeport français après cinq ans de service.

LE PLUS GRAND NOMBRE DE TANKS

Selon des chiffres publiés en 1997, l'Armée populaire de Chine disposait alors de 8 500 tanks, ce qui en faisait la mieux équipée dans ce domaine.

BATAILLE AÉRO-NAVALE

Pendant la Seconde Guerre mondiale, 218 bateaux de guerre alliés et 64 japonais se sont affrontés lors de la bataille de Leyte Gulf aux Philippines. Dans les airs, 1 280 avions américains et 716 japonais se battaient. Elle a duré cinq jours, pendant le mois d'octobre 1944. À la fin, 26 bateaux japonais et six bateaux américains avaient coulé.

MÉDIATISATIONS

• La guerre du Vietnam a été le conflit le plus télévisé de tous les temps. On estime qu'entre 1965 et 1975, 10 000 heures de prime-time lui ont été consacrées.
• La guerre civile de Yougoslavie entre 1991 et 1996 a fait l'objet du plus grand nombre d'heures de tournage. Pendant les cinq années du conflit, des millions d'heures de séquences ont été enregistrées, dont un très faible pourcentage seulement a été diffusé.

MAINTIEN DE LA PAIX

La plus longue mission de maintien de la paix des Nations Unies est l'Untso (United Nations Truce Supervision Organization), qui existe depuis juin 1948. Le quartier général principal de l'Untso se touve à Jérusalem, en Israël, mais elle a plusieurs postes d'observation militaire à travers le Moyen-Orient. À l'origine, l'Untso a été créée pour superviser la trêve en Palestine.

CHASSEUR LE PLUS CHER

Conçu à la fin des années 90, l'avion de chasse le plus cher du monde est l'*US F-22 Raptor*. Son développement a coûté 24,8 milliards €, le double de la somme engagée pour son équivalent européen, l'*Eurofighter*. L'*US Joint Strike Fighter* est un autre chasseur actuellement en développement, qui coûtera encore plus cher que le *F 22*.

LE PLUS RÉPANDU DES AVIONS SANS PILOTE

En mars 2002, le *RQ-1 Predator*, véhicule aérien non habité, totalisait près de 35 000 heures de vol, dont 8 200 en situation de combat. Il a été utilisé par l'armée américiane au Kosovo en 1999, et a beaucoup servi en Afghanistan. Ses caméras de pointe embarquées et ses détecteurs en font un précieux outil de reconnaissance, de surveillance, et de définition de cibles.

LE PLUS RAPIDE CHASSEUR DE LA SECONDE GUERRE

L'avion allemand *Dornier DO-335* était le seul durant la Seconde Guerre mondiale à être équipé de deux moteurs à réaction, l'un juste à l'avant de l'avion et l'autre derrière le cockpit. Il pouvait atteindre une vitesse de 665 km/h, et même de 765 km/h grâce à un compresseur d'urgence. Il a existé deux modèles du *Dornier*, l'*A-1* et l'*A-6,* dont seuls 28 exemplaires ont été achevés avant la fin de la guerre.

LES BOMBARDIERS LES PLUS RAPIDES

L'avion bombardier américain *General Dynamics FB-111A*, a des ailes à géométrie variable, d'où son surnom, *Swing-wing*. Ils peuvent atteindre la vitesse de mach 2,5 (2 655 km/h). L'équivalent russe, le *Tupolev Tu-22M,* est appelé *Backfire* (retour de flamme) dans les pays de l'Otan. Il a une vitesse sur cible de mach 2 (2 124 km/h), et peut atteindre mach 2,5.

GÉANT

Le *Convair B-36J " Peacemaker "* a une envergure de 70,10 m, le record du monde pour un bombardier. Doté de dix moteurs, son poids maximum de décollage est de 185 tonnes. Son baptême de l'air a eu lieu en 1946, et il a cessé de voler à la fin des années 50, remplacé par le *Boeing B-52*. Sa vitesse maximum était de 700 km/h.

LES AS DES AS

• Lors de la Première Guerre mondiale, l'as du combat aérien fut le colonel français René-Paul Fonck, mort en 1953. Il a abattu 257 appareils allemands.
• Pendant la Seconde Guerre mondiale, l'Allemand Erich Hartmann a abattu 352 avions. C'est le plus grand nombre d'avions jamais abattus par une seule personne.
• Femme. La meilleure pilote de chasse fut la Soviétique Lydia Litvak, née en 1921, qui abattit douze appareils sur le front oriental de 1941 à 1943, avant d'être tuée au combat le 01-08-43.

MINI-ESPION

Il tient dans la paume de la main. Le *Black Widow* a été développé par l'Aerovironment de Monrovia, en Californie, pour être utilisé en reconnaissance. Il mesure 15,24 cm d'envergure, pèse 80 g, et transporte une minuscule caméra vidéo de 2 g. Il est propulsé par un moteur électrique à batterie.

L'AS LE PLUS RAPIDE

Le 06-11-43, le major allemand Erich Rudorffer a accompli un exploit militaire sans précédent : il a abattu 13 avions en l'espace de 17 minutes, sur le front russe.

L'ATTAQUE DE PLUS LONGUE PORTÉE

Le 16-01-91, sept bombardiers *B-52-G* ont décollé de la base américaine de Barksdale, en Louisiane, pour aller lancer des missiles de croisière contre des objectifs irakiens, pendant la guerre du Golfe. Il ont volé sur 22 500 km, ravitaillés quatre fois en vol. La mission a duré 35 heures, aller-retour.

L'AVION MILITAIRE LE PLUS COÛTEUX

L'avion militaire le plus cher du monde est le bombardier furtif américain *B2 Spirit* : il coûte plus d'1,3 milliard $ pièce (1,4 milliard €).

BOMBES VOLANTES

Les bombes volantes dites aussi *V1* furent le cauchemar des Anglais pendant la Seconde Guerre mondiale. Durant la campagne de *V1* contre l'Angleterre entre le 13-06 et le 01-09-44, le chef d'escadron Joseph Berry DFC (GB) en détruisit 60 avant qu'elles ne touchent le sol, dont 57 de nuit. Joseph Berry fut tué au combat le 02-10-44.

LA PLUS LONGUE PISTE AÉRIENNE MILITAIRE

La plus longue piste aérienne militaire se trouve sur la base d'Edwards du côté ouest du lit asséché du lac Rogers à Muroc, Californie, et mesure 11,92 km de long. Lorsqu'il a décollé pour son tour du monde sans ravitaillement, l'appareil *Voyager* a utilisé 4,3 km des 4,6 km de la piste en béton de la base principale.

LE SYSTÈME ARMÉ LE PLUS COMPLEXE

L'avion *US AC-130U* est équipé d'une télé, d'un radar, de détecteurs infra-rouge, de deux canons de 15 mm et de 40 mm, d'un fusil de 25 mm Gatling, d'un logiciel de mission de 609 000 lignes de code et de neuf systèmes de défense.

LE PLUS GROS HÉLICOPTÈRE EN PRODUCTION

C'est l'appareil russe *Mil Mi-26*. Il a un poids maximum de décollage de 56 tonnes, et pèse à vide 28,2 tonnes. Son rotor principal, muni de 8 pales, a une envergure de 32 m. Il est propulsé par deux moteurs turbo de 8 500 kW chacun et mesure 40 m de long.

JETS ABATTUS

Le plus grand nombre de jets abattus par un pilote est attribué au capitaine Nikolaï Vasilevich Sutyagin, de l'ex-URSS : il en a abattu 21 pendant la guerrre de Corée.

LE PLUS GRAVE ACCIDENT D'HÉLICOPTÈRES MILITAIRES

Le 04-02-97, deux hélicoptères israëliens *Sikorsky CH-53* se sont percutés accidentellement en l'air, entraînant la mort de 73 soldats. Le drame a eu lieu près du kibboutz de Shaar Yishuv, dans le nord d'Israël.

LA PLUS GRANDE ARMÉE DE L'AIR EN NOMBRE D'APPAREILS

L'armée de l'air la plus forte en nombre d'appareils est l'US Air Force, pourvue de 4 413 avions de combat en septembre 1999. Dans le détail, elle possède 179 bombardiers, 1 666 avions d'attaque et chasseurs, et 1 279 avions d'entraînement.

CHUTES

• L'appelé du contingent français Didier Dahran, lors d'un exercice de saut en parachute à Castelsarrasin, Tarn-et-Garonne, s'est vu aspirer par un courant ascensionnel jusqu'à une altitude de 7 000 m en juin 1996. Les officiers présents l'ont vu alors disparaître dans un nuage. Il est retombé indemne mais très refroidi.
• Le lieutenant soviétique Chesov, éjecté de son *Iliouchine R,* est tombé de 6 700 m d'altitude en chute libre dans un ravin enneigé. Il s'en est tiré avec une fracture du bassin et plusieurs blessures à la colonne vertébrale.

• Le sergent de la RAF Nicholas Alkemade, 21 ans, s'est relevé indemne d'une chute de 5 485 m. Le 23-03-44 au-dessus de l'Allemagne, il avait sauté sans parachute de son bombardier en flammes. Sa chute a été amortie par un pin et s'est achevée sur un tapis de neige de 2,50 m d'épaisseur.

PREMIER AVION DE RECONNAISSANCE SANS PILOTE

Le *Predator*, construit par l'US Air Force en 1995, est le premier avion de reconnaissance télécommandé du sol. Long de 9 m, d'une envergure de 16 m, il ne pèse que 450 kg. Le *Predator* envoie ses clichés de reconnaissance au sol en temps réel. Il est opérationnel pendant 40 heures.

LE PLUS GRAND APPAREIL SANS PILOTE

Global Hawk est actuellement le plus grand appareil sans pilote. Il a été dévoilé le 20-02-97 à Teleyne Ryan Aeronautical, San Diego, Californie. Cet avion, qui a une envergure de 35,40 m et une portée de 22,55 km, est destiné à des missions de reconnaissance aérienne.

PREMIER AVION À HÉLICE INCLINABLE

Le *Boeing Bell V-22 Osprey* à hélice inclinable est une innovation dans ce type de machines. Début 2002, l'armée américaine en a utilisé 120 comme avions de test et d'entraînement, puis en a commandé 20 de plus.

AÉRONAVALE

Début 2002, l'US Navy était à la tête de plus de 4 000 avions. Elle peut s'enorgueillir de 20 modèles différents d'avions à ailes fixes, dont les avions de chasse *F-14 Tomcat,* spécifiquement conçus pour les porte-avions. Elle peut également se flatter du *F/A-18 Hornet,* ainsi que de différents modèles de reconnaissance et de transport, anti-sous-marins et avions postes de reconnaissance.

LA MARINE LA MIEUX ÉQUIPÉE EN SOUS-MARINS

La marine américaine (US Navy) possède 74 sous-marins armés, plus que n'importe quel autre pays. Toute la flotte est à propulsion nucléaire. Elle comprend 50 *Seawolves* et *Los Angeles class,* qui sont des appareils d'attaque, ainsi que 18 porteurs de missiles balistiques *Ohio.*

CONTRE-TORPILLEUR LE PLUS RAPIDE

Le contre-torpilleur français *Le Terrible,* de 3 200 tonnes, a atteint en 1935 183,42 km/h. Construit à Blainville-sur-Orne, Calvados, il fut désarmé fin 1957. Il était propulsé par quatre chaudières Yarrow et deux moteurs Rateau, qui développaient 74 570 kW.

DRAME SOUS-MARIN

Le 18-02-42, le sous-marin français *Surcouf* a coulé avec à bord 159 hommes d'équipage, après avoir été éperonné par le bateau marchand américain *Thompson Lykes,* dans les Caraïbes.

AS DES MERS

Lors de la Seconde Guerre mondiale, le bateau *Her Majesty Ship Starling* sous le commandement du capitaine Frederic John Walker DSO***, RN, CB, a coulé le plus grand nombre de sous-marins, à savoir quinze. Sous le commandement du même capitaine Walker, différents bateaux ont coulé un total de 20 *U-boats* entre 1941 et sa mort le 09-07-44.

LE BILAN LE PLUS LOURD EN TEMPS DE GUERRE

Le *Wilhelm Gustloff* (Allemagne) était un paquebot transatlantique. Il a été torpillé le 30-01-45 par un sous-marin soviétique au large de Dantzig, aujourd'hui Gdansk, en Pologne. Ce sont 7 700 personnes qui ont ainsi trouvé la mort. Il n'y eut que 903 survivants.

LA PLUS ANCIENNE BATAILLE NAVALE

La plus grande des batailles navales de l'Antiquité est connue sous le nom de bataille de Salamis. Opposant les Athéniens et les Perses, elle s'est déroulée en automne 480 av. J.-C. Presque 200 000 hommes ont été impliqués dans cette bataille, avec 800 bateaux du côté perse, qui a perdu, et 380 du côté athénien.

LA PLUS GROSSE TORPILLE

La torpille russe 65 mesure 65 cm de diamètre. Elle peut porter soit une tête d'explosifs conventionnels de près d'une tonne, soit une charge nucléaire d'un pouvoir de 15 kilotonnes, ce qui lui confère un pouvoir explosif légèrement inférieur

LES SOUS-MARINS LES PLUS RAPIDES

Les sous-marins nucléaires russes *Alpha* étaient les plus rapides du monde avec une vitesse maximum annoncée de 40 nœuds (74 km/h). Ils étaient capables de descendre à 760 m de profondeur. On pense qu'il n'en reste qu'un en service, utilisé comme bateau d'essai.

à celui des bombes atomiques qui ont détruit Hiroshima et Nagasaki en 1945.

LE VAISSEAU DE GUERRE LE PLUS RAPIDE

L'aéroglisseur militaire expérimental *SES-100B* de l'US Navy, de 23,7 m et de 100 tonnes, a atteint 91,9 nœuds (170 km/h), le 25-01-80, dans la baie de Chesapeake, Maryland. Comme les aéroglisseurs, ces bateaux se déplacent sur un coussin d'air, mais ils sont en plus dotés de deux coques rigides qui restent immergées. L'air sous pression généré par les gros ventilateurs situés sous le bateau reste emprisonné entre les deux coques et soulève le bateau, réduisant la surface de coque

immergée, permettant ainsi une plus grande vitesse et une meilleure efficacité.

LES PLUS GROS PORTE-AVIONS

Les neuf porte-avions de la classe Nimitz, *USS Nimitz, USS Carl Vinson, USS Dwight D Eisenhower, USS Theodore Roosevelt, USS Abraham Lincoln, USS John C Stennis, USS George Washington, USS Harry S Truman* et *USS Ronald Reagan* sont ceux qui ont le plus grand déplacement en pleine charge. Les cinq derniers déplacent environ 98 500 tonnes, mesurent 332,9 m

LE PLUS GRAND SOUS-MARIN INHABITÉ

C'est le *LSV-2 Cutthroat* de la marine américaine. Il mesure 33,83 m de long pour 3,05 m de large, et pèse 205 tonnes. Le *Cutthroat* n'est pas armé, c'est un bateau expérimental, modèle réduit à l'échelle 1/4 du sous-marin *Virginia* en cours de développement. Le *Cutthroat* sert à tester les équipements furtifs conçus pour des bateaux du type du *Virginia.*

LA PLUS GRANDE INVASION PAR LA MER

Lors du débarquement en Normandie le 06-06-44, l'opération aérienne et maritime Jour-J comptait 745 bateaux, 347 dragueurs de mines, 4 066 barges de débarquement transportant 185 000 hommes et 20 000 véhicules.

LA MARINE LA MIEUX ÉQUIPÉE

C'est la marine américaine (United States Navy) qui possède le plus grand nombre de navires. Début 2000, elle était à la tête de 318 vaisseaux principaux, sous-marins inclus. 380 000 soldats et 183 000 civils sont à leur service.

de long, et offrent 1,82 hectare de pont pour les décollages. Ils sont propulsés par quatre moteurs nucléaires de 194 000 kW animant des turbines à vapeur, et peuvent ainsi atteindre une vitesse de 56 km/h.

LE PLUS GRAND AÉROGLISSEUR EXPÉRIMENTAL

Les plus grands aéroglisseurs expérimentaux actuellement en service sont les deux corvettes

russes à missiles *Bora,* qui ont un déplacement de 1 050 tonnes, et une vitesse annoncée de 54 noeuds (100 km/h). Les *Bora* mesurent 65,5 m de long, 18 m de large, et leur équipage au complet compte 68 personnes.

LA PLONGÉE LA PLUS PROFONDE

La plongée la plus profonde a été réalisée dans la fosse des Mariannes. Le bathyscaphe de la marine américaine, *Trieste,* conçu et manœuvré par le Suisse Jacques Piccard et par le lieutenant Donald Walsh, s'enfonça à 10 911 m de profondeur à 13 h 10 le 23-01-60. La pression de l'eau atteignait 1 183 kg/cm^2. La descente a duré 4 h 48 min, et la remontée 3 h 17 min.

LES PLUS GROS CUIRASSÉS

Les bateaux japonais *Yamato* et *Musashi* furent les plus gros cuirassés jamais commandés. Le *Yamato* a été achevé le 16-12-41 et a été coulé par onze torpilles et sept bombes lancées par des avions américains, au sud-ouest de Kyushu, au Japon, le 07-04-45. Le *Musashi* a été coulé en mer des Philippines par 20 torpilles et 17 bombes, le 24-10-44. Chacun d'eux avait un déplacement à pleine charge de 71 111 tonnes, une longueur totale de 263 m, une largeur maximum de 38,7 m, et une flottaison de 10,8 m.

ESPION FLOTTANT

La corvette suédoise *Visby* est le plus grand bateau à technologie d'espionnage. Sa coque en fibres de carbone le rend beaucoup plus léger qu'un bateau classique du même type. Elle présente les mêmes grandes zones plates que les avions furtifs, qui les rendent difficilement visibles par les radars. D'une longueur de 72 m pour un déplacement de 600 tonnes, *Visby* a reçu son baptême de l'eau en décembre 2000.

fusées de guerre sont apparues en 1245 à Hangzhou, capitale de la Chine de 1127 à 1278.

LES PLUS GRANDES PORTÉES DE CANONS

• Le *Wilhelmgeschutze*, l'arme de Guillaume ou le *Pariser Kanonen*, canon de Paris dont la longueur du tube atteignait 36 m, pouvait lancer des obus de 106 kg. Souvent confondu à tort avec la *Grosse Berta*, il est à la fois le plus célèbre et le plus mystérieux des canons de toute l'histoire de l'artillerie. Paris a été bombardée durant la Première Guerre mondiale par des canons géants de longue portée. D'un calibre de 21 cm, il avait une portée de 127,9 km et a tiré du bois de Crécy sur Paris, en mars 1918.
• Pendant la Seconde Guerre mondiale, les tubes *V3* ont été assemblés par 50 près de Calais. Ils avaient été imaginés pour bombarder Londres, et devaient avoir une portée de 150 km, mais ils n'ont jamais été opérationnels.

LE MISSILE ANTI-AÉRIEN LE PLUS EFFICACE

Le missile américain *Stinger*, entré en service au début des années 80, mesure 1,50 m de long et pèse 9,9 kg. Il a une portée d'environ 4,8 km et une vitesse proche des 2 000 km/h. Selon des chiffres enregistrés lors de la guerre en Afghanistan pendant les années 80, il aurait une efficacité de 79%.

LE PLUS GROS CANON

Pendant le siège de Sébastopol, en Ukraine, en juillet 1942, les Allemands utilisèrent un canon de 80 cm, muni d'un tube de 28,87 m de long. Baptisé Schwerer Gustav, Gros Gustave, il faisait partie de l'ensemble des trois canons Dora. Les deux autres n'ont cependant jamais été finis et n'ont jamais servi.

LA PLUS HAUTE FRÉQUENCE DE TIR

La mitrailleuse *M134 Minigun* de calibre 7,62 mm est dérivée de la *Gatling* multi-canons. Un moteur électrique fait tourner les canons alimentés par une ceinture de 4 000 cartouches, ce qui permet de tirer jusqu'à 6 000 balles par minute, soit 100 par seconde, dix fois plus qu'une mitrailleuse classique. Elle a été conçue pour servir sur les hélicoptères et les véhicules blindés.

LE TANK N°1

Dans l'ex-URSS, 50 000 chars russes de type *T-54/55* ont été construits de 1954 à 1980. Mais il en a aussi été fabriqué dans les pays de l'ancien pacte de Varsovie, en Europe centrale, et même en Chine.

FUSÉE ANCESTRALE

C'est le Chinois Zeng Gongliang qui a donné la première description d'une fusée propulsée par de la poudre, en 1042. Elles étaient alors appelées " feux d'artifice volants ". La poudre était composée de charbon, de salpêtre et de sulfure. Les premières

LE PLUS GRAND RASSEMBLEMENT DE *FORD GPA AMPHIBIES*

Seize *Ford GPA Amphibies* se sont rassemblés le 13-03-99 lors du 20e National GPA Swim à Corowa, en Australie. C'était le plus grand rassemblement de ce type d'engins amphibies depuis la Seconde Guerre mondiale.

Construit par Krupp, les restes de ce canon ont été retrouvés près de Metzenhof, en Bavière, en août 1945. L'ensemble de 43 m de long, pesait 1 344 tonnes et nécessitait un équipage de 1 500 hommes. Il lançait des projectiles de huit tonnes à 21 km et la portée des projectiles de 4,8 tonnes était de 47 km.

LA PLUS GROSSE EXPLOSION CONVENTIONNELLE

La plus grosse explosion militaire par des explosifs conventionnels a eu lieu lors de la démolition des fortifications de Helgoland, en Allemagne, le 18-04-47. L'équipe de démolition de la Royal Navy, dirigée par le lieutenant F. T. Woosnam à bord du bateau *HMS Lasso,* se trouvait à 14,5 km en mer.

LA BOMBE LA PLUS PRÉCISE

L'US Air Force et l'US Navy se sont associées pour financer le développement de la *Joint Direct Attack Munition*. Après son largage, cette bombe est dirigée par satellite. Elle atteint sa cible avec une précision de 2 m.

LA PLUS LOURDE DES BOMBES CONVENTIONNELLES

La plus lourde des bombes conventionnelles jamais utilisée fut la *Grand Slam* (Grand Chelem) de la Royal Air Force. Elle a servi pour la première fois à détruire le viaduc

LE PLUS PETIT SYSTÈME RADAR

Tom McEwan a inventé un radar inclus dans une puce au silicium de 2 cm², avec un composant clé qui coûte moins de 15 $ (16,5 €) à fabriquer.
Utilisé comme sonde virtuelle dans des réservoirs industriels et comme stéthoscope électronique, il peut détecter des objets en mouvement jusqu'à 50 m de distance.

LE TANK LE PLUS LÉGER

Le blindage du tank ACAVP (Advanced Composite Armoured Vehicle Platform) est fait de E-glass epoxy, un matériau composite de plastique et de fibre de verre. Il est 10% plus léger qu'un tank métallique similaire.

LE TANK LE PLUS LOURD

• Le tank le plus lourd jamais construit était le *Deutscher Panzer Kampfwagen Maus II*, qui pesait 192 tonnes, autant que 130 berlines. En 1945, il était encore en phase d'essais.

• En 1922, le char de rupture *2C bis* de l'armée française, le plus lourd jamais utilisé, pesait 75,2 tonnes et nécessitait un équipage de treize hommes. Il transportait un obusier de 15,5 cm.

ferroviaire de Bielefeld, en Allemagne, le 14-03-45. Elle pesait 9 980 kg et mesurait 7,74 m de long. Au total, 41 *Grand Slam* ont été larguées par l'escadron 617 de la RAF en 1945. Quant à l'US Air Force, elle a testé une bombe de 19 050 kg en 1949, à Muroc Dry Lake, en Californie.

LES TANKS LE PLUS ARMÉS

• Les tanks russes *T-64, T-72, T-80* et *T-90* sont les plus lourdement armés du monde. Ils sont équipés d'un canon et d'un lance-missile d'un calibre de 12,5 cm.

• Le tank léger américain *Sheridan* a une arme d'un calibre de 15,2 cm qui sert à la fois de canon et de lance-missile, mais ce n'est ni une arme à long canon ni à grande fréquence de tir.

• Le tank anglais *Centurion Avre* est quant à lui équipé d'un canon à vitesse lente de démolition de 16,5 cm de calibre.

LA PREMIÈRE UTILISATION D'UNE BOMBE REBONDISSANTE

La bombe rebondissante a été conçue par l'Anglais Barnes Wallis et utilisée pour la première fois le 16-05-43. Guy Gibson, de l'escadron 617 de la RAF, a largué ces bombes cylindriques sur la vallée de la Ruhr, en Allemagne, lors de l'attaque des barrages de Möhne et d'Eder. Les bombes ont été larguées d'une hauteur de 18 m, à une vitesse de 386 km/h et avec une vitesse de rotation de 500 tours par minute. Elles ont rebondi sur l'eau, avant de couler devant le barrage et d'exploser sous l'eau.

LE TANK LE PLUS RAPIDE

Un tank *Scorpion Peacekeeper S 2000* a atteint une vitesse de 82,23 km/h, le 26-03-02, sur la piste de test de vitesse de Chertsey, dans le Surrey, en Grande-Bretagne. Le tank est équipé d'une carrosserie blindée, de jupes de protection balistique, de chenilles remplaçables en caoutchouc *K 10000*, et est propulsé par des moteurs *RS 2133* grande vitesse. Il a été développé par la compagnie Repaircraft.

KALASHNIKOV

La *Kalashnikov AK-47* et ses variantes sont les armes les plus utilisées du monde, et ont servi dans 75 guerres. Il en existe plus de 100 millions, dont une partie illégalement, dans plus de 25 pays.

GAZ MORTEL

Le sarin est un gaz qui s'attaque au système nerveux. Le 20-03-95, la secte Aum Shinrikyo, un groupe dissident du bouddhisme, perpétra un attentat en libérant du sarin dans le métro de Tokyo, qui tua 22 personnes et en blessa 5 500 autres. Une tête d'épingle de sarin suffit à tuer une personne.

LA PLUS LONGUE CAMPAGNE ENVIRONNEMENTALE

Greenpeace a commencé à faire campagne contre les essais nucléaires dès sa création en 1971. La première campagne était dirigée contre les essais nucléaires au large de l'Alaska. L'organisation se bat toujours partout dans le monde contre la possession et l'emploi d'armes nucléaires.

LE PLUS GROS CRATÈRE FORMÉ PAR UNE EXPLOSION NUCLÉAIRE

Le 15-01-65 au Kazakhstan, sur le site de Semipalatinsk, une bombe de 104 kilotonnes a explosé à 178 m de profondeur, sous le lit asséché de la rivière Chagan. Appelé le lac de Chagan par les autochtones, le cratère mesure 408 m de large, pour une profondeur de 100 m.

LE PLUS GRAND STOCK DE VACCINS ANTI-VARIOLIQUES

Il y a actuellement aux USA un stock de 15,4 millions de doses de vaccin contre le virus mortel de la variole, mais à la fin 2002 il devrait avoir atteint 286 millions de doses, suffisamment pour que chaque citoyen américain puisse en bénéficier. À l'heure actuelle, ce stock est le plus important du monde ; il a été constitué pour faire face à d'éventuels actes de bioterrorisme.

LE PLUS PUISSANT DES GAZ DESTRUCTEURS DU SYSTÈME NERVEUX

Le gaz mortel VX, dont le nom chimique est *Ethyl S-2-diisopropylamino ethylmethyl-phosphonothiolate*, s'attaque au système nerveux. Il a été développé en 1952 par le Chemical Defense Experimental Establishment (Établissement de défense chimique expérimentale), à Porton Down, Wilts, en Grande-Bretagne. Il est près de 300 fois plus destructeur que le phosgène (COCl2) utilisé pendant la Première Guerre mondiale : une quantité équivalente au huitième d'une goutte de pluie suffit à tuer un être humain. Dans les années 50, les USA voulaient tant s'approprier ce gaz qu'ils échangèrent sa formule avec les Anglais contre la technologie thermonucléaire.

EXPLOSION SIMULTANÉE DU PLUS GRAND NOMBRE DE CHARGES NUCLÉAIRES

Au moins huit, et peut-être même neuf charges nucléaires ont été mises à feu simultanément dans un tunnel souterrain sur le site de Novaya Zemlya, au fond de l'Arctique russe, en ex-URSS, le 24-10-90.

LE PLUS GROS STOCK D'ARMES CHIMIQUES

Selon l'Institut d'études stratégiques international, la Russie serait à la tête du plus gros stock d'armes chimiques mortelles et non-mortelles, avec un total de 40 000 tonnes. Viennent ensuite les USA avec 25 000 tonnes.

LA PLUS FORTE EXPLOSION NUCLÉAIRE

La bombe thermonucléaire la plus puissante testée jusqu'à présent est la *Tsar Bomba*, qui avait environ le pouvoir explosif de 57 mégatonnes de TNT. Elle a été mise à feu le 30-10-61 en ex-URSS, à Novaya Zemlya à 8 h 33. L'onde de choc a fait trois fois le tour de la Terre, dont la première en 36 h 27 min.

LA PLUS PETITE ARME NUCLÉAIRE

La bombe à fission W54, déployée en Europe par les USA entre 1961 et 1971, est la plus petite arme nucléaire jamais fabriquée. Elle avait une portée de 4 km, et pesait 34,5 kg. Son diamètre le plus large était de 27 cm.

LA PLUS PUISSANTE EXPLOSION NUCLÉAIRE DANS L'ESPACE

Le 09-07-62, une bombe d'1,45 mégatonne a explosé à 399 km au-dessus de Johnston Island dans l'Océan pacifique. La tête nucléaire de 755 kg a été lancée par un missile *Thor* de l'US Air Force. Cette opération avait reçu le nom de code d'Étoile de mer. L'altitude de l'explosion était à peu près celle à laquelle se déplace navette spatiale. Elle était environ 100 fois plus puissante que celle qui détruisit Hiroshima.

LE PLUS LOURD BILAN DÛ À UNE ATTAQUE CHIMIQUE

Lors de la guerre Iran-Irak, la minorité kurde de l'Irak a apporté son soutien à l'Iran. En représaille, le village de Halabja a fait l'objet, d'une attaque à l'arme chimique en mars 1988, par le président Saddam Hussein. On pense que 4 000 personnes sont mortes, bien que l'on ne connaisse pas le chiffre exact.

LA PLUS GROSSE BOMBE CONVENTIONNELLE

On la surnomme Daisy Cutter, mais son nom officiel est BLU-82B/C-130. Cette bombe, dont la précision d'impact varie entre 91 et 274 m, est chargée de 5 715 kg d'explosifs. Elle a été utilisée en Afghanistan en 2001.

LE PREMIER EMPLOI DU VIRUS DE LA VARIOLE COMME ARME BIOLOGIQUE

Pendant les guerres " françaises et indiennes " entre 1754 et 1763, les soldats anglais en Amérique du Nord étaient opposés aux colons français et aux Indiens. Des couvertures contaminées par le virus de la variole furent offertes par les Anglais aux Indiens. Les épidémies qui s'ensuivirent emportèrent 50% de la population des tribus touchées.

LA PREMIÈRE UTILISATION DE LA BOMBE ATOMIQUE

La première bombe atomique est tombée sur Hiroshima, au Japon, le 06-08-45 à 8 h 16. Elle portait une charge équivalente à 15 kilotonnes de trinitrotoluène ($C_7H_5N_3O_6$), ou TNT. Le premier test avait été conduit trois semaines plus tôt, dans le désert du Nouveau Mexique aux États-Unis, avant le largage de la bombe réelle. Le nom de code de l'engin était *Little Boy* ; il mesurait 3 m de long et pesait 4 082 kg.

L'EXPLOSION ATOMIQUE LA PLUS MEURTRIÈRE

Le 06-08-45, la bombe atomique larguée par les Américans sur Hiroshima a tué 155 200 personnes. Elle a explosé à 509 m d'altitude, dévastant 10 km² de la ville, et endommageant 65% des structures. Le nombre de morts cité inclut les décès dans l'année qui suivit.

LA PLUS GRAVE ÉPIDÉMIE D'ANTHRAX

À Verdlovsk, aujourd'hui Ekaterinbourg en Russie, une épidémie d'anthrax se déclara en avril 1979. Au moins 68 personnes moururent à cause de l'inhalation de spores propagées par le vent. La cause de l'épidémie n'a jamais été connue avec certitude.

LA PREMIÈRE ATTAQUE BIOLOGIQUE

Au cours du sixième siècle av. J.-C., les Assyriens, qui vivaient dans l'Irak d'aujourd'hui, ont utilisé de l'ergot du seigle pour empoisonner les puits ennemis. Cette maladie qui se développe sur la plante sécrète une toxine extrêmement dangereuse pour le système nerveux. Les victimes atteintes souffraient de comportements paranoïaques ou mouraient.

LE PLUS GRAVE ACCIDENT NUCLÉAIRE SOUS-MARIN

Le plus grave accident nucléaire sous-marin impliquant des armes eut lieu le 06-10-86. Ce jour-là, le sous-marin russe *K-219* a coulé dans l'Atlantique à 965 km au nord des Bermudes. Le sous-marin gît aujourd'hui par 5 800 m de fond, avec à son bord deux réacteurs et seize missiles nucléaires.

NON-MORTELLE MAIS DESTRUCTRICE

Les bombes au graphite BLU-114/B explosent en pulvérisant des fils électriques en fibres de carbone créant des courts-circuits. Lors des opérations de l'Otan en mai 1999, elles ont mis hors-service 70% du réseau électrique en Serbie, avec un minimum de dégâts collatéraux. Cette bombe avait rendu inutilisable 85% de la capacité électrique de l'Irak pendant la guerre du Golfe.

SCIENCE ET TECHNOLOGIE

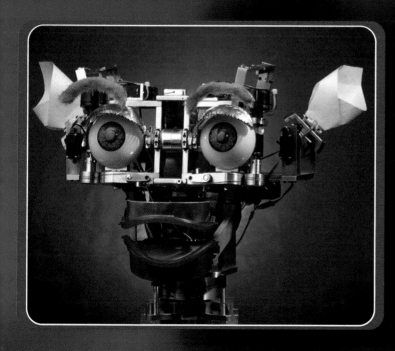

CARTOGRAPHES DU CYBERESPACE

Pour réaliser une carte du web, les chercheurs américains Bill Cheswick et Hal Burch ont utilisé des traceurs électroniques lancés depuis leur laboratoire, Bell Laboratories, du New Jersey. Depuis son ordinateur, Bill Cheswick lançait ces traceurs électroniques, qui, arrivés à leur destination, mouraient et renvoyaient un " faire-part de décès " à leur point de départ. Y figurent ainsi 88 000 points terminaux, dont les divers fournisseurs d'accès Internet sont identifiés par différentes couleurs.

LE TOUR DU MONDE D'UN MESSAGE TEXTE

En février 2002 au congrès mondial 3GSM à Cannes, la société Logica a envoyé un message texte autour du monde en le faisant suivre sur des téléphones mobiles de six différents pays des six continents, en le faisant revenir à l'envoyeur. Le message est revenu en France 3 min 17 s et 35 centièmes après son envoi.

LE PREMIER E-MAIL

En 1971, le tout premier e-mail a été envoyé par l'Américain Ray Tomlinson, un ingénieur qui travaillait pour la compagnie informatique Bolt, Beranek & Newman à Cambridge, Massachusetts. Cet e-mail était initialement une expérience de Ray qui voulait voir s'il pouvait faire en sorte que deux ordinateurs échangent un message.
C'est aussi à lui que l'on doit le choix du symbole @ pour séparer le destinataire du message de son serveur. Le contenu de ce premier message était *QWERTYUIOP*.

LE PLUS GRAND NOMBRE " D'ABONNÉS "

La principauté de Monaco compte 1 994 numéros de téléphone pour 1 000 habitants, presque deux par personne.

UN E-MAIL COÛTEUX

En 1997, une filiale de la compagnie pétrolière Chevron Corp basée aux USA a dû payer 2,2 millions $ (2,4 millions €) pour régler à " l'amiable " un procès pour harcèlement sexuel intenté par quatre femmes employées de la société. Parmi les preuves à charge présentées par l'avocat des victimes figurait notamment un e-mail listant les 25 raisons pour lesquels la bière est supérieure aux femmes.

L'ANCÊTRE DES ORDINATEURS

Baby, le premier ordinateur entièrement automatisé et piloté par un programme a été inventé par les Anglais Tom Kilburn et Freddie Williams. Ils l'ont fait fonctionner pour la première fois le 21-06-48. Le programme comportait 17 instructions et son travail ce jour-là était de calculer le plus grand facteur de 2 à la puissance 18.

LES PINGOUINS PARLENT AUX PINGOUINS

Le 28-04-99 à 10 h 30 GMT, le pôle Nord et le pôle Sud ont été reliés pour la première fois par téléphone. La conversation entre Mme C. Parkinson, G. Morrow, T. Carlson, J. Michalski, V. Hurley, M. Comberiate, et R. Ruhlman (USA), a duré 45 minutes. La veille, la même équipe avait mené à bien la première liaison et diffusion Internet depuis le pôle Nord.

LA PLUS IMPORTANTE VOIE D'ÉCHANGE D'APPELS TÉLÉPHONIQUES

En 2001, la plus importante voie d'échange d'appels téléphoniques se trouvait entre le Canada et les USA, avec 10,4 milliards de minutes d'échange dans les deux sens entre les deux pays.

LE PLUS GRAND STANDARD DU MONDE

Le plus grand standard du monde est celui du Pentagone à Arlington, Virginie. Ses 34 500 lignes peuvent gérer près d'un million d'appels par jour grâce à 160 934 km de câbles. Sa journée la plus chargée fut le 06-06-94, jour du 50e anniversaire du D-Day, Jour-J du Débarquement, où il reçut 1 502 415 appels.

LA PLUS GRANDE ENTREPRISE DE TÉLÉCOMMUNICATIONS DU MONDE

La Nippon Telegraph and Telephone Corporation (NTT), à Tokyo, est la plus grande entreprise de télécommunications du monde. En 2001, elle a enregistré un chiffre d'affaires de 106 772 millions € et un profit de 3 075 millions €. La compagnie a un effectif de 224 000 employés.

LE PLUS GRAND NOMBRE DE VIRUS

• Le plus grand nombre de virus apparus en un mois était de 16 000, en janvier 1999.
• Cette année fut également celle du plus grand nombre de nouveaux virus, avec 26 193 virus inconnus " lâchés dans la nature ". Cette prolifération était la conséquence directe de la circulation sur Internet d'un nouveau kit de fabrication de virus.

TRANSPORTEUR D'APPELS TÉLÉPHONIQUES

La compagnie américaine WorldCom (P. D. G. Bernard J. Ebbers) a été le plus gros transporteur d'appels téléphoniques en 2000 en termes d'appels sortants, avec 12,4 milliards de minutes de communication.

LE NOM DE DOMAINE LE PLUS COURANT

Selon un relevé datant d'avril 2001, parmi les 35,5 millions de noms de domaines (comme " .fr ", " .com ", etc.) qui existent dans le monde, le plus utilisé est bien sûr " .com ", avec 22,3 millions d'hôtes.
• La compagnie américaine Namezero détient 1 307 300 noms de domaines, plus que n'importe quelle autre compagnie au monde.

LE PLUS LONG CÂBLE DE TÉLÉPHONE

Le plus long câble de téléphone sous-marin s'appelle Flag (Fibre-optic Link Around the Globe). Il court sous la mer sur une distance de 27 000 km, du Japon à l'Europe. Il relie trois continents (Europe, Afrique et Asie) et onze pays, et peut accepter 600 000 appels téléphoniques simultanés.

LE PLUS PETIT VIRUS D'ORDINATEUR

Le plus petit virus d'ordinateur connu est le Trivial OW.13. Il ne mesure que 13 bits, et son action consistait à écrire par-dessus les informations stockées dans les fichiers qu'il avait infectés. Conçu pour un environnement DOS, il a été détecté pour la première fois en janvier 1998, mais n'est plus actif aujourd'hui.

L'EXTENSION DE PAYS LA PLUS UTILISÉE

D'après l'entreprise NetNames, le suffixe de pays le plus employé dans les noms de sites Internet, selon un pointage réalisé en mars 2001, est " .uk " (GB), avec plus de deux millions d'enregistrements. La Grande-Bretagne est suivie de près par l'Allemagne. Ce sont les USA qui ont le plus grand nombre de sites Internets, mais peu d'entre eux utilisent le suffixe " .us ".

LE PLUS GROS MOTEUR DE RECHERCHE

Google, avec ses 2,215 milliards de pages, est le moteur de recherche muni du plus grand index de pages web continuellement remis à jour. Il a été fondé en 1998 par les américains Larry Page et Sergey Brin. Son premier bureau a ouvert en septembre 1998, avec quatre personnes dans un garage, à Menlo Park, en Californie.

L'ORDINATEUR LE PLUS RAPIDE

Le simulateur de Terre NEC du Yokohama Institute for Earth Sciences au Japon peut réaliser 35,6 trillions de calculs par seconde. Le travail de cet ordinateur est de simuler le climat complexe de la Terre afin d'anticiper les changements de climat et le réchauffement global, particulièrement lourds de conséquences sur l'archipel du Japon. Ses 5 104 processeurs sont hébergés dans des pièces qui couvrent la surface de quatre courts de tennis.

LE PROGRAMME LE PLUS HUMAIN

Le programme d'ordinateur *Alice* est celui dont les réactions sont les plus proches de celles de l'être humain. Il a gagné en 2001 le prix annuel Loebner, dont la compétition se déroule ainsi : le jury composé d'experts dialogue avec les programmes présents au moyen d'un clavier, et décerne la médaille de bronze au programme qui atteint le score le plus haut. La médaille d'argent sera accordée au programme qui convainc la moitié du jury qu'il est

humain, et la médaille d'or sera décernée lorsque les juges auront été convaincus par un programme qui utilise la parole plutôt que le texte. Ni la médaille d'or ni médaille d'argent n'ont encore été remportées.

LE MANUEL LE PLUS BREF

Le manuel d'instructions de l'ordinateur personnel iMac Apple contient en tout et pour tout six images et 36 mots, ce qui correspond aux prétentions de sa campagne publicitaire, affirmant que l'utilisateur n'a qu'à le sortir de la boîte et le brancher pour pouvoir démarrer.

LE ROBOT INDUSTRIEL LE PLUS UTILISÉ

Le robot *Puma* (Programmable Universal Machine for Assembly) est le plus couramment utilisé dans les laboratoires et sur les chaînes de fabrication automatisées. Conçu par Vic Schienman dans les années 70, il est construit par la société suisse Staubli Unimation.

LA PLUS PETITE CASSETTE

La cassette digitale NT fabriquée par Sony (Japon) pour les dictaphones ne mesure que 30 x 21 x 5 mm.

LE ROBOT-JOUET LE MIEUX VENDU

Construit par la filiale *Aibo Entertainment* de Sony, ERS-110 est un chiot-robot qui coûte 2 252 € (prix en mai 1999). Lors de sa mise en vente le 31-05-99, il s'en est vendu 3 000 en 20 minutes seulement. D'une hauteur de 30 cm, *Aibo,* copain en japonais, peut reconnaître son environnement grâce à un senseur intégré et s'amuser tout seul. Le 01-06-99, lorsqu'il a été rendu disponible sur Internet, plusieurs serveurs ont été mis hors service par l'afflux de connections. Le modèle le plus récent, ERS-220, est équipé de senseurs tactiles

LE PLUS GRAND ÉCRAN À PLASMA

L'écran à plasma est la plus récente avancée dans le domaine. Il s'agit d'un gaz chargé placé entre deux plaques de verre qui fonctionne selon le même principe que les tubes au néon. Le résultat est une image parfaitement plate et uniformément nette, de haute qualité, sur un écran très plat. À ce jour, c'est Samsung qui fabrique le plus grand écran de ce type. Il mesure 160 cm de diagonale.

améliorés d'une reconnaissance vocale et d'un mode surveillance avec senseur de déplacement.

LA PLUS PETITE MONTRE GPS

La montre Casio PAT2GP-1V mesure 58,5 x 51,5 x 21 mm. Elle capte les informations des satellites du Global Positioning System (GPS) qui permettent de connaître à 10 m près la position exacte de celui qui la porte, n'importe où sur la planète. Elle peut aussi se connecter à un ordinateur domestique pour cartographier un itinéraire, et rapatrier ces données dans la montre pour les stocker.

ROBOT-SAUTEUR

Les laboratoires Sandia National Laboratories, aux USA, ont développé des robots-sauteurs expérimentaux qui utilisent des pistons à combustion pour sauter jusqu'à une hauteur de 9 m. Ces robots minuscules ont un intérêt potentiel en exploration planétaire.

L'ÉCRAN À LA PLUS HAUTE RÉSOLUTION

L'écran T 220 fabriqué par IBM, a une meilleure résolution que n'importe quel autre écran dans le monde. C'est un écran à cristaux liquides de 55,5 cm avec une résolution de 3 840 x 2 800 pixels,

LA PLUS PETITE BOÎTE NOIRE

Elle s'appelle l'*Accu-counter.* Elle mesure 2,5 cm x 1,3 cm x 2,5 cm et se fixe sur les armes à feu afin d'enregistrer le nombre et le moment exact des coups tirés. On pense que cet objet, fabriqué par la société Accu-counter (USA), pourrait être adopté par les agences de sécurité et par les militaires, pour contrôler l'usage des armes à feu.

LE LOISIR LE MIEUX VENDU

Depuis le lancement des lecteurs DVD en 1997, il s'est vendu 627 millions de DVD. Comparativement, dans le même temps, seulement 256 millions de CD avaient été vendus après le lancement des lecteurs CD en 1983.

ROBOT APAISANT

Paro est un robot conçu par Takanori Shibata de l'Intelligent Systems Institute (Japon) dans un but thérapeutique. Il répond au contact et à la voix humaine. Lors d'une période d'essais de six semaines, en juillet 2001 dans un centre de soins pour les personnes âgées, les tests ont fait apparaître une amélioration nette du taux de stress parmi les patients en interaction avec le robot.

L'IMAGE SATELLITE LA PLUS PRÉCISE

Lancé le 18-10-01 par la fusée *Boeing Delta,* le satellite *DigitalGlobe's QuickBird* est le plus performant des satellites en termes de résolution d'images. Il prend non seulement des images noir et blanc de la surface de la Terre avec une résolution de 61 cm par pixel, mais peut aussi prendre des images multispectrales avec une résolution de 2,44 m par pixel, sachant que les images multispectrales utilisent différentes parties du spectre lumineux, par opposition aux images monochromatiques.

LE CRAYON LE PLUS INTELLIGENT

La compagnie suédoise Anoto a créé un crayon digital permettant de stocker en mémoire 50 pages. L'information peut être transférée directement à un ordinateur proche ou à n'importe quel autre, via Internet. La technologie *Bluetooth* utilise des ondes radio de courte fréquence en remplacement des fils. Le crayon écrit ainsi sur un papier digital délimité par des carrés de 2 x 2 mm qui lui permettent de savoir où il se situe sur la feuille.

ROBOT ÉMOTIF

Kismet est la création de Cynthia Breazeal (USA) du Massachusetts Institute of Technology. Conçue pour reconnaître et répondre à différentes émotions lorsqu'elle est en relation avec des humains, cette tête robotique fonctionne grâce à 21 moteurs et 15 ordinateurs mis en réseau. Neuf des ordinateurs sont consacrés à la seule vision de *Kismet*.

soit un total de 9,4 millions de pixels. Cette supériorité technologique permet un rendu des détails douze fois supérieur à celui des écrans classiques.

LE PLUS GRAND CHIEN-ROBOT

Le chien-robot *Roboscience RS-01,* mesure 82 x 67 x 37 cm. Assez fort pour soulever un enfant de cinq ans, il est le plus puissant de tous les robots-chiens.

IMPLANT CYBERNÉTIQUE CORPOREL

Le professeur Kevin Warwick (GB) s'est fait implanter une seconde puce au silicone dans le bras, le 04-03-02. Reliée directement à des fibres nerveuses de son poignet, ce tout petit objet lui permet d'interagir avec certains objets sans les toucher. La puce mesure ses impulsions nerveuses, les transmet à un ordinateur, qui à son tour les transforme en commandes.

CHROMOSOMES EN STOCK

L'espèce de plante munie du plus grand nombre de chromosomes par cellules est la fougère langue d'Adder (*Ophioglossum reticulatum*). Elle a 630 paires de chromosomes par cellule.

GÉNÉALOGIE PAR ADN

Le professeur d'histoire Adrian Targett (GB) peut retrouver la trace génétique de sa famille plus loin dans le passé que n'importe qui. Il est le descendant direct, du côté de sa mère, de Cheddar Man, un squelette de 9 000 ans trouvé dans une caverne dans la gorge de Cheddar dans le Somerset, GB.

LES PREMIERS PRIMATES CLONÉS

En août 1996 deux singes ont été clonés au centre de recherche sur les primates de l'Oregon, aux USA. Ils ont été créés à partir d'embryons et non d'animaux adultes, ce qui veut dire qu'ils ne sont pas génétiquement identiques à des animaux déjà existants. Les embryons ont été implantés dans les mères porteuses par fécondation in vitro.

LA PLUS GRANDE MOLÉCULE DANS UNE CELLULE

L'ADN, cette célèbre molécule en forme de double hélice découverte en 1953 par James Watson (GB) et Francis Crick (USA), contient l'ensemble du code génétique nécessaire pour constituer un individu complet. Chacune des 10 trillions de cellules du corps humain contient ce code. Si l'on pouvait " détortiller " et dérouler une molécule d'ADN, elle mesurerait 2 m de long, tout en restant invisible à l'œil nu. Si l'on pouvait mettre bout à bout de la même manière tout l'ADN du corps humain, on obtiendrait un fil assez long pour faire 600 fois l'aller-retour Terre-Soleil.

CLONAGE DE REINS

En janvier 2001, des scientifiques de la société Advanced Cell Technologies, Massachussets, USA, ont révélé qu'ils avaient réussi à obtenir des reins " neufs " par clonage. C'était la première tentative de ce type menée avec succès. La technique consiste à prendre le noyau, contenant l'ADN, d'une seule cellule de la peau d'une vache et de la fusionner avec un œuf-hôte. L'œuf se développe en un embryon, riche en cellules souches. Ces cellules sont ensuite chimiquement manipulées pour devenir des celulles de reins, puis se multiplient sur un support artificiel en forme de rein. Plusieurs de ces reins miniatures ont été fabriqués ainsi et transplantés sur la même vache, où ils ont commencé à produire de l'urine.

LES PLUS ANCIENS CLONES NATURELS

Les *Darwinulidae,* une famille d'ostracodes, crustacées mesurant 1 mm de long, se reproduisent de façon asexuée, donc sans mélange de gènes. L'observation de fossiles montre que c'est le cas depuis au

LE PLUS GROS CLONÉ

C'est dans l'oreille d'un taureau que des scientifiques ont prélevé les cellules qui ont servi à créer six veaux par clonage, parfaitement identiques au taureau mais plus jeunes. Une partie de ces veaux jumeaux ont atteint l'âge adulte. L'équipe des scientifiques était composée de Xiangzhong Yang (Chine), de l'université du Connecticut, USA, et de scientifiques de l'équipe de l'Institut préfectoral du développement de la sélection animale de Kagoshima, Japon.

moins 100 millions d'années. Chaque individu vivant aujourd'hui est donc l'exacte réplique, le clone d'un individu de la période du Crétacé. Les seules différences génétiques sont celles dues à des mutations génétiques. L'évolution de cette espèce a donc été très lente.

COUSINS COMME COCHON

Le chimpanzé pygmée, dit aussi singe bonobo, a 98,9% de son ADN commun avec notre espèce. Pourtant, c'est le porc qui est considéré comme l'animal le plus compatible avec l'homme pour la transplantation

des organes, bien qu'il n'ait " que " 95% de son AND en commun avec nous. Deux raisons expliquent cela : la taille des organes des cochons est plus proche de celle des nôtres d'une part, et d'autre part il existe un risque de contamination par le sida avec les organes des singes. Enfin, il faut prendre en considération un aspect culturel : en Occident, on élève les porcs pour les tuer et les manger, ce qui n'est pas le cas des singes.

TRANSFERT DE GÈNE PLANTE-ANIMAL

En janvier 2002, des scientifiques sous la conduite d'Akira Iritani (Japon) ont annoncé qu'ils avaient réussi à implanter du matériel génétique végétal sur des porcs nés mi-1998. Jusqu'à présent, ils n'ont pas rencontré de problèmes de santé.

LE PLUS ANCIEN ADN

On a appris en janvier 2000 que l'ADN d'un os humain appartenant à Mungo Man avait été extrait. Agé de 56 000 à 68 000 ans, Mungo Man est un squelette trouvé en 1974 dans le lac Mungo, en Australie. Cette découverte remet en cause la théorie de " l'Afrique berceau de l'humanité " de l'évolution, selon laquelle nous

DIVERSITÉ GÉNÉTIQUE HUMAINE

Peut-être descendants directs de l'espèce humaine originelle, les Pygmées et les Boschimans d'Afrique présentent jusqu'à 17 variantes de caractères génétiques, là où les autres peuples n'en disposent que d'une ou deux.

LE CLONAGE HUMAIN LE PLUS AVANCÉ

En 2001, une équipe scientifique, dirigés par le Dr Jose Cibelli (USA), a créé les premiers embryons humains clonés, en utilisant la cellule cumulus d'un œuf humain mature. L'un de ces embryons a réussi à se diviser jusqu'au stade de six cellules, lorsque la croissance a cessé, cinq jours plus tard. Cette recherche permettra de produire des cellules souches clonées dans un but thérapeutique.

descendons tous d'un ancêtre commun africain (*Homo erectus*). Mungo Man est pourvu d'un squelette anatomiquement semblable au nôtre, mais son ADN semble n'avoir pas de liens avec l'*Homo erectus*.

LA LONGUE VIE DES CELLULES HUMAINES

Des dizaines d'années après sa mort en 1951, des cellules de Mme Henrietta Lacks (USA) sont encore vivantes et se multiplient partout dans le monde, dans des laboratoires. Affectée d'un cancer du col de l'utérus, des cellules de son cancer avaient été prélevées, et l'on avait alors observé qu'il leur manquait un chromosome, le 11, connu aujourd'hui sous le nom de " suppresseur de tumeur ". Pour cette raison, ces cellules peuvent se diviser indéfiniment, et sont de ce fait des outils précieux en recherche biomédicale.

LE PLUS LONG CHROMOSOME SÉQUENCÉ

Le 20-12-01, des scientifiques centre Sanger (GB) ont annoncé qu'ils avaient terminé le séquençage du chromosome 20, c'est-à-dire la lecture et l'analyse des gènes présents dans le chromosome, qui compte presque 60 millions de " lettres " ADN et porte plus de 720 gènes, soit 10% des signes qui forment l'ensemble du code génétique humain. Parmi ces nouveaux gènes découverts, 32 ont un lien avec des maladies génétiques et des maladies du système immunitaire. Le plus petit chromosome humain, le 21, avait aussi été séquencé au centre Sanger en 1999.

GÉNÉTIQUEMENT PROCHE DE L'HOMME

Nous avons 98,8% de notre patrimoine génétique en commun avec les singes chimpanzés bonobos, qui vivent dans les forêts tropicales de la République démocratique du Congo. Cette espèce, surnommée " chimpanzé pygmée ", compte une dizaine de milliers d'individus. Les chimpanzés, ont 98,5% de leur ADN en commun avec les humains.

LE PREMIER CLONE

Dolly est un clone : cette brebis de race finn dorset a été créée à partir d'une seule cellule extraite de la poitrine d'une brebis adulte. Sa naissance à l'institut Roslin d'Edimbourg, Midlothian (GB), en juillet 1996, a marqué le début d'un débat sur la bio-éthique. Depuis, elle s'est accouplée naturellement avec un bélier en 1997 et a donné naissance à Bonnie, un agneau en parfaite santé, le 13-04-98.

L'ÉLÉMENT LE PLUS RÉPANDU

L'hydrogène est l'élément le plus répandu dans l'univers (plus de 90% des composants) et aussi dans le système solaire (70,68% de tous les éléments). Le fer, élément le plus courant sur notre planète, constitue 36% de la masse terrestre. En masse (75,52 %) ou en volume (78,08%), la molécule d'azote est l'élément le plus répandu dans l'atmosphère. Ci-dessus, des formations de poussières interstellaires et de molécules d'hydrogène dans la nébuleuse de l'Aiglon.

LE MICROBE LE PLUS PROLIFIQUE

Par l'intermédiaire d'une flagelle polarisée, filament mobile servant d'organe locomoteur qui tourne 100 fois à la seconde, le bacille *Bdellovibrio bacteriovorus* peut parcourir une distance égale à 50 fois sa taille (0,2 micron) par seconde. À l'échelle humaine, cette performance serait comparable à celle d'un coureur à pied atteignant une vitesse de 320 km/h et celle d'un nageur pouvant parcourir une distance de 32 km en 6 minutes.

L'ÉLÉMENT LE PLUS DUR

Le diamant, qui est un cristal de carbone allotropique pur, atteint le degré le plus élevé sur l'échelle de dureté de Mohs, soit le chiffre 10.

VITESSE LA PLUS RAPIDE

C'est celle de la lumière. Seules d'autres formes de radiations électromagnétiques comme les ondes radiophoniques, les rayons X, ou les rayons infrarouges peuvent atteindre une vitesse similaire. La vitesse de la lumière varie en fonction du milieu dans lequel elle se déplace. Elle atteint une vitesse maximale quand elle se propage dans le vide, soit 299 792 458 m/s. La lumière du soleil met ainsi 8,3 minutes pour atteindre la Terre. La lumière de la Lune nous parvient en 1,3 seconde.

LE PLUS GROS MICROBE

Les plus gros microbes sont de minuscules invertébrés connus sous le nom de *Calcareous foraminifera* (*Foraminiferida*), de l'espèce des nummulites. On a retrouvé dans les rochers de Turquie des spécimens fossilisés mesurant jusqu'à 150 mm de large, datant du milieu de la période éocène, qui a commencé il y a 55 millions d'années et a duré 18 millions d'années.

LA PLUS GRANDE PROTÉINE

La plus grande forme de protéine se trouve dans les cellules musculaires. Elle est connue sous les deux noms de titine et de connectine. Une molécule de titine peut atteindre un micron (un centième de l'épaisseur d'un cheveu), une taille à peine supérieure à certaines cellules.

L'ÉLÉMENT LE PLUS RARE SUR TERRE

L'astate est l'élément le plus rare de la croûte terrestre. On trouve seulement 25g à l'état naturel.

RÉACTION ATOMIQUE LA PLUS ANCIENNE

Le 02-06-72, des Français ont découvert d'infimes anomalies dans la proportion d'isotopes en analysant des échantillons de minerai d'uranium au Gabon. Cette découverte a révélé l'existence de traces fossilisées de réactions nucléaires à Okla. Voici deux milliards d'années, d'intenses fissions nucléaires souterraines se seraient produites, déclenchées par des réactions naturelles. On a découvert 17 sites similaires au Gabon.

LA PLUS PETITE UNITÉ DE MESURE

C'est le Planck, du nom du physicien allemand Max Planck. La mesure $1,6 \times 10^{-35}$ m équivaudrait à environ un millionième d'un milliardième de milliardième de milliardième de cm. Soit un zéro suivi d'une virgule, puis de 34 zéros et du chiffre 1. C'est dans cette échelle de grandeur que se mesurent les phénomènes quantiques. Les lois de la physique quantique traitent du temps infime pendant lequel des " trous " s'ouvrent et se ferment, soumettant ainsi l'espace à des changements structurels. L'énergie traitée par la physique quantique relève d'une très grande puissance : un cm³ d'espace vide en contiendrait suffisamment pour faire bouillir les océans de la Terre.

LE NOMBRE PREMIER LE PLUS GRAND

Nombre premier : entier naturel qui n'a d'autre diviseur que lui-même et l'unité 1. Le 05-12-01, le Canadien Michael Cameron, chercheur au Great Internet Mersenne Prime Search, a rendu publique la découverte du plus grand nombre premier. C'est $2^{13, 466, 917}$ -1. Si on devait l'écrire en entier, ce nombre comporterait 4 053 946 chiffres. Une récompense de 100 000 $

LES PLUS GRANDES FORCES DE L'UNIVERS

On distingue quatre forces déclenchant les interactions au sein de la matière et de l'énergie : la force nucléaire à haute intensité, la force nucléaire à faible intensité, la force électromagnétique et la force gravitationnelle. La première est 100 fois supérieure à la troisième. Elle ne se libère que par la désintégration d'un noyau atomique.

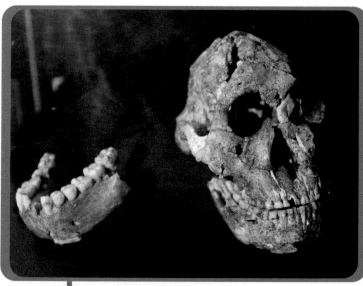

LE PLUS VIEIL ANCÊTRE DE L'ÊTRE HUMAIN

Des chercheurs de la Palaeontology Expedition du Kenya ont exposé, en décembre 2000, des vestiges fossilisés d'un *Orrorin tugenensis*. Ce bipède datant de 6 millions d'années a la même taille qu'une femelle chimpanzé.

(110 000 €) est offerte
à celui qui découvrira
le premier nombre
premier comportant
10 millions
de chiffres.

LA PLUS BASSE TEMPÉRATURE

La température d'un
élément est déterminée
par la vitesse à laquelle
les atomes ou les molécules
dont il est composé se déplacent.
Théoriquement la température
la plus basse qu'un élément puisse
atteindre se produit quand il n'y a
aucune vibration dans le dit élément,
c'est-à-dire le zéro absolu mesuré
en degrés Kelvin, ou -273, 151 degrés
Celsius. Cette prouesse n'a jamais
été réalisée dans un laboratoire
terrestre. Même dans les régions
les plus froides de l'espace,
la température est légèrement
supérieure au zéro absolu.

LA RÉACTION NUCLÉAIRE LA PLUS PUISSANTE

Quand la matière rencontre l'antimatière, leur annihilation produit une énergie
considérable générée par leur masse respective. Ainsi, 100 g d'antimatière, entrant
en réaction avec de la matière, peut produire l'énergie d'une bombe à hydrogène.

LES PLUS VIEILLES EMPREINTES DE PIED D'UN HOMINIDÉ

Elles ont été découvertes
en 1978 à Laetoli, Tanzanie.
Elles appartiennent à deux
hominidés qui auraient marché là,
il y a 3,6 millions d'années.
Les traces de pas sont au nombre
de 70 et s'étalent sur deux
longueurs parallèles d'une
distance de 30 m.

LA PRODUCTION D'ANTIMATIÈRE LA PLUS PROLIFIQUE

Le laboratoire Fermilab, Batavia,
Illinois, produit 100 milliards de
protons d'antimatière par heure,
l'équivalent d'un milliardième
de gramme d'antimatière par an.
L'antimatière se compose comme
la matière, mais les charges
de ses particules atomiques sont
inversées. Par exemple, un
anti-électron ou positron, est
un électron à charge positive.

TIC-TAC ATOMIQUE

Les physiciens du National Institute of Standards and Technology du Colorado ont mis au point une horloge atomique dont le tic-tac se produit un million de milliards de milliards, soit 10^{24} fois par seconde. On espère que cette horloge atteigne une précision de l'ordre d'une seconde pour 100 millions d'années.

LA TEMPÉRATURE LA PLUS BASSE

En 1995, une équipe dirigée par les Américains Eric Cornell et Carl Wieman a refroidi des atomes de rubidium à une température de moins de 170 milliardièmes de degrés au-dessus du zéro Farenheit, référence du froid absolu.

TEMPÉRATURE RECORD

La température la plus élevée jamais reconstituée par l'homme est de $5,2 \times 10^8$ degrés Kelvin, soit une chaleur 30 fois supérieure à la température du centre du Soleil. Elle a été obtenue en laboratoire par des scientifiques de la Naka Fusion Research Establishment à Nakamachi, Ibaraki, Japon, le 19-07-96.

LA PLUS PETITE SCULPTURE RÉALISÉE AU LASER

En août 2001, des chercheurs de l'université d'Osaka, Japon, ont réalisé à l'aide d'une technique au laser, un taureau 3D minuscule mesurant 7 millièmes de millimètre de haut et 10 millièmes de millimètre de long, soit la taille d'un globule rouge. Cette sculpture est si petite qu'on pourrait en placer 30 sur le point final de cette phrase.

LA VITESSE DE LA LUMIÈRE MAÎTRISÉE

En janvier 2001, des scientifiques de Cambridge, Massachusetts, USA, sont parvenus à ralentir la vitesse de la lumière jusqu'à obtenir son arrêt total. La lumière se déplace habituellement dans le vide à 300 000 km/s, mais sa vitesse ralentit naturellement au contact de matières plus denses comme l'eau ou le verre.

LE CORPS SOLIDE À PLUS FAIBLE DENSITÉ

Constitué d'infimes sphères d'atome de silicone et d'oxygène disposées en longs fils séparés de poches d'air, l'aérogel est le corps solide le moins dense. Après plusieurs essais de fabrication, cette substance façonnée par le Jet Propulsion Laboratory, Pasadena, Californie, ne pèse désormais que 3 m/g au cm³.

LA MATIÈRE LA PLUS DENSE

Les chercheurs du Brookhaven National Laboratory, Long Island, New York, ont créé une matière 20 fois plus dense que le noyau d'un atome. En désintégrant des noyaux d'atomes d'or, à une vitesse proche de celle de la lumière, des particules subatomiques se sont formées pendant une fraction de seconde. Une matière d'une telle densité n'aurait jamais existé à l'état naturel depuis le Big Bang, la création de l'univers, que les physiciens font remonter à une période allant de 12 à 15 milliards d'années.

LA PLUS LONGUE EXPÉRIENCE

L'université de Queensland, Australie, mène une expérience sur la viscosité de la poix depuis 1930. Placée dans un entonnoir, la poix s'écoule si lentement que la huitième goutte du mélange ne devait tomber qu'à la fin de l'an 2000. L'expérience démontre ainsi que cette matière est 100 milliards de fois plus visqueuse que l'eau.

L'OBSERVATOIRE SOUTERRAIN À PARTICULES ÉLÉMENTAIRES NEUTRES LE PLUS PROFOND

L'Observatoire Sudbury Neutrino est situé à 2,072 m au-dessous du niveau de la mer, près de l'Inco Creighton Mine, Ontario, Canada. Ce vaisseau-laboratoire de 12 m de diamètre contient 900 tonnes d'eau lourde. Il est conçu pour détecter des particules élémentaires neutres, c'est-à-dire résultant de la fusion nucléaire du Soleil. Une telle profondeur ne permet de détecter que ce genre de particules.

LE PLUS GRAND GÉNÉRATEUR VAN DE GRAAFF

Construit en 1931 par des scientifiques du Cambridge's Massachusetts Institute of Technology, USA, ce générateur comprend deux colonnes, chacune surmontée d'une sphère creuse en aluminium de 4,57 m de diamètre. Une décharge de 5 millions de volts est libérée quand les deux sphères reçoivent des charges électriques

LE RÊVE LE PLUS LONG

Durant le sommeil, le rêve se caractérise par des mouvements oculaires rapides appelés REM. À l'occasion d'une expérience pratiquée sur David Powell (USA), au Centre Puget Sound Sleep Disorder, Seattle, Washington, le 29-04-94, une durée de REM de 3 h 8 min a été enregistrée, établissant le record en la matière. Les rêves durent en moyenne 20 minutes.

L'ÉTUDE LA PLUS APPROFONDIE DES LIEUX " HANTÉS "

En 2001, le Dr Richard Wiseman (GB) a placé 250 personnes dans des lieux " hantés " pour étudier l'effet produit par les champs magnétiques, l'éclairage, la température, et la perception de sons à basse fréquences par le cerveau.

RÊVE DE L'ALCHIMISTE

À l'aide d'une technologie relevant de la physique nucléaire, Glenn Seaborg (USA) est parvenu à transformer plusieurs atomes de plomb en or en 1980, au Lawrence Berkeley Laboratory, Berkeley, Californie. Cette technique est cependant beaucoup trop coûteuse pour être rentable.

contraires. La machine avait été conçue à l'origine pour la désintégration d'atomes et pour la recherche de rayons X à haute intensité. Elle est exposée au Thomson Theater of Electricity du Musée de la Science de Boston, Massachusetts, USA.

SITE ARCHÉOLOGIQUE À HAUTE ALTITUDE

Le Dr Johan Reinhard (USA) et une équipe parrainée par la National Geographic Society ont découvert

trois momies incas lors d'une expédition dans les Andes à Salta, Argentine. Les momies, résidus gelés de sacrifices humains d'enfants remontant à 500 ans, ont été trouvées au sommet de la montagne Llullaillaco, à une altitude de 6 706 m.

LA DISSECTION HUMAINE LA PLUS ÉLABORÉE

La dissection connue sous le nom de Visible Human Project s'est déroulée à l'université du Colorado, Boulder, USA, de novembre 1994 à Novembre 1995. Le cadavre congelé d'un homme a été tranché en 1 878 sections d'1 mm d'épaisseur, et celui d'une femme en 5 189 sections de 0,33 mm. Chaque lamelle a été photographiée par un appareil digital pour réaliser un livre d'anatomie virtuelle destiné à l'usage des étudiants en médecine.

MATIÈRES CHIMIQUES LES PLUS NAUSÉABONDES

Élaborées en laboratoire, les substances chimiques les plus nauséabondes sont connues sous le nom de US Government Standard Bathroom Malodor et Who-Me. Elles sont composées, respectivement, de cinq et huit ingrédients. La Bathroom Malodor dégage des effluves de matière fécale humaine et son odeur est particulièrement repoussante, même diluée dans une proportion de 0,000 002. Parmi les molécules chimiques les plus nauséabondes, figurent l'éthyle de mercaptan et du butène séléno-mercaptan, dont l'odeur rappellerait un mélange de légumes en décomposition tels que le chou, l'ail ou l'oignon, de pain brûlé et d'égoûts.

LE CHAMP MAGNÉTIQUE LE PLUS FORT

En juin 2000, le Hybrid Magnet du laboratoire National High Magnetic Field Tallahassee, Floride, a créé un champ magnétique électrique de 45T, une force 1,5 million de fois supérieure à celle d'un champ magnétique terrestre. La marche à pleine capacité requiert 27 mW, une quantité suffisante pour alimenter 1 500 foyers en électricité.

ACIDE CORROSIF

L'indice pH, de 0 à 14, exprime la concentration de l'ion hydrogène dans une solution acide. Un acide courant est inférieur à 7. Mais cette échelle ne s'applique pas aux acides extrêmement corrosifs. Le plus fort est une solution à 80% de pentafluor d'antimoine mélangée à de l'acide hydrofluorique. Même à 50% de sa teneur, il est 1 018 fois plus caustique que l'acide sulfurique concentré.

DIVERTISSEMENTS

CONDUITE SIMULÉE

Élaboré par Polyphony Digital, filiale américaine du japonais Sony Computer Entertainment, le jeu de simulation de conduite automobile *Gran Turismo Real Driving Simulator* pour la console PlayStation Sony s'était vendu, en février 2000, à sept millions d'exemplaires à travers le monde, un record.

RÉSERVATIONS POUR UN JEU VIDÉO

Pour se réserver une boîte du jeu *Ocarina of Time* de la série *The Legend of Zelda* dès son arrivée dans les rayons en novembre 1998, plus de 325 000 consommateurs américains avaient versé un acompte.

LE PERSONNAGE LE PLUS ANCIEN SUR LE MARCHÉ

Le célèbre plombier Mario de Nintendo est apparu la première fois dans le jeu d'arcades *Donkey Kong* en 1981. Depuis, Mario s'est illustré dans plus de 70 jeux. Dans la version originale, Mario était un menuisier nommé Jumpman, mais il a été rebaptisé par le président de la filiale américaine

de Nintendo, qui avait remarqué l'étonnante ressemblance du personnage avec son concierge, qui s'appelait Mario. Son look singulier doit beaucoup aux balbutiements de la technologie informatique. En effet, les logiciels de basse résolution des années 1980 permettaient plus facilement d'animer une moustache qu'une bouche, et une casquette était plus facile à représenter que des cheveux.

VENTES DE JEU DE FOOT

La série de jeux FIFA, élaborée par la société américaine EA Sports et commercialisée pour la première fois en version PC en novembre 1998, s'est vendue à plus de 16 millions d'exemplaires à travers le monde. *FIFA 2002*, la dernière version du jeu, met en scène les commentaires de l'authentique journaliste sportif britannique John Motson sur la musique du DJ de la célèbre boîte de nuit le Ministry of Sound.

RAPIDITÉ DE VENTE POUR UNE CONSOLE DE JEUX

Inspiré du célèbre dessin animé japonais *Pokemon*, le jeu *Pokemon Yellow* pour la Game Boy Nintendo a été commercialisé aux USA le 18-10-99. Il s'en est vendu un million d'exemplaires en dix jours.

MEILLEURES VENTES DE CONSOLES DE JEUX

En janvier 2001, la console PlayStation de Sony s'était vendue à 79 610 000 exemplaires, devenant ainsi la console de jeux vidéo la plus vendue au monde. La PSone, version modernisée de la PlayStation originale, participe pour 5,27 millions d'exemplaires à ce record de vente. Plus petite que l'originale, la PSone fonctionne avec les accessoires et les jeux de la PlayStation. La société japonaise Sony Computer a investi quelque 330 millions € dans le

VENTE LA PLUS RAPIDE POUR UN JEU VIDÉO PC

Diablo II, jeu de rôle pour PC commercialisé par Blizzard Entertainment (USA), s'est vendu à un million d'exemplaires durant les deux premières semaines qui ont suivi sa sortie en juin 2000. Au mois de janvier 2001, le jeu s'était vendu à 2,75 millions d'exemplaires à travers le monde, devenant ainsi le jeu vidéo PC le plus rapidement vendu au monde.

développement de ce produit, vecteur des célèbres jeux vidéo comme *Tomb Raider* ou *Final Fantasy VII*. À ce jour, 430 millions de produits de la gamme PlayStation ont été fabriqués.

LE PREMIER JEU VIDÉO

Le jeu *Spacewar* a été élaboré sur un ordinateur PDP-1 entre 1961 et 1962 par des étudiants du Massachusetts Institute of Technology, Cambridge, USA. Ce jeu de combat dans l'espace consistait en deux unités mobiles autour d'une étoile centrale qui devaient se tirer dessus pour s'abattre mutuellement. Conçu à l'origine en amateur, ce jeu devait devenir l'ancêtre des jeux vidéo

modernes. L'ordinateur PDP-1 a été commercialisé pour la première fois en 1960 au prix de 130 000 € et s'est vendu à 50 exemplaires en tout. L'ordinateur fonctionnait avec une mémoire de 4K et les utilisateurs entraient les données à l'aide d'un clavier et d'une bande de papier.

INVESTISSEMENT EN RECHERCHES

Les frais de conception du jeu vidéo *Shenmue* pour la console Deamcast de Sega se sont élevés à 22 millions €. Réalisé sur une durée de sept ans, ce projet a été mis au point par le Japonais Yu Suzuki, directeur du département de développement des jeux AM2 de la société japonaise Sega, avant d'être lancé en 1999.

LA SOCIÉTÉ DE JEUX LA PLUS RENTABLE

En 1999, la société américaine Electronic Arts (EA) arrivait en première place dans le domaine des jeux vidéo avec un chiffre d'affaires d'1,3 milliard €, et des profits s'élevant à 80 millions €. Cette société produit PlayStation de Sony et Nintendo 64.

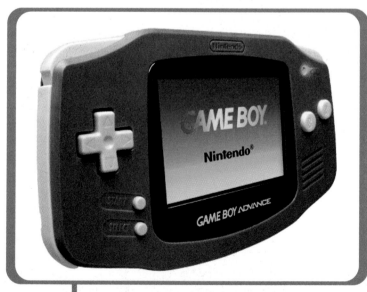

CONSOLE DE JEUX PORTATIVE LA PLUS PERFORMANTE

La Game Boy Advance de Nintendo fonctionne sur un support électronique doté d'une puce de 32-bit ARM. Lancée au printemps 2001, la console peut être reliée à trois autres Game Boy Advance, ou à la Nintendo Game Cube.

MEILLEURES VENTES DE JEU VIDÉO

Plus de 40% des foyers américains possèdent une console de jeux Nintendo, et le jeu Nintendo *Super Mario Bros* s'est vendu à 40,23 millions d'exemplaires à travers le monde. Les 26 jeux Nintendo dans lesquels Mario joue un rôle principal se sont vendus à plus de 152 millions d'exemplaires depuis 1983. Il faudrait 190 années pour jouer pendant une minute sur chacune des 100 millions de Game Boys en usage dans le monde.

LE JEU D'ARCADES À PIÈCES LE PLUS POPULAIRE

Entre 1981, année de lancement du jeu, et 1987, 295 992 cabines de jeux d'arcades *Pacman* ont été produites et installées dans les aires de jeux vidéo du monde entier. Conçue par le Japonais Tohru Iwatani de la société Namco, la version originale du jeu a été élaborée pendant quinze mois par huit personnes. Selon une étude réalisée par l'entreprise, on aurait joué plus de dix milliards de parties de *Pacman* depuis sa création.

RECORD DE VENTES D'ORDINATEURS

Contrairement aux PC dont les performances sont souvent actualisées dans les versions successives qui sont commercialisées, l'ordinateur de bureau Commodore 64 n'a subi pratiquement aucun changement entre son lancement en 1982 et son déclin commercial en 1993. Durant cette période, l'ordinateur s'est toutefois vendu à plus de 30 millions d'exemplaires.

LA PLUS GROSSE PART DE MARCHÉ DU JEU VIDÉO

Au mois de mars 2000, les consoles de la Sony Computer Entertainment, à savoir les modèles PlayStation, PSone et la dernière console PlayStation 2, détenaient 70% des parts du marché mondial des consoles de jeux vidéo.

VITESSE DE VENTE DE CONSOLES DE JEUX

La console PlayStation 2 de Sony, commercialisée au prix de 403 €, s'est vendue à 980 000 exemplaires dans les 48 heures qui ont suivi son lancement, le 04-03-2000. Cette performance est dix fois supérieure au succès du lancement de la PlayStation originale, effectué quatre ans auparavant à la même période.

LA CONSOLE DE JEUX PORTATIVE LA PLUS POPULAIRE

La Game Boy Nintendo s'est vendue à plus de 100 millions d'exemplaires durant les onze années de sa commercialisation entre 1989 et 2000. Depuis son lancement, la Game Boy n'a cessé de se vendre au rythme de 1 000 unités par heure dans le monde.

CONSOLE DE JEUX LA PLUS PERFORMANTE

Lancée en novembre 2001, la Xbox de Microsoft fonctionne sur la base d'un processeur Intel CPU de 733 MHz, la plus rapide de toutes les consoles actuellement sur le marché. Le processeur graphique de la console, une puce faite sur mesure qui fonctionne à une vitesse de 250 MHz, est aussi une innovation dans ce domaine.

MONTAGNES RUSSES
LES PLUS RAPIDES

Le circuit de montagnes russes le plus rapide du monde est le Doponda du parc Fuji Kyu Highland à Fuji Yoshida, Japon. On y circule à une vitesse de 172 km/h le long de ses 1 189 m dont le point culminant s'élève à 52 m. Le voyage ne dure qu'une minute, mais la vitesse maximale est atteinte moins de deux secondes après le départ des voitures, propulsées par un réacteur à air sous pression.

LE CIRCUIT DE MONTAGNES
RUSSES LE PLUS HAUT

Conçue par la société suisse Intamin AG, l'attraction *Superman - The Escape* du parc Six Flags Magic Mountain, Valencia, Californie, comprend deux rails. Propulsées par un moteur à induction linéaire, les cabines de 15 passagers sont en chute libre pendant une durée de 6,5 secondes. Après un départ à l'horizontale, les cabines sont rapidement lancées à la verticale, les rails s'élevant à 126 m au-dessus du sol avant de redescendre en arrière à la vitesse vertigineuse de 160 km/h.

PARCS À THÈME
MINIATURES

Le Parc du monde, à Pékin, Chine, couvre 47 hectares et regroupe 106 monuments de 40 pays, dont la France, illustrée par la tour Eiffel et l'Arc de Triomphe.
• France. France Miniatures, à Élancourt, Yvelines, qui s'étend sur 20 hectares, représente la France par une carte en relief, bordée de plans d'eau figurant les mers. Le parc comprend 2 000 maquettes au 1/30e, dont les Alpes qui culminent à 9 m, et le château de Versailles sur 40 m^2.

NOMBRE RECORD
DE MONTAGNES RUSSES
DANS UN PAYS

• On trouve 427 circuits de montagnes russes aux USA. La Grande-Bretagne et le Japon arrivent ensuite avec respectivement 114 et 66 circuits.
• Le premier circuit de montagnes russes remonterait à 1870, date à laquelle un train de mines abandonné en Pennsylvanie, USA, aurait été transformé en une attraction de ce genre.

LE PLUS GRAND NOMBRE
DE VOYAGES
EN MONTAGNES RUSSES

Le 09-08-01, les Américains Philip Guarno, Adam Spivak, John Kirkwood et Aaron Rye avaient effectué le plus grand nombre de voyages sur différents circuits de montagnes russes. Les quatre amis sont montés à bord de 74 circuits de montagnes russes, se déplaçant pour cela en hélicoptère à travers dix parcs d'attractions situés dans quatre états des USA.

MONTAGNES RUSSES
EN BOIS

Le *Son of Beast* du parc Paramount's Kings Island à Kings Mills, Ohio, est le circuit de montagnes russes en bois

D'un diamètre de 100 m, la grande roue *Dai Kanransha* du Pallet Town à Tokyo s'élève à 115 m au-dessus du sol. Ses 384 passagers tournent à une fréquence de 0,06 tour/min.

le plus rapide au monde : il propose un voyage de trois minutes à une vitesse de 126 km/h. La première montée du circuit s'élève à 66,50 m, une hauteur exceptionnelle pour ce type d'attractions. Construit en 1979 et long de 2 256 m, le *Beast* est aussi le plus grand circuit de montagnes russes traditionnelles en bois.

LA DESCENTE
LA PLUS RAIDE

Le *Colosse* du Heide-Park près de Soltau, Allemagne, détient le record de la pente la plus raide de tous les circuits de montagnes russes en bois, avec une dénivellation de 61°. Le parcours atteint une vitesse maximale de 120 km/h, et s'effectue sur une distance de 1 500 m pendant une durée de 2 min 25 s.

LE PLUS GRAND
CIRCUIT FERMÉ
DE MONTAGNES RUSSES

Inauguré le 01-08-2000 au parc Nagashima Spaland, Mie, Japon, le *Dragon d'Acier* s'étend sur un circuit fermé dont les rails s'élèvent à 95 m au-dessus du sol. Le *Dragon d'acier* est aussi le circuit de montagnes russes le plus long du monde avec 2 479 m de rails, dont une descente record de 93,50 m.

LA PLUS LONGUE
CHUTE LIBRE

Dans le *Drop Zone* du Paramount's Kings Island, Ohio, les passagers sont lâchés sur une distance de 80 m du haut d'une tour verticale de 96 m. En chute libre sur 43 m, ils atteignent une vitesse de 105 km/h avant de ralentir en douceur.

LE PLUS GRAND
TOBOGGAN AQUATIQUE

L'Insane à Beach Park, Fortaleza, Brésil, est haut de 11 étages. De 41 m de long, les baigneurs peuvent être entraînés à la vitesse de 104 km/h en quatre secondes seulement, ce qui peut s'avérer inconfortable dans une tenue aussi légère qu'un maillot de bain.

MONTAGNES RUSSES AVEC LE PLUS DE BOUCLES

Le Colosse du parc Thorpe de Surrey, GB, renverse les passagers à dix reprises lors de chaque parcours de 850 m. Lancée en mars 2002, cette attraction s'élève à 30 m au-dessus du sol, à une vitesse de 65 km/h.

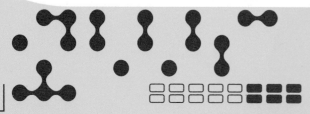

PARCS AQUATIQUES

- Le plus grand parc aquatique couvert est l'*Ocean Dome*, à Miyazaki, Japon. Il est long de 300 m, large de 100 m et haut de 38 m. Il comprend une plage artificielle de 140 m de long.
- France. L'Aquaboulevard de Paris est le plus grand centre aquatique urbain d'Europe. Il comprend 700 m² de bassins et s'étend sur une surface totale de 6 hectares.

MAISON HANTÉE

Achevé en mai 1999, le *Jickei General Hospital* du parc d'attractions Fujikyu Highland à Yamanashi, Japon, propose une promenade de 500 m. Les visiteurs doivent braver leurs peurs en traversant les pièces de cet hôpital en ruines : des salles d'opérations lugubres, des chambres de malades hantées, et même une morgue.

LE PLUS VASTE PARC D'ATTRACTIONS

- Le parc Walt Disney World® d'Orlando, Floride, s'étend sur une surface de 12 140 hectares, soit deux fois la taille de Manhattan. Inauguré en 1971, le parc a nécessité 430 millions € d'investissement.
- Galaxyland, le plus grand parc d'attractions intérieur, se situe dans le plus grand centre commercial du monde à Edmonton, Alberta, Canada. La surface du parc s'étend sur 37 160 m² et propose 27 attractions, dont le circuit de montagnes russes *Mindbender* qui comporte trois loopings, 14 étages et le *Drop of Doom* qui offre une chute libre de 13 étages.

NOMBRE RECORD DE MONTAGNES RUSSES DANS UN PARC

On trouve quinze circuits de montagnes russes dans chacun des deux parcs d'attractions Six Flags Magic Mountain, Valencia, Californie, et Cedar Point, Sandunsky, Ohio, où le premier circuit de montagnes russes a été installé en 1892.

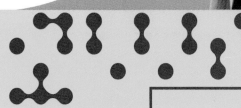

LE PLUS GRAND ÉCART D'ÂGE DANS UN FILM

Dans le film *Little Big Man* (USA, 1970), Dustin Hoffman, alors âgé de 33 ans, jouait le rôle de Jack Crabb, personnage qui vieillit de 104 ans tout au long du film, de 17 à 121 ans. Pour obtenir la voix d'un vieillard, l'acteur aurait hurlé à pleins poumons pendant une heure avant de tourner la scène.

MARIAGE LE PLUS DURABLE

La star Bob Hope a épousé l'Américaine Dolores Reade en 1934, et leur amour dure toujours après 68 années de vie commune. Ils se sont rencontrés en 1933, quand Bob a entendu Dolores chanter *Did you ever see a dream walking* dans un club de New York.

OSCARS FÉMININS

L'Américaine Katharine Hepburn détient le plus grand nombre de nominations et de victoires aux oscars. Nominée douze fois, elle a remporté quatre oscars de la meilleure actrice entre 1934 et 1982, dont le dernier pour le film *On Golden Pond* (USA, 1981).

NOMBRE DE RÔLES

L'Américain John Wayne a joué dans 153 films, depuis la sortie de *The Drop Kick* (USA, 1927) à celle de *The Shootist* (USA, 1976). À l'exception de onze films, il a toujours tenu le rôle principal. On lui a décerné l'oscar du meilleur acteur pour son rôle dans *True Grit* (USA, 1969).

ACTEURS LES PLUS PRIMÉS AUX CÉSARS

• Isabelle Adjani a reçu quatre fois le césar de la meilleure actrice, pour *Possession* (1982), *L'été meurtrier* (1984), *Camille Claudel* (1989), et *La reine Margot* (1995).
• Michel Serrault fut trois fois meilleur acteur pour *La cage aux folles* (1979), *Garde à vue* (1982), et *Nelly et M. Arnaud* (1996).

LE PLUS GROS CACHET POUR UN PREMIER RÔLE PRINCIPAL

À l'affiche sous le nom de Dwayne Johnson, the Rock, la star américaine de la WWF, a reçu un cachet de 5,5 millions $ (6 millions €) pour le rôle titre dans *The Scorpion King* (USA, 2002). Il avait déjà été à l'affiche en cinquième position, pour le même personnage, dans *Le retour de la momie* (USA, 2001).

LES PLUS LONGUES CARRIÈRES D'ACTRICE

• L'Américaine Maxine Elliott Hicks a tourné pour le cinéma pendant 78 ans. Elle a débuté dans *The Borrowed Finery* (USA, 1914), son dernier rôle était *Beethoven* (USA, 1992).
• L'Américaine Lillian Gish a eu la plus longue carrière de toutes les vedettes de cinéma. Elle a débuté dans *An Unseen Enemy* (USA, 1912), puis a continué d'interpréter des premiers rôles pendant 75 ans, jusque dans son dernier film, *The Whales of August* (USA, 1987).

DOYENNE DU CINÉMA

La Française Jeanne Calment, doyenne de l'humanité, était âgée de 114 ans lorsqu'elle a joué son propre rôle dans le film *Vincent et moi* (Canada, 1990). L'histoire mettait en scène une jeune fille remontant le temps jusqu'au XIXe siècle pour rencontrer Vincent Van Gogh. Jeanne Calment, née en 1875, était l'une des dernières personnes à l'avoir effectivement rencontré.

• La plus grande carrière de star de Bollywood revient à l'Indienne Lalita Pawar. En 1930, elle jouait dans son premier film à 12 ans, et s'est depuis illustrée dans 700 productions au cours d'une carrière de 70 ans.

ACTEURS LES MIEUX PAYÉS D'HOLLYWOOD

• Selon l'étude *Forbes Celebrity top 100 - List 2001*, l'Américaine Julia Roberts aurait gagné 18,9 millions $ (20,6 millions €) en 2001. L'actrice détient aussi le record du plus gros cachet pour chacun des deux films *Erin Brockovich* (USA, 2000) et *Le Mexicain* (USA, 2001), qui lui ont rapporté 20 millions $ (21,8 millions €).

• Toujours selon cette étude, l'Américain Bruce Willis aurait gagné 70 millions $ (76,3 millions €) en 2000. En 1999, l'acteur avait encaissé un cachet record de 160 millions € pour son rôle dans *Le sixième sens* (USA, 1999).

LE PLUS PETIT CONTRAT D'HOLLYWOOD

L'acteur américain Robert Taylor a signé avec les studios de la MGM un contrat de 35 $ (38 €) par semaine en 1934. Il a poursuivi sa carrière à MGM pendant 25 ans. Bel exemple pour les débutants.

OSCARS POUR DES ACTRICES ET ACTEURS FRANÇAIS

Deux actrices françaises ont obtenu un oscar : Simone Signoret en 1960 pour *Les Chemins de la haute ville*, et Juliette Binoche, qui a réitéré cet exploit en 1997, en remportant l'oscar du meilleur second rôle féminin dans *Le patient anglais*. Charles Boyer avait été nominé quatre fois, en 1937, 1938, 1944 et 1961.

DEUX OSCARS POUR LE MÊME PERSONNAGE

Marlon Brando et Robert De Niro ont tous deux remporté un oscar pour le rôle du chef de la mafia, Vito Corleone : Brando fut le meilleur acteur dans *Le Parrain* (USA, 1972), et De Niro le meilleur second rôle dans *Le Parrain II* (USA, 1974).

FEUILLETON

Les 48 épisodes du film de Tora-Jiro Kuruma, plus connu sous le nom de Tora-San, réalisés par Shockiku Studios, Japon, entre 1969 et 1995, ont tous mis en scène la star japonaise Kiyoshi Atsumi, chaque fois dans le rôle du maître d'espionnage Torajiro Kuruma. Au faîte de sa célébrité, un critique de cinéma a affirmé que le visage de l'acteur était désormais plus familier que celui d'un empereur japonais.

OSCAR LE PLUS TARDIF

Lors de la 74e cérémonie des Academy Awards, après seize nominations, l'Américain Randy Newman a remporté l'oscar de la meilleure musique de film pour la chanson *If I didn't have you*, issue de la bande originale du film *Monsters, Inc* (USA, 2001). Il avait été nominé la première fois pour la meilleure chanson et la meilleure musique originale en 1982 pour la bande du film *Ragtime* (USA, 1981).

ACTRICE LA PLUS TARDIVE

L'actrice américaine Lydia Yeamans Titus avait 84 ans quand elle joua dans son premier film, *The Grasp Of The Law* (USA, 1915). Elle est apparue depuis dans plus de 50 films avant de mourir en 1929.

OSCAR À TITRE POSTHUME

Le Britannique Peter Finch est le seul acteur auquel on a attribué l'oscar du meilleur acteur après sa mort. Récompensé pour son rôle dans *Network* (USA, 1976), Finch est mort d'une attaque cardiaque deux mois avant la cérémonie de 1977.

TROPHÉES FILMFARE

Durant sa carrière de 47 ans, l'actrice indienne Nutan a remporté le prix Filmfare de la meilleure actrice à cinq reprises.

ACTEURS STAR DU BOX-OFFICE

• Depuis 1987, les entrées pour les 28 films de Julia Roberts ont rapporté 2 236 millions $ (2 437 millions €). Parmi ces succès, dix ont rapporté plus de 100 millions €, avec un record de 470 millions € pour les entrées d'*Ocean's Eleven* et de *L'Inconnu de Las Vegas* (USA, 2001).
• L'Américain Harrison Ford a joué dans 25 films, dont les entrées ont rapporté 3,6 milliards €. Dix de ces films ont généré un chiffre d'affaires supérieur 218 millions €. Son plus grand succès au box-office à ce jour revient à *Star Wars* (USA, 1977), avec un total de 870 millions €.

BALLET DE COSTUMES

En interprétant le rôle principal du film *Evita* (USA, 1996), la chanteuse-actrice Madonna a changé de tenue à 85 reprises, arborant ainsi un éventail de 39 chapeaux et de 45 paires de chaussures. Tous les costumes ont été réalisés par la Britannique Penny Rose, qui s'est inspirée des vêtements personnels d'Eva Peron, épouse du dirigeant argentin Juan Peron.

LE PLUS PRIMÉ AUX OSCARS

C'est Walt Disney (1901-1966) qui, avec 20 statuettes et 12 plaques ou certificats (certains posthumes), a reçu le plus de récompenses toutes catégories.

BAVARDAGE À LA CÉRÉMONIE DES OSCARS

L'actrice britannique Greer Garson a tenu un discours de cinq minutes et 30 secondes après avoir reçu l'oscar de la meilleure actrice pour *Mrs Miniver* (USA, 1942). Depuis 1990, les discours sont limités à 45 secondes. Halle Berry (USA), a toutefois parlé quatre minutes lorsqu'elle a remporté l'oscar de la meilleure actrice pour son rôle dans *Monster's Ball* (USA, 2001).

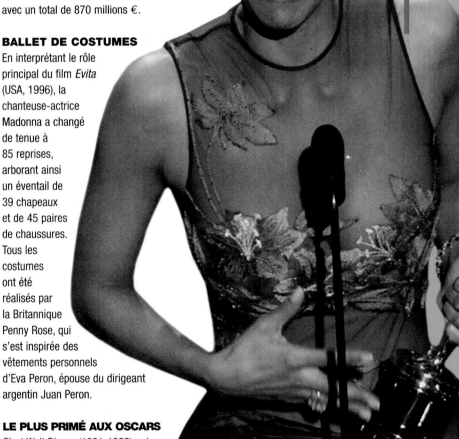

RECORD FRANÇAIS

Réalisé par Jean-Pierre Jeunet et interprété par Audrey Tautou, *Le Fabuleux destin d'Amélie Poulain* (France, 2001) est sorti en France le 25-04-01, où il a attiré plus de huit millions de spectateurs. Depuis, le film a connu un succès fulgurant à l'étranger sous le titre d'*Amélie*, et a rapporté, un an après sa sortie, près de 160 millions €.

FILMS À L'AFFICHE

• *Le sang d'un poète* (1930) de Jean Cocteau, est resté à l'affiche d'un cinéma de New York, de 1938 à 1953 sans interruption, c'est-à-dire pendant 15 ans.

• Le film *Emmanuelle* (1973) de Just Jaeckin, a été projeté au Paramount City Triomphe, sur les Champs-Élysées, à Paris, du 26-06-74 au 26-02-85, c'est-à-dire pendant dix ans et huit mois.

RECETTES EN UN TEMPS RECORD

Deux films ont dépassé les 100 millions $ (109 millions €) de recettes en cinq jours. À l'affiche dans 2 970 salles, *La guerre des étoiles I : la menace fantôme* (USA, 1999), à rapporté 100 million $ (109 millions €) entre les 23 et 28-05-99. Ce film a ainsi battu le record détenu jusqu'alors par *Jurassic parc, le monde perdu* (USA, 1997) qui avait dépassé la barre des 100 millions $ en juillet 1997, 58 jours après sa sortie. À l'affiche dans 3 672 cinémas à travers l'Amérique du Nord, *Harry Potter et la Pierre philosophale* (GB, 2001) a atteint la barre des 100 millions $ en cinq jours entre les 17 et 21-11-01.

LE PLUS GROS RATIO BUDGET/BOX-OFFICE

Avec un budget original de 22 000 $ (23 400 €), le film *Le Projet Blair Witch* (USA, 1999) produit par Haxan et réalisé par Daniel Myrick et Eduardo Sanchez, a fait une recette de 240 millions $ (260 millions €). Ce succès international équivaut au rapport budget/box-office record de 1/10 931.

BUDGET RECORD DE TOUS LES TEMPS

En tenant compte des effets de l'inflation, et en coût réel, le film *Cléopâtre* (USA, 1963) de Mankiewicz détient le budget record de l'histoire du cinéma. Indexé au coût de la vie d'aujourd'hui, le budget original de 44 millions $ (48 millions €) équivaut à une somme de 330 millions €.

LE PLUS GRAND DÉCOR

Le plus grand plateau de tournage, une reproduction d'un cirque de la Rome antique, s'étendait sur une surface de 400 x 230 m. Conçu par l'Italien Veneiro Colasanti et l'Américain John Moore pour *La chute de l'Empire romain* (USA-Espagne, 1963) de Anthony Mann, ce décor est le résultat du travail de 1 100 ouvriers, employés à recouvrir l'immense surface de 170 000 dalles de ciment pendant sept mois. Ils ont également érigé 601 colonnes, 350 statues et 27 édifices grandeur nature.

LE PLUS GROS BUDGET

• Le plus gros budget prévu pour un film avant le commencement du tournage était de 145 millions $ (158 millions €) pour le film épique sur la Seconde Guerre mondiale, *Pearl Harbor* (USA, 2001).

• France. Le plus gros budget pour un long métrage français s'élève à 50,3 millions € pour le film d'Alain Chabat, *Astérix et Obélix : Mission Cléopâtre*, sorti en 2002.

ASSURANCE-VIE

La société de production fondée par Steven Spielberg, David Geffen, et Jeffrey Katzenberg, aurait assuré le célèbre réalisateur, producteur, et scénariste pour la somme record d'1,2 milliard $ (1,3 milliards €) en juillet 2001. Cette somme devrait couvrir les pertes estimées par la société en cas de décès du cinéaste.

LA PLUS LONGUE CARRIÈRE DE RÉALISATEUR

L'Américain King Vidor s'est illustré en tant que réalisateur pendant 67 ans depuis le film *Ouragan à Galveston* (USA, 1913) jusqu'au documentaire *Métaphore* (USA, 1980).

RÔLE LE PLUS JOUÉ

Le personnage de Sherlock Holmes, créé par Sir Arthur Conan Doyle, est le rôle qui a été le plus souvent porté à l'écran. Le célèbre détective de Baker Street a été interprété par près de 75 acteurs, dans plus de 211 films réalisés depuis 1900.

LA PLUS ANCIENNE PELLICULE CINÉMATOGRAPHIQUE

La plus ancienne pellicule cinématographique encore visible de nos jours, date d'octobre 1888. Enregistrée par la caméra du Français Louis-Aimé-Augustin Le Prince, la séquence montre le jardin de son beau-père Joseph Whitley,

LE PLUS LONG TOURNAGE

Eyes Wide Shut (USA-GB, 1999) de Stanley Kubrick (USA), avec Tom Cruise et Nicole Kidman, a été tourné sur 15 mois, dont 46 semaines de tournage ininterrompu. Kubrick, décédé avant la sortie, détient aussi le record du plus grand nombre de prises pour une scène, soit 127 fois, dans le film *Shining* (USA, 1980).

MEILLEURES ENTRÉES LE JOUR DE LA SORTIE DU FILM

Harry Potter et la Pierre philosophale (GB, 2001) a fait une recette de 34,5 millions € le jour de sa sortie aux USA, le 16-11-01. Six mois après, les entrées aux USA avaient généré une recette de 345 millions €.

à Roundhay, West Yorkshire, GB.
Le film, un rouleau de papier photographique de 53,9 mm, défile à une cadence de dix à douze images par seconde.

RÉALISATEUR À SUCCÈS

Depuis l'origine du cinéma, sept des dix films qui ont fait le plus d'entrées dans le monde ont été réalisés par Steven Spielberg . Au total, ses films ont rapporté plus de 2,17 milliards $ (2,36 milliards €) de recettes. Spielberg a remporté son premier oscar du meilleur réalisateur pour *La Liste de Schindler,* en 1993.

LE PLUS GRAND ÉCRAN

La Géode de la Cité des sciences de La Villette, à Paris, a un écran sphérique de 1 000 m² pour 26 m de diamètre.

LA PREMIÈRE SÉANCE

• France. La première séance publique de cinéma en France eut lieu 44, rue de Rennes, à Paris, le 22-03-1895. On y projeta la *Sortie des usines Lumière,* un film tourné en août 1894, à Lyon, par les frères Auguste (1862-1954) et Louis (1864-1948) Lumière.

ROMANS AU CINÉMA

Stephen King est l'auteur de 20 romans adaptés au cinéma, dont *Carrie* (USA, 1976), de Brian de Palma, *Shining* (GB, 1980) et *Misery* (USA, 1990).

LA PLUS GRANDE DISTRIBUTION AU GÉNÉRIQUE

• France. Le générique de *Napoléon* (1954), de Sacha Guitry, ne comporte que 101 noms, mais on y compte quelque 300 rôles parlants. C'est le plus beau casting du cinéma français.

RECETTES EN TEMPS RECORD POUR UN FILM D'ANIMATION

Neuf jours après sa sortie le 02-11-01, le film d'animation *Monsters Inc.* (USA, 2001) produit par Walt Disney Pictures et Pixar Animation Studios, avait déjà réalisé un nombre d'entrées de 100 millions $ (109 millions €) aux USA.

LE PLUS GROS
BUDGET MAQUILLAGE

Un million $ (1,09 million €) a été consacré au maquillage des comédiens de *La planète des singes* (USA, 1968), soit 17% du coût total de la production, estimé à 5,8 millions $ (6,3 millions €).

FILM EN FAUTEUILS
ÉLECTRIQUES

Durant la projection du thriller *The Tingler* en 1958, le réalisateur de séries B William Castle a eu l'idée géniale de faire installer dans les salles un procédé électrique qui, disposé sous les sièges, envoyait une légère décharge de courant et des vibrations aux moments les plus palpitants. Cette idée a fait long feu.

LE PLUS GROS BUDGET
CASCADES POUR UN FILM

Sur le budget total de 200 millions $ (210 millions €) du film *Titanic* (USA, 1997), plus de 3 millions $ (3 millions €) ont été alloués au tournage des séquences de cascades. La scène la plus spectaculaire mettait en scène 100 cascadeurs s'illustrant dans des sauts, chutes et glissades à 21 m de hauteur, quand le paquebot, brisé en deux, surgit de la mer à la verticale.

LE PLUS LONG PLAN

Dans *A Free Soul* (USA, 1931), l'acteur américain Lionel Barrymore récite un monologue ininterrompu de 14 minutes. Les bobines de films ne duraient que dix minutes à l'époque, la séquence a donc dû être tournée par plusieurs caméras.

BUDGET RECORD
EN EFFETS SPÉCIAUX

Les effets spéciaux de *2001 : L'odyssée de l'espace* (USA, 1968), de Stanley Kubrick ont coûté plus de 6,5 millions $, l'équivalent de 40 millions € d'aujourd'hui, ce qui représentait 60% du budget du film, qui s'élevait à 10,5 millions $ (11 millions €). Comparativement au budget du film *Star Wars, la menace fantôme* (USA, 1999), cette somme reviendrait à une dépense en effets spéciaux de 69 millions $ (75 millions €), sur les 115 millions $ (125 millions €) du budget total de la production.

LA PLUS LONGUE SÉRIE
DE DESSINS ANIMÉS

Le personnage de Popeye le marin, créé par Max Fleisher (USA) a donné lieu au tournage d'une série de 233 dessins animés d'une durée standard, et d'un épisode un peu plus long, tous réalisés entre 1933 et 1957. Par la suite, 220 épisodes ont été produits pour la télévision, entre 1960 et 1962, suivis de 192 épisodes *All New Popeye* entre 1978 et 1983. La diffusion TV de ces séries a débuté en septembre 1956. C'est la plus longue série de dessins animés jamais produite.

LE MAQUILLAGE
LE PLUS ÉPROUVANT

Pour son rôle titre dans le film *L'homme tatoué* (USA, 1968), l'acteur américain Rod Steiger subissait des séances quotidiennes de maquillage de 20 h.

LE PLUS GRAND
POURCENTAGE
DE CASCADEURS

Le film *The Rookie* (USA, 1990) de l'acteur-réalisateur américain Clint Eastwood, met en scène 87 cascadeurs pour 37 acteurs.

LE FILM D'ANIMATION
LE PLUS CHER

Réalisé par la société DreamWorks, *Le prince d'Égypte* (USA, 1998) a nécessité quatre années de travail et un budget de 65 millions €. Ce film de 90 minutes comporte 1 192 séquences à effets spéciaux.

EFFETS SPÉCIAUX
NUMÉRIQUES À LA CHAÎNE

Comparé à la moyenne d'Hollywood d'environ 50 effets numériques par film, *Pleasantville* (USA, 1998) comporte 1 700 séquences à effet numérique. Le film, qui met en scène deux adolescents des années 1990 transportés dans le monde en noir et blanc d'une émission de télévision des années 1950, a été entièrement tourné sur pellicule couleur. Pour chaque image dont les personnages et arrière-plans étaient monochromes, il a fallu retirer toutes les couleurs. Chaque image ayant été retravaillée, le film de 82 minutes a nécessité plus d'un an de production avant le résultat final.

CÉLÉBRITÉS À L'AFFICHE
D'UN DESSIN ANIMÉ

Les Simpsons est devenu un dessin animé régulier sur toutes les télévisions du monde depuis le 14-01-90.
Plus de 120 personnalités de la politique comme du showbiz y ont participé, parmi lesquelles Gillian Anderson, Magic Johnson, Georges Bush senior ou Elizabeth Taylor.

CASCADES
DANGEUREUSES

• A. J. Bakunas, doublure de Burt Reynolds dans *Hooper* (USA, 1978), a sauté sans parachute d'une hauteur de 70,71 m. Il a atterri sans encombres sur un matelas gonflable.
• Le 09-09-80, deux ans plus tard, au cours du tournage de *Steel* (USA, 1980), Bakunas s'est mortellement blessé en tombant du haut d'un bâtiment en construction à Lexington (USA).

LE BOMBARDEMENT LE PLUS CHER DU CINÉMA

Six navires de 120 à 185 m ont été détruits pour réaliser la séquence de bombardements du film *Pearl Harbor* (USA, 2001). Filmée sous plusieurs angles par douze caméras, cette séquence aura coûté 6 millions €.

FILM ODORANT

Le réalisateur John Waters convia le public à savourer une expérience géniale pour son film *Polyester* (1981). En entrant dans la salle, les spectateurs recevaient des cartons numérotés qu'ils grattaient à chaque fois qu'un numéro apparaissait, libérant ainsi des effluves variés allant de la cuisine à l'essence en passant par celles d'une chaussure de tennis chaude.

CELLULOS
LES PLUS CHERS

• Un des 150 000 cellulos de *Blanche-Neige* (USA, 1937) a été vendu en 1991 pour un prix record de 203 000 $.

• Un dessin en noir et blanc de Walt Disney, tiré d'un dessin animé de 1934 représentant Donald recevant un coup de poing d'un orphelin, a été vendu aux enchères 280 000 $ (305 000 €) chez Christie's, en 1989.

LA PLUS
GRANDE
CARRIÈRE DE VOIX
DE DESSIN ANIMÉ

Pendant plus de 45 ans, l'Américain Jack Mercer a prêté sa voix au personnage de Popeye dans 284 épisodes depuis 1934.

LE PLUS ANCIEN
FILM NOIR ET BLANC
COLORISÉ

Une version colorisée du film *La glorieuse parade* (USA, 1942) primé aux Oscars et interprété par James Gagney dans le rôle de l'auteur-compositeur George M. Cohan, a été commercialisée par la MGM le 04-07-85.

PIEDS EN LATEX

Plus de 1 600 paires de prothèses plantaires en latex ont été utilisées pendant le tournage du *Seigneur des Anneaux* (Nlle-Zélande-USA, 2001). Chaque prothèse devant être fixée au pied avec de la glue, une fois enlevée à la fin de la journée de tournage, elle devenait inutilisable.

ALBUM DE REGGAE LE PLUS VENDU

Legend, sorti après le décès de Bob Marley en 1981, est l'album de reggae le plus vendu de tous les temps. Avec 1,5 million d'exemplaires vendus en France et 1,7 million en Grande-Bretagne, l'album a atteint le sommet des hit-parades en 1984 et 1985. L'album s'est aussi vendu à 10 millions d'exemplaires aux USA, sans jamais figurer au hit-parade américain. Marley a reçu la Légion d'honneur jamaïcaine à titre posthume et porte le titre officiel d'Honorable Bob Marley.

LE PLUS GROS CONTRAT

En avril 2001, la société Virgin/EMI a versé à la chanteuse Mariah Carey (USA) un bonus de 21 millions $ (22 millions €) pour un contrat de quatre albums estimé entre 80 et 100 millions $ (entre 85 et 110 millions €). À l'époque, Virgin/EMI se vantait d'avoir signé avec " l'artiste féminine la plus vendue ", avec à son actif des ventes de plus de 150 millions $ (160 millions €), et quinze chansons classées n°1 aux USA, dont une restée en tête du classement pendant une période record de 61 semaines. Après la sortie en 2002 de l'album *Glitter,* Virgin/EMI a rompu le contrat en versant à la chanteuse un dédommagement de 29 millions $ (31 millions €).

SINGLE RAP LE PLUS LONGTEMPS N°1 AUX USA

Hot Boyz de Missy Misdemeaner Elliott (USA) et ses artistes invités Nas, Eve, et Q-Tip, est resté 18 semaines au sommet du hit-parade rap américain en 1999 et 2000.

ALBUM HIP-HOP LE MIEUX VENDU AUX USA

Avec onze millions d'exemplaires vendus, *CrazySexyCool,* de TLC, a battu le record du hip-hop américain précédemment détenu par MC Hammer avec son album *Please Hammer, Don't Hurt 'Em,* vendu à dix millions d'exemplaires. Lisa, une chanteuse du groupe, a été tuée dans un accident de voiture en avril 2002.

LE TOUT PREMIER DISQUE D'OR

Le premier disque d'or a été conçu et réalisé par RCA Victor, afin d'être remis en grande pompe au célèbre tromboniste et chef de formation américain Alton Glenn Miller pour son morceau *Chattanooga Choo Choo,* le 10-02-42.

LE PLUS JEUNE ARTISTE N°1

Steevie Wonder n'avait que treize ans et trois mois quand son album *Little Stevie Wonder, The Twelve Year Old Genius,* sorti en 1963, s'est hissé au sommet du hit-parade américain. L'artiste, qui a perdu la vue juste après sa naissance, a signé en 1976 avec le label Motown un contrat de 13 millions $ (14 millions €), le plus important de la musique pop de l'époque.

TUBE LE PLUS VENDU PAR UN GROUPE

Le single le plus vendu par un groupe est *Rock Around the Clock* par Bill Haley et Les Comets (USA), qui s'était vendu à 25 millions d'exemplaires. Enregistré en 1954, ce morceau a été utilisé comme bande originale du film *The Blackboard Jungle* (USA, 1955).

ARTISTE FÉMININE LA PLUS PRIMÉE AUX GRAMMY AWARDS

Depuis sa première récompense pour la meilleure performance vocale R&B avec *Respect* en 1967, Aretha Franklin a remporté quinze grammys, dont onze dans la même catégorie entre 1967 et 1987.

L'ARTISTE COUNTRY LE PLUS POPULAIRE

L'Américain Garth Brooks est le chanteur country le plus populaire de tous les temps. Depuis ses débuts en 1989, Brooks a vendu plus de 100 millions d'albums.

ARTISTE LE PLUS LONGTEMPS CLASSÉ AU HIT-PARADE FRANÇAIS

Depuis le premier succès *Heartbreak Hotel,* les tubes d'Elvis Presley se sont maintenus au classement des meilleures ventes sur une période cumulée de 1 000 semaines. Le dernier n°1 d'Elvis, *Way Down,* est arrivé en tête des ventes en 1977, l'année de la mort du King.

MEILLEURE VENTE D'ALBUMS DE TOUS LES TEMPS

Produit par Quincey Jones et interprété par Michael Jackson, *Thriller* est l'album le plus vendu de tous les temps, avec plus de 47 millions d'exemplaires vendus depuis 1982.

LE PREMIER CD VENDU À UN MILLION D'EXEMPLAIRES

Au sommet des classements dans 22 pays, l'album *Brother in Arms* du groupe britannique Dire Straits est le premier CD à s'être vendu à un million d'exemplaires à travers le monde à sa sortie en 1986.

RECORD DE VENTES POUR UN ARTISTE ÂGÉ

L'artiste cubain Compay Segundo a vendu un million d'albums à travers le monde après avoir fêté son 88e anniversaire en 1995. Segundo se produit depuis les années 1930, et a connu le succès avec le Buena Vista Social Club.

TUBES MULTI-PLATINES

Le chanteur Elvis Presley détenait 35 disques multi-platinum certifiés et décernés par la Recording Industry Association of America pour les singles et les albums vendus à plus de deux millions d'exemplaires.

GROUPE DE RAP

Le groupe américain Hip-Hop Outfit Minority Militia réunit 124 artistes, chacun d'entre eux s'illustrant pleinement dans les morceaux en rappant, chantant, ou jouant d'un instrument, ou s'impliquant dans la production de l'album *The People's Army,* sorti en 2001.

LE PLUS LONG CLASSEMENT AU HIT-PARADE

How Do I Live de la chanteuse country américaine Le Ann Rimes a fait son entrée dans le top 25 du country le 21-06-97. En avril 2002, soit 250 semaines plus tard, la chanson, vendue à plus de trois millions d'exemplaires, était toujours au classement, un record pour un tube country.

BANDE ORIGINALE

Les ventes de la bande du film *Saturday Night Fever* (USA, 1977), avec John Travolta, ont dépassé les 30 millions d'exemplaires. L'album est devenu un classique du disco avec un nombre incroyable de six singles n°1 aux hit-parades américains.

TUBES N°1 EN GRANDE-BRETAGNE

Les Beatles et Elvis Presley se partagent le record du plus grand nombre de tubes classés n°1 au hit-parade anglais, avec 17 chacun. George Harrison, John Lennon, Ringo Starr, et Paul McCartney ont connu un succès fulgurant entre 1963 et 1969, alors que la sortie des tubes d'Elvis Presley s'est échelonnée sur une période de 20 ans, entre 1957 et 1977.

L'ARTISTE RAP LE MIEUX PAYÉ

Selon la liste des 100 de *Forbes* de 2001, le magnat du rap Dr Dre aurait gagné 31,5 millions $ (34 millions €) en 2000. Dr Dre a vendu ses propres disques et ceux des artistes qu'il produit, Snoop Dogg et Eminem, à plusieurs millions d'exemplaires.

LE RAPEUR LE MIEUX VENDU

La légende du rap américain 2Pac, de vrai nom Tupac Shakur, avait vendu 33,5 millions d'albums fin 2001, et a sorti plus de tubes après sa mort en 1996, à 25 ans. Deux albums ont été n°1 aux USA, *The Don Killuminati* (1997) et *Until The End Of Time* (2001).

L'ALBUM LE PLUS RAPIDEMENT N°1

The Beatles' One, compilation des tubes n°1, s'est vendu à 3,6 millions d'exemplaires le jour de sa sortie le 13-11-2000. Dans le premier mois qui a suivi la sortie, 13,5 millions d'albums ont été vendus.

MEILLEURES VENTES POUR UNE ARTISTE ADO

Moins de deux ans après sa sortie en 1999, l'album *Baby One More Time* de Britney Spears s'était vendu à 13 millions d'exemplaires aux USA. Britney Spears avait déjà vendu 37 millions de disques à travers le monde avant son 20e anniversaire le 02-12-2000, un record de ventes indiscuté pour une adolescente se produisant en solo.

CLASSEMENT RECORD POUR UNE ARTISTE SOLO

Barbra Streisand détient le record féminin du plus grand nombre d'albums classés au palmarès des ventes américain, soit 48 depuis l'entrée en huitième place de son premier album, *The Barbra Streisand Album,* le 25-02-62. Sorti le 19-09-2000, l'album *Timeless-Live In Concert,* a pris la 21e place.

RECORD DE VENTES POUR UNE ARTISTE SOLO

Depuis sa sortie le 04-11-97, l'album *Come On Over* de la chanteuse country Shania Twain s'est vendu à 21 millions d'exemplaires aux USA, et à 30 millions dans le monde.

GROUPE LE MIEUX VENDU DE TOUS LES TEMPS

Les Beatles détiennent le record absolu des meilleures ventes de disques pour un groupe. Selon une estimation récente du label EMI, les disques et les cassettes du groupe se seraient vendus à plus d'un milliard d'exemplaires. Les ventes d'albums enregistrées sur le seul marché américain jusqu'à l'année 2001 représentent un montant de 163,5 millions $ (178 millions €).

TUBE LE PLUS VENDU

Le tube d'Elton John *Candle In The Wind 1997, Something About The Way You Look Tonight* détient le record de ventes de l'histoire de la pop. Il s'est vendu à 33 millions d'exemplaires à travers le monde dans les trois mois qui ont suivi sa sortie en septembre 1997. Écrite à

RECORD : SEPT TITRES N°1 CONSÉCUTIFS

Il est détenu par Whitney Houston (USA) entre 1985 et 1988 avec *Saving All My Love For You* (85), *How Will I Know* (85), *Greatest Love Of All* (86), *I Want To Dance With Somebody* (87), *Didn't We Almost Have It All* (87), *So Emotional* (87), et *Where Do Broken Hearts Go* (88). Whitney, née le 27-03-70 à Long Island, NY, a vendu plus de 100 millions d'albums.

l'origine pour Marilyn Monroe, la chanson a été enregistrée une seconde fois en hommage à la princesse Diana après sa mort en 1997.

LE GROUPE DE MUSIQUE LE MIEUX PAYÉ

Séparés depuis les années 1970, les Beatles détenaient toujours le record du groupe le mieux payé en 2000. Selon *Forbes 2001*, les revenus annuels du groupe se seraient élevés à 150 millions $ (164 millions €). Les membres du groupe encore en vie, Paul McCartney et Ringo Starr, comptent parmi les musiciens les plus riches du monde.

LE PLUS LONG VIDÉO-CLIP

La star de la pop Michael Jackson a réalisé *Ghosts* (1996), un vidéo-clip/court-métrage d'une durée de 35 min, basé sur une conception originale de l'écrivain Stephen King.

L'ARTISTE LA MIEUX PAYÉE

Selon *Forbes 2001*, Britney Spears aurait gagné 38,5 millions $ (41,9 millions €) en 2000.

ALBUM N°1 DANS LE PLUS GRAND NOMBRE DE PAYS

L'album *One* des Beatles a dominé le classement des ventes dans 35 pays depuis le 13-11-2000.

POP STAR LA PLUS RICHE

Selon *Forbes 2001*, David Bowie est à la tête d'une fortune de 150 millions £ (228 millions €). Il est la pop star la plus riche du monde.

SHOPPING

La star qui dépense le plus est Elton John, avec un budget mensuel moyen de 400 000 €. Parmi ses dépenses une facture mensuelle de 60 000 € chez le fleuriste de Bloomingdales, NY.

LE GROUPE VIRTUEL LE PLUS POPULAIRE

Le premier album du groupe Gorillaz, au titre éponyme, s'est vendu à trois millions d'exemplaires, un record en la matière pour ce groupe virtuel créé par Damon Albarn du groupe Blur, et le dessinateur britannique Jamie Hewlett.

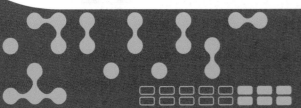

TOURNÉE LA PLUS RENTABLE POUR UNE CHANTEUSE COUNTRY

La tournée américaine de Shania Twain en 1999 a rapporté 40 millions €, soit 3,3 millions € de plus que sa tournée précédente en 1998 ; le record pour un concert de musique country.

PSEUDONYMES

Avant d'être assassiné à New York en 1980, le chanteur britannique John Lennon, l'un des fondateurs des Beatles, avait produit et enregistré des morceaux de musique sous quinze pseudonymes différents.

LE TITRE LE PLUS LONGTEMPS AU SOMMET DU CLASSEMENT AMÉRICAIN

Les 18 tubes n°1 d'Elvis Presley ont dominé le classement des meilleures ventes de disques aux USA sur une période cumulée de 80 semaines. Le King détient un total de 14 records Guinness.

L'ALBUM POP LE PLUS RAPIDEMENT VENDU AUX USA

L'album *No Strings Attached* du groupe pop américain *NSYNC s'est vendu à 2,41 millions d'exemplaires durant la première semaine qui a suivi sa sortie le 21-03-00, et détient le record américain en la matière. Un million d'albums a été vendu le jour de la sortie, et sept millions dans les deux semaines suivantes. Le rythme de vente s'est par la suite stabilisé à 100 000 exemplaires par semaine, pendant 26 semaines consécutives.

TOURNÉE EN SOLO LA PLUS RENTABLE

Kylie Minogue a vendu 200 000 billets lors de sa dernière tournée de seize concerts en Australie, qui a rapporté 5,5 millions € en 2001, un record. La chanteuse a donné neuf concerts à guichets fermés à Sydney, et sept autres à Melbourne.

MEILLEUR PALMARÈS POUR UN JEUNE

La Britannique Charlotte Church, âgée de 12 ans et neuf mois, est entrée au hit-parade de musique classique avec son premier album *Voice of an Angel*, en 1998. En quatre mois, l'album a été double disque de platine en Grande-Bretagne. En mai 2000, Charlotte a été élue Artiste de l'année lors du premier gala annuel du Classical Brit Awards.

APPLAUDISSEMENTS

• Le 24-02-88, Luciano Pavarotti a été rappelé 165 fois et applaudi pendant 1 h 07 min après avoir joué le rôle de Nemorino, dans *L'élixir d'amour* de Donizetti, au Deutsche Oper de Berlin.
• Le 30-07-91, Placido Domingo a été applaudi 1 h 20 min, et rappelé à 101 reprises pour *Othello* au Staatsoper de Vienne.

L'ORGUE LE PLUS PUISSANT DU MONDE

L'instrument de musique le plus volumineux et le plus puissant du monde est en service à l'Auditorium d'Atlantic City, New Jersey, USA. Malheureusement, il ne fonctionne aujourd'hui que partiellement. Mais lorsqu'il fut achevé en 1930, il était équipé de deux consoles dont l'une comptait sept claviers et l'autre, amovible, cinq,

d'un ensemble de 1477 commandes et de 33 112 tuyaux de longueurs variables allant de 4,7 mm à 19,50 m. L'orgue, avec sa gamme de sept octaves, pouvait jouer aussi fort que 25 fanfares réunies.

LE PLUS GRAND NOMBRE DE SPECTATEURS

Lors du Week-end de la Statue de la Liberté le 05-07-86, plus de 800 000 spectateurs ont assisté au concert de l'Orchestre philharmonique de New York donné en plein air à Central Park, et dirigé par l'Indien Zubin Mehta.

CHEF D'ORCHESTRE LE PLUS ENREGISTRÉ

L'Autrichien Herbert von Karajan (1908-1989) a dirigé l'Orchestre philharmonique de Berlin pendant 33 ans, de 1956 à sa démission, en 1989, peu avant sa mort. Au total, il a enregistré 800 œuvres majeures.

LE PLUS VIEIL INSTRUMENT DE MUSIQUE

En 1999, des archéologues ont découvert une flûte chinoise en os dont l'origine remonte à 9 000 ans et sur laquelle ils ont réussi à jouer un air. La flûte de 22 cm, percée de sept trous, a été sculptée à partir d'un tibia de grue couronnée, un grand oiseau échassier. Elle a été trouvée à Jiahu, site d'un ancien village sur la plaine de la rivière Jaune, en Chine.

LA PLUS GRANDE CHORALE DU MONDE

Sans compter les immenses foules entonnant des chants ou des hymnes sur des stades, la plus grande chorale du monde était composée de 60 000 choristes qui ont chanté à l'unisson à la finale d'un concours qui a attiré 160 000 participants, à Breslau, Allemagne, aujourd'hui Wroclaw, Pologne, le 02-08-37.

ŒUVRE LA PLUS JOUÉE

• D'après la Sacem, le Français Maurice Ravel (1875-1937) est devenu le compositeur le plus populaire du monde grâce à son *Boléro*, interprété dans le monde à une fréquence moyenne de quatre fois toutes les heures.
• C'est au cours d'une vente organisée en 1992 à Drouot que la France a acquis pour le compte de la Bibliothèque nationale le manuscrit du *Boléro* de Ravel au prix d'1,8 million FF (274 000 €).

LE PLUS LONG RAPPEL POUR UN OPÉRA

D'après le *Concise Oxford Dictionary of Opera*, c'est à la demande de l'empereur austro-hongrois Léopold II que l'opéra *Il Matrimonio Segreto* de Cimarosa (Italie), a été rejoué dans son intégralité lors de la première représentation en 1792.

L'HYMNE LE PLUS LONG

Sing God's Song, un hymne composé par la Néo-Zélandaise Carolyn Ann Aish, compte 754 couplets, soit 3 016 lignes, avec un refrain de quatre lignes chanté après chacun des couplets.

LA PLUS LONGUE CARRIÈRE D'ORGANISTE

Florence Gunnner s'est illustrée en tant qu'organiste de l'église Far Forest, Worcestershire, GB, pendant 83 ans, jusqu'à l'âge de 94 ans. Elle jouait tous les dimanches, ainsi que pour les cérémonies de mariages et de funérailles. Elle est enterrée dans cette église, près du mur attenant à l'orgue.

ORCHESTRES GÉANTS

Un orchestre géant composé de 20 100 musiciens appartenant à des orchestres du Norges Musikkorps Forbund a été formé au stade de Ullevaal à Oslo, Norvège, le 28-06-64.
• À l'occasion du jubilée pour la paix dans le monde, à Boston, Massachusetts, en 1872, Johann Strauss fils (1825-1899) a dirigé un

ORGUE

L'orgue est le plus complet des instruments. Il peut rendre tous les sons grâce à une série de tuyaux de deux types, à bouche et à anche, commandés par des touches.

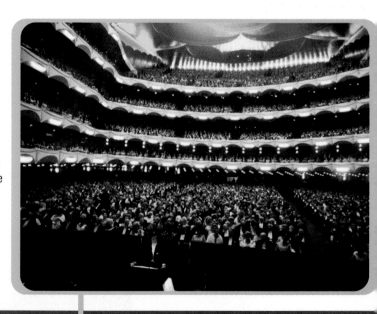

LE PLUS GRAND OPÉRA AU MONDE

Situé au Lincoln Center à New York, le Metropolitan Opera House peut accueillir 4 065 spectateurs devant une scène de 70 m de large pour 45 m de profondeur. Sa construction a coûté 50 millions € en 1966.

orchestre composé
de 987 instruments, dont
400 premiers violons, et d'un
chœur de 20 000 chanteurs.
• Le 14-07-96, un orchestre
composé de 2 023 instruments
réunissant plusieurs formations
britanniques a donné un concert
au stade Molineux, à Wolverhampton,
GB, sous la direction de Frank
Renton.
• France. En 1993, lors du concert
final des dixièmes Orchestrades
européennes de Brive, en Corrèze,
Marcel Landowski a dirigé un
orchestre symphonique réunissant
1 107 jeunes musiciens et
159 choristes.

LE COMPOSITEUR
LE PLUS PROLIFIQUE
• L'Autrichien Simon Sechter
(1788-1867) a composé plus
de 8 000 œuvres, dont
35 messes, cinq opéras, et
deux requiems. Organiste
à la Cour de Vienne et grand
théoricien, il a écrit un
essai, *Les fondements de
la composition musicale*. Il fut
le professeur d'Anton Brückner
et de Franz Schubert, mais ses
compositions ne sont plus jouées à
cause de leur surplomb théorique.
• Parmi les compositeurs toujours
interprétés, c'est l'Allemand Georg
Philipp Telemann (1681-1767) qui
fut le plus prolifique. Il a composé
douze ensembles de services
religieux, une cantate pour chaque
dimanche pendant toute une année,
78 concerts, 40 opéras, 600 suites
pour orchestre, 44 Passions, ainsi que
des concertos, sonates et autres
musiques de chambre.

PIANO LE PLUS CHER
Le 26-03-80, chez Sotheby's, à
New York, un Steinway de 1888
a été vendu 390 000 $
(420 000 €).

LES PLUS JEUNES VIOLONISTES
• La Britannique Vanessa-Mae est la plus jeune soliste à avoir enregistré les concertos
pour violon de Tchaikowsky et de Beethoven, à l'âge de 13 ans.
• Yehudi Menuhin avait 7 ans le 29-02-24, lorsqu'il interpréta en solo
les *Scènes de ballet* de Bériot, à Oakland, Californie. À 9 ans, il interprétait
un concerto de Beethoven à l'Opéra de Paris en 1926.

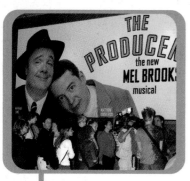

LA COMÉDIE MUSICALE AYANT OBTENU LE PLUS DE TONY AWARDS

La comédie musicale *The Producers*, écrite par le comédien américain Mel Brooks, a été nominée quinze fois lors de la cérémonie des Tony Awards qui a eu lieu le 07-05-01, et en a remporté douze. Le record était détenu par *Hello Dolly,* qui avait obtenu dix Tony Awards en 1964.

LA CONTREDANSE LA PLUS SPECTACULAIRE

Une foule incroyable de 806 personnes a exécuté une contredanse pendant plus de cinq minutes à Ann Arbour, dans le Michigan, le 06-09-98. La danse *Only in Arbour* a été effectuée sur l'air de *Reel Beatrice.*

LA PLUS GRANDE MANIFESTATION DE DANSE DE CLAQUETTES

Le 24-05-98 dans le City Square de Stuttgart, Allemagne, 6 951 personnes se sont rassemblées pour un numéro collectif de danse de claquettes qui a duré 2 min 15 sec.

LA " DANSE DE LA CHENILLE " LA PLUS IMPRESSIONNANTE

Au Darlington Railway Centre and Museum, Durham, GB, 374 personnes ont réussi à danser à la queue leu leu pendant quinze minutes, le 01-10-2000. Les danseurs ont évolué autour du *Locomotion n°1*, le tout premier train commercial à vapeur, construit en 1825 par George Stephenson (GB).

LE FLAMENCO LE PLUS RAPIDE

Sandro Guerrero Toril (Espagne) a réalisé un record mondial de 507 tapes de talon en une minute, à Munich, Allemagne, le 06-11-2000. Solero de Jérez (Australie) avait réalisé le record de seize tapes de talon par seconde, le 10-09-67 à Brisbane, Queensland, Australie.

LE DANSEUR DE CLAQUETTES LE PLUS RAPIDE DU MONDE

Le 25-05-98, James Devine (Irlande) a battu le record mondial de claquettes, en réalisant 38 tapes en une seconde, au cours d'un spectacle à Sydney, NSW, Australie.

LE MIME ACTIF LE PLUS ÂGÉ

Né le 13-01-14, le mime Arnold Jones (USA) exerce toujours son art, six heures par jour, cinq jours par semaine. Il se produit pour les foules anonymes des rues d'Hollywood, en Californie. Mime professionnel durant plus de 70 ans, il a débuté à l'âge de 14 ans, en interprétant l'*Homme mécanique* dans des fêtes foraines à travers le Midwest américain.

REVUE THÉÂTRALE LE PLUS LONGTEMPS À L'AFFICHE

Ce record est détenu par Ziegfeld Follies, un spectacle comique où des stars célèbres étaient parodiées en chansons et en sketches. Au total, 25 revues différentes ont été montées entre 1907 et 1957, représentées au cours de nombreuses tournées à travers les USA.

BALLETS LES PLUS JOUÉS

Les trois ballets de Tchaïkovski (1840-1893) - *Le Lac des cygnes* (1876), *La Belle au bois dormant* (1890) et *Casse-noisette* (1893) - sont les ballets qui ont été les plus joués en France depuis deux siècles.

LE PLUS GRAND GROUPE DE DANSEURS

Le 28-09-97, 593 personnes du Roy Castle Foundation, GB, ont donné le spectacle de clôture du Roy Castle Record-Breaking Extravaganza. Cet événement a eu lieu au Royal Liverpool Philharmonic Hall, GB.

LE PLUS GRAND NOMBRE DE ONE MAN SHOW

Victor Borge (Danemark), s'est produit 849 fois dans son numéro intitulé Comedy in Music, du 02-10-53 au 21-01-56, au Golden Theater de Broadway, New York.

LE PLUS GRAND BAL FOLKLORIQUE

Le 30-12-2000, une foule de 1 914 personnes s'est réunie à Edimbourg, Lothian, GB, pour danser le *strip the willow*. L'événement a été organisé par la société britannique Unique Events dans la cadre des festivités organisées dans cette ville à l'occasion de la Saint-Sylvestre.

LE PLUS VIEUX THÉÂTRE

Le théâtre le plus ancien au monde est le Teatro Olimpico, à Vicence, Italie. Sa construction a commencé trois mois avant la mort de l'architecte qui l'a conçu, Andrea di Pietro, en 1580, et a été achevée par son élève Vicenzo Scamozzi (Italie) en 1583. Ce lieu a été conservé dans sa forme originale.

LE PLUS LONG MARATHON DE DANSE

Mike Ritof et Edith Boudreaux (USA), ont cumulé 5 152 h 48 min de danse au Merry Garden Ballroom de Chicago, USA, entre le 29-08-30 et le 01-04-31, pour gagner 2 000 $ (2 040 €). Ces concours était très populaires en Amérique au début des années 1930, pendant la grande récession ; des centaines de personnes étaient prêtes à danser jour et nuit pour gagner de l'argent.

LE PLUS GRAND FESTIVAL DES ARTS

C'est le Edinburgh Fringe Festival, qui a lieu tous les ans à Edimbourg, GB, depuis 1947. L'année record fut 1998 : 9 810 artistes se sont produits au cours de 16 141 représentations de 1 309 spectacles différents.

LA PLUS LONGUE SCÈNE DE THÉÂTRE JOUÉE AU LIT

Jessica Tandy et Hume Cronyn, américains tous deux, ont le mérite d'avoir passé plus de temps au lit ensemble que n'importe quel autre couple au théâtre. En octobre 1951, ils ont joué, au Ethel Barrymore Theater, à New York (USA), la pièce *The Fourposter* écrite par Jan de Hartog, qu'ils ont interprétée pendant deux ans.

VOLS AU-DESSUS D'UNE SCÈNE

Ichikawa Ennosuke (Japon) a volé au-dessus d'une scène de théâtre plus de 5 000 fois depuis avril 1968, en exécutant une cascade japonaise appelée " chunori ". Réalisé à l'aide d'un système de poulies et d'une ceinture de sécurité, le chunori est un numéro populaire japonais qui remonte à près de trois siècles.

RECORD D'AFFLUENCE

Du 02-05 au 29-07-89, un public de 160 000 personnes a assisté au spectacle du chorégraphe français Maurice Béjart, *1789,* donné à Paris pour le bicentenaire de la Révolution française.

RAPPELS

Margot Fonteyn (1919-1991) et Rudolf Noureev (1938-1993) ont été rappelés 89 fois à la fin du *Lac des cygnes* à Vienne (Autriche), en octobre 1964.

LA COMÉDIE MUSICALE JOUÉE LE PLUS LONGTEMPS

Il s'agit des *Misérables*, que l'on peut encore voir dans le quartier touristique et commercial de Londres, West End. Ce spectacle a été créé au Palace Theatre de Londres, le 04-12-85. *Cats* est le spectacle qui a tenu l'affiche le plus longtemps dans l'histoire de la comédie musicale. La dernière des 8 538 représentations données en Grande-Bretagne a eu lieu en mai 2002.

LA PLUS GRANDE SÉRIE DE DRAMATIQUES-TÉLÉ

L'émission *Coronation Street* d'ITV (GB) produite par Granada, avec Jean Alexander dans le rôle d'Hilda Ogden, a été diffusée deux fois par semaine, du 09-12-60 au 20-10-89. Actuellement, elle passe à la télévision quatre fois par semaine, et au 06-03-02, 5 226 épisodes ont été diffusés. William Roach (GB) a interprété le rôle de Ken Barlow sans interruption depuis sa création, il y a 42 ans.

PLAN TV LE PLUS LONG

La chaîne câblée Paris-Première a diffusé pendant 8 h 35 min, dans la nuit du 22-02-90, la même image du journaliste Marc Jampolsky lisant 451 des 650 pages du roman *Le Pendule de Foucault*, de l'Italien Umberto Eco.

LE DESSIN ANIMÉ LE PLUS LONGTEMPS DIFFUSÉ EN PRIME-TIME

Le 10-03-02, 282 épisodes des *Simpsons* (USA), créés par Matt Groening, ont été diffusés sur le réseau Fox (USA). À l'origine, *Les Simpsons* n'étaient qu'un spot publicitaire de 30 secondes qui passait dans le *Tracey Ullman Show*, en 1987. Au cinquantième dessin animé, on a proposé à Groening de concevoir sa propre série. Le premier épisode a été

diffusé dans le cadre d'un spécial Noël, le 17-12-89, et à partir du 14-01-90, la série a été diffusée régulièrement. C'est le dessin animé le plus longtemps diffusé en prime-time, qui produit encore de nouveaux épisodes. Ses personnages sont devenus des célébrités, avec 256 apparitions à ce jour.

LA SÉRIE TÉLÉVISÉE LA PLUS CHÈRE

En janvier 1998, la société Warner Brothers (USA), productrice de la série dramatique en milieu hospitalier *Urgences,* en tête du palmarès américain avec 33 millions de téléspectateurs hebdomadaires, a signé un contrat de trois ans avec le réseau NBC (USA). La transaction s'est élevée à 857 millions $ (881 millions €) pour 22 épisodes, soit 13,1 millions $ (13,4 millions €) par épisode d'une heure. En avril 2000, NBC a payé 640 millions $ (657 millions €) pour trois séries supplémentaires qui seront diffusées jusqu'en 2004, ce qui revient à 9,6 millions $ (9,8 millions €) par épisode.

LA PRODUCTION TV LA MOINS COÛTEUSE

La production la moins coûteuse de la télévision française est *Questions pour un champion,* sur France 3, avec 512 €/min.

TÉLÉVISION PREMIÈRES FRANÇAISES

• Première émission. Le 26-04-35, à 20 h 15 au ministère des PTT à Paris, la première émission de télévision eut lieu à partir d'un émetteur de 500 W et de 7 m de longueur d'ondes.
• Émission en couleur. Elle fut diffusée le 01-10-67, à 14 h 15. Il n'y avait alors que 1 500 possesseurs de téléviseurs couleur.
• Spectacle de variétés. Le 05-06-47 un gala organisé par Aimée Mortimer

L'ACTEUR DE SÉRIE TV HUMORISTIQUE LE MIEUX PAYÉ PAR ÉPISODE

Actuellement et jusqu'en 2003, Kesley Grammer (USA), touche un salaire de 1,6 million $ (1,7 million €) par épisode de la série *Frasier,* dans laquelle il interprète le rôle du psychanalyste Frasier Crane.

fut retransmis en direct du Théâtre des Champs-Élysées, à Paris.
• Reportage. L'arrivée du Tour de France cycliste fut diffusée en direct du Parc des Princes, le 25-07-48, ce reportage était animé par Jacques Sallebert.
• Journal télévisé. À partir du 29-06-49, sous la direction de Pierre Sabbagh, les premiers journaux télévisés retransmettaient, cinq fois par semaine en différé, les péripéties du Tour de France. Il durait chaque jour quinze minutes et présentait des reportages filmés.

L'ACTEUR DE SÉRIE TÉLÉVISÉE LE MIEUX PAYÉ PAR ÉPISODE

En août 1998, l'acteur Anthony Edwards (USA), qui joue le rôle

du Dr Mark Greene dans la série *Urgences,* a vu son salaire grimper de 125 000 $ (128 400 €) à 400 000 $ (410 000 €) par épisode à l'issue de la négociation d'un contrat de quatre ans totalisant 35 millions $ (38 millions €).

LA PLUS LONGUE ÉMISSION

La télévision suisse romande a retransmis sans interruption sur Suisse 4 les JO d'Atlanta, du 19-07 à 20 h au 05-08-96 à 18 h 43 min, à savoir pendant 16 jours 22 h 43 min.

LA PLUS ANCIENNE ÉMISSION TÉLÉVISÉE

L'émission *Meet the Press,* produite par le réseau NBC, a été diffusée pour la première fois le 06-11-47, puis chaque semaine depuis le

PLUS LONG RÔLE RADIO

L'émission *The Archers,* de BBC Radio 4, créée par Godfrey Baseley (GB), a été diffusée pour la première fois le 01-01-51. L'acteur Norman Painting (GB) y interprétait le rôle de Philip Archer et détient le record de la plus longue carrière d'acteur de radio pour un même personnage.

L'AUDIMAT LE PLUS ÉLEVÉ POUR UN REALITY SHOW

Le 24-08-00, à l'occasion du dernier épisode de l'émission *Survivor,* produite par CBS, 51 millions de personnes, 41% des téléspectateurs américains, ont assisté à la remise du prix d'un million $ (1,1 million €) à Richard Hatch (USA).

12-09-48. En date du 24-03-02, 2 708 émissions ont été diffusées.

PREMIÈRES ÉMISSIONS DE RADIO

• Le 24-12-06, Reginald Aubrey Fessenden (1868-1932) diffuse la première émission publique. L'émetteur était fixé sur une antenne de 128 m, érigée par la Compagnie nationale de signalisation électrique, à Brant Rock, Massachusetts, USA. Cette émission incluait le *Largo* de Haendel. Fessenden avait réalisé la transmission de la voix dès novembre 1900, mais de façon très déformée.

• France. En 1921, le général Ferrié inaugura des programmes réguliers de météorologie ainsi que sur les cours de la Bourse, depuis l'émetteur militaire de la tour Eiffel.

LE PLUS ANCIEN PROGRAMME RADIOPHONIQUE

L'émission *Rambling with Gambling*, retransmise six jours par semaine sur WOR radio, New York, USA, est apparue pour la première fois en mars 1925 et s'est poursuivie sur trois générations. L'ultime prestation du dernier membre de la famille, John Gambling (USA), a eu lieu le 11-09-00. Ce programme a été diffusé pendant plus de 75 ans.

MARATHON DE DJ RADIO

Kristian Bartos (Suède), DJ de WOW 105.5 radio à Stockholm en Suède, a animé une émission de 100 h 3 min 22 s. Il s'est placé derrière sa console le 08-10-01 à 6 h 40, et l'a quittée le 12-10-01 à 14 h 10.

LE PAYS AYANT LE PLUS DE STATIONS DE RADIO

On compte aux USA plus de 10 000 stations de radio officielles, soit le nombre le plus élevé au monde.

JEUNES ACTEURS DE SÉRIES TÉLÉVISÉES LES MIEUX PAYÉS

Les sœurs jumelles Mary-Kate et Ashley Olsen (USA) ont fait leurs débuts à la télévision à l'âge de neuf ans, en tant que vedettes de *Full House*. Déjà à cet âge, elles gagnaient à deux 79 000 $ (86 100 €) par épisode. Âgées actuellement de quinze ans, elles jouent dans *So Little Time*, une émission produite par la chaîne Fox Family. Leur empire commercial génère environ un milliard $ (1,1 milliard €) par an.

L'ALPHABET LE PLUS ANCIEN

Le plus ancien spécimen d'écriture alphabétique découvert à nos jours fut gravé sur des tablettes d'argile. Il s'agit de l'alphabet ougaritique, composé de 32 lettres cunéiformes (en forme de coin), une ancienne langue sémitique originaire de la Syrie antique. Les tablettes ont été trouvées en 1929 à Ougarit, Syrie, et datent de 1450 avant notre ère.

LA PLUS GRANDE AVANCE

En août 1992, la maison d'édition Berkeley Putnam (USA), aurait payé 14 millions $ (15,2 millions €) pour obtenir les droits de diffusion en Amérique du Nord, du roman *Without Remorse*, de Tom Clancy (USA).

RESTITUTION TARDIVE

Une biographie allemande de l'archevêque de Brême, publiée en 1609, a été empruntée au Sidney Sussex College, Cambridge, GB, par le colonel Robert Walpole, en 1668. Le professeur John Plumb a trouvé le livre 288 années plus tard dans la bibliothèque du marquis de Cholmondeley, à Houghton Hall, Norfolk, GB. Il l'a rendu, mais n'a pas eu d'amende.

L'AUTEUR DE FICTION LE MIEUX VENDU

L'auteur de fiction qui se vend le mieux est Agatha Christie (GB), dont les romans policiers se sont vendus à deux milliards d'exemplaires dans 44 langues. Agatha Christie a aussi écrit 19 pièces de théâtre et, sous le pseudonyme de Mary Westmacott, six romans d'amour. Ses droits d'auteur annuels s'élèvent aujourd'hui à 4,73 millions €.

OUVRAGES LES PLUS LUS

• N° 1 : 2,5 milliards
L'ouvrage le plus largement diffusé dans le monde est la Bible, qui est traduite en 337 langues, et même en 2062 langues pour certains passages. On estime qu'entre 1815 à 1998, 3,88 milliards d'exemplaires de la Bible ont été vendus.
• N° 2 : 800 millions
Il semble bien que 800 millions d'exemplaires du *Petit livre rouge* de Mao Zedong aient été vendus ou distribués entre juin 1966 et septembre 1971. Il faut rappeler qu'à l'époque, chaque Chinois était tenu d'en posséder un.
• N° 3 : 107 millions
Vente record hors circuits de distribution : *La Vérité qui conduit à la vie éternelle*, publié par Watchtower Bible et la société Tract de New York, est le livre le plus vendu hors des circuits de distribution. Son succès est essentiellement dû aux témoins de Jéhovah, qui ont placé plus de 107 millions d'exemplaires entre la première édition du 08-05-68 et mai 1996.
• N° 4 : 90 millions
Ouvrage le plus vendu en librairie : Le livre le plus vendu dans le monde dont les droits sont protégés (par opposition à la Bible, au Coran, au *Petit livre rouge* et autres ouvrages dont la diffusion est en grande partie gratuite) est le *Livre Guinness des Records*. Rédigé par les frères

LA PLUS GROSSE AMENDE PAYÉE À UNE BIBLIOTHÈQUE

Le 15-12-59, Art Ogg (USA) avait emprunté *Snow Dog* de Jim Kjelgaard (USA) à la bibliothèque Prairie Creek de Dwight, Illinois (USA). Le 29-12-99, 40 ans plus tard, il retrouve le livre dans le grenier de sa mère puis le rend. Ce retard lui a valu une amende de 292,20 $ (300 €).

jumeaux Norris et Ross McWhirter nés en 1925, il fut publié pour la première fois le 01-08-55 par Guinness Superlatives. Publié en 37 langues, il a un coefficient de notoriété record pour un livre, puisque notamment 96,6% des Français le connaissent.

LA MACHINE À ÉCRIRE LA PLUS CHÈRE

En 1952, Ian Fleming (GB), ancien espion et inventeur de l'agent secret britannique James Bond 007, avait fait spécialement fabriquer à New York une machine à écrire en plaqué-or. Elle avait alors coûté à l'auteur 174 $ (179 €).

Le 05-05-95, elle a été vendue 89 229 $ (91 550 €), chez Christie's, à Londres (GB). Fleming a écrit tous ses romans, excepté le premier, *Casino Royal,* sur cette machine à écrire.

LE PLUS GRAND DICTIONNAIRE

Le dictionnaire allemand *Deutsches Wörterbuch* est un livre qui comprend 33 volumes et totalise 34 519 pages. Créé en 1854 par les frères Jacob et Wilhelm Grimm (Allemagne), célèbres pour leurs contes, le dictionnaire fut achevé en 1971.

LES PLUS LONGS ROMANS

• Le roman japonais *Tokuga-wa Ieyasu,* de Sohachi Yamaoka, paru en feuilleton dans la presse quotidienne japonaise depuis 1951, est enfin achevé. Il sera publié en 40 volumes.
• France. *À la recherche du temps perdu* de Marcel Proust, est composé de 13 volumes contenant environ 9 609 000 signes. Le premier tome de ce chef-d'œuvre, *Du côté de chez Swann,* a été publié en 1913.

HARLEM WELCOMES PRESIDENT CLINTON

L'AVANCE LA PLUS IMPORTANTE

L'ancien président américain Bill Clinton a vendu les droits mondiaux pour la publication de ses mémoires à Alfred A. Knopf Inc. (USA). Une avance de plus dix millions $ lui a été consentie. La parution du livre est prévue pour 2003.

LE PLUS GRAND TIRAGE DE MAGAZINE

Parade, un magazine couleur, est inséré dans l'édition du dimanche de 330 journaux distribués à travers les USA. Tiré à 35,9 millions d'exemplaires, un chiffre jamais égalé, *Parade* touche 77,6 millions de lecteurs. En 2001, les espaces publicitaires ont rapporté environ 570 millions $ (585 millions €).

L'AUTEUR AU REVENU ANNUEL LE PLUS ÉLEVÉ

Selon la Rich List 2002 du *Sunday Times*, J. K. Rowling, GB, l'auteur de *Harry Potter* a vu ses revenus nets passer de 93 millions $ (95 millions €) en 2001 à 325 millions $ (333 millions €) en 2002. Ces gains proviennent principalement des droits d'auteur qu'elle a touchés à la suite du succès du film *Harry Potter et la Pierre Philosophale* (GB, 2001).

LE PLUS GRAND MAGAZINE

Une édition spéciale de 100 pages du magazine *Paris Galerie*, mesurant 67 cm x 98 cm et pesant 10 kg, a été réalisée pour le Shopping Festival 2002 de Dubaï (EAU). Identiques à l'original mais en format normal, 150 exemplaires de ce numéro de luxe ont été imprimés.

LES ROMANCIERS QUI ONT GAGNÉ LE PLUS DE PRIX PULITZER

Trois écrivains américains ont gagné à deux reprises le Prix Pulitzer pour leurs romans : Booth Tarkington pour *La splendeur des Ambersons*, en 1919, et *Alice Adams*, en 1922 ; William Faulkner pour *Une fable*, en 1955, et *The Reivers*, en 1963 ; et John Updike pour *Rabbit is Rich*, en 1982, et *Rabbit at Rest*, en 1991.

LE PLUS GRAND TIRAGE D'UN QUOTIDIEN

En janvier 2002, le journal *Yomiuri Shimbun*, fondé en 1874 et publié à Tokyo, au Japon, a été tiré à 14 323 781 exemplaires, à raison de deux éditions quotidiennes, le matin et le soir.

LE RECORD MONDIAL DE TIRAGE D'UN QUOTIDIEN

Komsomolskaya Pravda, journal fondé en 1925 et destiné à la jeunesse de l'ancien Parti communiste soviétique, a été tiré à 21 975 000 exemplaires en mai 1990. Le titre de ce journal signifie " La vérité de la jeunesse communiste ".

LE PLUS GRAND TIRAGE INTERNATIONAL DE BANDE DESSINÉE

La bande dessinée *Garfield*, créée par Jim Davis (USA) et diffusée par Universal Press Syndicate (USA), a le plus grand tirage international. On peut la lire dans 2 570 journaux à travers le monde.

LE PLUS PETIT LIVRE DU MONDE

L'impression d'une Bible minuscule a été réalisée en 2001 par les scientifiques du Massachusetts Institute of Technology (MIT) Pawan Sinha, Pamela R. Lipson et Keith R. Kluender, américains tous trois. Ils ont utilisé la technique de la microlithographie, un procédé similaire à celui de la fabrication des puces d'ordinateur. Ils ont ainsi pu imprimer le texte intégral du Nouveau Testament de la Bible King James, en or 24 carats, sur un " confetti " carré de 5 mm x 5 mm.

ESSAIS EN UNE SAISON

Marshall Faulk (USA) a marqué 26 touchdowns pour les Saint Louis Rams pendant la saison de la National football league (NFL) de l'an 2000, dont 18 essais en sortie de mêlée, et huit sur réception de passes. Faulk compte quatre saisons à plus de 1 000 yards courus, et 14 100 yards dans sa carrière.

LE PLUS GRAND NOMBRE DE PASSES EN UNE CARRIÈRE DE NFL

Dan Marino (USA) a accompli un total de 4 967 passes durant sa carrière avec les Miami Dolphins entre 1983 et 2000, année de sa retraite. Il détient également les records cumulés des yards gagnés en passes sur l'ensemble d'une carrière avec 61 631 yards, et sur une saison en 1984 avec 5 084 yards. En 1998, il fut élu Homme de l'année en NFL pour ses actions caritatives.

LE PLUS GRAND NOMBRE DE PASSES REÇUES EN UNE CARRIÈRE DE NFL

Au long de sa carrière avec les San Francisco 49ers et les Oakland Raiders de 1985 à 2001, Jerry Rice (USA) a effectué le nombre inégalé de 1 306 réceptions.

LE PLUS GRAND NOMBRE DE PASSES COMPLÈTES EN UNE CARRIÈRE DE NFL

Warren Moon (USA) des Houston Oilers a complété 404 passes lors de la saison de 1991. Moon a également été nommé Homme de l'année en 1989 pour ses actions envers la communauté.

LE PLUS GRAND NOMBRE D'INTERCEPTIONS DANS UNE CARRIÈRE DE NFL

Meilleur intercepteur de tous les temps, Paul Krause (USA) a réussi 81 interceptions en seize saisons avec les Washington Redskins et les Minnesota Vikings. Il a mis fin à sa carrière en 1979.

LE PLUS GRAND NOMBRE DE TRANSFORMATIONS DANS UN MATCH

Trois joueurs américains ont marqué sept transformations en un seul match de NFL. Il s'agit de Jim Bakken des Saint Louis Cardinals contre les Pittsburgh Steelers, le 24-09-67 ; de Rich Karlis des Minnesota Vikings contre les Los Angeles Rams, le 05-11-89 ; et de Chris Boniol des Dallas Cowboys contre les Green Bay Packers, le 18-11-96.

LES PLUS TITRÉS

Les Green Bay Packers ont remporté douze titres de champions NFL en 1929, 1930, 1931, 1936, 1939, 1944, 1961, 1962, 1965, 1966, 1967 et 1996.

LE PLUS GRAND NOMBRE DE MATCHS JOUÉS

George Blanda (USA) a disputé 340 matches en 26 saisons de NFL, de 1949 à 1975. Il joua dans les rangs des Chicago Bears, des Baltimore Colts, des Houston Oilers et des Oakland Raiders.

LE PLUS GROS SCORE

Le plus gros score de l'histoire de la NFL est à mettre au crédit des Washington Redskins (anciennement Boston Braves), en battant les New York Giants 72 à 42, à Washington, DC, le 27-11-66. Leur total de 113 points en une rencontre est aussi un record.

LES PLUS LONGUES COURSES EN UNE SAISON

Par ses courses, Eric Dickerson (USA) a fait gagner 2 105 yards à son équipe des Los Angeles Rams lors de la saison de 1984. En 1989, il devient le premier joueur de l'histoire de la NFL à dépasser les 1 000 yards sur sept saisons consécutives. Il est également celui qui a atteint le plus rapidement les 10 000 yards en une carrière.

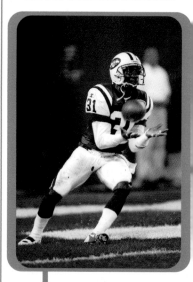

LE PLUS LONG CONTRE SUR UN FIELD GOAL MANQUÉ

Le plus long contre de l'histoire sur un field goal manqué est celui d'Aaron Glenn (USA), des New York Jets. Le 15-11-98, il a parcouru 104 yards pour un essai contre les Indianapolis Colts.

PASSES REÇUES EN UNE SAISON

Joueur des Detroit Lions, Herman Moore (USA) a réceptionné 123 passes pendant la saison de 1995. Avec Jerry Rice (USA), il est l'un des deux joueurs qui a reçu plus de 100 passes sur trois saisons consécutives (1995-1997). En 1998, Moore devint l'homme qui a atteint le plus vite la barre des 600 passes en réception.

LES PLUS LONGUES COURSES EN UNE CARRIÈRE

Walter Payton (USA), de 1975 à 1987, a permis à son équipe des Chicago Bears de gagner 16 726 yards grâce à ses courses. Pendant cette période, il s'adjuge huit autres records en NFL, dont celui de 275 yards gagnés en un seul match.

LE PLUS GRAND NOMBRE D'ESSAIS EN UNE CARRIÈRE

Jerry Rice (USA) des San Francisco 49ers et des Oakland Raiders a réussi 190 touchdowns entre 1985 et 2001. Durant toute sa carrière, il a battu le record du Superbowl, des essais (7), des réceptions, et des yards gagnés en réception (512).

LES PASSES DÉCISIVES

Entre 1983 et 1999, Dan Marino (USA) a effectué 420 passes décisives.

LE PLUS GRAND NOMBRE D'ESSAIS POUR UNE PREMIÈRE SAISON

En 1965, lors de sa première saison professionnelle, Gayle Sayers (USA) a marqué 22 touchdowns pour les Chicago Bears : 14 après des courses, six sur des réceptions, et deux sur des contres.

LE PLUS GRAND NOMBRE DE MATCHS GAGNÉS PAR UN COACH

C'est en dirigeant les Baltimore Colts de 1963 à 1969, puis les Miami Dolphins de 1970 à 1995, que Don Shula (USA) a remporté un total de 347 matchs dans sa carrière de coach en NFL.

PLUS GRAND NOMBRE DE SAUVETAGE EN UN MATCH

Fred Dryer (USA), joueur des Los Angeles Rams, a réussi deux sauvetages contre les Green Bay Packers, le 31-10-73. C'est le record absolu en un seul match.

PLUS GRAND NOMBRE DE POINTS EN UNE CARRIÈRE

Gary Anderson (USA, Pittsburgh Steelers, 1982–94 ; Philadelphia Eagles, 1995–96 ; San Francisco 49ers, 1997 ; Minnesota Vikings, 1999–2001), a réalisé un total de 2 080 points durant sa carrière. Anderson, né en Afrique du Sud, immigra aux USA dans son enfance.

LE PLUS GRAND SCORE EN UNIVERSITAIRES

Le 07-10-16, les Georgia Tech d'Atlanta, USA, a marqué 222 points contre Cumberland University, de Lebanon, Tennessee, battant dans le même temps le record inégalé de 32 touchdowns. Georgia Tech est encore aujourd'hui l'une des équipes universitaires les plus performantes.

LE PLUS LONG FIELD GOAL

Le plus long field goal de l'histoire de la NFL est à l'actif de Tom Dempsey (USA). Le 08-11-70, il réussit un coup de pied de 63 yards au profit de son équipe des New Orleans Saints contre les Detroit Lions. Le 25-10-98, Jason Elam (USA) des Denver Broncos a égalé la performance contre les Jacksonville Jaguars. La légende prétend que

Ching Do Kim (USA) réussit, pieds nus, un field goal de 78 yards au stade d'Honolulu, le 23-11-44.

LE PLUS PETIT JOUEUR

Jack Shapiro (USA), halfback des Staten Island Stapletons en 1929 ne mesurait qu'1,54 m. Il n'a joué qu'un match, et ne réussit que sept yards en deux tentatives.

TITRES DE SUPERBOWL

C'est en 1967 qu'eut lieu la première édition du Superbowl, opposant les vainqueurs de la NFL et de l'AFL. Depuis 1970, il oppose les meilleures équipes de la National Conference et de l'American Conference de la NFL. Le record de titres est détenu conjointement par les San Francisco 49ers (1982, 1985, 1989, 1990 et 1995) et les Dallas Cowboys (1972, 1978, 1993, 1994 et 1996).

ROI DU SUPERBOWL

Joe Montana (USA), quarterback des San Francisco 49ers, a été élu Meilleur joueur (MVP) des Superbowls en 1982, 1985 et 1990.

ARBITRE

Raymond Longden (USA), en officiant sur plus de 2 000 matchs, est loin devant tous ses collègues.

LE PLUS DE PLAQUAGE EN UNE CARRIÈRE

Reggie White (USA) a réalisé 198 plaquages pendant sa carrière NFL , en jouant avec les Philadelphia Eagles de 1985 à 1992, puis avec les Green Bay Packers entre 1993 et 1998, ainsi qu'avec les Carolina Panthers en 2000.

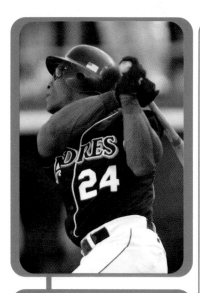

TOURS DE BASE
DANS UNE CARRIÈRE

À la fin de la saison 2001, le plus grand nombre de tours de base marqués en Major League était de 2 248. Ce record est détenu par Rickey Henderson (USA), qui a joué 23 saisons pour sept clubs. Au nombre de 1 380, il détient également le record de bases volées dans une carrière. Henderson joue en 2002 pour les Boston Red Sox.

LE PLUS GRAND NOMBRE
DE HOME RUN EN
UNE CARRIÈRE

Hank Aaron (USA), joueur de Milwaukee, rebaptisée Atlanta Braves, a effectué 755 home runs entre 1954 et 1976. Aaron, originaire de Mobile dans l'Indiana, fut l'un des premiers joueurs noirs de la Major League. Quand il réalisa le home run qui entérina ce record, le 08-04-74, le match fut interrompu pendant un quart d'heure par les ovations de la foule.

HOME RUNS
EN UN SEUL MATCH

Dans un match de Major League, le record de home runs est de quatre. Robert Lowe (USA), Bobby, joueur de Boston, fut le premier à réaliser cet

exploit, à l'occasion d'un match contre Cincinnati, le 30-05-1894. Depuis, onze autres joueurs ont égalé cette performance.

HOME RUNS EN
MATCHS CONSÉCUTIFS

Trois joueurs ont réalisé le total de huit home runs dans des matchs consécutifs en Major League : Richard Dale Long (USA) des Pittsburgh Pirates en mai 1956, Donald Arthur Mattingly (USA) des New York Yankees en juillet 1987, et Ken Griffey Jr (USA) des Seattle Mariners en juillet 1993.

HOME RUNS
EN UNE SEMAINE

Le record du plus grand nombre d'home runs en une semaine appartient à Frank Howard (USA) des Washington Senators. Il en totalisa dix en mai 1968.

LE PLUS LONG HOME RUN

Le plus long home run mesuré dans un match de Major League est de 193 m. C'est l'œuvre de Mickey Mantle (USA), joueur des New York Yankees contre les Detroit Tigers, au Briggs Stadium de Détroit, le 10-09-60.

COUPS DE BATTE LORS DE
MATCHS CONSÉCUTIFS

En 56 matchs de suite, Joe Di Maggio (USA), pour les New York Yankees en 1941, a effectué 223 passages à la batte, réalisant 91 coups réussis, 16 doubles, 4 triples et 15 home runs. S'il est considéré comme l'un des meilleurs de l'histoire du base-ball, Di Maggio est aussi célèbre pour son mariage avec Marilyn Monroe en 1954.

HOME RUNS EN UN MOIS

La performance inégalée de 20 home runs en 22 matchs est l'œuvre de Sammy Sosa (Rép. dominicaine) des Chicago Cubs en juin 1998.

COUPS DE BATTE
CONSÉCUTIFS

Douze coups de batte consécutifs dans un match de Major League constitue le record absolu. Deux joueurs ont réussi cet exploit : le premier est Michael Franklin Higgins (USA), Pinky, des Boston Red Sox en juin 1938, suivi de Walter Dropo (USA), Moose, des Detroit Tigers en juillet 1952.

MATCHS CONSÉCUTIF
GAGNÉ PAR UN LANCEUR

Carl Owen Hubbell (USA) a remporté 24 matchs consécutifs pour les New York Giants entre 1936 et 1937.

STRIKEOUTS DANS UN
MATCH DE WORLD SERIES

Richard Gibson (USA) des Saint-Louis Cardinals a cumulé 17 strikeouts lors d'un match de World Series, le 02-10-68. Dans la même compétition, Gibson détient le record

de sept matchs victorieux de suite. Sportif complet, il a appartenu à la légendaire équipe de basket des Harlem Globetrotters.

STRIKEOUTS
DANS UNE CARRIÈRE

Nolan Ryan (USA) a effectué 5 714 strikeouts dans sa carrière en Major League de 1966 à 1993, pour les clubs des New York Mets, des California Angels, des Houston Astros et des Texas Rangers. En 1979, Ryan entre dans l'histoire de la Major League en devenant le premier homme à signer un contrat d'1,1 million € en rejoignant les Houston Astros.

AFFLUENCE EN WORLD

L'affluence record pour une finale a rassemblé 420 784 spectateurs pour les six matchs entre les Los Angeles Dodgers et les Chicago White Sox du 1er au 08-10-59, que

LE LANCEUR AU PLUS GRAND NOMBRE DE MATCHES

De 1979 à avril 2000, le californien Jesse Orosco (USA) a lancé 1 093 matches pour six équipes différentes. La photo ci-dessus le montre jouant sous les couleurs des Baltimore Orioles.

les Dodgers remportèrent par un score de 4 à 2. Le cinquième match a été joué au Memorial Coliseum de Los Angeles, le 06-10-59, devant 92 706 spectateurs.

PLUS LONG MATCH
Le 09-05-84, Les Chicago white Sox et les Milwaukee Brewers ont joué pendant 8 h 21 min. Les White Sox l'emportèrent par un score de 7 à 6, après 25 tours de batte.

CATCHER LE PLUS CHER
En 1998, Mike Piazza (USA) a signé un contrat avec les New York Mets qui fait de lui le catcher le plus cher du monde. Son salaire, 91 millions $ (92 millions €) sur sept ans, est surtout destiné à lui offrir un vestiaire de luxe pour les matchs à domicile et une suite d'hôtel lors de ses déplacements.

MATCHS JOUÉS EN UNE CARRIÈRE
Peter Rose (USA) joua 3 562 matchs avec 14 053 passages à la batte dans sa carrière qui dura 20 ans, principalement pour les Cincinnati Reds.

MATCHS CONSÉCUTIFS
Cal Ripken Jr (USA), qui fit ses débuts en 1981, a participé à 2 632 matchs de Major League consécutifs pour les Baltimore Orioles du 30-05-82 au 19-11-98.

COUPS SUR BASE EN UNE SAISON
George Harold Sisler (USA) a réussi 257 coups sur base en une saison de Major League qu'il joua pour les Saint Louis Cardinals en 1920.

HOME RUNS EN UNE SAISON
Barry Bonds (USA) a réalisé 73 home runs pour les San Francisco Giants durant la saison 2001. Bonds a été élu quatre fois meilleur joueur de l'année, ce que personne d'autre n'avait réussi en base-ball. La dernière fois, ce fut pour ses exploits avec les Giants en 2001.

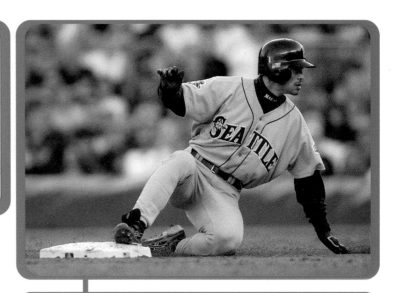

COUPS DE BATTE POUR UNE PREMIÈRE SAISON
Ichiro Suzuki (Japon) a réalisé l'exploit de 242 hits pour une première saison en Major League, avec les Seattle Mariners en 2001. Cette performance décroche un record vieux de 90 ans, alors détenu par Shoeless, Joe Jackson, joueur des Cleveland Naps, rebaptisé Cleveland Indians, en 1911.

LE JOUEUR LE PLUS ÂGÉ EN WORLD SERIES
Le 04-10-30, à l'âge de 47 ans et 91 jours, Jack Quinn (USA) a lancé pour les Philadelphia Athletics lors des World Series. Quinn est aussi le doyen à avoir frappé un home run dans un match de Major League, ce qu'il fit à 47 ans.

LE JOUEUR LE PLUS ÂGÉ
Leroy Paige (USA), Satchel était âgé de 59 ans et 80 jours quand il lança pour les Kansas City As, lors de son dernier match le 25-11-65.

LE JOUEUR LE PLUS JEUNE
Le plus jeune joueur ayant jamais évolué dans un match de Major League fut Joseph Nuxhall (USA), lanceur pour les Cincinnati Reds. Il a joué son premier match à l'âge de 15 ans et 314 jours en juin 1944, mais ne retrouva ce niveau qu'en 1952.

LANCERS PARFAITS
Le match parfait où, sur neuf innings, un lanceur n'a permis aucun coup de batte, aucune course, aucun joueur arrivant à la première base, n'a été réalisé que 14 fois dans l'histoire de la Major League. John Lee Richmond (USA), jouant pour Worcester contre Cleveland le 12-06-1880, fut le premier à y parvenir. Dans les treize récidives de cet exploit, aucun joueur ne l'a réussi deux fois.

PLUS GRANDE BATTE
La plus grande batte du monde mesure 36,50 m et pèse 24 tonnes. Cette réplique géante a été fabriquée par Hillerich & Bradsby à Louisville dans le Kentucky, et sert d'enseigne au Louisville Slugger Museum.

LANCERS FRANCS EN UNE SAISON

Jerry West (USA), surnommé Mr Clutch (M. Embrayage) pour sa faculté à sortir son équipe de situations difficiles, a marqué 840 lancers francs pour les Los Angeles Lakers durant la saison 1965-1966 de la National Basketball Association (NBA). L'image de West est immortalisée par le logo NBA.

LE PLUS LONG MATCH

Les Suncoast Clipper ont joué un match de 24 h au Maroochydore Eagles Basketball Stadium, Queensland, Australie.

LES PLUS GRANDS JOUEURS

• Suleiman Ali Nashnush (Libye) mesurait 2,45 m. Il fit quelques apparitions pour son pays en 1962.
• Joueurs en NBA. Deux joueurs culminent à 2,31 m en NBA : Gheorghe Muresan (Roumanie), qui joue avec les Washington Bullets, et Manute Bol (Soudan), qui a joué également avec les Bullets et quelques autres équipes.
• D'une taille de 2,33 m, Yasutak Okayamo (Japon) fut sélectionné dans l'équipe des Golden State Warriors en 1981, mais n'est jamais entré en NBA.

MEILLEUR MARQUEUR SUR UN MATCH

Le 02-03-62, Wilt Chamberlain (USA), The Stilt (L'Échasse) des Philadelphia 76ers, a marqué 100 points contre les New York Knicks.

LE PLUS LONG TIR

Le 25-02-89, Christopher Eddy (USA) a réussi un panier d'une distance de 27,49 m pour son équipe de Fairview High School contre les Iroquois High School à Erie en Pennsylvanie. Ce tir de la dernière seconde permit à Fairview de l'emporter par un score de 51 à 50.

JOUEUR LE PLUS ÂGÉ EN NBA

Robert Parish (USA) a joué son dernier match avec les Chicago Bulls le 19-04-97. Il était alors âgé de 43 ans et 231 jours.

VICTOIRES EN UNE SAISON DE NBA

Durant la saison 1995-1996, les Chicago Bulls ont réalisé l'exploit de gagner 72 matchs.

MOYENNE GÉNÉRALE

Michael Jordan (USA) détient la meilleure moyenne par match des joueurs ayant dépassé les 10 000 points en NBA, à savoir une moyenne de 31 pour quelque 30 000 points en un peu moins de 1 000 matches, avec les Chicago Bulls de 1984 à 1998, et les Washington Wizards en 2001-2002.

LE PLUS DE POINTS EN UNE SAISON DE NBA

Wilt Chamberlain (USA) a marqué 4 029 points avec les Philadelphia Warriors durant la saison 1961-1962.

RECORD DE TITRES EN NBA

Les Boston Celtics ont remporté le titre de champions de la NBA en 1957, de 1959 à 1966, puis en 1968, 1969, 1974, 1976, 1981, 1984 et 1986.

LE PLUS GROS SCORE EN NBA

Le 13-12-83, les Detroit Pirates battent les Denver Nuggets par un score de 186 à 184 à Denver (USA). C'est le plus gros score jamais entériné dans un match de NBA.

LE PLUS DE MINUTES JOUÉES DANS UNE CARRIÈRE EN NBA

Kareem Abdul-Jabbar (USA) a passé 57 446 minutes sur le parquet durant sa carrière pour les Milwaukee Bucks de 1969 à 1975, puis pour les Los Angeles Lakers de 1975 à 1989.

LANCERS FRANCS CONSÉCUTIFS EN UNE SAISON DE NBA

Entre le 24-03 et le 09-11-93, Mike Williams (USA) a réussi 97 lancers francs consécutifs pour les Minnesota Timberwolves.

MATCHS DE PLAY-OFFS JOUÉS EN NBA

Avec 237 matchs à son actif, Kareem Abdul-Jabbar (USA) est le joueur le plus expérimenté en play-offs de NBA.

MOYENNE DE POINTS EN PLAY-OFFS DE NBA

Avec une moyenne de 33,4 points en matchs de play-off, et en marquant 5 987 points en 179 matches pour les Chicago Bulls, Michael Jordan (USA) détient le record de la NBA.

LE PLUS DE FAUTES DANS UNE CARRIÈRE

Kareem Abdul-Jabbar (USA) a commis 4 657 fautes en plus de 1 560 matches de NBA entre 1969 et 1989.

DRIBBLE EN SIMULTANÉ

Le 10-03-01, 50 fans de basket ont battu le record du monde du plus grand nombre de personnes dribblant en même temps, à Nashville, USA. Menés par l'ex-star des Washington Bullets et des Chicago Bulls, Charles Davis (USA), les participants ont dribblé de concert pendant dix minutes.

CHAMPIONS DU MONDE

Le Championnat du monde de basket masculin a été inauguré en 1950. La Yougoslavie est la nation la plus titrée, avec quatre titres en 1970, 1978, 1990 et 1998.

CHAMPIONS PARALYMPIQUES MASCULINS

Les USA ont remporté cinq titres paralympiques en basket masculin en 1960, 1964, 1972, 1976 et 1988.

CHAMPIONS PARALYMPIQUES FÉMININS

Le Canada a été trois fois médaillé d'or des Jeux paralympiques féminins, en 1992, 1996, et 2000.

LANCERS FRANCS EN DIX MINUTES CHRONO

Le 06-03-01, Jeff Liles (USA) a marqué 285 lancers francs sur 326 tentatives en dix minutes chrono, à la Prairie High School de New Rayner dans le Colorado.

LE PLUS JEUNE JOUEUR DE LA NBA

Kobe Bryant (USA) est le plus jeune joueur à avoir démarré un match de NBA. C'est à 18 ans et 158 jours qu'il fit son apparition sous le maillot des Los Angeles Lakers contre les Dallas Mavericks, le 28-01-97.

BASKET UNIVERSITAIRE

La National Collegiate Athletic Association (NCAA) détient le record du plus grand nombre de points, à savoir 399 marqués en un match. Le 12-01-92, Troy State bat De Vry Institute par un score de 258 à 141, à Troy en Alabama. Le score de Troy constitue également le record de points marqués par une équipe en un match.

DRIBBLES

Joseph Odhiambo (USA) a réussi, à lui seul, l'exploit de dribbler avec six ballons simultanément, chez lui, à Mesa dans l'Arizona, le 15-08-00.

BALLONS TOURNANT SIMULTANÉMENT

Michael Kettman (USA) a réussi à faire tourner 28 ballons simultanément, le 25-05-99 sur la scène du Guinness World Records à Londres. Les ballons, des Franklin Hardcourt N° 1 officiels, ont tourné tous ensemble durant cinq secondes sur une armature spécialement conçue par Kettman.

JONGLERIES

Joseph Odhiambo (USA) a réussi 38 déposés tout en jonglant avec trois ballons, à la Rehoboth Christian High School, à Gallup, au Nouveau-Mexique (USA), le 08-06-01.

TIRS À TROIS POINTS

Le plus grand nombre de shoots à trois points réussis en un match est l'œuvre des Garret Falcons Varsity Boys Basketbal Team. Ils en passèrent 32 contre la Bowman Academy le 02-07-98, à la Garret Academy of Technology, à North Charleston en Caroline du Sud.

LE PLUS DE POINTS EN UNE CARRIÈRE

Le plus grand nombre de points dans une carrière en NBA est de 38 387. Kareem Abdul-Jabbar (USA) a tenu cette moyenne record de 24,6 par match entre 1969 et 1989 avec les Milwaukee Bucks, puis les Los Angeles Lakers.

LE PLUS GROS SCORE

Le plus gros score est de 58 à 0 pour l'Australie contre la Nouvelle-Zélande, en Championnat du monde à Perth, Australie, le 15-03-87.

LE PLUS LONG MATCH

L'équipe féminine des Labatt's Ice Cats a joué pendant 25 h 2 min 14 s à Powel River au Canada les 29 et 30-09-01.

PASSES DÉCISIVES EN MATCH DE STANLEY CUP

Le plus grand nombre de passes décisives dans un match de Stanley Cup s'élève à six. Ce record est partagé par deux joueurs : Mikko Leinonen (Finlande) pour les New York Rangers contre les Philadelphia Flyers, le 08-04-82 et Wayne Gretzky (Canada) avec les Edmonton Oilers contre les Los Angeles Kings, le 09-04-87.

MEILLEURS BUTEURS EN MATCH DE STANLEY CUP

Dans l'histoire de la Stanley Cup, cinq joueurs, tous Canadiens, ont réussi cinq buts en un même match. Il s'agit de Newsy Lalonde avec les Montreal Canadiens contre les Ottawa Senators le 01-03-19 ; de Maurice Richard pour les Montreal Canadiens contre les Toronto Maple Leafs (5-1) le 23-03-44 ; de Darryl Sittler pour les Toronto Maple Leafs contre les Philadelphia Flyers (8-5) le 22-04-76 ; de Reggie Leach pour les Philadelphia Flyers opposés aux Boston Bruins (6-3) le 06-05-76 ; et de Mario Lemieux pour les Pittsburgh Penguins face aux Philadelphia Flyers (10-7) le 25-04-89.

MEILLEURE ATTAQUE LORS D'UNE SAISON DE NHL

Les Edmonton Oilers ont marqué 446 buts lors de la saison 1983-1984 de National Hockey League (NHL). Les Oilers ont, dans le même temps, porté à 1 182 le record de points en une saison.

BUTEURS SUR UN MATCH DE NHL

Joe Malone, avec sept buts marqués avec les Quebec Bulldogs contre les Toronto St Patricks à Québec le 31-01-20, détient toujours le record du plus grand nombre de buts en un même match de NHL.

MEILLEUR BUTEUR D'UNE SAISON NHL

Avec les Edmonton Oilers, Wayne Kretzky (Canada) a inscrit 92 buts pendant la saison 1981-1982.

MEILLEUR BUTEUR EN PREMIÈRE SAISON NHL

Teemu Selanne (Finlande) a réussi 76 buts pour sa première saison professionnelle avec les Winnipeg Jets en 1992-1993.

PASSEURS DÉCISIFS EN UN MATCH DE NHL

Deux joueurs ont réussi l'exploit de réaliser sept passes décisives en un même match de NHL. Le 16-03-47, Billy Taylor, avec les Detroit Red Wings contre les Chicago Blackhawks, est le premier. Par la suite, Wayne Gretzky (Canada) réalisa trois fois cette performance avec son club des Edmonton Oilers : contre les Washington Capitals le 15-02-80, face aux Chicago Blackhawks le 11-12-85, et contre les Quebec Nordiques le 14-02-86.

SHOOT-OUTS BLOQUÉS EN NHL

Le gardien Terry Sawchuck (USA) a bloqué 103 shoot-outs en 971 matchs de NHL entre 1949 et 1970 pour les Detroit Red Wings, les Boston Bruins, les Toronto Maple Leafs, les Los Angeles Kings et les New York Rangers.

VICTOIRES EN UNE SAISON NHL

Bernie Parent (Canada) a gagné à 47 reprises lors de sa saison 1973-1974 avec les Philadelphia Flyers.

LE PLUS GRAND NOMBRE DE POINTS EN NHL

• L'incontournable Canadien Wayne Kretzky a réalisé le record de 2 857 points dans sa carrière en NHL. Il a joué pour quatre clubs entre 1979 et 1999 : les Edmonton Oilers, les Los Angeles Kings, les Saint Louis Blues, et les New York Rangers. Kretzky détient également le record de points marqués en une saison NHL avec un score de 215 pour les Edmonton Oilers en 1985-1986 dont les 163 passes décisives constituent toujours une performance inégalée.

• Chez les professionnels, Wayne Gretzky a inscrit 1 072 buts : 894 en NHL, 122 en Stanley Cup et 56 lors de sa saison 1978-1979 en World Hockey Association (WHA).

VICTOIRES EN STANLEY CUP

Les Montreal Canadiens ont remporté 24 victoires en Stanley Cup en 1916, 1924, 1930, 1931, 1944, 1946, 1953, de 1956 à 1960, 1965, 1966, 1968, 1969, 1971, 1973, de 1976 à 1979, 1986 et 1993. Leurs 32 finales disputées constituent aussi un record.

LE PLUS TITRÉ EN STANLEY CUP

Henri Richard (Canada) a remporté onze Stanley Cup avec les Montreal Canadiens entre 1956 et 1975, l'année de sa retraite.

MATCHS GAGNÉS SUR UNE SAISON NHL

Les Detroit Red Wings ont remporté 62 victoires lors de la saison de NHL 1995-1996.

MEILLEUR POURCENTAGE DE VICTOIRES PAR MATCHS

Les Boston Bruins en 1929-1930 ont gagné 87,5% de leurs matchs, soit 38 victoires sur 44 matchs.

LE BUT LE PLUS RAPIDE

Marquer un but après seulement cinq secondes de jeu, c'est l'exploit que se partagent trois joueurs : Doug Smail (Canada) avec les Winnipeg Jets face aux Saint Louis Blues à Winnipeg, le 20-12-81 ; Bryan John Trottier (Canada) avec les New York

TITRES OLYMPIQUES FÉMININS

Ce n'est qu'en 1998, à Nagano au Japon, que le hockey sur glace féminin fit son apparition aux J.O. Les USA, avec leur gardienne de but Sara DeCosta, sont venus à bout du Canada par 3 à 1 en finale.

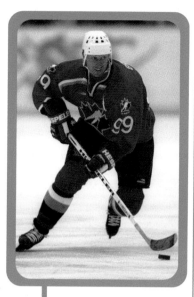

RECORDMAN DES HAT-TRICKS EN NHL

Avec le record de 50 hat-tricks dans sa carrière, Wayne Gretzky (Canada) est sans doute le meilleur hockeyeur de tous les temps, avec à son palmarès une médaille d'or aux Jeux de 1998.

Islanders contre les Boston Bruins à Boston, le 22-03-84 ; et Alexander Mogilny (Russie) pour les Buffalo Sabres opposés aux Toronto Maple Leafs à Toronto, le 21-12-91.

LE PLUS VICTORIEUX DES GARDIENS DE BUT

Patrick Roy (Canada), gardien de but des Colorado Avalanche, avait participé à 516 victoires en NHL fin avril 2002. Ce record a été établi le 17-10-00 lors d'un match contre les Washington Capitals.

MÉDAILLES D'OR AUX J.O.

Six joueurs soviétiques ont décroché le record de trois médailles d'or aux Jeux : Vitaliy Semyenovich Davydov, Anatoliy Vasilyevich Firsov, Viktor Grigoryevich Kuzkin et Aleksandr Pavlovich Ragulin en 1964, 1968 et

1972 ; Vladislav Aleksandrovich Tretyak en 1972, 1976 et 1984 ; ainsi qu'Andrey Khomutov en 1984, 1988 et 1992.

LE PLUS EXPÉRIMENTÉ

Avec 2 421 matchs en pro, Gordon Howe (Canada), Gordie, est le plus expérimenté des hockeyeurs avec 26 saisons entre 1946 et 1979.

LE PLUS GRAND NOMBRE DE POINTS EN UN MATCH

Avec un score de dix points, deux joueurs se partagent le record en un match professionnel. Il s'agit de Jim Harrison (Canada) avec trois buts et sept passes pour les Alberta, aujourd'hui Edmonton Oilers, lors d'un match de WHA à Edmonton le 30-01-73, et Darryl Sittler (Canada), avec six buts et quatre passes pour les Toronto Maple Leafs contre les Boston Bruins à Toronto, le 07-02-76.

TITRES OLYMPIQUES EN ÉQUIPE

Depuis l'apparition du hockey aux Jeux de 1920, l'URSS l'a emporté à huit reprises en 1956, 1964, 1968, 1972, 1976, 1984, 1988 et 1992. En 1992, l'équipe jouait sous le nom des États Indépendants, mais tous les joueurs étaient originaires de Russie.

LA PLUS LONGUE CARRIÈRE OLYMPIQUE

En participant aux Jeux de 1928, 1936 et 1948, Richard Torrianni (Suisse) a mené la plus longue carrière olympique. Il a obtenu deux médailles de bronze, en 1928 et 1948.

TITRES DE CHAMPIONS DU MONDE

Créées conjointement aux Jeux olympiques de 1920, les épreuves ne font qu'une jusqu'en 1968.

Depuis 1976, la compétition est ouverte aux professionnels. L'URSS a remporté 22 titres entre 1954 et 1990, en incluant les titres olympiques de 1956, 1964 et 1968. La Russie a également été championne en 1993.

TITRES DE CHAMPIONNES DU MONDE EN ÉQUIPE

Depuis la création de l'épreuve en 1990, le Championnat du monde féminin a été remporté à chaque fois par le Canada, en 1990, 1992, 1994, 1997, 1999, 2000 et 2001. Détentrices de ces sept titres, les Canadiennes n'ont pas perdu le moindre match.

LE PLUS INDISCIPLINÉ

Dave Williams (Canada), Tiger, a écopé de 3 966 minutes de prison en 17 saisons entre 1971 et 1988 avec les Toronto Maple Leafs, les Vancouver Canucks, les Detroit Red Wings, les Los Angeles Kings et les Hartford Whalers.

POINTS EN UN MATCH DE STANLEY CUP

Patrick Sundström (Suède) a marqué huit points grâce à trois buts et cinq passes décisives avec les New Jersey Devils au cours d'une victoire contre les Washington Capitals par 10 à 4, le 22-04-98. Il partage cette performance avec Mario Lemieux (Canada), qui marqua cinq buts et trois passes pour les Pittsburg Penguins contre les Philadelphia Flyers, le 25-04-89.

LE JOUEUR LE PLUS CHER DU MONDE

Le plus gros transfert jamais réalisé est celui de Zinedine Zidane (France) de la Juventus de Turin au Real Madrid en juillet 2001, pour 74,1 millions €. Au même moment, Manchester United a déboursé 37,7 millions € pour le milieu de terrain argentin de la Lazio de Rome, Juan Sebastian Veron.

VICTOIRES EN COUPE DU MONDE

• En juillet 1930, sous l'égide de la Fédération internationale de football association (FIFA), débutait la Coupe du monde. Elle a lieu tous les quatre ans, et c'est le Brésil, avec cinq victoires en 1958, 1962, 1970, 1994 et 2002 qui détient le record de titres.

• La compétition féminine a lieu également tous les quatre ans. Les USA qui remportèrent la première édition en 1991, puis celle de 1999. La Norvège a gagné en 1995.

JOUEUR LE PLUS JEUNE ET LE PLUS ÂGÉ EN COUPE DU MONDE

• Norman Whiteside (GB) a joué pour l'Irlande du Nord contre la Yougoslavie, le 17-06-82, alors qu'il n'était âgé que de 17 ans et 41 jours.

• Quant à Roger Milla (Cameroun), il disputa son dernier match de Coupe du monde contre la Russie, le 28-06-94, âgé de 42 ans et 39 jours. Sa date de naissance exacte étant inconnue, il semble que Milla était en fait encore plus âgé.

FIDÈLES DE LA COUPE DU MONDE

Le Mexicain Antonio Carbajal a participé à cinq Coupes du monde de 1950 à 1966 , avec onze matchs à son actif. Seul Lothar Matthäus (Allemagne) a fait aussi bien, en disputant les éditions de 1982, 1986, 1990, 1994 et 1998, avec un total record de 25 matchs.

PLUS JEUNE BUTEUR EN COUPE DU MONDE

Edson Arantes do Nascimento (Brésil), plus connu sous le nom de Pelé, n'avait que 17 ans et 239 jours lorsqu'il a marqué son premier but en Coupe du monde contre le Pays de Galles, le 09-06-58 à Gothenburg en Suède.

BUT LE PLUS RAPIDE EN COUPE DU MONDE

• Il n'a fallu que onze secondes à Hakan Sükür (Turquie) pour marquer contre la Corée du Sud, à Daegu, Corée du Sud, le 29-06-2002.

• En match de qualification, David Gualtieri de Saint Marin a inscrit un but, après juste sept secondes de jeu contre l'Angleterre à Bologne, le 17-11-93.

SCORE INTERNATIONAL

En match de qualification pour la Coupe du monde le 11-04-01, l'Australie a battu Samoa par un score record de 31 à 0 à Coffs Harbour en Australie. Les treize buts inscrits ce jour-là par Archie Thompson constituent également un record.

VICTOIRES EN CHAMPIONNAT D'EUROPE

• Le Championnat d'Europe a connu sa première édition en 1960. Ce titre disputé tous les quatre ans a été trois fois remporté par l'Allemagne, en 1972, 1980 et 1996 (précisément la RFA pour les deux premières fois).

• Chez les féminines, le tournoi a été inauguré en 1984 et à quatre reprises, les Allemandes l'ont emporté, en 1989, 1991, 1995 et 1997.

TITRES OLYMPIQUES

La Grande-Bretagne a remporté trois titres olympiques en 1900 (tournoi non officiel), 1908 et 1912. La Hongrie a aussi gagné trois médailles d'or en 1952, 1964 et 1968.

VICTOIRES EN COPA AMERICA

La Copa America est la Coupe d'Amérique du Sud des nations. L'Argentine, avec quinze victoires entre 1910 et 1993 détient le record.

VICTOIRES EN CHAMPIONNAT CONCACAF

Le Costa Rica a remporté le championnat Concacaf (Confederation of North, Central America and Caribbean Association of Football), appelé aujourd'hui Gold Cup, à dix reprises de 1941 à 1989.

VICTOIRES EN COUPE D'ASIE

L'Iran en 1968, 1972 et 1976, ainsi que l'Arabie Saoudite en 1984, 1988 et 1997, ont remporté trois Coupes d'Asie chacune.

RECORDS DE SÉLECTIONS

• Avec 160 sélections internationales, Hossan Hassan (Égypte) détient le record établi entre 1985 et 2002.

• Chez les femmes, Kristine Lilly (USA) avec 225 sélections entre 1987 et 2000, est la plus expérimentée.

GARDIEN DE BUT ET BUTEUR

Le gardien paraguayen José-Luis Chilavert a réussi un hat-trick de pénaltys pour son ancien club de Velez Sarsfield, lors d'une victoire 6-1 contre Ferro Carril Oeste en championnat argentin. Par ailleurs, Chilavert a marqué 58 buts en club ou en sélection, principalement en penalties ou en coups francs, entre juillet 1992 et mai 2002. Il demeure le seul gardien à avoir marqué un but en qualification de Coupe du monde contre l'Argentine en 1997.

LE PLUS GRAND NOMBRE DE MATCHS

Le gardien de but Peter Shilton(GB) a disputé 1 389 matchs dans sa carrière : 1 005 en championnat (record absolu), 286 pour Leicester City (1966–74), 110 pour Stoke City (1974–77), 202 pour Nottingham Forest (1977–82), 188 pour Southampton (1982–87), et 175 pour Derby County (1987–92). Il compte 125 sélections internationales, treize en moins de 23 ans, ainsi que 86 en F.A. Cup, 102 en Coupe de la League, un barrage de championnat et 57 autres participations en club ou internationales.

BUTEUR EN MATCHS CONSÉCUTIFS

Ruud Van Nistelrooy (Pays-Bas) a marqué lors de huit rencontres consécutives de Premier League anglaise durant la saison 2001-2002. Il a ainsi amélioré le record de Mark Stein (GB), de Thierry Henry (France) et d'Alan Shearer (GB), buteurs sur sept rencontres consécutives.

BUTEURS SUR UNE SAISON

William Dean (GB), Dixie, a inscrit 60 buts en 39 matchs pour Everton en 1927-1928. Avec trois buts de plus en Coupe et 19 lors de divers matchs de club, son total atteint 82. Chez les Écossais, James Smith (GB) a marqué 66 buts en 38 matchs pour Ayr United, toujours pendant la saison 1927-1928.

LES PLUS JEUNES TRIPLE BUTEURS

• Le plus jeune auteur de trois buts dans un match de football britannique est Trevor Francis (GB). Alors âgé de 16 ans et 307 jours, il passe quatre buts aux Bolton Wanderers avec Birmingham City en deuxième division (aujourd'hui Division One), le 20-02-71.

• Alan Shearer (GB), avec un hat-trick contre Arsenal avec Southampton, le 09-04-88 à l'âge de 17 ans et 240 jours reste le plus jeune joueur à réaliser cet exploit dans l'ancienne Division 1 anglaise.
• Depuis la naissance de la Premier League en 1992, Michael Owen (GB) reste le plus jeune buteur auteur d'un coup du chapeau avec Liverpool contre Sheffield Wenesday, le 14-02-98, alors qu'il n'avait que 18 ans et 62 jours.
• En Écosse, le 22-10-66, Ian Dickson (GB) à 18 ans et 215 jours rentre dans l'histoire du Championnat d'Écosse avec un hat-trick réussi le jour même de ses débuts avec Montrose contre Third Lanark.

MEILLEUR SCORE FÉMININ

Le meilleur score enregistré dans un match féminin est la victoire des Willenhall Town Ladies sur les Burton Brewers Ladies par 57 à 0, à Willenhall (GB), le 04-03-01.

RECORD D'ABONNÉS

Chaque saison, en Espagne, le club de Barcelone FC vend quelque 98 000 places, la capacité totale du stade, en abonnements à l'année sur leur terrain, le Nou Camp.

HAT-TRICKS CONSÉCUTIFS

Masashi Nakayama (Japon) a réussi trois buts sur quatre matchs consécutifs avec son club Jubilo Iwata en J-League, le championnat japonais. Il a marqué cinq buts contre Cerezo Osaka le 15-04-98 pour commencer, trois contre Consadole Sapporo, le 29-04-98 pour clore une série de seize buts en quatre matchs.

LES PLUS GRANDES AFFLUENCES

• Le 16-07-50, au Stade Maracana de Rio de Janeiro au Brésil, 199 854 spectateurs ont assisté au match de Coupe du monde opposant le Brésil à l'Uruguay.
• Le record britannique a été battu le 17-04-37 à l'Hampden Park de Glasgow lors d'un match entre l'Écosse et l'Angleterre. La même année, dans le même stade, la finale de Coupe d'Écosse attira 146 433 spectateurs, ce qui constitue le record d'affluence pour un match de club.
• Néanmoins, le 28-04-23, la finale de la Coupe d'Angleterre entre West Ham United et Bolton Wanderers au stade de Wembley à Londres connut une affluence hors du commun. Les services du stade furent débordés et bien que le nombre officiel de spectateurs soit de 126 047, il a par la suite été estimé entre 160 000 et 200 000 personnes massées dans les tribunes et sur la pelouse autour du terrain.

PLUS GRAND NOMBRE DE TERRAINS

Le National Sports Center à Blaines dans le Minnesota est doté de 57 terrains, ce qui en fait le plus grand complexe de football du monde.

RECORD DE FÉDÉRATIONS

Pour la Coupe du monde FIFA 2002 jouée en Corée du Sud et au Japon, 198 fédérations ont participé aux qualifications sous l'œil des mascottes du tournoi, les fameuses Nic, Ato, et Kaz (ci-dessus de gauche à droite).

PÉNALTYS RATÉS EN MATCH INTERNATIONAL

L'Argentin Martin Palermo a réalisé la malheureuse performance de rater trois pénaltys lors du même match, une rencontre de Copa America entre l'Argentine et la Colombie, en 1999 au Paraguay. Il tira le premier sur la barre, le second dans la foule, et le dernier fut sauvé par le gardien. L'Argentine fut battue 3 à 0.

VICTOIRES EN COUPE DES CHAMPIONS

Le club espagnol du Real de Madrid a remporté la Coupe d'Europe des champions, aujourd'hui Ligue des champions, à neuf reprises. La première édition du plus prestigieux trophée européen a eu lieu en 1956. Le Real trustera les cinq premières coupes entre 1956 et 1960, ainsi que celles de 1966, 1998, 2000 et 2002.

VICTOIRES EN COUPE DES VAINQUEURS DE COUPES

Avant d'être abandonnée en 1999, cette compétition opposait tous les vainqueurs de coupes nationales. Le FC Barcelone remporta le trophée à quatre reprises en 1979, 1982, 1989 et 1997.

VICTOIRES SUCCESSIVES EN CHAMPIONNAT NATIONAL

Le club libanais d'Al-Ansar Sporting Club of Lebanon a été sacré onze fois de suite champion entre 1988 et 1999.

VICTOIRES EN COUPE

• Trois joueurs se partagent le record des victoires en FA Cup avec cinq médailles : James Henry Forrest (GB) avec les Blackburn Rovers en 1884, 1885, 1886, 1890 et 1891 ; Sir Arthur Fitzgerald Kinnaird (GB) avec les Wanderers en 1873, 1877 et 1878 puis avec les Old Etonians en 1879 et 1882 ; Charles Harold Wollaston (GB) avec les Wanderers en 1872, 1873, 1876, 1877 et 1878.
• En Coupe d'Écosse, Charles Campbell (GB) a été huit fois vainqueur avec les Queen's Park en 1874, 1875, 1876, 1880, 1881, 1882, 1884 et 1886.

SÉRIES D'INVINCIBILITÉS

• Nottingham Forest est resté invaincu pendant 42 matchs de première division anglaise du 20-11-77 au 9-12-78.
• En Écosse, le Celtic de Glasgow n'a connu aucune défaite du 13-11-15 au 21-04-17, soit pendant 62 matchs.

LE MEILLEUR SCORE EN FINALE DE COUPE

En 1935, Lausanne-Sport battait Nordstern de Bâle par un résultat de 10 à 0 en finale de Coupe de Suisse, mais subit le même score en finale deux ans plus tard par le Grasshoper de Zurich.

LE PLUS GRAND TOURNOI

Le tournoi à sept de Bangkok, qui s'est tenu du 09-01 au 25-04-99, a regroupé 5 098 équipes, ce qui lui confère le titre de plus grande compétition du monde, mais à sept, il est vrai.

GARDIENS DE BUT INVINCIBLES

• Le gardien de l'Athletico de Madrid, Abel Resino (Espagne), a tenu 1 275 minutes, plus de 14 matchs, sans encaisser le moindre but en 1991.
• En match international, c'est Dino Zoff (Italie) qui détient le record avec 1 142 minutes d'invincibilité, presque treize matchs, de septembre 1972 à juin 1974.

LA MÉDAILLE LA PLUS PRÉCIEUSE

La médaille du vainqueur de la Coupe du monde 1966 de Gordon Banks (GB) a été adjugée 124 750 £ (197 000 €), chez Christie's à Londres, le 23-03-01.

LE GARDIEN LE PLUS CHER

En juillet 2001, Gianluigi Buffon (Italie) a été transféré de Parme à la Juventus de Turin pour 51 millions €.

LE PLUS GROS CONTRAT D'ÉQUIPEMENT

En 2000, l'équipementier Nike a offert à Manchester United la somme de 302,9 millions £ (478,6 millions €) pour s'assurer l'exclusivité des équipements du club.

GRANDES DISTANCES

La plus grande distance entre deux clubs de première division est de 4 766 km. C'est le voyage que doivent entreprendre les L.A. Galaxy et les New England lorsqu'ils se rencontrent en US Major League, le Championnat américain.

LE PLUS DE CARTONS

• Le 03-11-69, un match de coupe un peu mouvementé entre deux équipes amateurs, le Tongham Youth Club et le Hawley en Angleterre, a obligé l'arbitre à prendre des sanctions : les 22 acteurs ont reçu un carton jaune, dont un joueur qui

TITRES OLYMPIQUES FÉMININS

Le football féminin a fait son entrée aux J.O. en 1996, année où le titre est revenu aux USA. Puis en 2000 à Sydney, les Norvégiennes ont battu les Américaines par un score de 3 à 2 en finale.

BUTS EN PREMIÈRE LEAGUE

Avec 204 buts, Alan Shearer (GB) est toujours le leader des buteurs de la Premier League anglaise. Shearer a débuté sa carrière à Southampton, avant de rejoindre les Blakburn Rovers puis les Newcastle United en juillet 1996, pour 24,4 millions €, un record à l'époque. Capitaine de l'équipe d'Angleterre, il fut aussi le meilleur buteur du Championnat d'Europe en 1996.

finit le match à l'hôpital, et un arbitre-assistant. Un des participants à cette rencontre, gagnée par Tongham 2 à 0, qualifia ce match de " simplement engagé ".

• Onze joueurs et deux remplaçants de Glencraig United, à Clydebank en Écosse, ont chacun reçu un carton jaune alors qu'ils étaient encore dans les vestiaires avant la rencontre contre les Goldenhill Boys, le 02-02-75. L'arbitre qui avait arbitré Glencraig précédemment, prit ombrage des chants peu flatteurs des supporters à son égard lors de son arrivée au stade et décida de sévir. Et le résultat du match, dans tout ça : 2 à 2.

LA PLUS LONGUE SÉRIE DE TIRS AU BUT

Le match de coupe amateur entre Littletown FC et Storthes Hall dans le Yorkshire (GB), le 29-12-01, prit fin sur le score nul de 1 à 1 après prolongation. Lors de la séance de tirs aux buts, 34 pénaltys sont tirés et réussis. À la nuit tombée, l'arbitre dut interrompre la partie sur le score de 17 à 17.

TITRES EN COUPE D'AFRIQUE DES NATIONS

Trois pays ont remporté le titre de champions d'Afrique à quatre reprise : le Ghana en 1963, 1965, 1978 et 1982 ; l'Égypte en 1957, 1959, 1986 et 1998 ; ainsi que le Cameroun, en 1984, 1988, 2000 et 2002.

UN BALLON SUR UN DOIGT

Raphaël Harris (Israël) a fait tourner sur son doigt un ballon de foot officiel pendant 4 min 21 s, à Jérusalem, le 27-10-00.

JONGLERIE SUR LONGUE DISTANCE

Jan Skorkovsky (République thèque) a jonglé avec un ballon de football sur le parcours de 42,195 km du Marathon de Prague, le 08 -07-90, Ce jonglage a duré 7 h 18 min 55 s.

JOUEUR PRO LE PLUS ÂGÉ

Neil McBain (GB) a joué son dernier match le 15-03-47 avec New Brighton contre Hartlepool en troisième division anglaise. Âgé de 51 ans et 120 jours, ce gardien de but prit part à la rencontre pour remplacer d'autres titulaires blessés.

LE PLUS GROS GARDIEN DE BUT

L'international anglais Willie Foulke, Fatty mesurait 1,90 m et pesait 141 kg. À la fin de sa carrière, au début des années 1900, alors qu'il jouait pour Bradford City, il avait atteint 165 kg. Foulke avait interrompu involontairement un match en cassant net la barre transversale.

JONGLERIES FÉMININES

Claudia Martini (Brésil) a jonglé des pieds, des jambes, et de la tête avec un ballon de football pendant 7 h 5 min 25 s, à Caxias do Sul au Brésil, le 12-07-96.

JONGLERIES DE LA TÊTE

Goderdzi Makharadze (Géorgie) a contrôlé un ballon de football seulement avec la tête pendant 8 h 12 min 25 s, le 26-05-96 au Boris Paichadze National Stadium, à Tbilisi en Géorgie.

LA PREMIÈRE COMPÉTITION

La Youdan Cup, gagnée en 1867 par l'Hallam FC de Sheffield (GB), est la compétition la plus ancienne de l'histoire du football. Sponsorisée par l'enthousiaste Thomas Youdan (GB), elle ne fut disputée qu'à une seule occasion.

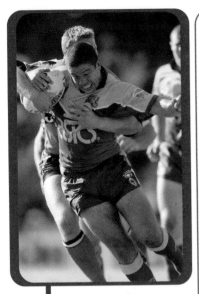

ESSAIS EN UNE CARRIÈRE

Le trois-quarts-aile Brian Bevan (Australie), a marqué 796 essais en 18 saisons entre 1945 et 1964. Bevan a joué seize saisons avec Warrington, qui baptisa une tribune de leur terrain à son nom, et les deux dernières années de sa carrière avec Blackpool Borough. Il concrétisa 740 points pour Warrington, 17 pour Blackpool, et 39 dans divers autres matchs. Bizarrement, il n'a jamais atteint le niveau international.

MEILLEUR SCORE

Ngati Pikiao of Rotorua a battu Tokoroa United 148 à 0 lors d'une rencontre de championnat de moins de 17 ans en Nouvelle-Zélande, le 10-07-94.

MEILLEUR SCORE INTERNATIONAL

L'Australie a battu la Russie par 110 à 4 en Coupe du monde à Hull (GB), le 04-11-00, c'est le record du plus gros score en match international.

LES HAT-TRICKS CONSÉCUTIFS

Richard Lopag (GB) des Deighton New Saracens a réalisé des hat-tricks lors de douze rencontres successives dans la saison 2000-2001. Ses 26 coups du chapeau dans la même saison constituent également un record.

DÉFAITES CONSÉCUTIVES

Runcorn Highfield détient le triste record d'avoir perdu 55 matchs de suite du 29-01-89 au 27-01-91. C'est avec bonheur que le club enregistra la fin de la série par un inattendu 12-12 contre Carlisle, le 03-02-91.

PLUS JEUNE JOUEUR INTERNATIONAL

Paul Newlove (GB, né le 10-08-71) a disputé son premier test-match pour la Grande-Bretagne contre la Nlle-Zélande, le 21 octobre 1989 à Old Trafford à Manchester. Il était alors âgé de 18 ans et 72 jours. Ce trois-quarts centre a vu sa carrière le mener vers les Featherstone Rovers, à Bradford Northern, et à St-Helens.

VICTOIRES EN COUPE DU MONDE

La première édition de la Coupe du monde de jeu à XIII s'est déroulée en 1954. Depuis, l'Australie s'est taillée la part du lion avec huit victoires en 1957, 1968, 1970, 1977, 1988, 1992, 1995 et 2000. En 1975, elle ajoute l'International Championship dans sa vitrine de trophées.

ESSAIS POUR UN DÉBUT AVEC LES LIONS

L'ancienne star du rugby à XIII, Jason Robinson (GB), a réussi cinq essais pour ses débuts avec les British Lions (sélection de joueurs des Îles britanniques), lors de la victoire 83-6 contre le Queensland President's XV à Townsville en Australie, le 12-06-01.

AFFLUENCE RECORD EN JEU A XIII

Le Stadium Australia de Sidney, construit pour les Jeux olympiques de l'an 2000, détient le record d'affluence pour le jeu à XIII et le rugby. 104 583 personnes assistèrent le 07-03-99 à une double rencontre entre les Newcastle Knights et Manly Sea Eagles (41-18) ainsi qu'entre les Parramatta Eels et les Saint-George Illawarra Dragons (20-10).

JEU A XIII

MATCHS POUR LE MÊME CLUB

Le Gallois Jim Sullivan (GB) a joué 774 matchs pour son club de Wigan entre 1921 et 1946. Au total, Sullivan a participé à 928 rencontres.

RECORDMAN BUTEUR

Jim Sullivan (GB) a réussi 2 867 transformations ou pénalités dans sa carrière pour Wigan de 1921 à 1946.

MEILLEUR BUTEUR EN UNE SAISON DE CHAMPIONNAT

David Watkins (GB) a réussi 221 transformations ou pénalités dans les 47 matchs de la saison 1972-1973 qu'il joua avec Salford.

ESSAIS EN UNE CARRIÈRE INTERNATIONALE

64 essais en 101 rencontres internationales, c'est le record détenu par l'Australien David Campese entre 1982 et 1996, qui marqua dès ses débuts contre les All Blacks. Campese est également l'Australien le plus capé.

RUGBY

RECORDS DE FIDÉLITÉ

• Roy Evans (GB) a joué 1 193 matchs dans sa carrière de pilier, dont 1 007 pour Osterley du 12-09-50 au 29-04-89.
• Le plus fidèle à son club reste Allan Robertshaw (GB) qui a disputé 1 075 matchs pour York.

RECORD D'ESSAIS EN UNE SAISON

Durant la saison 1953-1954, John Huins a marqué 85 essais dont 73 pour Saint Lukes College d'Exeter (GB) et douze pour Neath en matchs de sélection.

L'ESSAI LE PLUS RAPIDE

Huit secondes après le début du match de son club des Widden Old Boys contre Old Ashtonians, à Gloucester, GB, le 22-11-90, Andrew Brown (GB) entrait dans l'histoire.

L'ESSAI INTERNATIONAL LE PLUS RAPIDE

Dix secondes après le début du match Angleterre-Pays de Galles à Twickenham à Londres le 20-01-23, Herbert Leo Price, Bart, aplatit dans l'en-but gallois. Record battu au plus haut niveau.

PÉNALITÉS DE LONGUEUR

En match international, la palme revient à Paul Thorburn (GB) qui a permis au Pays de Galles d'ajouter trois points au score contre l'Écosse avec une pénalité de 64,22 m, le 01-02-86.

RECORD D'AFFLUENCE

Les spectateurs étaient présents au nombre de 109 874 pour assister à la victoire des All Blacks sur le terrain des Wallabies australiens au Stadium Australia à Sydney, le 15-07-00. Record mondial battu pour un match de rugby.

RECORD DE SÉLECTIONS

C'est Philippe Sella (France) qui détient le record mondial de sélections avec 111 capes pour les Bleus entre 1982 et 1995. Il a marqué 30 essais, dont un par match lors du Tournoi des Cinq Nations de 1986, et a participé à trois Coupes du monde.

PÉNALITÉS EN MATCH INTERNATIONAL

Deux joueurs ont réussi l'exploit de réussir neuf pénalités en un match international. Keiji Hirosse (Japon) est le premier lors d'une victoire du Japon contre le Tonga 44 à 17 à Tokyo le 09-05-99. Quelques semaines plus tard, le 24-07-99, Andrew Mehrthens (Nlle-Zélande) égalise la performance permettant aux Blacks de battre l'Australie 34 à 15 à Auckland, en Nlle-Zélande.

POINTS POUR UN JOUEUR INTERNATIONAL

Lors d'un match de qualification pour la Coupe du monde entre Hong Kong et Singapour à Kuala Lumpur en Malaisie, le 27-10-94, le Chinois Ashley Billington a réussi la bagatelle de 50 points, dont dix essais.

MEILLEUR SCORE EN COUPE DU MONDE

Le 04-06-95 à Bloemfontein en Afrique du Sud, la Nouvelle-Zélande battait le Japon par 145 à 17. Lors de ce match à sens unique, les All Blacks en profitent pour décrocher le record d'essais, soit 21, et Simon Culhane, avec 45 points, celui du meilleur score personnel en phase finale de Coupe du monde.

VICTOIRES EN COUPE DU MONDE

L'Australie a remporté deux des quatre Coupes du monde disputées depuis la création de l'épreuve en 1987. Les Wallabies, en 1991

et 1999, ont brandi le Trophée Webb Ellis, du nom de l'inventeur supposé du rugby.

RECORD DE POINTS EN TOURNOI INTERNATIONAL

En 2000, Jonny Wilkinson (GB) a engrangé 78 points pour l'Angleterre, 18 pénalités et douze transformations, en cinq matchs du Tournoi des Six Nations.

GRANDS CHELEMS

L'Angleterre détient le record des grands chelems (quatre matchs et quatre victoires dans le Tournoi des Cinq Nations) avec onze consécrations en 1913, 1914, 1921, 1923, 1924, 1928, 1957, 1980, 1991, 1992 et 1995. Depuis l'an 2000 et l'arrivée de l'Italie dans la compétition, seule la France a réalisé, en 2002, un Grand Chelem des Six Nations.

SÉLECTIONS INTERNATIONALES CONSÉCUTIVES

• Le Néo-Zélandais Sean Fitzpatrick a joué 63 rencontres internationales consécutives de 1986 à 1995.
• Le record britannique est détenu conjointement par Willie-John McBride (Irlande) avec 52 matchs pour l'Irlande de 1964 à 1975, et par Gareth Edwards (GB) qui n'a pas manqué un match durant sa carrière pour le Pays de Galles entre 1967 et 1978. McBride a joué également 17 fois avec les British Lions.

REJETS PAR UN GARDIEN DE GUICHET

Moin Khan (Pakistan) est le champion des rejets avec 257 éliminations, dont 191 récupérations et 66 éliminations directes sur 190 matchs, entre 1990 et 2001. La Coupe du monde 1999 reste le moment fort de sa carrière avec un maximum de quinze rejets et une moyenne à la batte de 34.

LE PLUS LONG TEST-MATCH

Plus connu sous le nom de L'Interminable, le test-match entre l'Angleterre et l'Afrique du Sud disputé à Durban s'est déroulé du 03 au 14-04-39. Il a été interrompu après dix jours (la pluie, le huitième jour, a même interdit le jeu), le bateau de l'équipe anglaise devant impérativement appareiller. Le temps total de jeu a été de 43 h 16 min avec un record de 1 981 runs à la clé.

197 FOIS 100

En 1 315 innings, Sir Jack Hobbs (GB) a marqué 197 centuries sur un total de 100 courses, entre 1905 et 1934 pour le Surrey et l'Angleterre.

43 FOIS ZÉRO

Le joueur des Caraïbes, Courtney Walsh (Jamaïque), a le privilège peu enviable de détenir le record de ducks (quand le batteur marque zéro) lors d'un test-match, avec 43 scores de zéro sur 185 passages à la batte de novembre 1984 à avril 2001.

SCORE VIERGE

Le plus grand nombre de maidens (série de six balles ne marquant aucun point) reste 365, réalisé par Sir Garfield Sobers (Barbade) pour les Caraïbes contre le Pakistan à Kingston, en Jamaïque, les 27 et 28-02 et le 01-03-58.

MOYENNE DE COUPS DE BATTE EN PREMIÈRE CATÉGORIE

Avec une moyenne de 95,14 ; Sir Donald Bradman (Australie) détient le record en ce qui concerne les coups de battes. Au total, il comptabilise 28 067 points en 338 tournées dont 43 non-extérieurs, marqués entre 1927 et 1949 pour New South Wales, South Australia, et l'équipe d'Australie.

RECORD DE POINTS SUR UN TEST

Graham Gooch (GB) a marqué 456 runs pour l'Angleterre contre l'Inde au Lord's de Londres, en juillet 1990. Jamais un joueur n'a fait mieux lors d'un test-match. Gooch a marqué 333 sur la première tournée et 123 dans la seconde.

RUNS D'UN JOUR DE TEST

Le plus grand nombre de runs en une journée atteint 588. C'est à Old Trafford, Manchester, le 27-07-36, que l'Angleterre en enregistrant 398 à 190 contre l'Inde à la fin de la seconde tournée, est entrée dans l'histoire.

POINTS EN TEST

Entre 1978 et 1994, Allan Border (Australie) enregistre 11 174 points en 156 tests-matchs, une moyenne de 56,56.

PLUS GROS SCORE EN TEST

Le Sri Lanka a marqué 952 pour 6 contre l'Inde à Colombo du 04 au 06-08-97. Dans cette rencontre, Sanath Jayasuriya (340) et Roshan Mahanama (225) établirent un record conjoint de 576.

VICTOIRES CONSÉCUTIVES EN TEST

En battant l'Inde sur son terrain de Mumbai par dix wickets en mars 2001, l'Australie a battu le record des victoires successives en test avec 16 matchs sans défaite.

TOURNÉES PAR JOUEUR EN TEST

Brian Lara (Trinidad) a réussi le score de 375 innings pour les Caraïbes contre l'Angleterre au Recreation Ground de Saint John's en Antigua, du 16 au 18-04-94.

TOTAL LE PLUS FAIBLE DE TOURNÉES EN TEST

Avec seulement 26 innings, la Nouvelle-Zélande, dans le test contre l'Angleterre à Auckland, le 28-03-55, détient ce record peu glorieux.

RECORD DE TOURNÉES

Le batteur des Caraïbes, Brian Lara (Trinidad) a marqué 5 001 non-extérieurs en 7 h 54 min pour le Warwickshire contre Durham à Edgbaston en Grande-Bretagne en

LE JOUEUR LE PLUS COMPLET

Kapil Dev (Inde) est considéré comme le joueur le plus complet du monde. Il a réalisé 5 248 courses (une moyenne de 31), obtenu 434 wickets (moyenne de 29,6) et 64 récupérations en 131 matchs entre 1978 et 1994.

CKET

SIX SIXES

Sir Garfield Sobers (Barbade) a marqué six sixes (séries de six courses) sur Malcolm Nash (GB) au Pays de Galles, en août 1968. Ravishankar Shastri (Inde) réitéra l'exploit sur Tilak Raj Sharma (Inde) à Bombay, le 10 -01-85.

juin 1994. Au cours de ses tournées, il bat le record de runs en une journée (390, le 06-06) et celui des runs valant quatre et plus (308 avec 62 fours et dix sixes).

RUNS SUR UNE JOURNÉE

L'Australie a marqué 721 runs en 5 h 48 min contre l'Essex à Southend-on-Sea (GB), le 15-05-48.

PROLONGATIONS CONCEDÉES EN TEST

Les Caraïbes ont concédé le nombre record de 71 prolongations contre le Pakistan (21 balles passées, huit pieds hors-jeu, quatre balles refusées et 38 balles écartées) à Georgetown, Guyana, les 03 et 04-04-88.

DOUBLES CENT EN DEUX INNINGS

Arthur Fagg (GB) est le seul joueur à avoir réussi l'exploit de marquer un double cent dans les deux tournées : 224 et 202 pour le Kent contre l'Essex, à Colchester (GB), du 13 au 15-07-38.

DOUBLES CENT EN UNE CARRIÈRE

Sir Donald Bradman (Australie) a réalisé 37 doubles cent dans sa carrière entre 1927 et 1949.

RUNS SUR UNE BALLE

Garry Chapman (Australie) a marqué 17 points sur une balle en jouant avec Banyule contre McLeod à la Windsor Reserve de Victoria en Australie, le 13-10-90. Chapman jouant une balle à mi-guichet, la vit disparaître dans 25 cm d'herbe.

RÉCUPÉRATION EN TEST

Mark Taylor (Australie) a effectué 157 récupérations en 104 matchs pour son pays entre 1989 et 1999.

RENVOIS SUR UN GARDIEN DE TERRAIN FÉMININ

Lisa Nyc (GB) détient le record des renvois avec huit dans la même tournée lors d'un match qu'elle joua pour l'Angleterre contre la Nouvelle-Zélande à New Plymouth, Nouvelle-Zélande, en février 1992.

DIX WICKETS SUR UNE TOURNÉE

John Wisden (GB) est le seul joueur à avoir effacé 10 wickets sur un inning pour North contre South au Lord's de Londres. C'était en 1850. Un seul joueur a marqué 10 wickets en une tournée à trois occasions. Son nom est Alfred Freeman (GB), qui joua pour le Kent entre 1929 et 1931.

WICKETS SUCCESSIFS

• Aucun lanceur en première catégorie n'a encore réussi à prendre cinq balles de suite. Lors de son jubilé, Charles Leonard Parker (GB) avec le Gloucestershire contre le Yorkshire à Bristol, le 10-08-22, toucha cinq fois les piquets, mais la seconde balle fut déclarée faute.
• Robert James Crisp (Afrique du Sud) a réussi plusieurs fois quatre wickets de suite pour Western Province contre Griqualand West à Johannesburg, le 24-12-31 et contre Natal à Durban, le 03-03-34.
• Patrick Ian Pocock (GB) a pris cinq wickets sur six balles, six sur neuf balles et sept sur onze pour le Surrey contre le Sussex à Eastbourne (GB), le 15-08-72.
• Au Lord's de Londres, le 22-05-07, Albert Edwin Troot (Australie), joueur du Middlesex enregistre quatre wickets sur quatre balles avant de réaliser un hat-trick sur trois balles dans la même tournée contre Sommerset.

LA FEMME LA PLUS CAPÉE

Entre 1979 et 2000, Deborah Hockley (Nlle-Zélande) a joué 126 rencontres internationales (19 tests-matchs et 109 internationaux d'un jour). Elle est la plus jeune joueuse a avoir participé à un test-match, à l'âge 16 ans et 80 jours.

LA PLUS GRANDE BATTE DU MONDE

Au National Stadium de New Delhi, le 16-04-99, une batte de 430 kg, mesurant 15,24 m de long et 1,82 m de large, servait de support au sponsor Lg Electronics India Pv.

LE PLUS RAPIDE À ATTEINDRE DEUX CENTS

En jouant contre l'Angleterre au Jade Stadium de Christchurch en Nouvelle-Zélande en mars 2002, Nathan Astle (Nlle-Zélande) a marqué 200 balles sur 153, pour terminer à 222 sur 168. Les Anglais en l'emportant par 98 runs, ont fait d'Astle le recordman d'innings sur un match perdu.

GAINS EN UNE CARRIÈRE DE BEACH VOLLEY
Karch Kiraly (USA) a amassé 2 841 065 $ (3,1 millions €) pendant sa carrière, en tournois de l'Association Volleyball Professionals (AVP). Avec 141 titres AVP, Kiraly est le joueur le plus titré de sa discipline.

VOLLEYBALL

TITRES OLYMPIQUES MASCULINS
L'URSS a remporté le titre olympique à trois reprises, en 1964, 1968, et 1980. Elle aurait ajouté une médaille de plus à son palmarès si elle ne s'était présentée en 1992 sous la bannière des États Indépendants.

TITRES OLYMPIQUES FÉMININS
L'URSS fut quatre fois médaillée d'or aux J.O., en 1968, 1972, 1980, et 1988.

MÉDAILLES OLYMPIQUES
Trois joueurs ont remporté trois médailles olympiques : Yuri Poyarkov (URSS) avec deux médailles d'or en 1964 et 1968, et le bronze en 1972 ; Katsutoshi Nekoda (Japon), or en 1972, argent en 1968, bronze en 1964 ; et Steve Timmons (USA), or en 1984 et 1988 et bronze en 1992.

DOTATION RECORD
En 1998, la dotation du tournoi des Championnats du monde de beach-volley a atteint la somme record, tous sports collectifs confondus, de 2,40 millions € dont 1,3 millions € pour le titre individuel.

CHAMPIONS DU MONDE MASCULINS
Les premiers Championnats du monde de volley ont eu lieu à Prague (Rép. tchèque) en 1949. L'URSS l'a emporté et en a fait de même à cinq autres occasions, en 1952, 1960, 1962, 1978 et 1982.

CHAMPIONS DU MONDE FÉMININS
L'URSS a trusté les titres de champions du monde féminins depuis leur création en 1952, avec cinq victoires en 1952, 1956, 1960, 1970 et 1990.

RINK-HOCKEY

CHAMPIONS DU MONDE
L'Angleterre a remporté les premiers titres de Champion du monde de rink-hockey de 1936 à 1939. Depuis, le Portugal, avec 14 consécrations entre 1947 et 1993, demeure le leader incontesté de cette discipline sous l'égide de la Fédération internationale de patinage à roulettes (FIPR).

NETBALL

TITRES DE CHAMPIONS DU MONDE
Avec huit titres de champions du monde de netball depuis leur création en 1963, puis 1971, 1975, 1979, 1983, 1991, 1995 et enfin 1999, l'Australie règne sur cette discipline.

LE MATCH LE PLUS LONG
Des membres du Sasol Netball Club d'Evander en Afrique du Sud, ont disputé un match 50 heures durant, du 30-03 au 01-04-01.

SCORE LE PLUS LOURD EN CHAMPIONNAT DU MONDE
Le 09-07-91, à Sydney (Australie), Cook Island bat Vanuatu 120 à 38. C'est le score le plus lourd jamais enregistré lors de Championnats du monde de netball.

KORFBALL

LE PLUS GRAND TOURNOI
Inventé en 1901 par un instituteur néerlandais, Nico Broekhuysen, le korfball est sport similaire au netball et au basket (*korf* signifie panier en néerlandais), qui peut être pratiqué en équipes mixtes.

Le 12 juin 1999, 1 796 joueurs ont disputé le tournoi international junior Kom Keukens/Ten Donck à Ridderkerk aux Pays-Bas.

LE PLUS GROS SCORE EN FINALE
Le plus gros score d'une finale de Championnat du monde de korfball reste la victoire des Pays-Bas sur la

POINTS EN CHAMPIONNAT DU MONDE DE NETBALL
Avec 543 points réussis lors des Championnats du monde de netball en 1995, Irene Van Dyk (Afrique du Sud), détient le record de la compétition. Après son départ d'Afrique du Sud en 2000, elle endossa le maillot néo-zélandais.

Belgique par 23 à 11 en 1999 à Adélaïde en Australie. L'écart de douze points est également un record dans une finale de la compétition.

LACROSSE

LE PLUS GROS SCORE INTERNATIONAL

En battant l'Allemagne par 34 à 3 à Manchester le 25-08-94, l'Écosse a réalisé le plus gros score d'un match de Coupe du monde. Les USA battent le Japon par 33 à 2 le 21-08-94 et détiennent le record du plus gros score en World Cup Premier Division.

LE PLUS GROS SCORE INTERNATIONAL FÉMININ

En 1967, la Grande-Bretagne et l'Irlande associées ont battu Long Island 40 à 0 en tournée américaine.

CHAMPIONS DU MONDE MASCULINS

1967, 1974, 1982, 1986, 1990, 1994 et 1998 sont les années des huit titres de Champions du monde de lacrosse remportés par les USA. En 1978, lors du premier match nul international, on a eu recours à une prolongation pour le titre de Champion. Finalement, le Canada a battu les USA 17 à 16.

CHAMPIONS DU MONDE FÉMININS

La première édition de la Coupe du monde de lacrosse s'est disputée en 1982, succédant aux Championnat du monde en place depuis 1969. Sur les deux compétitions confondues, les USA ont été consacrés six fois, en 1974, 1982, 1989, 1993, 1997 et 2001.

SÉLECTIONS FÉMININES INTERNATIONALES

Vivien Jones (GB), avec 97 sélections internationales de 1977 à 2001, reste la joueuse la plus expérimentée du monde. Elle fit l'essentiel de sa carrière avec Putney et Saint Mary's College.

HOCKEY SUR GAZON

LE BUT LE PLUS RAPIDE

John French (GB) a marqué un but sept secondes après le coup d'envoi du match Angleterre-RFA à Nottingham, le 25-04-71.

BUTEUR INTERNATIONAL

Paul Litjens (Pays-Bas) a inscrit 267 buts lors de 177 matchs internationaux.

LE PLUS GROS SCORE INTERNATIONAL

Avec 24 à 1, l'Inde qui a battu les USA, à Los Angeles en 1932, a réalisé le plus gros score d'un match entre nations.

LE PLUS GROS SCORE INTERNATIONAL DAMES

Le record le plus imposant en match international féminin revient à la Grande-Bretagne battant la France 23 à 0 à Merton (GB) le 03-02-23.

TITRES EN COUPE DU MONDE

Le Pakistan a remporté la première édition de

SÉLECTIONS EN HOCKEY SUR GAZON

De 1985 à janvier 2001, Jacques Brinkman a porté 337 fois le maillot des Pays-Bas. Un record.

la Coupe du monde de la Fédération internationale de hockey (FIH) en 1971. Il a réédité cet exploit en 1978, 1982 et 1994.

COUPES DU MONDE FÉMININES

Premiers vainqueurs, les Pays-Bas ont gagné la Coupe du monde FIH en 1974, 1978, 1983, 1986 et 1990.

TITRES OLYMPIQUES FÉMININS

Le hockey sur gazon féminin n'a fait son apparition aux J.O. qu'en 1980 à Moscou. Depuis, l'Australie a gagné en 1988 et 1996.

ARBITRE HISTORIQUE

Graham Dennis Nash (GB) a arbitré durant cinq olympiades successives entre 1976 et 1992 et a officié sur 144 matchs internationaux.

GAELIC FOOTBALL

TITRES DE CHAMPIONS D'IRLANDE

Kerry, avec 31 titres entre 1903 et 1997, reste l'équipe qui a remporté le plus souvent le Championnat d'Irlande. Wexford a gagné quatre trophées consécutifs (1915-18).

PLUS FORTE AFFLUENCE

La finale de 1961 à Croke Park à Dublin entre Down et Offaly a attiré une foule de 90 556 spectateurs.

HURLING

CHAMPIONS D'IRLANDE

Entre 1890 et 1999, Cork a enlevé 28 titres de champions d'Irlande d'hurling

PLUS FORTE AFFLUENCE

En 1954, 84 865 spectateurs ont assisté à la finale du Championnat entre Cork et Wexford à Croke Park à Dublin.

SCORE LE PLUS FAIBLE D'UNE FINALE

Le plus triste score enregistré pour une finale de Championnat a été celui de la première édition en 1887, quand Tipperary, avec un but et un point, a battu Galway avec zéro.

HANDBALL

PLUS FORT SCORE INTERNATIONAL

C'est en battant l'Afghanistan par 86 à 2, que l'URSS décrocha ce record, lors d'un tournoi militaire à Miskolc en Hongrie en août 1981.

TITRES DE CHAMPIONS DU MONDE

Les Roumains, vainqueurs en 1961, 1964, 1970 et 1974, ainsi que la Suède, victorieuse en 1954, 1958,

1990 et 1999, sont en tête en nombre de titres indoor. Toutefois, la RFA a remporté deux titres en extérieur (1938 et 1966) et deux fois en indoor (1938 et 1978).

TITRES DE CHAMPIONNES DU MONDE

Chez les dames, la Roumanie (1956, 1960 en extérieur et 1962 en indoor), la RFA (1971, 1975 et 1978 en extérieur) et l'URSS (1982, 1986, 1990 en extérieur) sont les seules nations à compter trois titres mondiaux.

CROQUET

RECORD D'HOOPS EN 24 HEURES

Le plus grand nombre d'hoops (passage de la boule sous l'arceau) a été réalisé lors d'un match de 24 h entre Orange City et Bathurst City Croquet Club à Orange en Australie, les 26 et 27-01-01. Orange a gagné par 413 à 406, pour un nombre total de 819 hoops.

PELOTE BASQUE

SPORT LE PLUS RAPIDE

Avec 302 km/h, la pelote est le projectile le plus rapide du sport

envoyé par la force humaine. Cette balle légèrement plus petite qu'une balle de base-ball est plus dure qu'une balle de golf (273 km/h). Cette vitesse n'est atteinte que dans les matchs de Jaï alaï (jeu allègre) en Cesta Punta disputés deux contre deux avec un grand chistera (gant d'osier) sur un fronton couvert à trois murs.

SHINTY

TITRES EN CHALLENGE CUP

Le shinty est le cousin écossais du hurling. Newtonmore (GB) dans les Highlands a remporté 28 fois la Camanachd Association Challenge Cup (trophée majeur créé en 1896) entre 1907 et 1986.

FOOTBAG

RECORD MASCULIN

Ted Martin a réalisé 63 326 touches du pied en 8 h 50 min 42 s pour (USA) au Lion Park de Mount Prospect dans l'Illinois, le 14-06-97.

RECORD FÉMININ

Chez les filles, Constance Constable (USA) a réussi 24 713 touches en

4 h 9 min 27 s au California Athletic Club de Monterey en Californie, le 18-04-98.

LE PLUS GRAND CERCLE

946 personnes ont formé un cercle de footbag (jonglerie au pied avec une petite balle en mousse) au Cornerstone Festival à Bushnell dans l'Illinois, le 06-07-01.

BOWLING

TITRES PROFESSIONNELS DE BOWLING FÉMININ

Sinobu Saito avec 67 titres en professionnel au 31-12-99 détient le record de la spécialité.

TITRES DE BOWLING MASCULIN

Earl Roderick Anthony (USA) a remporté 41 titres de PBA (Professionnal Bowling Association) et a été le premier joueur à dépasser un million $ de gains (1,1 millions €).

TITRES EN COUPE DU MONDE

Paeng Nepomuceno (Philippines) a enlevé quatre fois la Coupe du monde, en 1976, 1980, 1992 et 1996. Son premier titre acquis à l'âge de 19 ans est également un record.

24 HEURES DE BOWLING

Une équipe de six joueurs a comptabilisé 251 630 points pendant 24 heures à Eastways Lanes à Erie en Pennsylvanie, les 25 et 26-07-97. Cory Bithell (USA) a atteint, à lui seul, un record de 59 702 points.

MARATHON DE BOWLING

La plus longue partie de bowling de tous les temps a duré 37 h 8 min. Steve Taylor (GB) a réussi cette performance au Sutton Superbowl de Londres du 17 au 19-09-2001.

LARGE VICTOIRE EN FINALE IRLANDAISE D'HURLING

En 1989, Tipperary battait Antrim par 41 (4 buts, 29 points) à 18 (3 buts, 9 points) en finale. La finale la plus spectaculaire fut celle de 1970, lorsque Cork a dominé Wexford par 39 (6 buts, 21 points) à 25 (5 buts, 10 points).

MARATHON DE BOULES

Six membres du Durie Hill Bowling Club de Wanganui en Nouvelle-Zélande ont joué aux boules en extérieur pendant 40 h 8 min, les 13 et 14-04-01. Une averse torrentielle faillit interrompre la partie, mais heureusement la surface de jeu resta praticable grâce à l'installation d'une pompe.

BOULES

TITRES DE CHAMPIONS DU MONDE OUTDOORS

Le Leonard Trophy, créé en 1966, a vu l'Ecosse s'imposer à quatre reprises en 1972, 1984, 1992, et 1996.

CHAMPIONNATS CONSÉCUTIFS

L'Herrington Workmen's Flat Green Bowling Club de Durham (GB) a remporté la Swan Cup 25 fois de suite de 1967 à 1991.

TITRES INDIVIDUELS DE CHAMPION DU MONDE OUTDOOR

David Bryant (GB) a amassé trois titres individuels en 1966, 1980 et 1988. Vainqueur en triplette en 1980 et avec deux Leonard Trophy en 1980 et 1988, il possède six médailles d'or mondiales. Bryant a remporté neuf fois le titre national en indoor entre 1964 et 1983, ainsi que

cinq médailles d'or aux Jeux du Commonwealth de 1962 à 1978. Un joli palmarès.

PLUS GROS SCORE OUTDOOR

Dans les matchs en quatre manches de 21 points (joués en équipe de quatre), la plus belle victoire est celle de Sorrento Bowling Club contre Sportsmans 67 à 5 à Duncraig, Australie, le 14-03-98.

PLUS GROS SCORE DES CHAMPIONNATS DU MONDE OUTDOORS

A Melbourne (Australie), le 16-01-80, le Swaziland battait le Japon avec un score de 63 à 1. Un record depuis la création de la compétition en 1966.

LE SCORE LE PLUS LOURD EN INDOOR

64 à 0 par Durbanville contre George Lee Park, durant le Championnat d'Afrique du Sud féminin, au Cap, le 10-03-97. Record battu.

LE PLUS EXPÉRIMENTÉ SUR GAZON

Ron Buchan (Nouvelle-Zélande), qui a commencé sa carrière sur gazon en 1926, fut champion de son pays en 1964 et 1965. Il remporta le titre en match à quatre manches en 1957.

FOOTBALL AUSTRALIEN

CARRIÈRE DE BUTEUR

Tony Locket (Australie) a réussi dans sa carrière de footballeur australien 1 357 buts entre 1983 et 1999.

SCORE FLEUVE

Le plus gros score de en AFL est l'apanage de l'équipe de Geelong avec 239 (37-17) contre Brisbane, le 03-05-92. Le football australien a été réglementé en 1858. Les 1er matchs se déroulaient avec 40 joueurs par équipe et des poteaux de buts distants de 1,6 km.

LE PLUS EXPÉRIMENTÉ

Michael Tuck (Australie), avec 426 matches à son actif entre 1972 et 1991, est le joueur de l'AFL le plus expérimenté. Au moment de sa retraite en 1991, il était classé second avec plus de 400 rencontres.

TITRES AFL

L'Australie regroupe trois ligues de football australien – l'Australian Football League (AFL), la South Australian National Football League et la Western Australian Football League. L'AFL, la plus importante, a été remportée à seize reprises par les Carlton Blues (avec Justin Murphy) entre 1906 et 1995.

3 000 M STEEPLE MASCULIN

Le Marocain Brahim Boulami a battu le record de la spécialité, en courant la distance en 7 min 55 s 28 centièmes à Bruxelles, le 24-08-01. Le record était monopolisé par les athlètes kenyans depuis 23 ans.

TITRES OLYMPIQUES

• Le record de dix médailles d'or aux Jeux olympiques, établi par Ray Ewry (USA) n'a jamais été atteint par un autre sportif. Ewry remporta ses médailles aux épreuves du saut en hauteur et du saut en longueur en 1900, 1904, 1906 et 1908, ainsi qu'au triple saut en 1900 et 1904. Les médailles obtenues lors des Jeux Intermédiaires de 1906, organisés officiellement par le Comité international olympique (CIO), ne sont pas comptabilisées.

• Chez les dames, Fanny Blankers-Koen (Pays-Bas) est la seule à avoir décroché quatre médailles d'or olympiques, sur 100 m, 200 m, 4 x 100 m et 80 m haies en 1948, aux Jeux de Londres. Depuis, Elizabeth Cuthbert, Betty (Australie) sur deux olympiades (1956 et 1964) et Evelyn Ashford (USA) sur trois (1984, 1988 et 1992), ont également remporté quatre titres.

TITRES SUR UNE MÊME OLYMPIADE

• Paavo Nurmi (Finlande) a décroché le titre olympique à cinq reprises pendant les Jeux de Paris en 1924 avec des victoires sur 1 500 m, 5 000 m, le cross de 10 km, le 3 000 m par équipe et le cross par équipe. Nurmi, dit le Finlandais volant détient le record des médailles olympiques dont neuf en or et trois en argent, aux J.O. de 1920, 1924 et 1928.

• Alvin Kraenzlein (USA), en 1900, s'est adjugé quatre médailles d'or, au 60 m, 110 m haies, 200 m haies et en saut en hauteur.

MÉDAILLES OLYMPIQUES CHEZ LES DAMES

• La Jamaïquaine, Marlene Ottey a remporté huit médailles, dont trois d'argent et cinq de bronze, en 1980, 1984, 1992, 1996 et 2000. Sept de ces médailles le furent à titre individuel, ce qui est un record.

• L'Australienne Shirley Barbara de la Hunty-Strickland a remporté sept médailles olympiques, dont trois d'or, une d'argent et trois de bronze, en 1948, 1952 et 1956. Sur le 200 m de 1948, la photo-finish indique qu'elle a terminé troisième et non quatrième comme il fut alors déclaré, ce qui porte son record non-officiel à huit.

• La Polonaise Irena Szewinska-Kirszenstein a remporté trois médailles d'or, deux de bronze, deux d'argent, en 1964, 1968, 1972 et 1976. C'est la seule femme médaillée en athlétisme sur quatre olyImpiades consécutives.

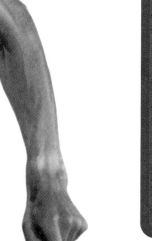

3 000 M INDOOR DAMES

L'Éthiopienne Berhane (n°31) Adere a battu le record du monde de la distance en 8 min 29 s 15 centièmes, à Stuttgart, Allemagne, le 03-02-02.

TITRES DE CHAMPION DU MONDE INDOOR

Depuis leur création en 1985, les Championnats du monde indoor sont disputés tous les deux ans. Décoré de cinq médailles d'or en 1993, 1995, 1997, 1999 et 2001 au saut en longueur, le Cubain Ivan Pedroso n'a pas encore été égalé.

LA PLUS JEUNE MÉDAILLÉE D'OR OLYMPIQUE

Pearl Jones (USA), née le 25-03-37, n'avait que 15 ans et 123 jours, lorsqu'elle remporta le 4 x 100 m avec l'équipe des USA aux Jeux d'Helsinki, Finlande, le 27-07-52. Elle est la plus jeune athlète à avoir obtenu une médaille olympique.

DOUBLÉS 200 M - 400 M AUX JEUX OLYMPIQUES

En remportant les médailles d'or du 200 et du 400 m à Atlanta, Marie-Jo Perec (France) est la seule femme à avoir réussi ce doublé. Elle avait déjà remporté la médaille d'or du 400 m à Barcelone en 1992, et compte à son palmarès deux titres de championne du monde sur cette distance en 1991 et 1995.

RECORDS DU MONDE MASCULINS

100 m 9"79
Maurice Greene (USA)
Athènes, Grèce
16 juin 1999

200 m 19"32
Michael Johnson (USA)
Atlanta, Géorgie, USA
1er août 1996

400 m 43"18
Michael Johnson (USA)
Séville, Espagne
26 août 1999

800 m 1'41"11
Wilson Kipketer (Danemark)
Cologne, Allemagne
24 août 1997

1 000 m 2'11"96
Noah Ngeny (Kenya)
Rieti, Italie
5 septembre 1999

1 500 m 3'26"00
Hicham El Guerrouj (Maroc)
Rome, Italie
14 juillet 1998

1 mile 3'43"13
Hicham El Guerrouj (Maroc)
Rome, Italie
7 juillet 1999

2 000 m 4'44"79
Hicham El Guerrouj (Maroc)
Berlin, Allemagne
7 septembre 1999

3 000 m 7'20"67
Daniel Komen (Kenya)
Rieti, Italie
1er septembre 1996

5 000 m 12'39"36
Haile Gebrselassie (Ethiopie)
Helsinki, Finlande
13 juin 1998

10 000 m 26'22"75
Haile Gebrselassie (Éthiopie)
Hengelo, Pays-Bas
1er juin 1998

20 000 m 56'55"6
Arturo Barrios (Mexique, aujourd'hui USA)
Le Fléche, France
30 mars 1991

25 000 m 1h13"55"8
Toshihiko Seko (Japon)
Christchurch, Nouvelle-Zélande
22 mars 1981

30 000 m 1h29'18"8
Toshihiko Seko (Japon)
Christchurch, Nouvelle-Zélande
22 mars 1981

Course d'une heure 21,101 km
Arturo Barrios (Mexique, aujourd'hui USA)
Le Fléche, France
30 mars 1991

110 m haies 12"91
Colin Jackson (GB)
Stuttgart, Allemagne
20 août 1993

400 m haies 46"78
Kevin Young (USA)
Barcelone, Espagne
6 août 1992

3 000-m steeple 7'55"28
Brahim Boulami (Maroc)
Bruxelles, Belgique
24 août 2001

Relais 4 x 100 m 37"40 ex-æquo
USA (Michael Marsh, Leroy Burrell, Dennis Mitchell, Carl Lewis)
Barcelone, Espagne
8 août 1992
USA (John Drummond Jr, Andre Cason, Dennis Mitchell, Leroy Burrell)
Stuttgart, Allemagne
21 août 1993

Relais 4 x 200-m 1'18"68
Santa Monica Track Club (Michael Marsh, Leroy Burrell, Floyd Heard, Carl Lewis, tous USA)
Walnut, Californie, USA
17 août 1994

Relais 4 x 400 m 2'54"20
USA (Jerome Young, Antonio Pettigrew, Tyree Washington, Michael Johnson)
New York, USA
23 juillet 1998

Relais 4 x 800 m 7'03"89
Grande-Bretagne (Peter Elliott, Garry Cook, Steve Cram, Sebastian Coe)
Crystal Palace, Londres, GB
30 août 1982

Relais 4 x 1 500-m 14'38"8
RFA (Thomas Wessinghage, Harald Hudak, Michael Lederer, Karl Fleschen)
Cologne, Allemagne
17 août 1977

Saut en Hauteur 2,45 m
Javier Sotomayor (Cuba)
Salamanque, Espagne
27 juillet 1993

Saut à la perche 6,14 m
Sergei Bubka (Ukraine)
Sestriere, Italie
31 juillet 1994

Saut en longueur 8,95 m
Mike Powell (USA)
Tokyo, Japon
30 août 1991

Triple saut 18,29 m
Jonathan Edwards (GB)
Gothenburg, Suède
7 août 1995

Lancer du poids 23,12 m
Randy Barnes (USA)
Los Angeles, USA
20 mai 1990

Lancer du disque 74,08 m
Jürgen Schult (RDA)
Neubrandenburg, Allemagne
6 juin 1986

Lancer du marteau 86, 74 m
Yuriy Sedykh (URSS)
Stuttgart, Allemagne
30 août 1986

Lancer du javelot 98,48 m
Jan Zelezny (Rép.tchèque)
Iena, Allemagne
25 mai 1996

Décathlon 9 026 points
Roman Sebrle (Rép.tchèque)
Götzis, Autriche
26–27 mai 2001
Jour 1 : 100 m : 10"64 ; SL : 8,11 m ;
Poids : 15,33 m ; SH : 2,12 m ; 400 m : 47"79
Jour 2 : 110 m h : 13"92 ; Disque : 47,92 m;
Perche : 4,80 m ; Javelot : 70,61 m;
1 500 m : 4'21"98

SAUT À LA PERCHE FÉMININ

Stacy Dragila (USA) détient le record du monde féminin du saut à la perche après avoir franchi 4,81 m lors d'un meeting à Palo Alto en Californie, le 09-06-01. La Californienne a commencé la perche en 1993, et son surnom de the Goat Roper (l'attrape-chèvre) vient d'un rodéo auquel, adolescente, elle participa.

RECORDS DU MONDE BATTU LE MÊME JOUR

Jesse Owens (USA) a battu six records du monde en 45 minutes à Ann Arbor, USA, le 25-05-35 : 9 s 4 centièmes sur le 100 yards à 15 h 15 ; 8,13 m à la longueur à 15 h 25, 20 s 3 centièmes sur le 200 m à 15 h 45 et 22 s 6 centièmes sur le 200 m haies à 16 h 00. Les quatre médailles d'or d'Owens aux Jeux de 1936 à Berlin représentent un moment légendaire du sport.

Adolf Hitler, chantre de la suprématie aryenne, était visiblement agacé par le succès de l'athlète afro-américain. Le leader nazi espérait une domination des sportifs blancs pour " son " olympiade.

LES RECORDMEN LES PLUS ÂGÉS

• Gerhard Weidner (RFA) a établi le record du 20 miles marche, le 25-05-74, à l'âge de 41 ans et 71 jours. C'est le vétéran des records d'épreuves ouvertes à toutes les catégories d'âge et reconnues par une fédération.
• Chez les dames, Marina Styepanova (URSS) était âgé de 36 ans et 139 jours, lorsqu'elle a battu le record du 400 m haies en 52 s 94 centièmes à Tashkent, Russie, le 17-09-86.

LE PLUS JEUNE RECORDMAN DU MONDE

• Thomas Ray (GB), à 17 ans et 198 jours, a battu le record du monde de saut à la perche en franchissant 3,42 m, le 19-09-1879.
• C'est à 14 ans et 334 jours que Wang Yan (Chine) impose le nouveau record du 5 km marche en 21 min 33 s et 8 centièmes à Jian, Chine, le 09-03-86. Cette performance fait d'elle la plus jeune athlète détenant un record individuel.

VICTOIRES SUCCESSIVES EN CHAMPIONNATS DU MONDE

• L' International Association of Athletics Federations (IAAF) organise les Championnats du monde tous les deux ans. C'est le second événement en athlétisme, juste après les J.O. Depuis leur création en 1983, et jusqu'en 1997, Sergei Bubka, le perchiste ukrainien, les a remportés sept fois de suite.
• Sur la piste, Michael Johnson (USA) sur 400 m et Haile Gebrselassie (Éthiopie) sur 10 000 m, se partagent le record de quatre victoires consécutives entre 1993 et 1999.
• Chez les dames, le record de trois victoires de suite appartient à l'Allemande Astrid Kumbernuss au lancer du poids.

TITRES AUX CHAMPIONNATS DU MONDE

• Michael Johnson (USA) a enlevé neuf titres de champion du monde, sur 200 m en 1991 et 1995, sur 400 m en 1993, 1995, 1997 et 1999, ainsi qu'au relais 4 x 400 m en 1993, 1995 et 1999.
• Chez les femmes, Gail Devers (USA) détient le record de cinq victoires : au 100 m en 1993 ; au 100 m haies en 1993, 1995, et 1999 ; et au relais 4 x 100 m en 1997.

5 000 M, 10 000 M ET 5 000 M INDOOR MASCULIN

Le coureur de fond Haile Gebrselassie (Éthiopie) est le premier homme à détenir les deux records du 5 000 et du 10 000 m depuis 1978. Il a en outre battu le record du 5 000 m indoor pour sa première course en intérieur.

1 000 M
INDOOR FÉMININ

Maria Mutola (Mozambique) détient le record indoor du 1 000 m, réalisé en 2 min 30 s et 94 centièmes, à Stockholm, le 25-02-99. De 1992 à 1995, Mutola est restée invaincue pendant 42 courses.

MÉDAILLES
EN CHAMPIONNATS
DU MONDE

• Merlene Ottey (Jamaïque) a remporté 14 médailles en Championnats du monde au cours de sa carrière. En sprint, la championne a enlevé trois médailles d'or, quatre d'argent et sept de bronze entre 1983 et 1997.
• Chez les hommes, Carl Lewis (USA) a porté dix médailles aux Championnats du monde : huit médailles d'or pour le 100 m, le 4 x 100 m, et le saut en longueur en 1983 et 1987, puis le 100 m et le 4 x 100 m en 1991 ; une médaille d'argent à la longueur en 1991, et une de bronze en 1993 au 200 m. Lewis a également décroché neuf titres olympiques, dont quatre aux Jeux de 1984 à Los Angeles, égalant ainsi son idole Jesse Owens.

MÉDAILLES
EN CHAMPIONNATS
DU MONDE INDOOR

• Merlene Ottey (Jamaïque) a remporté six médailles durant sa carrière en Championnats du monde indoor : trois fois l'or, au 60 m en 1995, et au 200 m en 1989 et 1991 ; deux fois l'argent, au 60 m en 1991 et au 200 m en 1987 ; et une fois le bronze au 60 m en 1989.
• Ivan Pedroso (Cuba) fut cinq fois médaillé d'or en saut en longueur, en 1993, 1995, 1997, 1999 et 2001, et Javier Sotomayor (Cuba) le fut quatre fois en hauteur, en 1989, 1993, 1995, et 1999, et une fois de bronze en 1991.

VICTOIRES EN CHAÎNES

• Iolanda Balas (Roumanie) a enchaîné 150 victoires en saut en hauteur de 1956 à 1967.
• Sur la piste, Ed Moses (USA) a gagné 122 courses de 400 m haies de suite du 16-08-77 au 04-06-87. Dominant la spécialité, il a battu dans cette période treize fois le record du monde.

RECORDS DU MONDE FÉMININS

100 m 10"49
Florence Griffith-Joyner (USA)
Indianapolis, USA
16 juillet 1998
200 m 21"34
Florence Griffith-Joyner (USA)
Séoul, Corée du Sud
29 septembre 1988
400 m 47"60
Marita Koch (RDA)
Canberra, Australie
6 octobre 1985
800 m 1'53"28
Jarmila Kratochvílová (Tchécoslovaquie)
Munich, Allemagne
26 juillet 1983

1 000 m 2'28"98
Svetlana Masterkova (Russie)
Bruxelles, Belgique
23 août 1996
1 500 m 3'50"46
Qu Yunxia (Chine)
Pékin, Chine
11 septembre 1993
Mile 4'12"56
Svetlana Masterkova (Russie)
Zurich, Suisse
14 août 1996
2 000 m 5'25"36
Sonia O'Sullivan (Irlande)
Edimbourg, GB
8 juillet 1994
3 000 m 8'06"11
Wang Junxia (Chine)
Pékin, Chine
13 septembre 1993
5 000 m 14'28"09
Jiang Bo (Chine)
Pékin, Chine
23 octobre 1997
10 000 m 29'31"78
Wang Junxia (Chine)
Pékin, Chine
8 septembre 1993
20 km 1 h 05'26"6
Tegla Loroupe (Kenya)
Borgholzhausen, Allemagne
3 septembre 2000
25 km 1 h 29'29"2
Karolina Szabó (Hongrie)
Budapest, Hongrie
23 avril 1988
30 km 1 h 47'05"6
Karolina Szabó (Hongrie)
Budapest, Hongrie
23 avril 1988
Course d'un heure 18 340 m
Tegla Loroupe (Kenya)
Borgholzhausen, Allemagne
7 août 1998
100 m haies 12"21
Yordanka Donkova (Bulgarie)
Stara Zagora, Bulgarie
20 août 1988
400 m haies 52"61
Kim Batten (USA)
Gothenburg, Suède
11 août 1995
3 000 m steeple 9'25"31
Justyna Bak (Pologne)
Nice, France
9 juillet 2001
Relais 4 x 100 m 41"37
RDA (Silke Gladisch, Sabine Rieger, Ingrid Auerswald et Marlies Gohr)
Canberra, Australie
6 octobre 1985

Relais 4 x 200 m 1'27"46
USA 'Blue' (LaTasha Jenkins, Chryste Gaines, Nanceen Perry et Torri Edwards)
Philadelphie, Pennsylvanie, USA
29 avril 2000
Relais 4 x 400 m 3'15"17
URSS (Tatyana Ledovskaya, Olga Nazarova, Maria Pinigina and Olga Bryzgina)
Séoul, Corée du Sud
1er octobre 1988
Relais 4 x 800 m 7'50"17
URSS (Nadezhda Olizarenko, Lyubov Gurina, Lyudmila Borisova and Irina Podyalovskaya)
Moscou, Russie
5 août 1984
Saut en hauteur 2,09 m
Stefka Kostadinova (Bulgarie)
Rome, Italie
30 août 1987
Saut à la perche 4,81 m
Stacy Dragila (USA)
Palo Alto, USA
9 juin 2001
Saut en Longueur 7,52 m
Galina Chistyakova (URSS)
St Petersbourg, Russie
11 juin 1988
Triple saut 15,50 m
Inessa Kravets (Ukraine)
Gothenburg, Suède
10 août 1995
Lancer du poids 22,63 m
Natalya Lisovskaya (URSS)
Moscou, Russie
7 juin 1987
Lancer du disque 76,80 m
Gabriele Reinsch (RDA)
Neubrandenburg, Allemagne
9 juillet 1988
Javelot 71,54 m
Osleidys Menédez (Cuba)
Réthymno, Grèce
1 juillet 2001
Marteau 76,07 m
Mihaela Melinte (Roumanie)
Rüdlingen, Allemagne
29 août 1999
Heptathlon 7,291 points
Jacqueline Joyner-Kersee (USA)
Séoul, Corée du Sud
23–24 septembre 1988
Jour 1 : 100 m haies : 12"69 ;
Hauteur : 1,86 m ; Poids 15,80 m ;
200 m 22,56
Jour 2 : Longueur : 7,27 m ;
Javelot : 45,66 m ; 800 m : 2'08"51

MEILLEUR TEMPS AU MARATHON FÉMININ

Paula Radcliffe (GB) a terminé la course dames du marathon de Londres en 2 h 18 min 56 s, le 14-04-02. C'est le record s'agissant des marathons strictement réservés aux femmes.

MEILLEUR TEMPS AU MARATHON

• Le marathon se court sur une distance de 42,195 km. L'origine du nom et la longueur de cette épreuve vient du messager grec qui courut de la ville de Marathon jusqu'au parlement d'Athènes pour annoncer la victoire des Grecs sur les Perses en 490 av. J.C. À son arrivée, il mourut d'épuisement.
• Le Marocain Khalid Khannouchi a établi la meilleure performance, en 2 h 5 min 38 s, à Londres, le 14-04-02.
• Avec 2 h 5 min 48 s, Catherine Ndereba (Kenya) a signé le meilleur temps féminin en course mixte, le 07-10-01 à Chicago.
• Onze athlètes sont descendus sous la barre des 2 h 10 min à Boston, le 18-04-94, et neuf femmes ont couru en moins de 2 h 30 min au premier marathon olympique, à Los Angeles, le 05-08-84.

LE PLUS ANCIEN MARATHON

Le marathon de Boston (USA), créé en 1897, est le plus ancien. Il était alors couru sur 39 km, et le premier vainqueur fut John J. McDermott (USA) avec 2 h 55 min 10 s. John Kelley (USA) y a participé 61 fois de 1928 à 1992, gagnant en 1935 et 1945.

LE MARATHON LE PLUS POPULAIRE

38 706 athlètes ont participé au centenaire du marathon de Boston, en 1996.

MARATHON SUR LES CINQ CONTINENTS

• 34 h 23 min 8 s, fut le temps cumulé nécessaire à Tim Rogers (GB) pour courir sept marathons sur tous les continents entre le 13 et le 23-05-99 : Antarctica Marathon sur King Jorge Island aux USA (Amérique Centrale et du Nord), en Afrique du Sud (Afrique), en France (Europe), au Brésil (Amerique du Sud) et à Hong Kong (Asie), pour finir à Huntly, Nouvelle-Zélande (Océanie), le tout en 99 jours.
• Chez les dames, le même record est détenu par Kimi Puntillo (USA) en 37 h 20 min entre le 03-11-96 et le 04-10-98. Ses sept marathons en 700 jours l'ont conduite au marathon de New York, en Antartique, à Londres, sur le mont Everest au Tibet, sur le Kilimanjaro en Tanzanie, à Sydney, et enfin en Argentine.

LE PLUS HAUT DES MARATHONS

Organisé tous les deux ans, le marathon de l'Everest a été créé le 27-11-87. La course prend son départ à Gorak Shep, à une altitude de 5 212 m, et se termine à Namche Bazar à 3 444 m au-dessus du niveau de la mer.
Le record de cette épreuve est détenu par Hari Roka (Népal) en un temps de 3 h 56 min 10 s. La recordwoman est Anne Stentiford (GB) en 5 h 16 min 3 s.

TROIS MARATHONS EN TROIS JOURS

Il a fallu 8 h 22 min 31 s à Raymond Hubbard (GB) pour couvrir trois marathons en trois jours, ceux de Belfast, Londres et Boston, les 16, 17, et 18-04-88.

MARATHONIENS LES PLUS ÂGÉS

• Dimitrion Yordanidas (Grèce) est le plus vieil athlète ayant terminé un marathon. Le 10-10-76, il a achevé en 7 h 33 min le marathon d'Athènes, à l'âge de 98 ans.
• Jenny Wood-Allen (GB) termina son treizième marathon de Londres en 1999, en un temps de 7 h 14 min 46 s, à l'âge de 87 ans.

WEEK-ENDS DE MARATHONIEN

Richar Worley (USA) a couru soit un marathon, soit un ultramarathon (50 km) pendant 159 semaines consécutives. Du Disney World Marathon le 05-12-97, au Houston methodist marathon (USA), Worley a traversé les 50 états américains au moins une fois pendant trois ans.

RECORDS EN DEMI-FOND

Hicham El Guerrouj (Maroc) est un des plus grands spécialistes du demi-fond. Il l'a prouvé en battant cinq records du monde, au mile, au 1 500 m, au 2 000 m, au mile indoor, et au 1 500 m indoor en mai 2002. En 1996, El Guerrouj a été le premier à battre Noureddine Morcelli (Algérie) depuis 1992.

1 000 M MASCULIN

Noah Ngeny (Kenya) a battu le record du 1 000 m en 2 min 11 s 96 centièmes, le 05-09-99 à Rieti, Italie. Ngeny battit alors le record de l'Anglais Sebastian Coe qui le détenait depuis 1981.

CHAMPIONS DU MONDE DE SEMI-MARATHON

• Tegla Loroupe (Kenya) a remporté trois ans de suite les Championnats du monde de semi-marathon en 1997, 1998 et 1999.
• Quant au Kenyan Paul Tergat, il a remporté deux titres consécutifs en 1999 et 2000.

MEILLEURS TEMPS EN SEMI-MARATHON

La meilleure performance en semi-marathon non homologuée a été réalisée par Paul Tergat (Kenya) à Lisbonne le 26-03-00, en 59 min 5 s. Tergat est aussi le recordman, reconnu par l'IAAF, des semi-marathons officiels avec 59 min 17 s à Milan, le 04-04-98. Le record féminin appartient à la Japonaise Masako Chiba avec 66 min 43 s réalisé à Tokyo, le 10-01-97.

SEMI-MARATHON LE PLUS POPULAIRE

Le plus populaire des semi-marathons est sans conteste le BUPA Great North Run de Newcastle (GB), qui le 22-10-00 a regroupé 36 822 athlètes.

RECORD FRANÇAIS AUX JEUX OLYMPIQUES ET EN CHAMPIONNAT

Alain Mimoun, né le 01-01-21, détient le record français avec quatre médailles olympiques : l'or au marathon en 1956, l'argent au 10 000 m en 1948 et 1952, ainsi qu'au 5 000 m en 1952. Il a également remporté 32 titres de champion de France entre 1947 et 1966 : huit sur 5 000 m, douze sur 10 000 m, six au marathon, et encore six en cross-country.

RECORDS DU MONDE INDOOR MASCULINS

50 m 5"56 (ex-æquo)
Donovan Bailey (Canada)
Reno, USA
9 février 1996
et
Maurice Greene (USA)
Los Angeles, USA
13 février 1999

60 m 6"39
Maurice Greene (USA)
Madrid, Espagne
3 février 1998
et
Atlanta, USA
3 mars 2001

200 m 19"92
Frank Fredericks (Namibie)
Liévin, France
18 février 1996

400 m 44"63
Michael Johnson (USA)
Atlanta, USA
4 mars 1995

800 m 1'42"67
Wilson Kipketer (Danemark)
Paris, France
9 mars 1997

1 000 m 2'14"36
Wilson Kipketer (Danemark)
Birmingham, GB
20 février 2000

1 500 m 3'31"18
Hicham El Guerrouj (Maroc)
Stuttgart, Allemagne
2 février 1997

1 mile 3'48"45
Hicham El Guerrouj (Maroc)
Ghent, Belgique
12 février 1997

3 000 m 7'24"90
Daniel Komen (Kenya)
Budapest, Hongrie
6 février 1998

5 000 m 12'50"38
Haile Gebrselassie (Éthiopie)
Birmingham, GB
14 février 1999

5 000 m marche 18'07"08
Mikhail Shchennikov (Russie)
Moscou, Russie
14 février 1995

50 m haies 6"25
Mark McCoy (Canada)
Kobe, Japon
5 mars 1986

60 m haies 7"30
Colin Jackson (GB)
Sindelfingen, Allemagne
6 mars 1994

Relais 4 x 200 m 1'22"11
Grande-Bretagne
(Linford Christie, Darren Braithwaite, Ade Mafe et John Regis)
Glasgow, GB
3 mars 1991

Relais 4 x 400 m 3'02"83
USA
(Andre Morris, Dameon Johnson, Deon Minor and Milton Campbell)
Maebashi, Japon
7 mars 1999

Saut en hauteur 2,43 m
Javier Sotomayor (Cuba)
Budapest, Hongrie
4 mars 1989

Saut à la perche 6,15 m
Sergei Bubka (Ukraine)
Donetsk, Ukraine
21 février 1993

Saut en longueur 8,79 m
Carl Lewis (USA)
New York, USA
27 janvier 1984

Triple saut 17,83 m
Aliecer Urrutia (Cuba)
Sindelfingen, Allemagne
1 mars 1997

Lancer du poids 22,66 m
Randy Barnes (USA)
Los Angeles, USA
20 janvier 1989

Heptathlon 6,476 points
Dan O'Brien (USA)
Toronto, Canada
13 et 14mars 1993
Épreuves : 60 m: 6"67 ; L : 7,84 m ;
Poids : 16,02 m ; H : 2,13 m ;
60 m haies : 7"85 ;
Perche : 5"20 m ; 1 000 m : 2'57"96

JAVELOT MASCULIN

Jan Zelezny (Rép. tchèque) détient le record du monde de sa spécialité avec un jet de 98,48 m effectué à Iena, Allemagne, le 25-05-96. Zelezny domine son sport avec une moyenne supérieure à 90 m et trois titres de champion olympique consécutifs. En 1996, il a fait un essai comme batteur dans l'équipe de base-ball des Atlanta Braves.

TITRES DE CHAMPION DU MONDE DE CROSS-COUNTRY PAR ÉQUIPES

Le Kenya a remporté seize titres en Championnat du monde (créé en 1973) entre 1986 et 2001.

TITRES DE CHAMPION DU MONDE DE CROSS-COUNTRY PAR ÉQUIPES FÉMININES

L'URSS, avec huit titres en 1976, 1977, 1980, 1981, 1982, 1988, 1989 et 1990, détient le record de titres en Championnat du monde féminin de cross-country.

TITRES INDIVIDUELS FÉMININS AUX CHAMPIONNATS DU MONDE DE CROSS-COUNTRY

Chez les dames, cette spécialité a été remportée cinq fois par Grete Waitz (Norvège), successivement de 1978 à 1981, puis en 1983.

TITRES MONDIAUX EN CROSS-COUNTRY COURTS PAR ÉQUIPES

• Le Kenya a décroché cinq titres entre 1998 et 2001, sur l'épreuve courte.
• Chez les dames, aucune équipe n'a réussi à l'emporter plus d'une fois.

TITRES INDIVIDUELS MASCULINS AUX CHAMPIONNATS DU MONDE DE CROSS-COUNTRY

Deux athlètes se partagent le nombre de record de titres mondiaux ; John Ngugi (Kenya) de 1986 à 1989, puis en 1992, et Paul Tergat (Kenya) de 1995 à 1999.

RELAIS 100 X 1 000 M MASCULIN

Le 14-03-99, au Centro Universitario Sportivo de Bari, Italie, le record du relais 100 x 1 000 m, épreuve peu souvent courue, a été battu, en un temps de 5 h 13 min 21 s et 9 centièmes par une équipe strictement masculine.

RELAIS 100 X 1 MILE

Le record de la spécialité est détenu chez les hommes par le Canadien Milers Athletic Club de Toronto, en 7 h 35 min 55 s 4 centièmes, réalisé le 20-12-98. L'année suivante, le 27-12-99, ce sont les dames de ce même club qui réalisèrent 9 h 23 min 39 s sur la distance, battant le record féminin.

LA PLUS LONGUE COURSE

En 1929, une course à pied reliant New York à Los Angeles, soit 5 850 km, a été organisée. Le Finlandais Johnny Salo, décrocha la première place en courant du 31 mars au 17 juin, en un temps de 525 h 57 min 20 s, avec juste deux minutes d'avance sur le Britannique Pietro Gavuzzi, arrivé second.

LE PLUS POPULAIRE DES CHAMPIONNATS D'ATHLÉTISME

11 475 athlètes (9 328 hommes et 2 147 femmes) ont participé aux Championnat du monde des vétérans à Miyazaki au Japon en 1993.

RECORDS HORS-COMPÉTITION

200 M EN ARRIÈRE

Timothy Badyna (USA) a couru le 200 m en arrière en un temps record de 32 min 78 s, le 17-01-2001 à Santa Clarita en Californie.

AFFLUENCE RECORD

Près de 2,5 millions de personnes assistent chaque année au Marathon de New York pour encourager les participants.

LA MARCHE DES EXTRÊMES

En 1986, Malcolm Barnish (GB) a marché pendant 12 jours 3 h 45 min pour relier Land's End, en Cornouailles à John O'Groats dans les Highlands, situés respectivement aux extrêmes Sud et Nord de la Grande-Bretagne.

TITRE DE CHAMPION DU MONDE DE CROSS-COUNTRY

Créé en 1998, le Championnat du monde de cross-country a vu la double victoire de John Kibowen (Kenya) en 1998 et 2000.

DÉCATHLON MASCULIN

Le décathlon est une épreuve qui se compose de dix disciplines différentes. Le record du monde est détenu par Roman Sebrle (Rép. tchèque). Il a marqué 9 026 points à Götzis en Autriche, les 26 et 27-05-01.

1 000 HEURES CONSÉCUTIVES

Arulananthan Joachim (Sri Lanka) a couru sur 3 495 km pendant 1 000 heures entre le 19-08 et le 29-09-96 à Columbo, Sri Lanka. C'est en lisant le livre des records Guinness 1991 que Joachim décide d'entreprendre cette performance, pensant que c'était une bonne façon de dispenser des idées charitables et recueillir des fonds pour son pays déchiré par la guerre. Sa pacifique croisade est ainsi devenue le record le plus prolifique grâce à la collecte d'un milliard $ (1,1 milliard €).

LA PLUS LONGUE DISTANCE À PIED

Gary Parsons (Australie) a parcouru 19 030,3 km en 274 jours et 8 min, en partant et revenant à Brisbane, Australie entre le 25-04-99 et le 25-01-00. Son périple l'a conduit à travers l'Australie et autour de l'île de Tasmanie. Il a battu trois autres records : 10 000 km en 135 jours 9 h 50 min ; 15 000 km en 205 jours 23 h 18 min ; et 10 000 miles (16 000 km) en 221 jours 1 h 7 min.

RECORDS DU MONDE INDOOR DAMES

50 m 5"96
Irina Privalova (Russie)
Madrid, Espagne
9 fevrier 1995
60 m 6"92
Irina Privalova (Russie)
Madrid, Espagne
11 février 1993 et 9 février 1995
200 m 21"87
Merlene Ottey (Jamaïque)
Liévin, France
13 février 1993

400 m 49"59
Jarmila Kratochvílovà (Tchécoslovaquie)
Milan, Italie
7 mars 1982
800 m 1'55"82
Jolanda Ceplak (Slovénie)
Vienne, Autriche
3 mars 2002
1 000 m 2'30"94
Maria Mutola (Mozambique)
Stockholm, Suède
25 février 1999
1 500 m 4'00"27
Doina Melinte (Roumanie)
East Rutherford, New Jersey, USA
9 février 1990
1 mile 4'17"14
Doina Melinte (Roumanie)
East Rutherford, New Jersey, USA
9 février 1990
3 000 m 8'29"15
Berhane Adere (Éthiopie)
Stuttgart, Allemagne
3 février 2002
5 000 m 14'47"35
Gabriela Szabo (Roumanie)
Dortmund, Allemagne
13 février 1999
3 000-m marche 11'40"33
Claudia Iovan (Roumanie)
Bucarest, Roumanie
30 janvier 1999
Relais 4 x 200 m 1'32"55
SC Eintracht Hamm (Helga Arendt, Silke-Beate Knoll, Mechthild Kluth et Gisela Kinzel, tous RFA)
Dortmund, Allemagne
19 février 1988
et
LG Olympia Dortmund (Esther Moller, Gabi Rockmeier, Birgit Rockmeier et Andrea Phillip, tous Allemagne)
Karlsruhe, Allemagne
21 février 1999
Relais 4 x 400 m 3'24"25
Russie (Tatyana Chebykina, Svetlana Goncharenko, Olga Kotlyarova et Natalya Nazarova)
Maebashi, Japon
7 mars 1999
50 m haies 6"58
Cornelia Oschkenat (RDA)
Berlin, Allemagne
20 février 1988
60 m haies 7"69
Lyudmila Narozhilenko (Russie)
Chelyabinsk, Russie
4 février 1993
Saut en hauteur 2,07 m
Heike Henkel (Allemagne)
Karlsruhe, Allemagne
9 février 1992

800 M, 800 M INDOOR, 1 000 M INDOOR

Le Danois d'origine kenyanne Wilson Kipketer est le premier homme à avoir battu le record du monde indoor du 800 m lors d'une série plutôt qu'en finale lors des Championnat du monde Indoor de 1977.

Saut à la perche 4,75 m
Svetlana Feofanova (Russie)
Vienne, Autriche
3 mars 2002
Saut en longueur 7,37 m
Heike Drechsler (RDA)
Vienne, Autriche
13 février 1988
Triple saut 15,16 m
Ashia Hansen (GB)
Valence, Espagne
28 février 1998
Lancer du poids 22,50 m
Helena Fibingerová (Tchécoslovaquie)
Jablonec, Tchécoslovaquie
19 février 1977
Pentathlon 4 991 points
Irina Belova (Russie)
Berlin, Allemagne
14–15 février 1992
Epreuves : 60 m-haies : 8"22 ; Hauteur 1,93 m
Poids : 13'25 m ; Longueur: 6,67 m
800 m : 2'10"26.

JEUX D'HIVER

MÉDAILLES D'OR OLYMPIQUES

• Bjorn Daehlin (Norvège) a remporté huit médailles d'or en ski nordique de 1992 à 1998.

• Chez les dames, Lidya Skoblikova (URSS) a obtenu six médailles d'or en patinage de vitesse entre 1960 et 1964 et Lyubov Yegerova (Russie) en a fait de même en ski nordique entre 1992 et 1994.

MÉDAILLES D'OR EN SKI ALPIN MASCULIN

Quatre skieurs ont remporté trois titres olympiques : Anton Sailer (Autriche), " Toni ", en descente, slalom géant et spécial en 1956 ;

Jean-Claude Killy (France) en descente, slalom géant et spécial en 1968 ; Alberto Tomba (Italie) dans le spécial et le géant de 1988 et le géant de 1992 ; Kjetil André Aamodt (Norvège) en super-géant en 1992 et 2002, ainsi que le combiné de 2002.

MÉDAILLES EN SKI ALPIN FÉMININ

Le record en ski alpin féminin culmine à cinq médailles. Vreni Schneider (Suisse) a trois fois décroché l'or, en slalom géant et au spécial de 1988, ainsi qu'au spécial de 1994, une médaille d'argent au combiné et une de bronze en géant en 1994. Katja Seizinger (Allemagne) est deux fois médaillée de bronze pour les super-géants de 1992 et 1998, trois fois d'or pour les descentes de 1994 et 1998, et pour le combiné de 1998.

MÉDAILLES OLYMPIQUES

• Le Norvégien Bjorn Dæhlie a décroché douze médailles en ski nordique entre 1992 et 1998.

• Chez les dames, Raisa Smetanina (URSS/Russie) est lauréate de dix médailles en ski nordique, remportées entre 1976 et 1992.

MÉDAILLES D'OR PAR PAYS

La Norvège a gagné 94 médailles d'or aux Jeux d'hiver entre 1924 et 2002. La Norvège a remporté en tout 263 médailles sur une période de 78 ans.

MÉDAILLES D'OR PAR PAYS SUR LA MÊME OLYMPIADE

L'URSS a enlevé treize titres olympiques en 1976, à Innsbruck en Autriche.

TITRES OLYMPIQUES MASCULINS EN SKI ALPIN

Outre son record de trois médailles d'or olympiques, Kjetil André Aamodt (Norvège) a également remporté deux médailles d'argent en descente et en combiné en 1994, et deux de bronze en slalom géant en 1992 et super-géant en 1994.

LES COMPÉTITEURS LES PLUS ÂGÉS DES JEUX D'HIVER

• James Coates (GB) était âgé de 53 ans et 328 jours quand il finit septième de l'épreuve de skeleton à Saint-Moritz, en Suisse en 1948.

• Anne Abernathy (Îles Vierges) avait 48 ans et 307 jours quand elle prit part à l'épreuve de luge à Salt Lake City en 2002, ce qui en fait la doyenne des participantes aux Jeux d'hiver.

LES COMPÉTITEURS LES PLUS JEUNES AUX JEUX D'HIVER

• La Britannique Magdalena Cecilia Colledge n'avait qu'onze ans et 74 jours lorsqu'elle prit part à l'épreuve de patinage artistique à Lake Placid, USA, en 1932.

• Chez les garçons, à l'âge de

MÉDAILLES OLYMPIQUES EN SKI ALPIN FÉMININ

Quatre jeunes femmes ont obtenu quatre médailles d'or dans l'histoire des Jeux d'hiver : Vreni Schneider (Suisse), Katja Seizinger (Allemagne), Deborah Campagnoni (Italie) et Janica Kostelic (Croatie).

FREESTYLE

Depuis l'introduction de cette discipline aux Jeux de 1992, aucun skieur n'a obtenu deux médailles d'or. En revanche, six skieurs ont gagné deux médailles, or, argent et bronze confondues : Edgar Grospiron (France), Janne Lahtela (Finlande), Elizaveta Koshevnikov (Russie), Stine Lise Hattestad (Norvège), Kari Traa (Norvège) et Tae Satoya (Japon).

douze ans et 113 jours, Jan Hoffman (RDA) détient la palme du plus jeune athlète grâce à sa participation au J.O. de Calgary (Canada) en 1988, dans la même discipline de patinage artistique.

LE PLUS GRAND NOMBRE DE PAYS MÉDAILLÉS

En 2002 aux J.O. de Salt Lake City (USA), 25 pays différents ont reçu au moins une médaille.

LES PLUS NOMBREUX ATHLÈTES AUX JEUX D'HIVER

En 2002, à Salt Lake City (USA), 77 pays ont été représentés pour battre le record d'athlètes en compétition.

LA PLUS GRANDE DISTANCE SKIÉE PAR JOUR EN UN AN

En 1994, les Britanniques Arnie Wilson et Lucy Dickers ont skié chaque jour dans le cadre d'un tour du monde. Ils ont parcouru 5 919 km dans 237 stations de treize pays sur les cinq continents. Dicker a trouvé la mort dans les Alpes dans une avalanche, peu après leur exploit.

MÉDAILLES PAR PAYS SUR LA MÊME OLYMPIADE

L'Allemagne a remporté 35 médailles à Salt Lake City (USA) en 2002. Jamais aucun autre pays n'a mieux fait.

JEUX PARALYMPIQUES

CLASSEMENT PAR PAYS

Depuis la création des Jeux paralympiques d'hiver à Örnsköldsvik (Suède) en 1976, aucun pays n'a pu battre la Norvège avec un total de 301 médailles.

MÉDAILLES D'OR PAR PAYS

La Norvège, avec 118 titres, détient le record absolu des Jeux paralympiques d'hiver.

MÉDAILLES D'OR AUX JEUX PARALYMPIQUES

Entre 1988 et 2002, la Norvégienne Ragnhild Mylebust a remporté 17 médailles d'or. Chez les hommes, Frank Hoefle (Allemagne) détient le record avec douze titres entre 1988 et 2002.

MÉDAILLÉS PARALYMPIQUES

• Avec douze médailles d'or, quatre d'argent et trois de bronze entre 1988 et 2002, en biathlon et ski nordique, Frank Hoefle (Allemagne) est le plus médaillé des athlètes.
• Chez les dames, Ragnhild Myklebust (Norvège) a remporté 17 médailles d'or et une de bronze en biathlon et en ski nordique, entre 1998 et 2002.

LES NATIONS MÉDAILLÉES SUR UNE PARALYMPIADE

Lors des Jeux paralympiques de Salt Lake City en 2002, 22 nations ont reçu au moins une médaille.

TITRES EN SKI ALPIN

• Dames. Reinhild Moeller (Allemagne) et Sarah Will (USA) se partagent le record de douze médailles d'or en ski alpin

paralympique. Chez les hommes, le recordman est Rolf Heinzmann (Suisse) avec onze titres.

MÉDAILLES EN BIATHLON

• L'Allemand Frank Hoefle détient le record dans cette épreuve avec quatre médailles entre 1992 et 2002.
• Chez les dames, entre 1994 et 2002, Ragnhild Myklebust (Norvège) et Marjorie Van de Bunt (Pays-Bas) se partagent le record de trois médailles en biathlon.

TITRES PARALYMPIQUES EN BIATHLON

Entre 1992 et 1998, l'Allemand Frank Hoefle a décroché trois titres dans cette discipline. Ragnhild Myklebust (Norvège), Marjorie Van de Bunt (Pays-Bas) et Verena Bentele (Allemagne) ont remporté deux titres chacune.

TITRES EN SKI NORDIQUE

• Dames. Ragnhild Myklebust (Norvège) compte quinze titres en ski nordique paralympique entre 1988 et 2002.
• Chez les hommes, Terje Loevaas (Norvège) entre 1984 et 1994, ainsi que Frank Hoefle (Allemagne) entre 1988 et 2002, se partagent le record de neuf titres.

MÉDAILLÉS DE SKI NORDIQUE

• Dames. Ragnhild Myklebust (Norvège) a gagné quinze médailles d'or entre 1988 et 2002.
• Quant à Frank Hoefle (Allemagne), il décroché neuf médailles d'or, quatre d'argent, et deux de bronze entre 1988 et 2002.

MÉDAILLES AUX JEUX PARALYMPIQUES

Le Suisse Hans Burn détient le record de médailles aux Jeux paralympiques avec 14 médailles en ski : six en or, cinq en argent et trois en bronze, gagnées entre 1988 et 2002.

TITRES OLYMPIQUES DU BIATHLON MESSIEURS

Ole Einar Bjorndalen (Norvège) a remporté 4 titres de champion olympique quatre dans sa carrière (les 10 km en 1998 et les 10 km-20 km et la poursuite en 2002). Il a également gagné une médaille d'or du relais 4 x 7,5 km en 2002.

SKI

TITRES DE CHAMPION DU MONDE DE BIATHLON HOMMES

• Frank Ullrich (RFA) a décroché 6 titres de champion du monde dans sa carrière, 4 au 10 km de 1978 à 1981 (J.O. de 1980 compris) et 2 au 20 km en 1981 et 1983.
• Le biathlète soviétique Alexander Tikhonov a remporté 10 titres en relais entre 1968 et 1980, ainsi que 4 titres individuels.

MÉDAILLES D'OR OLYMPIQUES EN BIATHLON FÉMININ

Depuis son apparition aux J.O. en 1992, l'épreuve de biathlon a souri à deux reprises

à cinq biathlètes : Anfissa Restzova (Russie), Myriam Bédard (Canada), Uschi Disl (Allemagne), Katrin Apel (Allemagne) et Andrea Henkel (Allemagne).

TITRES DE CHAMPIONNE DU MONDE DE BIATHLON

• Depuis la création de la compétition en 1984, Petra Schaaf (Allemagne) a été sacrée championne du monde à quatre occasions, sur le 5 km en 1988, ainsi que sur le 15 km en 1989, 1991 et 1993.
• Kaya Parve (URSS) a quant à elle remporté six titres, mais quatre de ceux-ci l'ont été en relais.

TITRES DE CHAMPION DU MONDE DE SKI ALPIN

• Créé en 1931, le Championnat du monde a vu Anton Sailer (Autriche), Toni, remporter sept titres, quatre en 1956 (Géant, Spécial, descente et combiné alpin) et trois en 1958 (Géant, descente, combiné).
• Chez les dames, Christl Cranz (Allemagne) a décroché sept titres individuels et cinq titres de combiné entre 1934 et 1939.

TITRES EN SKI DE FOND FÉMININ

C'est en 1924, aux J.O. de Chamonix, que les Championnats du monde apparaissent au calendrier. Yelena Välbe (URSS et Russie) a remporté 17 titres de 1989 à 1998 (dix en individuels et sept en relais). Elle possède 14 médailles d'or en Championnats du monde et 41 victoires en Coupe du monde.

MÉDAILLÉE OLYMPIQUE EN SKI DE FOND FÉMININ

Raisa Smetanina (URSS, CEI en 1992) a décroché dix médailles olympiques : quatre en or, cinq en argent, et une en bronze, entre 1980 et 1992.

MÉDAILLES D'OR OLYMPIQUES EN SKI DE FOND FÉMININ

Lyubov Yegorova (Russie) a remporté six médailles d'or olympiques : trois en 1992 (CEI) et trois en 1994.

TITRES DE CHAMPION DU MONDE DE SAUT NORDIQUE

Le Norvégien Birger Ruud compte à son actif cinq titres de champion du monde gagnés en 1931 et 1935. Il reste le seul athlète à décrocher des médailles d'or en disciplines alpines et nordiques à la fois.

VICTOIRES EN COUPE DU MONDE

Créée sur le circuit en 1967, la Coupe du monde a vu Ingemar Stenmark (Suède) remporter 86 victoires (46 géants, 40 en spécial) sur un total de 287

courses entre 1974 et 1989. Cet exploit rassemble le record de treize victoires dans la saison 1978-1979 et celui de son invincibilité en géant pendant 14 courses, du 18-03-78 au 21-01-80.

VICTOIRES EN COUPE DU MONDE FÉMININE

Annemarie Moser (Autriche) a remporté 62 victoires entre 1970 et 1979. Elle détient le record d'onze descentes consécutives entre décembre 1972 et janvier 1974.

TITRES EN WORLDLOPPET MASTERS

Fin 2001, Jan Jasiewicz (Suisse) avait été qualifié de Worldloppet Gold Master à neuf reprises. Pour recevoir cet honneur, un skieur doit remporter dix marathons des Worldloppet Series, dans différents pays et sur au moins deux continents.

MÉDAILLES D'OR OLYMPIQUES EN COMBINÉ NORDIQUE

Deux hommes se partagent le record des médailles d'or olympiques en combiné nordique : Sampaa Lajunen (Finlande) en individuel, sprint et relais en 2002 et Ulrich Wehling (RDA) en individuel en 1972, 1976 et 1980.

SNOWBOARD

COUPES DU MONDE
• Karine Ruby (France) possède seize Coupes du monde remportées entre 1995 et 2002 dans quatre disciplines.
• Chez les hommes, Mathieu Bozzetto (France) en compte six.

TITRES MONDIAUX
Karine Ruby (France) possède trois titres mondiaux, dans le slalom géant en 1996, en 1997 et le titre olympique en 1998.

SNOWBOARDER LE PLUS RAPIDE
Darren Powell (Australie) atteint 201,907 km/h aux Arcs, le 02-05-99.

MÉDAILLES OLYMPIQUES EN BIATHLON DAMES
Uschi Disl (Allemagne) a remporté huit médailles olympiques en biathlon, deux en or, quatre en argent et deux en bronze.

DESCENTE MASCULINE LA PLUS VERTIGINEUSE
Le 29-04-98, les Canadiens Edi Podivinsky, Luke Sauder, Chris Kent et le Suisse Dominique Perret ont skié 107,777 m dans un temps de 14 h 30 min sur une pente de Blue River, Canada

DESCENTE FÉMININE LA PLUS VERTIGINEUSE
Jennifer Hughes (USA) a skié sur un total de 93,124 m en 15 h à Atlin, Canada, le 20-04-98. Hughes était accompagnée par la snowboarder Tammy McMinn (Canada). Elles furent lâchées au sommet du run par hélicopter.

SAUT LE PLUS LONG
Andreas Goldberger (Autriche) a réalisé un saut de 225 m dans une compétition de saut à ski à Planica en Slovénie, le 18-03-2000.

SAUT FÉMININ LE PLUS LONG
Eva Ganster (Autriche) a réalisé un saut de 112 m dans une compétition de saut à ski à Bischofshofen en Autriche, le 07-01-94.

SAUT LE PLUS LONG SUR PISTE ARTIFICIELLE
Le 30-06-81, Hubert Schwarz (RFA) a décollé sur 92 m à Berchtesgarten, en Allemagne.

MÉDAILLES OLYMPIQUES EN SNOWBOARD
• Karine Ruby (France) a remporté deux médailles olympiques en slalom géant parallèle (or en 1998, et argent en 2002).
• Ross Powers (USA) a également décroché deux médailles en half-pipe (or en 2002, et bronze en 1998)

TITRES DE CHAMPION DU MONDE EN SKI ACROBATIQUE
• Depuis la création de la compétition en 1986 à Tignes, Edgar Grospiron a remporté trois titres (bosses en 1989 et 1991, et sauts en 1995). Il a décroché également la médaille d'or aux J.O. de 1992.
• Chez les dames, Candice Gilg (France) a réussi la même performance sur les bosses en 1993, 1995 et 1997.

TITRES EN COUPE DU MONDE
Avec cinq titres de Coupe du monde, en 1986, 1987, 1988, 1990 et 1991, Eric Laboureix (France) reste le plus titré depuis 1980.

TITRES EN COUPE DU MONDE FÉMININE
Connie Kissling (Suisse) a ajouté dix titres de Coupe du monde à son palmarès entre 1983 et 1992.

SAUTS PÉRILLEUX ET VRILLES EN SKI ACROBATIQUE
Matt Chojnacki (USA) a réalisé un remarquable enchaînement quadruple vrille quadruple flip arrière à winter Park Resort au Colorado, le 04-04-2001.

LA PLUS LONGUE DESCENTE
The Inferno en suisse est longue de 15,8 km, du sommet du Schilthorn à Lauterbrunnen.

SKIEUR LE PLUS RAPIDE
• L'Autrichien Harry Egger a atteint la vitesse de 248,105 km/h, aux Arcs, le 02-05-99.
• Chez les dames, ce privilège appartient à Karine Dubouchet (France) avec une vitesse de 234,528 km/h, le 02-05-99.

PATINAGE DE VITESSE SUR 1 000 M

Gerard Van Velde (Pays-Bas) a parcouru les 1 000 m, en un temps de 1'07"16 à Salt Lake City, USA, le 16-02-02.

PATINAGE DE VITESSE

MÉDAILLES D'OR OLYMPIQUES HOMMES

Deux patineurs ont remporté cinq médailles d'or aux J.O. Il s'agit de Clas Thunberg (Finlande) en 1924 et 1928 et Eric Arthur Heiden (USA) qui les décrocha dans la même olympiade de Lake Placid en 1980.

MÉDAILLES D'OR OLYMPIQUES DAMES

Lidya Pavlovna Skoblikova (URSS) a décroché deux médailles d'or en 1960 et quatre en 1964.

MÉDAILLES OLYMPIQUES HOMMES

En plus de ses cinq médailles d'or, Clas Thunberg (Finlande) en a gagné une d'argent et une de bronze, pour un total de sept récompenses olympiques. Un record qu'il partage avec Ivar Ballangrud (Norvège) et ses quatre médailles d'or, deux d'argent et une de bronze, obtenues de 1928 à 1936.

MÉDAILLES OLYMPIQUES FÉMININES EN PISTE COURTE

• Chun Lee-kyung (Corée du Sud) avec quatre médailles d'or et une de bronze

MÉDAILLES OLYMPIQUES FÉMININES

Karin Kania (RDA) : trois médailles d'or, quatre d'argent et une de bronze entre 1980 et 1988.

MÉDAILLES OLYMPIQUES EN PATINAGE DE VITESSE SUR PISTE COURTE

Marc Gagnon (Canada) est l'homme qui a remporté le plus de médailles olympiques, avec cinq récompenses. Il a accumulé trois médailles d'or et deux de bronze gagnées, entre 1994 et 2002.

500 M HOMMES

• Hiroyasu Shimizu (Japon) a parcouru les 500 m, en un temps de 34"32 à Salt Lake City, USA, le 10-03-01. Ce record a été homologué sur la fameuse piste de 400 m où les patineurs tournent à deux dans le sens inverse des aiguilles d'une montre.

500 M DAMES

Catriona LeMay Doan (Canada) a parcouru les 500 m, en un temps de 37"22 à Calgary, Canada, le 09-12-01.

1 000 M DAMES

Christine Witty (USA) a parcouru 1 000 m, en un temps de 1'13"83 à Salt Lake City, USA, le 17-02-02.

1 500 M HOMMES

Derek Parra (USA) a parcouru les 1 500 m, en un temps de 1'43"59 à Salt Lake City, USA, le 19-02-02.

3 000 M HOMMES

Gianni Romme (Pays-Bas) a parcouru les 3 000 m, en un temps de 3'42"75 à Calgary, Alberta, Canada, le 11-08-00.

3 000 M DAMES

Claudia Pechstein (Allemagne) a parcouru les 3 000 m, en un temps de 3'57"70 à Salt Lake City, USA, le 10-02-02.

5 000 M HOMMES

Jochem Utydehaage (Pays-Bas) a parcouru les 5 000 m, en un temps de 6'14"66 à Salt Lake City, USA, le 09-02-02.

5 000 M DAMES

Claudia Pechstein (Allemagne) a parcouru les 5 000 m, en un temps de 6'46"91 à Salt Lake City, USA, le 23-02-02.

10 000 M HOMMES

Jochem Utydehaage (Pays-Bas) a parcouru les 10 000 m, en un temps de 12'58"92 à Salt Lake City, USA, le 22-02-02.

500 M SHORT-TRACK HOMMES

Jeffrey Scholten (Canada) a parcouru les 500 m short-track, en un temps de 41"514 à Calgary, Canada, le 13-10-01. Le short track (ou piste courte) fait 110 m de long et les séries sont de six patineurs en compétition.

500 M SHORT-TRACK DAMES

Evgenia Radanova (Bulgarie) a parcouru les 500 m short-track, en un temps de 43"671 à Calgary, Canada, le 19-10-01.

1 000 M SHORT-TRACK HOMMES

Steve Robillard (Canada) a parcouru les 1 000 m short-track, en un temps de 1'25"985 à Calgary, Canada, le 14-10-01.

1 000 M SHORT-TRACK DAMES

Yang Yang (Chine) a parcouru les 1 000 m short-track, en un temps de 1'31"871 à Calgary, Canada, le 20-10-01.

1 500 M SHORT-TRACK HOMMES

Steve Robillard (Canada) a parcouru les 1 500 m short-track, en un temps de 2'15"383 à Calgary, Canada, le 12-10-01.

1 500 M SHORT-TRACK DAMES

Choi Eun-kyung (Corée du Sud) a parcouru les 1 500 m short-track, en un temps de 2'21"069 à Salt Lake City, le 13-02-02.

3 000 M SHORT-TRACK HOMMES

Kim Dong-sung (Corée du Sud) a parcouru les 3 000 m short-track, en 4'46"727 à Szekesfehervar, Hongrie, le 08-11-98.

3 000 M SHORT-TRACK DAMES

Choi Eun-kyung (Corée du Sud) a parcouru les 3 000 m short-track, en un temps de 5'01"976 à Calgary, Canada, le 22-10-00.

RELAIS 3 000 M SHORT-TRACK DAMES

La Corée du Sud (Park Hye-won, Joo Min-jin, Choi Min-kyung et Choi Eun-kyung) a parcouru les 3 000 m short-track, en un temps de 4'12"793 à Salt Lake City, USA, le 20-02-02.

RELAIS 5 000 M SHORT-TRACK HOMMES

Le Canada (Eric Bédard, Marc Gagnon, Jean-Francois Monette et Mathieu Turcotte) a parcouru les 5 000 m short-track, en un temps de 6'43"730 à Calgary, Canada, le 14-10-01.

PATINAGE ARTISTIQUE

GRAND CHELEM

• Karl Schäfer (Autriche) a réussi le grand chelem (titres européen, mondial et olympique dans la même année) à deux reprises, en 1932 et 1936.

PATINEUSE CHAMPIONNE DU MONDE LA PLUS JEUNE

Tara Lipinski (USA) n'avait que 14 ans et 286 jours lorsqu'elle est devenue la plus jeune championne du monde de patinage artistique de l'histoire, à Lausanne, le 22-03-97.

• Deux femmes ont réalisé le même exploit : Sonja Henie (Norvège) en 1932 et 1936, et Katarina Witt (RFA) en 1984 et 1988, qui gagnera même deux fois l'or aux J.O. de 1988 avant se retirer.

MÉDAILLES D'OR OLYMPIQUES MASCULINES

Le Suédois Gillis Grafström a remporté trois médailles d'or aux olympiades successives de 1920 à 1928. Il gagnera aussi les Championnats du monde, à trois reprises jusqu'en 1929, puis une médaille d'argent en 1932, après quoi il abandonnera le patinage. Il a laissé son nom à une pirouette.

MÉDAILLES D'OR OLYMPIQUES FÉMININES

Sonja Henie (Norvège) a remporté trois médailles d'or de 1928 à 1936. Surnommée Pavlova of ice, elle était entraînée par un autre triple champion olympique, Gillis Grafström. Une méthode efficace.

TITRES DE CHAMPION DU MONDE

Ulrich Salchow (Suède) a remporté dix titres de champion du monde de 1901 à 1905, puis de 1907 à 1911. Son nom est à jamais gravé dans la mémoire collective du sport à travers le fameux double salchow.

TITRES DE CHAMPIONNE DU MONDE

L'incontournable Sonja Henie (Norvège) a remporté les dix Championnats du monde entre 1927 et 1936.

PIROUETTES EN CONTINU

Neil Wilson (GB) a réalisé 60 pirouettes sur un pied au Spectrum Centre, Guildford, GB, le 01-07-97.

1 500 M FÉMININ

Anni Friesinger (Allemagne) a parcouru les 1 500 m, en un temps de 1'54"02 à Salt Lake City, USA, le 20-02-02. Ce temps lui a permis de battre son propre record de 1'54"38, réalisé 11 mois plus tôt, sur la même distance.

CHAMPIONNATS DU MONDE DE BOBSLEIGH FÉMININ

Susi-Lisa Erdmann (Allemagne) a remporté le bronze en 2001 et 2002 (ci-dessus à gauche, avec Nicole Herschmann). Jean Racine et Jennifer Davidson (USA) ont remporté l'argent en 2000 et 2001. Les Suisses Françoise Burdet et Katharine Sutter ont décroché l'or en 2001 et le bronze en 2000.

BOBSLEIGH

TITRES MONDIAUX FÉMININS

Le Championnat du monde féminin a été créé en 2000 et le bob féminin ne fit son apparition qu'aux J.O. de 2002. Les vainqueurs de ces compétitions sont l'Allemagne, la Suisse et les USA.

TITRES DE CHAMPION DU MONDE

Eugenio Monti (Italie) a remporté onze titres de champion du monde entre 1957 et 1968, ce qui fait de lui le bobeur le plus titré de l'histoire. Il a gagné huit titres en bob à deux, et trois en bob à quatre.

MÉDAILLES D'OR OLYMPIQUES

Les Allemands de l'Est Meinhard Nehmer et Bernhard Germeshausen, ont tous les deux remportés trois médailles d'or, en 1976 en bob à deux et bob à quatre, ainsi qu'en 1980 en bob à quatre.

MÉDAILLES OLYMPIQUES

Entre 1980 et 1992, Bogdan Mussiol (Allemagne, ex-RDA) a remporté sept médailles olympiques (une en or, cinq d'argent et une de bronze). Jamais rentré bredouille, Mussiol a participé à quatre olympiades.

TITRES MONDIAUX EN BOB À QUATRE

Depuis le premier titre mondial de bob à quatre décerné en 1924, la Suisse en a décroché 20, dont cinq titres olympiques (1924, 1936, 1956, 1972 et 1988), un record.

CHAMPION OLYMPIQUE DE BOBSLEIGH LE PLUS JEUNE

William Guy Fiske (USA) n'avait que 16 ans et 260 jours lorsqu'il a décroché la médaille d'or en bob à cinq aux J.O. de St-Moritz, Suisse, en 1928.

CHAMPION OLYMPIQUE DE BOBSLEIGH LE PLUS ÂGÉ

C'est à 47 ans et 357 jours que Jay O'Brien (USA) a remporté la médaille d'or en bob à quatre durant les J.O. de Lake Placid en 1932.

SKELETON

TITRES MONDIAUX DE SKELETON

Le skeleton s'apparente à la luge, à la différence que les compétiteurs pilotent leurs engins allongés sur le ventre. Alex Coomber (GB) a remporté 4 titres mondiaux, la Coupe du monde en 2000, 2001 et 2002 ; et le Championnat du monde en 2000.

CRESTA RUN LE PLUS RAPIDE

Le Cresta Run a été créé en 1884 à St-Moritz, lieu culte du skeleton. C'est sur une piste de 1 212 m de long sur 157 m de dénivellation, taillée à même la glace, que les concurrents s'élancent tête la première à quelques centimètres au-dessus du sol avec leurs épaules pour gouvernail. Le 13-02-99, James Sunley (GB) réalisait le temps record de 50"09, soit une vitesse moyenne de 87,11 km/h.

CONCURRENT DU CRESTA RUN LE PLUS ÂGÉ

Le prince Constantin du Liechtenstein (né le 23-12-11) a terminé un Cresta Run, le 15-02-00, à l'âge incroyable de 88 ans et 54 jours.

VICTOIRES EN CRESTA RUN

Le champion olympique de 1948 Nino Bibbia (Italie) et Franco Gansser (Suisse) détiennent le record de huit victoires en Cresta Run Curzon Cup.

LUGE

MÉDAILLES D'OR OLYMPIQUES DAMES

En luge, les concurrents sont allongés sur le dos et se dirigent à l'aide de leurs jambes. Steffi Walter (RDA) a remporté deux médailles d'or olympiques en luge individuelle en 1984 et 1988.

TITRES MONDIAUX MASCULINS

Georg Hackl (Allemagne) a été sacré six fois champion du monde (en 1989, 1990, 1992, 1994, 1997 et 1998) en luge individuelle. Stefan Krausse et Jan Behrendt (Allemagne) ont également remporté six titres en luge à deux entre 1989 et 1998.

TITRES DE CHAMPIONNE DU MONDE

• Margit Schumann (RDA) a été sacrée championne du monde à quatre reprises entre 1973 et 1977. Elle a décroché la médaille de bronze aux J.O. de 1972, les Championnats du monde de 1973 à 1975, puis en 1977, et le titre olympique en 1976.
• Tony Benshoof (USA) a atteint 139,39 km/h sur la piste olympique de Park City, USA, le 16-10-2001. Cette pointe a été chronométrée pendant une séance d'entraînement de son équipe.

TITRES MONDIAUX EN BOBSLEIGH À DEUX

La Suisse a remporté 17 titres de Champion du monde de bob à deux masculin et possède le record de quatre titres olympiques (1948, 1980, 1992 et 1994).

SALT LAKE 2002

MÉDAILLES D'OR EN CURLING

Ce sport d'origine écossaise a fait son apparition aux J.O. en 1998 et aucun pays n'a pu faire mieux qu'une victoire. En 1998, les Suisses l'ont emporté chez les hommes, et le Canada chez les dames. En 2002, la Norvège remportait la médaille d'or masculine, et les Britanniques triomphaient chez les dames.

Le chronométrage a été réalisé grâce à des capteurs optiques disposés tous les cinq mètres.

CURLING

MATCH LE PLUS RAPIDE

Huit curleurs du Burlington Golf and Country Club, en Ontario, Canada, ont joué un match en huit jeux, en 47 min 24 s avec 5 min 30 s de pénalités, le 04-04-86, selon les règles de l'Ontario Curling Association. Le curling se joue entre deux équipes de quatre joueurs. Il s'agit de glisser une pierre en granit d'Écosse lourde de 20 kg sur un couloir de glace afin de se rapprocher d'une cible faite de cercles concentriques.

CHAMPION DU MONDE

Le Canada compte 27 titres de champion du monde en 1959 et 2002, depuis la création en 1959.

TITRES DE CHAMPIONNES DU MONDE

Bien que le premier club de curling féminin ait été fondé en 1895, il a fallu attendre 1979 pour que les premiers Championnats du monde aient lieu. Depuis, le Canada en a remporté douze, entre 1980 et 2001.

PLUS LONG JET

Le plus long jet d'une pierre de curling atteint 175,66 m avec Eddie Kulbacki (Canada) à Park Lake, Neepawa, Canada, le 29-01-89. Ce record a été établi sur une piste de 365,76 m spécialement façonnée pour la tentative de record.

HOCKEY PARALYMPIQUE

PASSES DÉCISIVES PARALYMPIQUES EN HOCKEY

Dans cette discipline, les athlètes sont sur des traîneaux à deux lames entre lesquelles le palet peut passer. Ils possèdent des mini crosses pour se propulser eux-mêmes et diriger le palet sur la glace. Chaque équipe est composée de cinq joueurs et d'un gardien de but.

Le Norvégien Helge Bjoernstad a réussi quinze passes décisives dans sa carrière aux Jeux paralympiques. Son total de dix en 2002 est un record dans la même paralympiade.

BUTEURS AUX JEUX PARALYMPIQUES

Jens Kask (Suède) a réussi seize buts en trois paralympiades, entre 1994 et 2002. Sylvester Flis (USA) quant à lui détient le record dans le même tournoi avec onze buts en 2002.

POINTS AUX JEUX PARALYMPIQUES

Depuis l'introduction de cette discipline aux Jeux paralympiques en 1994, le record de points est

détenu par le Norvégien Helge Bjoernstad avec 26 points. Dans un même tournoi paralympique, c'est Sylvester Flis (USA) qui est l'auteur de la meilleure performance avec 18 points (onze buts et sept passes) en 2002.

MÉDAILLES AUX JEUX PARALYMPIQUES EN HOCKEY

Depuis son introduction au programme paralympique en 1994, aucun pays n'a pu remporter deux médailles d'or. Les vainqueurs sont la Suède (1994), la Norvège (1998), et les USA (2002, ci-contre). La Norvège, deuxième en 1994 et 2002, ainsi que la Suède, troisième en 1988 et 2002, comptent trois médailles.

FORMULE 1

POLE POSITIONS CONSÉCUTIVES

Le Français Alain Prost a réalisé sept pole positions de suite durant la saison 1993 au volant d'une Williams-Renault. Cette année-là, il fut sacré champion du monde.

POLE POSITIONS DANS UNE SAISON

Au volant d'une Williams-Renault, en 1992, Nigel Mansell (GB) est parti 14 fois en pole position sur la grille de départ durant cette saison où il fut sacré champion du monde. La saison suivante, il tenta sa chance en American IndyCars avec succès en remportant le Championnat Indy en 1993 pour sa première tentative.

TITRES DES CONSTRUCTEURS

Ferrari, aujourd'hui dirigée par le Français Jean Todt, détient le record des titres de champions du monde de Formule 1 avec onze victoires entre 1961 et 2001. La *Scuderia* totalisait 145 Grands Prix gagnés à la fin de la saison 2001, total qu'aucun autre constructeur n'a jamais atteint.

LE PLUS EXPÉRIMENTÉ

Avec 256 départs en Grand Prix, entre 1977 et 1993, Ricardo Partrese (Italie) est le pilote de F1 le plus chevronné.

TITRES EN F1

Juan Manuel Fangio (Argentine) est devenu champion du monde des pilotes en 1951 et s'est adjugé tous les titres de 1954 à 1957, établissant ainsi le record à cinq consécrations. Titre qu'il partage depuis le 21-07-02, avec Michael Schumacher (Allemagne), deux fois avec Benetton, et trois avec Ferrari.

VICTOIRES EN GRAND PRIX

Michael Schumacher (Allemagne) a gagné 53 Grands Prix en 162 courses de F1 à la fin de la saison 2001.

GRAND PRIX SANS VICTOIRE

Andrea de Cesaris (Italie) a pris le départ de 208 Grands Prix en 14 ans et dix équipes sans jamais remporter une seule victoire.

COURSE LA PLUS SERRÉE

Le 05-09-71 à Monza, lors du Grand Prix d'Italie, Peter Gethin (GB) battait Ronnie Peterson (Suède) de 0,01 s. Depuis 1982, où le chronométrage des courses est passé en millièmes de seconde, l'écart le plus faible a été réalisé lors de la victoire d'Ayrton Senna (Brésil) sur Nigel Mansell (GB) par 0,014 s, le 13-04-86, au Grand Prix d'Espagne à Jerez.

POLE POSITIONS

Avec 65 pole positions dans sa carrière sur 161 Grands Prix, dont 41 victoires, le triple champion du monde Ayrton Senna (Brésil) était le roi des essais. L'histoire retiendra que c'est lors d'une séance qualificative qu'il se tua, le 01-05-94, la veille du Grand Prix de Saint Marin, à Imola en Italie. Senna a piloté pour Toleman, Lotus, McLaren et Williams-Renault.

VICTOIRES EN GRAND PRIX SUR UNE SAISON

Avec neuf Grands Prix en 1992, Nigel Mansell partage le record de victoires durant la même saison avec Michael Schumacher, qui le remporta trois fois en 1995, 2000 et 2001.

VICTOIRES CONSÉCUTIVES D'UN MÊME GRAND PRIX

Ayrton Senna a remporté le Grand Prix de Monaco à cinq reprises, de 1989 à 1993.

SENIOR ET JUNIOR VAINQUEURS DE GRAND PRIX

• Le plus jeune vainqueur d'un Grand prix est Bruce McLaren (Nlle-Zélande) qui a remporté le Grand Prix des USA à Sebring (Floride),

RECORDS DU TOUR SUR UNE SAISON

Mikka Hakkinen (Finlande) a réussi en 2000 la prouesse inégalée de battre neuf fois le record du tour sur l'ensemble de la saison, sur sa McLaren-Mercedes. En dépit de ce succès, Hakkinen termina la saison à la deuxième place, à 89 points derrière Michael Schumacher (Allemagne) qui marqua 108 points au volant de sa Ferrari.

le 12-12-59, tout juste âgé de 22 ans et 104 jours.
• Troy Ruttman (USA) n'avait que 22 ans et 80 jours lorsqu'il prit le départ des 500 Miles d'Indianapolis, course qui faisait alors partie du Championnat du monde de F1.
• Le vainqueur le plus âgé d'un Grand Prix avant 1950, date de la création du Championnat du monde de F1, est le légendaire Italien Tazio Giorgo Nuvolari, qui a remporté le Grand Prix d'Albi en France, le 14-07-46 à l'âge de 53 ans et 240 jours.

SENIOR ET JUNIOR EN GRAND PRIX
• Le plus jeune à se qualifier pour un Grand Prix est Michael Thackwell (Nlle-Zélande) au Grand Prix du Canada à Montréal, le 28-09-80

à l'âge de 19 ans et 291 jours.
• Louis Alexandre Chiron (Monaco) a terminé sixième de son dernier Grand Prix, à Monaco, le 22-05-55, à l'âge de 55 ans et 291 jours.

RECORD DE POINTS POUR UN CONSTRUCTEUR SUR UNE SAISON

En 1998, l'équipe McLaren a marqué 199 points. Les pilotes maison étaient Ayrton Senna et Alain Prost qui, à eux deux, remportèrent quinze des seize courses de la saison, établissant ainsi un nouveau record pour un constructeur. Senna comptera huit Grands Prix et trois deuxièmes places ; et Prost sept Grand Prix et sept deuxièmes places.

LE PLUS JEUNE CHAMPION DU MONDE

Le plus jeune Champion du monde de F1 est le Brésilien Emerson Fittipaldi, couronné à l'âge de 25 ans et 273 jours, le 10-09-72.`

LES PODIUMS*

Michael Schumacher y est monté 107 fois, et Alain Prost 106.

LES KM EN TÊTE*

Schumacher : 13 713 ,
Ayrton Senna : 12 616.

POINTS AU CHAMPIONNAT*

Schumacher : 887, Prost : 798,5.

LE MEILLEUR PILOTE

Statistiquement, Schumacher est le meilleur pilote de F1. En douze saisons et 171 GP, il a battu ou égalé les principaux records sauf celui des pole positions.

INDYCAR

TITRES DE CHAMPIONS

L'IndyCar, durant ses 30 ans d'existence, a connu différentes appellations : AAA (American Automobile Association, 1956-1978), USAC (US Auto Club, 1956-1978), CART (Championship Auto Racing Teams, 1979-1991), IndyCar (1992-1997), et aujourd'hui Fed-Ex Series Championship. Le plus titré des pilotes de cette catégorie est A. J. Foyt Jr (USA) avec sept titres en 1960, 1961, 1963, 1964, 1967, 1975 et 1979.

VICTOIRES EN UNE CARRIÈRE

A. J. Foyt Jr a remporté 67 courses en IndyCar entre 1958 et 1993. Foyt a également ajouté à son palmarès

cinq victoires aux 500 Miles d'Indianapolis, aux 24 Heures du Mans et aux 24 Heures de Daytona.

POLE POSITIONS

L'Italo-Américain Mario Andretti a remporté 67 pole positions en Indycar entre 1965 et 1994.

LE PLUS RAPIDE AUX QUALIFICATIONS DES 500 MILES D'INDIANAPOLIS

Arie Luyendyk (Pays-Bas), au volant d'une Reynard-Ford-Cosworth, a battu le record de vitesse aux qualifications des 500 Miles d'Indianapolis, le 12-05-96. Chronométré sur quatre tours, il a atteint la vitesse moyenne de 381,392 km/h, battant également le record du tour, à 382,216 km/h.

LE MANS

VICTOIRES

Jacky Ickx (Belgique) a remporté six fois la prestigieuse course des 24 Heures du Mans en 1969, 1975, 1976, 1977, 1981 et 1982.

TITRES DES CONSTRUCTEURS

La firme allemande Porsche, basée à Stuttgart en Allemagne, a décroché quinze victoires aux 24 Heures du Mans en 1970, 1971, 1976, 1977, de 1981 à 1987, et en 1993, 1996, 1997 puis 1998.

NASCAR

VICTOIRES EN NASCAR

Depuis la création de la catégorie en 1949, Richard Petty (USA) a remporté 200 courses durant sa carrière en Nascar entre 1958 et 1992.

LE PLUS RAPIDE AUX 500 MILES D'INDIANAPOLIS
Arie Luyendick (Pays-Bas) a bouclé les célèbres 500 miles d'Indianapolis, Indiana (USA) en 2 h 41 min 18,4 s le 27-05-90 sur une Lola-Chevrolet. C'est le record pour cette épreuve inaugurée en 1911.

ÎLE DE MAN TT SÉRIES

LA PLUS ANCIENNE COMPÉTITION

La plus vieille compétition moto de l'histoire est l'Auto-Cycle Union Tourist Trophy (TT) sur l'île de Man (GB). La première course eut lieu le 28-05-07 sur le circuit du Peel de 25,44 km, remplacé aujourd'hui par le circuit d'Island's Mountain

LA PLUS LONG CIRCUIT

Le circuit de l'île de Man (GB) où ont lieu la plupart des courses de TT depuis 1911 (avec quelques modifications en 1920), est long de 60,72 km. Son tracé, le plus long du monde, possède 264 virages.

VICTOIRES EN UNE CARRIÈRE

Joey Dunlop (Irlande) a remporté 26 fois le Tourist Trophy de l'île de Man, de 1977 à 2000. Dunlop détient un record remarquable en Tourist Trophy. Il remporta 19 titres, dont cinq de suite en Formule 1 entre 1982 et 1986. Il mourut en course en Estonie en 2000.

VICTOIRES CONSÉCUTIVES DANS DEUX CATÉGORIES

Le premier pilote qui remporta trois titres consécutifs dans deux catégories est James A. Redman (Zimbabwe). Il remporta les courses de 250 et 350 cm³ en 1963, 1964 et 1965.

VICTOIRES DANS LA MÊME ANNÉE

Phillip McCallen (Irlande) a gagné quatre courses en 1996 (Formule 1, Junior, Senior et Production).

LE PLUS RAPIDE

David Jefferies (GB), à la moyenne de 196,24 km/h, a gagné la course Senior TT en 1 h 51 min 22 s sur une Yamaha R1, le 09-06-00. Lors de la même course, Jeffries a battu le record du tour à la vitesse de 207,27 km/h.

CHAMPIONNAT DU MONDE

TITRES EN CHAMPIONNAT DU MONDE

Créé par la Fédération internationale motocyclisme (FIM) en 1949, la compétition a été gagnée quinze fois par Giacomo Agostini (Italie). Il a remporté sept titres consécutifs en 350 cm³ de 1968 à 1974 et huit titres en 500 cm³, successivement de 1966 à 1972, puis en 1975. Il prit sa retraite sportive en 1976.

TITRES EN 250 CM³

Phil Reas (GB) a décroché quatre titres en Championnat 250 cm³, en 1964, 1965, 1968 et 1971. Read a également décroché le titre des 125 cm³ en 1968 et deux titres en 500 cm³.

LE PLUS JEUNE CHAMPION DU MONDE

Loris Capirossi (Italie) a été sacré champion du monde de 125 cm³ à l'âge de 17 ans et 165 jours, le 16-09-90 sur Honda.

TITRES EN 125 CM³

Angel Roldán Nieto (Espagne) est le roi de la catégorie 125 cm³ avec sept titres en 1971, 1972, 1979, 1981, 1982, 1983 et 1984. Il faut ajouter à son palmarès six titres en 50 cm³ de 1969 à 1977.

VICTOIRES EN GRAND PRIX

Avec 122 courses gagnées, 68 en 500 cm³ et 54 en 350 cm³, Giacomo Agostini (Italie) est le recordman des victoires en Grand Prix entre 1965 et 1977.

VICTOIRES SUR UNE SAISON

L'incontournable Italien Giacomo Agostini a remporté 19 Grands Prix en 1970. Seul Mike Hailwood (GB) avait fait aussi bien en 1966.

VICTOIRES DANS UNE SEULE CATÉGORIE

Rolf Billand (Su) a remporté 79 courses dans la catégorie side-car. Record absolu.

VICTOIRES DANS LA MÊME CATÉGORIE SUR UNE SAISON

L'Australien Michael Doohan a remporté douze Grands Prix 500 cm^3 durant la saison 1997. Sa victoire le 04-10-98, dans son pays à Brisbane lui offrira son cinquième titre successif de champion du monde.

VICTOIRES CHEZ LES CONSTRUCTEURS

La firme japonaise Honda, fondée en 1948 par Soichiro Honda a décroché 48 titres dans toutes les catégories confondues, entre 1961 et 1999.

LE CHAMPION DU MONDE LE PLUS ÂGÉ

Le plus âgé des champions du monde est Hermann-Peter Muller (RFA) qui peut s'enorgueillir d'avoir décroché le titre en 250 cm^3 en 1955, à l'âge de 46 ans.

CHAMPIONNAT DU MONDE DE SUPERBIKE

TITRES SUPERBIKE

Créé en 1988, le Championnat du monde de Superbike a vu sacrer Carl Fogarty (GB) à quatre reprises, en 1994, 1995, 1998 et 1999, à chaque fois sur Ducati. Il détient le record de victoires en course avec 59, entre 1992 et 1999. Fogarty a débuté sa carrière en TT en décrochant le titre de l'île de Man en 1990.

LES POLE POSITIONS

Troy Corser (Australie) est un des pilotes les plus rapides aux essais. Fin mars 2001, il avait à son actif 25 pole positions.

VICTOIRES D'UN CONSTRUCTEUR EN SUPERBIKE

Avec 161 victoires entre 1989 et 1999, Ducati (Italie) se pose en recordman des victoires en courses Superbike.

SUPERCROSS

TITRES EN SUPERCROSS

Jeremy McGrath (USA) a remporté le Championnat de supercross de l'American Motorcycle Association (AMA) à sept reprises, entre 1993 et 2000 en catégorie 250 cm^3.

VICTOIRES EN 250 CM³

L'Américain Jeremy McGrath compte 72 victoires en supercross, dans la catégorie reine des 250 cm^3, entre 1989 et 2001.

MOTOCROSS

CHAMPION DU MONDE TOUTES CATÉGORIES

Eric Geboers (Belgique) est le seul pilote à avoir décroché un titre de champion du monde dans les trois catégories. Il a été sacré sur 125 cm^3 en 1982 et 1983, sur 250 cm^3 en 1987, ainsi qu'en 500 cm^3 en 1988 et 1990.

TITRES CONSTRUCTEURS

La firme Ducati a dominé le Championnat du monde de superbike en remportant huit titres. Le constructeur décrocha tous les titres entre 1991 et 1996 puis entre 1998 et 2000.

VICTOIRES EN GRAND PRIX

Durant sa carrière de presque 20 ans, Joël Robert (Belgique) a enlevé le titre de champion du monde des 250 cm^3 à six reprises (1964, et de 1968 à 1972). Du 25-04-64 au 18-06-72, Robert a gagné 50 Grands Prix en 250 cm^3.

LE PLUS JEUNE CHAMPION DU MONDE

Dave Strijbos (Pays-Bas) est le plus jeune champion du monde de l'histoire du motocross. Il décrocha son premier titre en 125 cm^3, le 31-08-86, à l'âge de 18 ans et 296 jours.

TITRES EN CHAMPIONNAT TRANS-AMA

Roger DeCoster (Belgique) est propriétaire de 4 titres Trans-AMA, gagnés entre 1974 et 1977 sur Suzuki.

SIDECAR

TITRES DE CHAMPION D'EUROPE

Le Suisse Robert Grogg est le seul pilote cinq fois Champion d'Europe de la spécialité (1972, 1974, 1976, 1977 et 1978). Grogg, sur Norton, a réalisé cet exploit avec l'aide de trois équipiers différents.

LE PAYS LE PLUS TITRÉ

La Suisse est le pays du side-car, avec 19 titres en Championnat du monde ou d'Europe entre 1971 et 2001.
La dernière victoire transalpine en Championnat d'Europe a été celle d'Andreas Führer sur Kawasaki, accompagné par Adrian Kaser, en 1996.

SPEEDWAY

TITRES DE CHAMPION DU MONDE

Ivan Mauger (Nouvelle-Zélande) a décroché six titres de champion du monde de speedway en 1968, 1969, 1970, 1972, 1977 et 1979.

TITRES DE CHAMPION DU MONDE TOUTES CATÉGORIES

Hans Hollen Neilsen (Danemark) est le pilote le plus complet des Championnats du monde avec 21 titres mondiaux dans trois disciplines (en double, par équipes et en individuel).

TITRES DE CHAMPIONS DU MONDE EN DOUBLE

Le Championnat du monde de double (créé en 1968, officialisé en 1970 et rebaptisé Championnat du monde par équipez en 1994) a été trusté neuf fois par le Danemark, en 1979, de 1985 à 1991 et en 1995.

POINTS PAR ÉQUIPES EN COUPE DU MONDE

C'est en battant un record avec 68 points que l'Australie a gagné l'Ove Fundin Trophy à Wroclaw en Pologne, entre le 1er et le 07-07-01.

PARTICIPATIONS EN FINALES

Entre 1954 et 1972, le Néo-zélandais Barry Briggs a participé à 18 phases finales du Championnat du monde.

VICTOIRES EN COURSES DE COUPE DU MONDE

Lors de la Coupe du monde à Wroclaw, Pologne, en juillet 2001, Jason Crump (Australie) a réussi dix victoires sur dix courses pour permettre à son pays de remporter l'Ove Fundin Trophy.

VICTOIRES EN COUPE DU MONDE PAR ÉQUIPES

Depuis sa création en 1960, la Coupe du monde par équipes a été remportée neuf fois. Deux pays se partagent ce record : Grande-Bretagne/Angleterre en 1968, 1971, 1972 et 1973 ; l'Angleterre en 1974, 1975, 1977, 1980 et 1989 ; et le Danemark en 1978, 1981, de 1983 à 1988, puis en 1991.

TRIAL

TITRES DE CHAMPION DU MONDE INDOOR ET OUTDOOR

Dougie Lampkin (GB) a décroché dix Championnats du monde de trial, indoor et en milieu naturel, cumulant les deux en 1997 et 2001. Lampkin a débuté et gagné sa première course à l'âge de neuf ans.

TITRES DE CHAMPION DU MONDE OUTDOOR

Jordi Tarres (Espagne) compte dans son palmarès sept titres de champion du monde en milieu naturel, remportés en 1987, 1989, 1990, 1991, 1993, 1994 et 1995.

DRAGSTERS

LA FUNNY CAR LA PLUS RAPIDE

Sur la distance de 440 yards (402 m), Gary Densham a atteint la vitesse de 526,04 km/h, départ arrêté sur une Ford Mustang, à Pomona, Californie, en février 2002.

LE MEILLEUR TEMPS EN FUNNY CAR

402 m en 4 s 731 centièmes, c'est le temps record de John Force (USA) dans un hot rod Forg Mustang à Reading, USA, en octobre 2001. Force est le plus prestigieux pilote de Funny Car, détenant les records de titres en Championnats Funny Car NHRA (National Hot Rod Association), de sacres consécutifs, ainsi que le plus grand nombre de victoires. En 1996, Force est devenu le premier pilote de dragster à être élu Pilote de l'Année par l'Académie américaine des sports mécaniques. Les Championnats NHRA se déroulent en séries d'un contre un avec élimination directe jusqu'à la finale. Force a perdu neuf finales de suite avant de gagner sa première victoire en 1987 à Montréal.

LE PRO-STOCK LE PLUS RAPIDE

La vitesse maximale jamais atteinte par un pro-stock (propulsé par un moteur à essence), est de 328 km/h. Mark Osborne (USA), dans une Dodge Neon a accompli cette performance en octobre 2001, à Reading, USA.

MEILLEUR TEMPS D'UN PRO-STOCK

Jeg Couglin (USA) a parcouru 402 m en 6 s 750 centièmes, le 10-10-01, au volant d'une Chevrolet Cavalier, à Reading, USA.

TOP-FUEL LE PLUS RAPIDE

Kenny Bernstein (USA) a atteint une vitesse record avec un top-fuel (moteur au carburant enrichi au méthanol), à savoir 534,59 km/h au bout des 402 m de son run. Bernstein était aux commandes d'un dragster Hadman propulsé par un moteur TFX 500.

MEILLEUR TEMPS DES TOP-FUEL

402 m en 4"477, par Kenny Bernstein (USA) sur son Hadman au moteur TFX 500 à Chicago, en juin 2001

RALLYES

LE RALLYE LE PLUS LONG

Le plus long rallye du monde est le Singapore Airlines London-Sydney Rally. En 1977, sur une distance d'environ 16 000 km qui relie Covent Garden à Londres, à l'Opéra

TITRES DE CHAMPION DU MONDE DE MOTONAUTISME

Guido Cappellini (Italie) compte six titres de champion du monde de Formule 1, obtenus de 1993 à 1996, puis en 1999 et 2001.

RECORD DE VICTOIRES EN CHAMPIONNAT DU MONDE DES RALLYES SUR UNE SAISON

Le Français Didier Auriol, ancien chauffeur d'ambulance, a remporté six épreuves du Championnat du monde des Rallyes en 1992. Auriol a gagné la première épreuve de sa carrière à ce niveau au Rallye de Corse en 1988 et son premier titre de champion du monde en 1994 sur Toyota.

de Sydney, en Australie, la route était sujette à de nombreuses altérations. Cette année-là, Andrew Cowan, Colin Malkin, et Michael Broad (GB) remportaient l'épreuve, avec une distance totale de 31 107 km. La première édition eut lieu en 1968 et la prochaine est fixée pour juillet 2004. Pour y participer, il vous en coûtera 26 000 £ (41 420 €).

LE PLUS JEUNE DES CHAMPIONS DU MONDE DE RALLYES

Le Britannique Colin McRae était âgé de 27 ans et 89 jours quand il remporta son premier titre de champion du monde des rallyes (WRC) en 1995. McRae, Écossais d'origine, vient du stock-car. Son père fut Champion de Grande-Bretagne des rallyes à cinq reprises. Dans le sillage paternel, Colin a fait son premier rallye en 1986 et sa première épreuve de Championnat du monde des rallyes en 1987.

TITRES DES CONSTRUCTEURS WRC

La firme Lancia a remporté onze titres WRC en 1972 et 1992.

VICTOIRES À MONTE-CARLO

Trois pilotes sont montés quatre fois sur la plus haute marche du podium du Rallye de Monte-Carlo. Il s'agit de Sandro Munari (Italie) en 1972, 1975, 1976 et 1977 pour Lancia ; de Walter Röhrl (RFA) en 1980, 1982, 1983 et 1984, avec quatre voitures différentes ; et du Finlandais Tommi Makinen, avec quatre victoires consécutives de 1999 à 2002.

VICTOIRES AU RALLYE DE GRANDE-BRETAGNE

Le RAC Rallye de Grande-Bretagne a été créé en 1932 et a fait partie du calendrier de la Fédération internationale de l'automobile (FIA) dès 1957. Hannu Mikkola (Finlande) l'a remporté quatre fois, sur Ford

Escort en 1978 et 1979, et sur Audi Quattro en 1981 et 1982. Le co-pilote de Mikkola était à chaque fois Arne Hertz (Suède) qui était déjà celui de Stig Blomqvist (Suède) pour la victoire du Rac en 1971.

VICTOIRES EN CHAMPIONNAT DU MONDE DES RALLYES

Tommi Makinen (Finlande) a remporté 24 épreuves du Championnat des rallyes entre 1994 et 2002. Makinen a établi un record en gagnant pour la quatrième fois consécutive le Rally de Monte-Carlo en 2002. Il compte également quatre titres successifs de champion du monde entre 1996 et 1999.

MEILLEUR PARCOURS FÉMININ

Annika Sorenstam (Suède) a réussi un parcours de 59 coups au Mount Valley Country Club de Phoenix, USA. C'est le meilleur score sur 18 trous réalisé par une femme. Elle disputait alors le tournoi PING, Standard Register, le 16-03-01.

LE PLUS GRAND ÉCART DANS UN TOURNOI MAJEUR

En 2000, Tiger Woods (USA) a remporté l'US Open avec quinze coups d'avance, un record dans un tournoi majeur (Open Championship, US Open, US Masters et US PGA). Woods a marqué à cette occasion 65, 69, 71 et 67, soit 272, douze sous le par.

TITRES À L'OPEN DE GRANDE-BRETAGNE

Natif de l'île anglaise de Jersey, Harry Vardon a gagné six Open Championships entre 1896 et 1914, en Grande-Bretagne.

TITRES À L'US OPEN

Willie Anderson (GB), ainsi que Bobby Jones Jr, Ben Hogan et Jack Nicklaus (USA) ont remporté quatre fois l'US Open : Anderson en 1901 et de 1903 à 1905; Jones en 1923, 1926, 1929 et 1930 ; Hogan en 1948, 1950, 1951 et 1953 ; Nicklaus en 1962, 1967, 1972 et 1980.

TITRES À L'US WOMEN'S OPEN

Betsy Rawls (USA) et Mickey Wright (USA) ont toutes deux gagné l'US Women's Open. Rawls y est parvenue en 1951, 1953, 1957 et 1960 et Wright en 1958, 1959, 1961 et 1964.

TITRES AMATEURS

Bobb Jones Jr compte cinq titres US Amateur en 1924, 1925, 1927, 1928 et 1930, mais il ne deviendra jamais professionnel. Quatre US Open, trois Open Championships et un British Amateur complètent son palmarès qu'il clôturera à 28 ans pour prendre sa retraite sportive.

TITRES AU BRITISH AMATEUR

John Ball (GB) a enlevé huit titres du British Amateur entre 1888 et 1912, le dernier à l'âge de 60 ans.

TITRES À L'US AMATEUR FÉMININ

Glenna Vare (USA) a remporté six titres de l'US amateur féminin entre 1922 et 1935. Elle restera néanmoins amateur toute sa vie.

TITRES EN COUPE DU MONDE PAR ÉQUIPE

La Coupe du monde, anciennement Canada Cup (avant 1953), a été le plus souvent gagnée par les USA avec 22 titres entre 1955 et 1999.

MEILLEUR SCORE EN COUPE DU MONDE

Du 18 au 21-11-99, Tiger Woods (USA), lors des quatre manches de Coupe du monde, a totalisé 263 coups à Kuala Lumpur, Malaisie.

TITRES EN COUPE DU MONDE

Arnold Palmer (USA) en 1960, 1962, 1963, 1964, 1966 et 1967 ; et Jack Nicklaus (USA) en 1963, 1964, 1966, 1967, 1971 et 1973, sont les deux seuls à avoir décroché six titres en Coupe du monde par équipe. Nicklaus a également remporté trois titres individuels en 1963, 1964 et 1971.

MEILLEUR SCORE EN COUPE DU MONDE PAR ÉQUIPES

L'équipe américaine composée de Fred Couples et Davis Love III a réussi le score 536 sur 144 trous à Dorado, Porto Rico, les 10 et 13-11-94.

RECORD DE GAINS EN UNE SAISON D'US LPGA

La Suédoise Annika Sorenstam a gagné 2,105 millions $ (2,3 millions €) sur le circuit US LPGA en 1999.

RECORD DE GAINS EN US LPGA

Dans toute sa carrière et jusqu'en avril 2001, Annika Sorenstam (Suède) a gagné 6,957 millions $ (7,58 milions €) sur le circuit de l'US LPGA.

RECORD DE GAINS EN US PGA

Tiger Woods (USA), d'août 1996 à avril 2001 a gagné 23,767 millions $ (25,9 millions €) sur le circuit de l'US PGA.

LE JOUEUR LE PLUS ÂGÉ DE RYDER CUP

Ray Floyd (USA) était âgé de 51 ans et 20 jours en 1993 quand il a disputé sa dernière Ryder Cup. Créée en 1927, elle oppose tous les deux ans les USA à l'Europe, avec une priorité aux Britanniques jusqu'en 1979.

RECORD DE GAINS EN UNE SAISON DE L'US PGA

Lors de la saison 2000, Tiger Woods a totalisé 9,188 millions $ (10 millions €) de gains dans l'US PGA Tour.

RECORD DE GAINS SUR LE CIRCUIT EUROPÉEN

Lee Westwood (GB) a empoché 1,858 million £ (3 millions €) sur le circuit de l'European Order of Merit.

PLUS LONG PUTT

• Jack Nicklaus (USA), au Tournoi des Champions en 1964 et Nick Price (Afrique du Sud) lors des Championnats de l'US PGA en 1992 ont tous les deux réussi un putt de 33,5 m en professionnel.
• Bob Cook (USA) a réussi un putt de 42,74 m au 18e trou à Saint-Andrews (GB), au tournoi de l'International Fourball Pro-Am, le 01-10-76.

• Le 05-08-00, au Fishwick Hall Golf Club de Preston (GB), les Britanniques Alan Schofield et Robin Kershaw ont tenté victorieusement un putt à 50,79 m du trou.

TITRES EN RYDER CUP

Depuis la création de la compétition en 1927 au Worchester Country Club, USA, et jusqu'en 1999, les USA ont remporté 24 titres, l'Europe sept victoires et deux matches nuls.

VICTOIRES INDIVIDUELLES EN RYDER CUP

Nick Faldo (GB) a remporté 23 des 46 matches de Ryder Cup qu'il a disputés. Faldo détient aussi la meilleure moyenne de point avec un score de 25. Le record américain revient à Arnold Palmer (USA) avec 22 victoires sur 32 matches. Billy Casper (USA) est à gratifier d'une moyenne de 23,5 points sur 37 matches.

CAPITAINE EN RYDER CUP

Le seul joueur a avoir gagné la Ryder Cup comme capitaine à quatre reprises est l'américain Walter Hagen en 1927, 1931, 1935 et 1937.

LE PLUS JEUNE JOUEUR EN RYDER CUP

En 1999, pour sa première sélection en Ryder Cup, Sergio Garcia (Espagne) était âgé de 19 ans, 8 mois et 15 jours.

TITRES EN SOLHEIM CUP

Créée en 1990, la Solheim Cup, équivalent féminin de la Ryder Cup, a lieu tous les deux ans entre les douze meilleures professionnelles européennes et américaines. Les Américaines l'ont emporté à quatre occasions en 1990, 1994, 1996 et 1998, et les Européennes deux fois en 1992 et 2000.

VICTOIRES EN SOLHEIM CUP

Deux joueuses comptabilisent treize victoires en Solheim Cup, Laura Davies (GB) en 23 matches entre 1990 et 2000 et Dottie Pepper (USA) en 20 matches sur la même période. Elles détiennent toutes deux un record de 14 points.

TITRES EN CURTIS CUP

Depuis 1932, la Curtis Cup oppose tous les deux ans les joueuses amatrices américaines à leurs

---

consœurs britanniques et irlandaises. Jusqu'en 2000, les USA comptent 22 victoires contre six, et trois matchs nuls.

VICTOIRES EN CURTIS CUP

• Carole Semple-Thompson (USA) a participé à onze rencontres et a gagné seize matches entre 1974 et 2000.
• Mary McKenna (GB) a dû attendre sa neuvième rencontre en 1986, un record pour la Grande-Bretagne et l'Irlande, pour enfin remporter sa première Curtis Cup.

MEILLEURE PERFORMANCE EN US LPGA TOUR

Avec 261 en quatre manches, deux golfeuses se partagent le record du meilleur score en US LPGA. Se Ri Pak (Corée du Sud) avec 71, 61, 63 et 66 au Jamie Farr Kroger Classic, à Sylvania, USA, du 9 au 12-07-98 et Annika Sorenstam (Suède) avec 65, 59, 65 et 68 au tournoi 2001 Standard Register PING au Moon Valley Country Club de Phoenix, USA, du 15 au 18-03-2001.

LE COMPÉTITEUR LE PLUS ÂGÉ

Ed Alofs (Pays-Bas) a joué son dernier tournoi du Compaq World Putting, en 1997, à Orlando, USA, à l'âge de 95 ans et 289 jours.

RECORD DE NATIONALITÉS

72 nationalités différentes étaient représentées au Junior Open Championship 2000 au Crail Golf Club de Fife, GB, en juillet 2000. Cette épreuve était organisée par le Royal and Ancient Golf Club Saint-Andrews de Fife (GB).

LE PLUS EXPÉRIMENTÉ EN RYDER CUP

Nick Faldo (GB) a joué onze Ryder Cup entre 1977 et 1997. Trois joueurs se partagent le record côté USA avec huit participations ; Billy Casper de 1961 à 1975, Ray Floyd entre 1969 et 1993 et Lanny Wadkins de 1977 à 1993.

MEILLEUR TOUR SUR NEUF TROUS

• 25 coups (4, 3, 3, 2, 3, 3, 1, 4, 2) sur les 9 derniers trous d'un tour de 57 (32 et 25), ont été réalisé par Aj Bill Burke sur le Normandie Course à Saint-Louis (USA), le 20-5-70.

• Le record du circuit est 27 et a été réalisé à 8 occasions. Le premier a été Mike Souchak (USA) sur les 9 derniers de son premier tour du Texas Open 1955.

• Le plus récent revient à Billy Mayfair (USA) sur ses neuf derniers trous du 4e tour du Buick Open 2001 à Grand Blanc, USA, le 12-08-2001.

LA MANCHE LA PLUS RAPIDE

Le plus rapide tour effectué par un joueur a pris 27 m 9 s (temps effectif de jeu). C'est James Carvill (Irlande) qui a réussi cette prouesse au Warren Golf Course de Co Down, Irlande, le 18-06-87.

LE TOUR LE PLUS RAPIDE PAR ÉQUIPES

Le 09-09-96, l'équipe des Fore Worcester's Children a réalisé un 18 trous en 9 m 28 s au Tatnuck Country Club, de Worcester, USA. Un tour impressionnant de 70.

LE PLUS LONG CONTRÔLE DE BALLE

• Rick Adams (GB) a utilisé un sand wedge pour garder la balle en l'air pendant 1 h 17 m, le 21-03-02 à Londres.

• Le 17-11-2001, à Brisbane, Henry Epstein a jonglé avec une balle de golf en alternance avec deux sand wedges pendant 33 m 33 s.

TROUS EN 12 H

En utilisant une voiturette, Brennan Robertson (USA) a joué 476 trous en 12 h au Foxfire Golf Club de Sarasota, USA, le 19-08-2000.

TROUS EN SEPT JOURS

Colin Young (GB), en utilisant une voiturette a joué 1 706 trous en 7 jours au Hill Valley Golf Club à Whitchurch, GB, entre le 26-07 et le 02-08-99.

TROUS EN UN AN

Le plus grand nombre de trous joués en un an est de 10 500 par Leo Fritz de Youngstown, USA, en 1998.

TROUS EN 24 H PAR ÉQUIPE

Une équipe de quatre golfeurs suédois composée d'Harold Hagens, Piet van Schaijk, Daniel Kameier et John Neophytou ont joué 290 trous en 24 heures pour un score de 5 861 au Ronnbacken Golf Club, Skelleftea, Suède, les 10 et 11-07-2000. Chaque tour prenant 1 h 24 m de moyenne.

LE PLUS LONG COUP

Stefan Uhr (Suède) a envoyé une balle de golf à 120,24 m à Prästholmen, Suède, le 20-08-92.

LE PLUS LONG TROU EN 12 H

Le plus long trou joué en 12 heures mesurait 70 km, de South Ice Cave de Lake County, USA, jusqu'au Meadows Course à Sunriver, USA. Il a été joué le 25-09-2000 par les Américains John Bladholm, Gene Molenkamp, Sean Guard et Mike O'Connell en 1 187 coups. Ils ont perdu 147 balles dans cette affaire.

RECORD DE GOLFEURS SUR LE PARCOURS EN 24 H

605 golfeurs ont participé à un tour de 24 heures au Rhodes Ranch Country Club, Las Vegas, le 21-06-98.

CHAMPIONNAT LE PLUS AU NORD

L'île d'Uummannaq localisée à l'ouest du Groenland à 70° de longitude nord accueille tous les ans le World Ice Golf Championship. Le parcours évolue considérablement d'année en année en fonction des chutes de neiges et des congères. Les engelures sont le pire ennemi des participants.

PREMIER PARCOURS TRANS-AMÉRICAIN

Floyd Satterlee Rood (USA) a utilisé l'Amérique du Nord comme parcours entre le 14-07-63 et le 3-10-64, en jouant d'une côte à l'autre, du Pacifique à l'Atlantique, soit 5 468 km. Il a joué 114 737 coups et perdu 3 511 balles.

PLUS GRANDE DISTANCE ENTRE DEUX TOURS DANS LA MÊME JOURNÉE

• Nobby Orens (USA) a joué deux parcours de 18 trous à Stockley Park à Londres et au Braemar Country Club de Tarzana, USA, le 20-07-99, effectuant ainsi un voyage de 9 582 km.

• Orens est un golfeur acharné. Durant l'année 1999, il a joué 134 manches sur 36 parcours dans 27 villes, 5 états, six pays et deux continents.

LE COUP LE PLUS HAUT

Vladímir Mysík (Rép. tchèque) a joué une coupe du sommet du Gasherbrum I à 8 068 m d'altitude, au Karakoram range, Cashemir, le 09-07-97

CLUB LE PLUS LÉGER

Le club de golf (taille réelle) le plus léger du monde est le driver JBeam Win.1, fabriqué par Japan Golf Equipment Co de Tokyo. Il pèse 220g exactement. La tête en titanium

RECORD DE GAINS SUR LE CIRCUIT EUROPÉEN

Entre 1986 et 2001, le Britannique Colin Montgomerie a empoché 8, 424 millions £ (13,1 millions €) à l'European Order of Merit (EOM). Sur le circuit européen, fin avril 2001, Montgomerie a remporté 25 titres.

de 535 m sur le parcours de Pine valley à Clementon, USA. Ce parcours, qui couvre la surface de 253 ha, a été dessiné par George Crump en 1912 et est considéré par les spécialistes comme le plus grand et plus difficile golf du monde.

TROU LE PLUS LONG

Le 7e trou du Satsuki Golf Club, de Sano, Japon, est de 881 m. Il n'a pas d'équivalent au monde.

TROU-EN-UN MATRIMONIAL

• Les Américains Elmer James et son épouse Marilyn ont réussi deux trous-en-un consécutifs sur le 16e de l'Halifax Plantation Golf Club à Ormond, Floride, le 19-04-98.
• Le 21-08-94, François et Dominique Bueche (France) ont réalisé un trou-en-un sur le même parcours de Hagenthal-le-Bas, Suisse, lors de la même compétition.
• Chez les femmes, la plus âgée à réussir un trou-en-un fut Erna Ross, au 17e trou (102 m) de l'Everglades Club de Palm Beach, Floride, à 95 ans et 257 jours, le 23-04-86.

BALLES FRAPPÉES EN UNE HEURE

Le Canadien Sean Murphy a tapé 2 146 balles à plus de 91 m sur une cible désignée au Swifts Practice Range de Carlisle, GB, le 30-06-95.

LE PLUS GRAND NOMBRE D'ÉLÈVES

L'Écossais Colin Montgomerie, golfeur professionnel, a donné une leçon à 389 élèves à l'Army Golf Club d'Aldershot, GB, le 16-02-99.

RECORD DE GAINS SUR LE CIRCUIT EUROPÉEN FÉMININ SUR UNE SAISON

Le record de gains sur une saison sur le circuit féminin s'élève à 204 522 £ (360 591 €). Cette somme a été attribuée à Laura Davis (GB) en 1999. En 1994, Davis est devenue la première golfeuse d'Europe, numéro un mondiale.

pèse 160 g, le manche en fibre de carbone, 35 g, le grip 25 g. Ce club est spécialement frappé du logo Guinness World Record.

LE PLUS LONG CLUB UTILISABLE

Un driver appartenant à Brad Denton (USA) mesure 3,36 m de long. Le terme utilisable se justifie par le fait que l'on peut se servir de ce club dans la position normale et sa tête de taille normale permet d'envoyer la balle à 91 m minimum.

LE PLUS GRAND BUNKER

Le plus grand bunker du monde est le Hell's Half Acre (le demi-arpent d'enfer) sur le 7e trou d'une longueur

PLUS LONGUE FRAPPE

• Karl Woodward (GB) a frappé une balle à 373 m au Golf del Sur, à Tenerife, Canaries, le 30-06-99.
• Jack Hamm (USA) a quant à lui atteint 418 79 m au Highlangs Ranch dans le Colorado, le 20-07-93. Mais ce coup a été tapé à plus de 1 000 m d'altitude où l'atmosphère, plus légère, confère à la balle plus de portance qu'au niveau de la mer.

COLLECTION DE BALLES

Ted Hoz (USA) possède une collection de 70 718 balles

commencée en 1986, chez lui à Baton Rouge, USA. Chacune d'elles porte le logo de 7014 parcours différents, de 51 pays et de 1 689 tournois. Si ces balles étaient alignées, on obtiendrait une distance de 3,2 km et un poids total de 4,6 tonnes environ.

LA BALLE LA PLUS CHÈRE

Le 01-07-95, Jaime Ortiz Patino (Espagne) a déboursé 19 995 £ (34 722 €) pour acquérir une balle de golf de l'époque victorienne, faite de cuir et garnie de plumes.

MEILLEURS DRIVES EN US PGA

John Daly (USA) a enlevé 10 titres des plus longs drives sur le circuit de l'US PGA entre 1991 et 2001. Les drives de deux trous sont mesurés à chaque tour. La moyenne des deux donne une distance de drive. Les trous sont orientés de façon opposée pour contrecarrer les effets du vent.

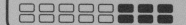
MEILLEURE PERFORMANCE AVEC UNE WILD CARD

Goran Ivanisevic (Craotie) était classé 125ᵉ mondial lorsque l'All England Club l'a invité à participer aux Internationaux de Wimbledon en 2001. Malgré ce statut, il réussira à atteindre sa 4ᵉ finale et à battre Pat Rafter (Australie) 6-3, 3-6, 6-3, 2-6, 9-7 pour remporter le titre.

TENNIS

PLUS GRANDE AFFLUENCE

30 472 spectateurs ont assisté au match légendaire baptisé La bataille des sexes pour voir Billy-Jean King (USA) battre Robert Riggs (USA) dans une rencontre exhibition, à l'Astrodome de Houston, Texas, le 20-09-73.
En compétition officielle, 25 578 personnes étaient à Sidney, le 27-12-54 pour le match de Coupe Davis entre l'Australie et les USA.

TITRES EN SIMPLE DANS LES TOURNOIS DU GRAND CHELEM

Avec 24 titres entre 1960 et 1973 dans des tournois du Grand Chelem, Margaret Court (Australie) est la plus titrée des compétitions majeures. Elle a remporté 11 Australian Open, 5 US Open, 5 Roland Garros et 3 Wimbledon.

GRAND CHELEM MASCULIN

• Le premier homme à avoir gagné les quatre tournois du Grand Chelem (Wimbledon, US Open, Australian Open et Roland-Garros) a été Fred Perry (GB) en gagnant le titre français en 1935.
• Le premier tennisman à réaliser cette performance dans la même année est Don Budge (USA) en 1936. Remportant Wimbledon et l'US Open en 1937, il réussit l'exploit de gagner six tournois du Grand Chelem de suite.
• Rod Laver (Australie) est le premier homme à réussir deux fois le Grand Chelem, en amateur en 1962 et 1969, alors que les professionnels y participaient aussi.

GRAND CHELEM FÉMININ

• Quatre femmes ont réussi le Grand Chelem et les trois premières en ont remporté 6 successivement : Maureen Connoly (USA) en 1953 ; Margaret Court (Australie) en 1970, et Martina Navratilova (USA) en 1983–84.
La quatrième, Steffi Graf (Allemagne), en 1988, gagnera également en simple la médaille d'or aux J.O.
• En double dames, Pam Shriver (USA) et Navratilova

ont remporté 8 tournois du Grand Chelem successivement. Elles sont restées invaincues pendant 109 matchs entre avril 83 et juillet 85.

VICTOIRES À WIMBLEDON EN SIMPLE MESSIEURS

Depuis leur création en 1877, à Londres, seul Pete Sampras (USA) a remporté ces titres à 7 reprises, tous les ans de 1993 à 1995, puis de 1997 à 2000.

TITRES MESSIEURS À WIMBLEDON

13 titres ont été remporté par Laurie Doherty (GB) ; 5 titres en simple de 1902 à 1906 et 8 coupes en double messieurs entre 1897 et 1906.

TITRES DAMES À WIMBLEDON

Billie-Jean King (USA) a gagné 20 titres entre 1961 et 1979, 6 en simple dames, 10 doubles et 4 en double mixte.

PLUS JEUNES VAINQUEURS DE WIMBLEDON

• Boris Becker (RFA) a enlevé le titre simple messieurs à l'âge de 17 ans et 227 jours en 1985.
• Martina Hingis (Suisse) n'avait que 15 ans et 282 jours lorsqu'elle remporta le double dames en 1996.

PLUS LONGUE CARRIÈRE À WIMBLEDON

Jean Borotra (France) a participé à 35 Internationaux entre 1922 et 1964 en simple messieurs. Inscrit en vétéran double et en double mixte de 1965 à 1977, il mettra fin à sa carrière à 78 ans après 55 ans de compétition.

TITRES EN SIMPLE À L'US OPEN

Créé en 1881, l'US Open a vu trois hommes vainqueurs 7 fois en

LA PLUS JEUNE DES NUMÉROS 1

Martina Hingis avait 16 ans et 182 jours lorsqu'elle est devenue n°1 mondiale, le 31-03-94. Hingis était passée professionnelle moins de trois ans avant, le 14-10-94.

simple. Il s'agit de Richard Sears (USA), de 1881 à 1887 ; de William Larned (USA), en 1901, 1902 et de 1907 à 1911; et Bill Tilden (USA), de 1920 à 1925 et en 1929.

TITRES EN SIMPLE DAMES À L'US OPEN

Molla Mallory (Norvège) a gagné l'US Open à 8 reprises en simple de 1915 à 1918, de 1920 à 1922 et en 1926. Elle compte aussi 2 titres en double et 3 en double mixte.

PLUS JEUNES VAINQUEURS DE L'US OPEN

• Pete Sampras, dit Pistol, n'avait que 19 ans et 28 jours lorsqu'il a inscrit son nom au palmarès du simple messieurs, le 09-09-90.
• Le 09-09-79, Tracy Austin (USA) devenait la plus jeune lauréate en recevant le trophée de l'US Open, à l'âge 16 ans et 271 jours.

LE VAINQUEUR DU SIMPLE LE PLUS ÂGÉ À L'US OPEN

William Larned (USA) était âgé de 38 ans et 242 jours quand il remporta son dernier titre en simple à l'US Open en 1911.

LA PLUS ANCIENNE CHAMPIONNE À L'US OPEN

Margaret Du Pont (USA) a remporté le titre en double mixte à l'âge de 42 ans et 166 jours en 1960.

PLUS JEUNE CHAMPION À L'US OPEN

Vincent Richard (USA) n'avait que 15 ans et 139 jours quand il a enlevé le titre du double messieurs en 1918.

PLUS LONG MATCH DE TENNIS

Le plus long match dans un tournoi du Grand Chelem a duré 5 h 31 m. C'était le 31-05-98, entre Alex Corretja (Espagne) et Hernan Gumy (Argentine). Corretja l'a finalement emporté 6-1, 5-7, 6-7, 7-5, 9-7.

TITRES FÉMININS À L'AUSTRALIAN OPEN

Margaret Court (Australie) a inscrit 21 fois son nom au palmarès de l'Australian Open. 11 titres

en simple (de 1960 à 1966, de 1969 à 1971 et en 1973), 8 titres en double (de 1961 à 1963, en 1965, de 1969 à 1971, et en 1973), ainsi que 2 titres en double mixte (1963 et 1964).

TITRES MASCULINS À L'AUSTRALIAN OPEN

Adrian Quist (Australie) a remporté 13 titres à l'Australian Open ; 3 fois le simple (en 1936, 1940, et 1948) et 10 titres en double de 1936 à 1950.

TITRES EN SIMPLE MESSIEURS À L'AUSTRALIAN OPEN

Créé en 1905 à Melbourne, l'Australian Open a été gagné par Roy Emerson à 6 reprises en 1961, puis de 1963 à 1967. Au total, Emerson a remporté 12 tournois du Grand Chelem en simple et 16 en double.

PLUS JEUNE VAINQUEUR EN SIMPLE DAMES À L'AUSTRALIAN OPEN

Martina Hingis (Suisse) a remporté le simple dames à 16 ans et 117 jours en 1997. Hingis en profitera pour remporter le titre les deux années suivantes.

PLUS JEUNE VAINQUEUR EN SIMPLE À L'AUSTRALIAN OPEN

C'est à 17 ans que Rodney Heath (Australie) a remporté son premier titre en simple en 1905.

TITRES EN SIMPLE DAMES À ROLAND GARROS

Chris Evert (USA) a enlevé 7 titres en simple dames à Rolland Garros en 1974, 1975, 1979, 1980, 1983, 1985 et 1986.

TITRES EN COUPE DAVIS

Les USA ont remporté le trophée à 31 reprises, depuis la création du titre en 1900 jusqu'en 1995.
• Roy Emerson (Australie) a remporté à lui seul 8 fois le titre mondial par équipes de 1959 à 1962, puis de 1964 à 1967.
• Bill Tilden (USA) est le plus expérimenté sur cette compétition avec 28 matchs en finale et 21 victoires (17 sur 22 simples et 4 sur 6 doubles disputés). Finalement, il remportera 7 Coupes Davis, de 1920 à 1926.

JOUEUR LE PLUS ÂGÉ EN COUPE DAVIS

Yaka-Garonfin Koptigan (Togo) a joué son dernier match de Coupe Davis à 59 ans et 147 jours, le 27-05-2001 contre l'Ile Maurice.

LE PLUS JEUNE JOUEUR DE COUPE DAVIS

Kenny Banzer (Liechtenstein) a joué contre l'Algerie à 14 ans et 5 jours le 16-02-2000.

SERVICE LE PLUS RAPIDE CHEZ LES DAMES

Durant l'European Indoor Championships à Zurich, l'Américaine Venus Williams a servi à la vitesse étonnante de 205 km/h le 16-10-98, battant ainsi le record féminin en compétition officielle.

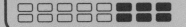

SPORTS DE RAQUETTE II

TENNIS

SERVICE MASCULIN LE PLUS RAPIDE
Le plus rapide service du monde a été chronométré électroniquement à 239,8 km/h. C'est l'œuvre de Greg Rusedski (GB) pendant l'ATP Champions'Cup à Indian Wells, Californie,14-03-98. Rusedski est né au Canada de mère britannique. Il a pris la nationalité anglaise en mai 1995.

ECHANGE LE PLUS LONG
Le plus long échange de l'histoire du tennis a duré 17 062 coups entre les Américains Ray Miller et Rob Peterson à Alameda, Californie. Cette tentative réussie dura 9 h et 6 m pendant le festival de l'US Tennis Association, le 04-07-2001.

RAQUETTE LA PLUS CHÈRE
Une des raquettes utilisées par Fred Perry (GB) à Wimbledon a été vendue 23 000 £ (41 120 €) aux enchères chez Christie's à Londres en juin 1997. Perry a également été champion du monde de tennis de table en 1929.

BALLES À LA VOLÉE DANS UNE LEÇON DE TROIS HEURES
John Forster (USA) a joué 6 177 balles à la volée durant un cours de 3 heures devant 456 élèves à la Cornwall Elementary School, Pennsylvanie, le 14-05-2001.

SERVICES CONSÉCUTIFS
Rob Peterson (USA) a effectué 8 017 services sans enregistrer de double-fautes à Port Aransas, Texas, le 05-12-98. Peterson a frappé les balles pendant 10 h 7 mn pour battre cet éreintant record.

JEU DE PAUME

TERRAIN LE PLUS ANCIEN
Le jeu de paume ou courte paume est le jeu de raquette le plus vieux du monde, avec des racines qui remontent au XIe siècle. La plus notable différence avec le tennis (dont les règles furent fixées vers 1875) réside dans l'existence de murs autour du court. Le plus vieux court de courte paume est à Falkland Palace à Fife, Ecosse. Il fut construit par le roi James V d'Ecosse en 1539.

TITRES EN CHAMPIONNAT DU MONDE
Le premier champion du monde connu de jeu de paume a été Clerg (France) vers 1740. Jacques Edmond Barre (France) a détenu le titre pendant 33 ans entre 1829 et 1862. Pierre Etchebaster (France) a victorieusement défendu son titre 8 fois entre 1928 et 1952.

TITRES DE CHAMPIONNE DU MONDE
Penny Lumley (GB) a remporté le Championnat du monde (créé en 1985) à 5 reprises en 1989, 1991, 1995, 1997 et 1999.

RACKET-BALL

TITRES EN CHAMPIONNAT DU MONDE MASCULIN
Créé en 1981, le Championnat du monde de racket-ball masculin se dispute tous les deux ans depuis 1984. Ce sont les USA qui comptent le plus grand nombre de titres avec 9 victoires en 1981, 1984, 1986 (avec le Canada), 1988, 1990, 1992, 1994, 1996 et 1998.

TITRES INDIVIDUEL DE CHAMPIONNE DU MONDE
Chez les dames, Michelle Gould (USA) a décroché 3 fois la médaille d'or en 1992, 1994 et 1996.

SQUASH

MATCH LE PLUS COURT
Philip Kenyon (GB) a battu Salah Nadi (Egypte) 9-0, 9-0, 9-0 en 6 min 37 s au British Open au Lamb's Squash Club, Londres, le 09-04-92.

TITRES MONDIAUX EN WORLD OPEN
Jansher Khan (Pakistan) a remporté 8 titres en World Open en 1987, 1989, 1990 et de 1992 à 1996.

La famille Khan domine le squash, avec 29 British Open (depuis 1950) et 14 World Open depuis 1975.

TITRES DE CHAMPIONNATS DE CLUB
19 titres de Championnat de clubs dans le même club ont été remporté par Pauline Brown (GB) au Leamington Spa Lawn Tennis and Squash Club, à Leamington Spa, GB, de 1978 à 1993.

BALLE LA PLUS RAPIDE
Au Wimbledon Squash and Badminton Club en janvier 1988, Roy Buckland (GB) a atteint le mur de face sur un service à la vitesse de 237,7 km/h, ce qui équivaut à une vitesse de 242 km/h à la sortie de raquette.

TENNIS DE TABLE

MATCH LE PLUS LONG
Les Américains Danny Price et Randy Nunes ont joué pendant 132 h 31 min à Cherry Hill (USA) les 20 et 26-08-78.

MATCH DE DOUBLE LE PLUS LONG
Américains et frères de surcroît, Lance, Phil, Mark Warren et Bill Weir ont joué en double pendant 101 h 1 min 1 s à Sacramento, USA, du 9 au 13-04-79.

MÉDAILLES D'OR OLYMPIQUES
Deng Yaping (Chine) a décroché 4 médailles d'or olympiques ; en simple dames en 1992 et 1996, ainsi qu'en double dames (avec Qiao Hang) en 1992 et 1996 également.

MÉDAILLES OLYMPIQUES
Tout comme Deng Yaping (Chine) qui a remporté 4 médailles olympiques (toutes en or) en 1992

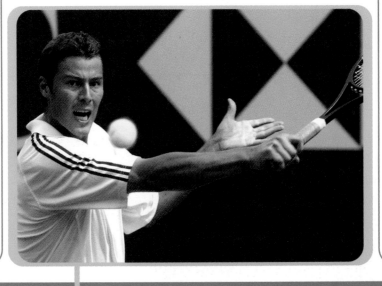

PLUS JEUNE N°1 MONDIAL
En gagnant la President's Cup à Tashkent, Uzbekistan, le 17-09-2000, Marat Safin (Russie) est devenu le plus jeune numéro 1 mondial messieurs, à l'âge de 20 ans et 234 jours.

et 1996, Yoo Nam-kyu (Corée du Sud) a gagné une médaille d'or et 3 de bronze entre 1988 et 1996.

MÉDAILLES D'OR OLYMPIQUES MASCULINES
Avec 2 médailles d'or dans le simple et en double en 1996, Liu Guoliang (Chine) est le recordman masculin aux J.O.

ÉCHANGE LE PLUS LONG
• John Duffy et Kevin Schick (Nouvelle-Zélande) ont échangé des balles pendant 5 h 2 min 18.5 s

TITRES EN THOMAS CUP
L'Indonésie a remporté 13 Thomas Cup, le Championnat du monde par équipes, entre 1958 et 2002. Hendrewan était un des joueurs clés de l'équipe de 2002.

à Whangarei, Nouvelle-Zélande, le 05-11-77.
• En compétition le plus long échange a opposé en 1936 durant un match de Swaythling Cup (Prague) entre Alex Ehrlich (Pologne) et Paneth Farcas (Roumanie). Cela a duré 2 h 12 min.

5 000 COUPS RAPIDES
Avec une raquette dans chaque main, S. Ramesh Babu (Inde) a effectué 5 000 volée au-dessus du filet en 41 min 27 s au Jawaharal Nehru Stadium, Swargate, Inde, le 14-04-95.

BADMINTON

MÉDAILLES OLYMPIQUES
Depuis son introduction aux J.O. de 1992 à Barcelone, aucun athlète n'a pu gagner deux médailles d'or. Gil Young Ah (Corée du Sud) est la seule à remporter trois médailles, toutes en métal, avec une d'or en double mixte, une d'argent en double en 1996, et une de bronze, en 1992.

MATCH LE PLUS COURT
Il n'a fallu que 6 minutes à Ra Kyung-min (Corée du Sud) pour battre Julia Mann (GB) en 11-2, 11-1 durant l'Uber Cup 1996, à Hong-Kong le 19-05-96.

MATCH LE PLUS LONG
Durant la finale du Championnat du monde à Glasgow, le 01-06-97, Peter Rasmussen (Danemark) a battu Sun Jun (Chine) 16-17, 18-13, 15-10 dans un match qui a diré 124 min.

TITRES MONDIAUX PAR ÉQUIPES FÉMININES
Créé en 1956 et disputé tous les deux ans, le Championnat du monde féminin Uber Cup a été remporté 8 fois par la Chine en 1984, 1986, 1988, 1990, 1992, 1998, 2000 et 2002. Les USA, le Japon, et l'Indonésie sont les seuls autres pays à avoir gagné également ce trophée, 11 fois chacun.

TITRES DE CHAMPION DU MONDE INDIVIDUEL
4 Chinois ont décroché 2 titres mondiaux individuels ; Yang Yang,

VOLANT LE PLUS RAPIDE
Le 05-11-1996, au Warwickshire Racquets and Health Club de Coventry (GB), le Britannique Simon Archer a smashé un volant à la vitesse record de 260 km/h.

en simple, de 1987 à 1989 pour les hommes ; Li Lingwei,en 1983 et 1989 chez les dames ; Han Aiping en 1985 et 1987 ; et Ye Zhaoying en 1995 et 1997.

TITRES DE CHAMPIONS DU MONDE
Park Joo-Bong (Corée du Sud) a remporté 5 titres mondiaux en double en 1985 et 1991, mais aussi en double mixte en 1985, 1989 et 1991.

MÉDAILLES OLYMPIQUES MASCULINES

Mark Spitz (USA) a décroché 9 médailles d'or : sur 100 m et 200 m nage libre (1972) ; 100 m et 200 m papillon (1972) ; 4 x 100 m nage libre (1968 et 1972) ; 4 x 200 m nage libre (1968 et 1972) et 4 x 100 m 4 nages (1972). Toutes, sauf une, établiront un nouveau record mondial. Les 7 médailles de Spitz en 1972 ont été égalées par Matt Biondi (USA) lauréat de 5 médailles d'or, une d'argent et une de bronze en 1988. Biondi détient le record de médailles avec 11 en y ajoutant une médaille d'or en 1984, plus 2 d'or et une d'argent en 1992.

MÉDAILLES OLYMPIQUES FÉMININES

Dawn Fraser (Australie) a gagné 8 médailles (4 or et 4 argent) entre 1956 et 1964 ; tout comme Kornelia Ender (RDA) avec 4 or et 4 argent en 1972 et 1976 ; Shirley Babashoff (USA) avec 2 or et 6 en argent en 1972 et 1976.

MÉDAILLES D'OR OLYMPIQUES CONSÉCUTIVES

Deux nageurs ont gagné la même épreuve consécutivement à 3 occasions. Dawn Fraser (Australie) sur 100 m nage libre

200 M PAPILLON DAMES

Susan O'Neill (Australie) a remporté le 200 m papillon dames à Sydney dans un temps de 2'05"81, le 17-05-2000. Surnommée Madame Butterfly (Mme Papillon), O'Neill a gagné des médailles dans chacune des nages où elle s'est alignée depuis les Jeux du Commonwealth en 1990.

en 1956, 1960 et 1964, ainsi que Krisztina Egerszegi (Hongrie) sur 200 m dos en 1988, 1992 et 1996.

MÉDAILLES D'OR OLYMPIQUES

Krisztina Egerszegi (Hongrie) a gagné 5 médailles d'or olympiques sur 100 m dos en 1992, 200 m dos en 1988, 1992 et 1996, puis le 400 m 4 nages en 1992. Chez les hommes, cinq hommes ont décroché 4 médailles d'or. Il s'agit de Charles Daniels (USA) sur 100 m nage libre en 1906 et 1908, 200 m nage libre en 1904 et sur 400 m nage libre en 1904 ; Roland Matthes (RDA) sur 100 m et 200 m dos en 1968 et 1972 ; Mark Spitz (USA) sur 100 m et 200 m nage libre en 1972, sur 100 m et 200 m papillon en 1972 ; Tamás Daryni (Hongrie) sur 200 m et 400 m 4 nages en 1988 et 1992 ; et Alexander Popov (Russie) sur 50 m et 100 m nage libre en 1992 et 1996.

MÉDAILLES D'OR DANS LA MÊME OLYMPIADE

Kristin Otto (RDA) a remporté 6 médailles d'or aux J.O. de 1988, sur 50 m nage libre, 100 m nage libre, 100 m dos, 100 m papillon, 4 x 100 m nage libre, et 4 x 100 m 4 nages.

RECORDS DU MONDE FÉMININS

• Ragnhild Hveger (Danemark) a battu 42 records entre 1936 et 1942. En ce qui concerne les épreuves homologuées (en bassin de 50 m), Kornelia Ender (RDA) possède 23 records entre 1973 et 1976.

RECORDS DU MONDE MASCULINS

• Chez les hommes, Arne Borg (Suède) a établi 32 records entre

1936 et 1942. Sur les épreuves homologuées, Mark Spitz (USA) possède 26 records entre 1967 et 1972.

MÉDAILLES AUX CHAMPIONNATS DU MONDE

• Michael Gross (RFA) a remporté 13 médailles aux Championnats du monde, 5 en or, 5 en argent et 3 en bronze entre 1982 et 1975.
• Chez les dames, Kornelia Ender (RDA) a décroché 10 médailles, avec 8 en or et 2 en argent, en 1973 et 1975.
• Le plus grand nombre de titres est la propriété de Ian Thrope (Australie) avec 8 victoires entre 1998 et 2001. Matt Biondi (USA) a remporté 7 médailles lors des Championnats du monde en 1986 (3 en or, 1 d'argent et 3 de bronze).

50 M DOS HOMMES

Lenny Krayzelburg (USA) a établi un nouveau record du 50 m dos à Sydney, le 28-08-99, en 24"99.

RECORD DU MONDE HOMMES
BASSIN OLYMPIQUE

50 m dos
24"99
Lenny Krayzelburg (USA)
Sydney, NSW, Australie,
le 28-08-99

100 m dos
53"60
Lenny Krayzelburg (USA)
Sydney, Australie,
le 24-8-99

200 m dos
1'55"15
Aaron Peirsol (USA)
Minneapolis, USA,
le 20-3-2002

50 m brasse
27"39
Ed Moses (USA)
Austin, USA,
le 31-3-2001

100 m brasse
59"94
Roman Sloudnov (Russie)
Fukuoka, Japon,
le 23-07-2001

200 m brasse
2'10"16
Mike Barrowman (USA)
Barcelone, Espagne,
le 29-07-92

50 m papillon
23"44
Geoff Huegill (Australie)
Fukuoka, Japon,
le 27-07-2001

100 m papillon
51"81
Michael Klim (Australie)
Canberra, Australie,
le 12-12-99

200 m papillon
1'54"58
Michael Phelps (USA)
Fukuoka, Japon,
le 24-07-2001

50 m nage libre
21"64
Alexander Popov (Russie)
Moscou, Russie,
le 16-06-2000

100 m nage libre
47"84
Pieter van den Hoogenband (Pays-Bas)
Sydney, Australie,
le 19-09-2000

200 m nage libre
1'44"06
Ian Thorpe (Australie)
Fukuoka, Japon,
le 25-07-2001

400 m nage libre
3'40"17
Ian Thorpe (Australie)
Fukuoka, Japon,
le 22-07-2001

800 m nage libre
7'39"16
Ian Thorpe (Australie)
Fukuoka, Japon,
le 24-07-2001

1 500 m nage libre
14'34"56
Grant Hackett (Australie)
Fukuoka, Japon,
le 29-07-2001

Relais 4 x 100 m nage libre
3'13"67
Australie (Michael Klim, Chris Fydler,
Ashley Callus, Ian Thorpe)
Sydney, Australie,
le 16-09-2000

Relais 4 x 200 m nage libre
7'04"66
Australie (Grant Hackett, Michael Klim,
William Kirby, Ian Thorpe)
Fukuoka, Japon,
le 27-07-2001

200 m 4 nages
1'58"16
Jani Sievinen (Finlande)
Rome, Italie,
le 11-09-94

400 m 4 nages
4'11"76
Tom Dolan (USA)
Sydney, Australie,
le 17-09-2000

Relais 4 x 100 m 4 nages
3'33"73
USA (Lenny Krayzelburg, Ed Moses,
Ian Crocker, Gary Hall Jr)
Sydney, Australie,
le 23-09-2000

RECORDS DU MONDE DAMES
BASSIN OLYMPIQUE

50 m dos
28"25
Sandra Voelker (Allemagne)
Berlin, Allemagne,
le 17-06-2000

100 m dos
1'00"16
He Cihong (Chine)
Rome, Italie,
le 10-09-94

200 m dos
2'06"62
Krisztina Egerszegi (Hongrie)
Athènes, Grèce,
le 25-08-91

50 m brasse
30"83
Penny Heyns (Afrique du Sud)
Sydney, Australie,
le 28-08-99

100 m brasse
1'06"52
Penny Heyns (Afrique du Sud)
Sydney, Australie,
le 23-08-99

200 m brasse
2'22"99
Hui Qi (Chine)
Hangzhou, Chine,
le 13-04-2001

50 m papillon
25"64
Inge de Bruijn (Pays-Bas)
Sheffield, GB,
le 26-05-2000

100 m papillon
56"61
Inge de Bruijn (Pays-Bas)
Sydney, Australie,
le 17-09-2000

200 m papillon
2'05"81
Susan O'Neill (Australie)
Sydney, Australie,
le 17-05-2000

50 m nage libre
24"13
Inge de Bruijn (Pays-Bas)
Sydney, Australie,
le 22-09-2000

100 m nage libre
53"77
Inge de Bruijn (Pays-Bas),
Sydney, Australie,
le 20-09-2000

200 m nage libre
1'56"78
Franziska van Almsick (Allemagne)
Rome, Italie,
le 06-09-94

400 m nage libre
4'03"85
Janet Evans (USA)
Séoul, Corée du Sud,
le 22-09-88

800 m nage libre
8'16"22
Janet Evans (USA)
Tokyo, Japon,
le 20-08-89

1 500 m nage libre
15'52"10
Janet Evans (USA)
Orlando, USA,
le 26-03-88

Relais 4 x 100 m nage libre
3'36"61
USA (Jenny Thompson, Courtney Shealy,
Dara Torres, Amy van Dyken)
Sydney, Australie,
le 16-09-2000

Relais 4 x 200 m nage libre
7'55"47
RDA (Manuela Stellmach,
Astrid Strauss, Anke Möhring, Heike Friedrich)
Strasbourg, France,
le 18-08-87

200 m 4 nages
2'09"72
Wu Yanyan (Chine)
Shanghai, Chine,
le 17-09-97

400 m 4 nages
4'33"59
Yana Klochkova (Ukraine)
Sydney, Australie,
le 16-09-2000

Relais 4 x 100 m 4 nages
3'58"30
USA (Megan Quann, Jenny Thompson,
BJ Bedford, Dara Torres)
Sydney, Australie,
le 23-09-2000

SPORTS aquatiques II

RELAIS 4 X 200 M NAGE LIBRE EN BASSIN DE 25 M

Les Australiens William Kirby, Ian Thorpe, Michael Klim et Grant Hackett détiennent le record du 4 x 200 m nage libre en bassin de 25 m en 6'56"41, à Perth, Australie, le 7-08-01.

DISTANCE LA PLUS GRANDE

Entre le 25-06-2000 et le 23-08-2000, Martin Strel (Slovénie) a nagé sur toute la longueur du Danube, soit 3 004 km.

DISTANCE LA PLUS LONGUE EN BASSIN DE 25 M EN 24 H

Anders Forvass (Suède) a nagé 101,9 km dans la piscine publique de Linköping, Suède, les 28 et 29-10-89.

DISTANCE LA PLUS LONGUE EN BASSIN OLYMPIQUE EN 24 H

• Grant Robinson (Australie) a nagé 101,1 km en 24 h en bassin de 50 m au Mingara Leisure Centre, Tumbi Umbi, Australie, les 28 et 29-06-97.
• Kelly Driffield (Australie) a nagé 95,657 km en bassin de 50 m pendant 24 h au Mingara Leisure Centre, Tumbi Umbi, Australie, les 28 et 29-06-97.

50 M SOUS L'EAU LE PLUS RAPIDE

Maarten Sterck (Pays-Bas) a nagé 50 m sous l'eau en 38"98, le 11-03-01 à Valkenswaard, Pays-Bas.

PLONGEON EN EAU PEU PROFONDE

Danny Higginbottom (USA) a plongé de 8,86 m dans 30 cm d'eau aux Thermes d'Erding Spa, à Munich, le 01-04-2000.

ROTATIONS SOUS L'EAU

Marta Fernandez Perez (Espagne) a complété 28 rotations en une seule respiration dans un réservoir de Madrid, le 18-10-01.

TITRES DE CHAMPION DU MONDE DE PLONGEON

• Greg Louganis (USA) a gagné 5 titres mondiaux – tremplin en 1978, tremplin et 3 m en 1982 et 1986 – et 4 médailles d'or olympiques en 1984 et 1988.
• Philip George Boggs (USA) a gagné 3 médailles d'or en 1973, 1975 et 1978.

PARTICIPANTS DANS UN MARATHON DE NATATION D'UNE HEURE

2 533 personnes ont participé à un marathon de natation caritatif organisé par BT Swimathon 2000, dans 500 piscines britanniques entre 18 et 19 h 00, le 18-03-2000.

NAGEUR LE PLUS RAPIDE

L'Américain Tom Jager a parcouru 45,72 m en 19"5, soit une vitesse moyenne de 8,64 km/h, à Nashville, Tennessee, le 23-03-90. Si Jager (2 médailles d'or, 1 d'argent et 1 de bronze aux J.O.) était capable de conserver cette vitesse constamment, il pourrait réduire de moitié le record de la traversée de la Manche, établi à 7 h 17 mn.

RECORDS DU MONDE HOMMES-BASSIN DE 25 M

50 m dos
23"42
Neil Walker (USA)
Athènes, Grèce,
le 16-03-2000

100 m dos
50"75
Neil Walker (USA)
Athènes, Grèce,
le 19-03-2000

200 m dos
1'51"17
Aaron Peirsol (USA)
Moscou, Russie,
le 07-04-2002

50 m brasse
26"20
Oleg Lisogor (Ukraine)
Berlin, Allemagne,
le 26-01-2002

100 m brasse
57"47
Ed Moses (USA)
Stockholm, Suède,
le 23-01-2002

200 m brasse
2'03"17
Ed Moses (USA)
Berlin, Allemagne,
le 26-01-2002

50 m papillon
22"74
Geoff Huegill (Australie)
Berlin, Allemagne,
le 26-01-2002

100 m papillon
50"10
Thomas Rupprath (Allemagne)
Berlin, Allemagne,
le 27-01-2002

200 m papillon
1'51"21
Thomas Rupprath (Allemagne)
Rostock, Allemagne,
le 01-12-2001

50 m nage libre
21"13
Mark Foster (GB)
Paris, France,
le 28-01-2001

100 m nage libre
46"74
Alexander Popov (Russie)
Gelsenkirchen, Allemagne,
le 19-03-94

200 m nage libre
1'41"10
Ian Thorpe (Australie)
Berlin, Allemagne,
le 06-02-2000

400 m nage libre
3'35"01
Grant Hackett (Australie)
Hong Kong,
le 02-04-99

800 m nage libre
7'25"28
Grant Hackett (Australie)
Perth, Australie,
le 03-08-2001

1,500 m nage libre
14'10"10
Grant Hackett (Australie)
Perth, Australie,
le 07-08-2001

Relais 4 x 50 m nage libre
1'26"78
USA (Bryan Jones, Matt Ulricksson, Robert Bogart et Leffie Crawford)
Minneapolis, USA,
le 23-03-2000

Relais 4 x 100 m nage libre
3'09"57
Suède (Johan Nystrom, Lars Frolander, Mattias Ohlin et Stefan Nystrand)
Athènes, Grèce,
le 16-03-2000

Relais 4 x 200 m nage libre
6'56"41
Australia (William Kirby, Ian Thorpe, Michael Klim et Grant Hackett)
Perth, Australie,
le 07-08-2001

100 m 4 nages
52"63
Peter Mankoc (Slovenie)
Anvers, Belgique,
le 15-12-2001

200 m 4 nages
1'54"65
Jani Sievinen (Finlande)
Kuopio, Finlande
21-04-94
Atilla Czene (Hongrie)
Minneapolis, USA,
le 23-03-2000

400 m 4 nages
4'04"24
Matthew Dunn (Australie)
Perth, Australie,
le 24-09-98

Relais 4 x 50 m 4 nages
1'35"51 (dans la même course)
Allemagne (Thomas Rupprath, Mark Warnecke, Alexander Luderitz et Stephan Kunzelmann)
Suède (Daniel Carlsson, Patrik Isaksson, Jonas Akesson et Lars Frolander)
Sheffield, GB,
le 13-12-98

Relais 4 x 100 m 4 nages
3'29"00
USA (Aaron Peirsol, David Denniston, Peter Marshall, Jason Lezak)
Moscou, Russie,
le 07-04-2002

RECORDS DU MONDE FEMMES-BASSIN DE 25 M

50 m dos
26"83
Hui Li (Chine)
Shanghai, Chine,
le 02-12-2001

100 m dos
57"08
Natalie Coughlin (USA)
New York, USA,
le 28-11-2001

200 m dos
2'03"62
Natalie Coughlin (USA)
New York, USA,
le 27-11-2001

50 m brasse
29"96
Emma Igelström (Suède)
Moscou, Russie,
le 04-04-2002

100 m brasse
1'05"38
Emma Igelström (Suède)
Moscou, Russie,
le 06-04-2002

200 m brasse
2'19"25
Hiu Qi (Chine)
Paris, France,
le 28-01-2001

50 m papillon
25"36
Anna-Karin Kammerling (Suède)
Stockholm, Suède,
le 25-01-2001

100 m papillon
56"55
Martina Moravcova (Slovaquie)
Berlin, Allemagne,
le 26-01-2002

200 m papillon
2'04"16
Susan O'Neill (Australie)
Sydney, Australie,
le 18-01-2000

50 m nage libre
23"59
Therese Alshammar (Suède)
Athènes, Grèce,
le 18-03-2000

100 m nage libre
52"17
Therese Alshammar (Suède)
Athènes, Grèce,
le 17-03-2000

200 m nage libre
1'54"04
Lindsay Benko (USA)
Moscou, Russie,
le 07-04-2002

400 m nage libre
4'00"03
Claudia Poll (Costa Rica)
Gothenburg, Suède,
le 19-04-97

800 m nage libre
8'14"35
Sachiko Yamada (Japon)
Tokyo, Japon,
le 02-04-2002

Relais 4 x 50 m nage libre
1'38"21
Suède (Annika Lofstedt, Therese Alshammar, Johanna Sjöberg et Anna-Karin Kammerling)
Valence, Espagne,
le 15-12-2000

Relais 4 x 100 m nage libre
3'34"55
Chine (Le Jingyi, Na Chao, Shan Ying et Nian Yin)
Gothenburg, Suède,
le 19-04-97

Relais 4 x 200 m nage libre
7'46"30
Chine (Xu Yanvei, Zhu Yingven, Tang Jingzhi et Yang Yu)
Moscou, Russie,
le 03-04-2002

100 m 4 nages
59"30
Jenny Thompson (USA)
Hong Kong,
le 02-04-99

200 m 4 nages
2'07"79
Allison Wagner (USA)
Palma de Mallorca, Espagne,
le 05-12-93

400 m 4 nages
4'27"83
Yana Klochkova (Ukraine)
Paris, France,
le 19-01-2002

Relais 4 x 50 m 4 nages
1'48"31
Suède (Therese Alshammar, Emma Igelström, Anna-Karin Kammerling et Johanna Sjöberg)
Valence, Espagne,
le 16-12-2000

Relais 4 x 100 m 4 nages
3'55"78
Suède (Therese Alshammar, Emma Igelström, Anna-Karin Kammerling et Johanna Sjöberg)
Moscou, Russie,
le 05-04-2002

50 M BRASSE DAMES EN BASSIN DE 25 M

Emma Igelström (Suède) détient le record du 50 m brasse dames en bassin de 25 m en 29'96 à Moscou, le 04-04-2002. Deux jours plus tard, toujours à Moscou, Igelström a également battu en 1'05"38, le record du 100 m brasse en bassin de 25 m.

2 000 M SKIFF FÉMININ

Le record du 2 000 m skiff féminin appartient à Ekaterina Karsten (Belarus). C'était en 7'11"68 à St-Catharines, Canada, le 28-08-99, à la vitesse moyenne de 16,68 km/h.

WATER-POLO

JEUX OLYMPIQUES

• Avec 6 victoires, la Hongrie est le pays dont les équipes ont remporté le plus de succès (entre 1932 et 1976) lors de compétitions olympiques.
• 5 hommes se partagent le record de 3 médailles d'or : les Britanniques George Wilkinson (1900, 1908, 1912), Paul Radmilovic et Charles Smith (1908, 1912, 1920) et les Hongrois Deszo Gyarmati et Gyorgy Karpati (1952, 1956, 1964).
• Les Français Paul Dujardin et Henri Padou ont obtenu 2 médailles : l'or en 1924 et le bronze en 1928.

CANOË

MÉDAILLES D'OR OLYMPIQUES MASCULINES

Steven Redgrave (GB) a remporté 5 médailles d'or dans sa carrière, en 4 barré en 1984 et 2000, ainsi qu'en 2 sans barreur en 1988, 1992 et 1996. Avoir décroché 5 médailles d'or dans 5 olympiades successives dans un sport aussi physiquement contraignant fait de lui l'un des plus grands champions de l'ère moderne.

MÉDAILLES D'OR OLYMPIQUES FÉMININES

Kathleen Heddle (Canada) et Marnie McBean ont remporté 3 médailles d'or olympiques en 2 sans barreur et 8 aux J.O. de Barcelone, en 1992, et en double scull en 1996 à Atlanta.

OXFORD-CAMBRIDGE, LES VICTOIRES

• La première course entre les deux universités a eu lieu entre Hambledon Lock et Henley Bridge, le 10-06-1829, et s'est soldé par la victoire d'Oxford. Les premiers outriggers à huit ont été utilisés en 1846, quand la course allait de Putney à Mortlake sur la Tamise au niveau de Londres.
• Sur les 146 courses disputées jusqu'en 2002, Cambridge l'a emporté 77 fois et Oxford 70. Reste un match nul, le 24-03-1877.

OXFORD-CAMBRIDGE LES MARGES DE VICTOIRES

La plus petite marge de victoire sur la course s'est produite en 1952 et 1980. A ces deux occasions, Oxford a remporté le trophée avec un écart de 1,80 m. A l'exception des éditions où l'un des bateaux a coulé, la plus grande marge est à mettre à l'actif de Cambridge avec 20 longueurs en 1900.

LA PLUS LONGUE COURSE D'AVIRON EN MER

Le Celtic Challenge, la plus longue course d'aviron en mer se tient tous les deux ans à travers la mer d'Irlande sur une distance de 78 miles nautiques (144,5 km) depuis Arklow (Irlande) jusqu'à Aberystwyth (GB).

RECORD EN HUIT HOMMES SUR 2 000 M

Le record sur 2 000 m, en bassin artificiel, est de 5'22"80, ce qui correspond à une vitesse moyenne de 22,30 km/h pour les Pays-Bas, lors des Championnats du monde de St-Catherines, Canada, le 28-08-99.

LE PLUS RAPIDE LONDRES-PARIS À LA RAME

Les 21 membres du Jersey Rowing Club ont ramé du Westminster Bridge de Londres jusqu'à la tour Eiffel en 90 h 33 min 33 s, entre les 25 et 28-09-2000.

RECORD EN HUIT FEMMES SUR 2 000 M

Le record en huit féminin sur 200 m en bassin artificiel est de 5'57"02. Il a été établi par la Roumanie à Lucerne, Suisse, le 09-07-99. La vitesse moyenne était de 20,16 km/h.

CANOË-KAYAK

MÉDAILLES OLYMPIQUES

• Birgit Fischer (RDA puis Allemagne) a remporté 7 médailles d'or en 1980 et 2000. Elle détient également avec 3 médailles d'argent en plus, un record de 10 médailles olympiques. En outre, Fisher possède 29 titres mondiaux dans son palmarès fort de 36 distinctions suprêmes.
• Chez les hommes, Gert Fredriksson (Suède) a décroché 6 médailles d'or olympiques entre 1948 et 1960. Il a gagné également une médaille d'argent et une de bronze, pour un total de 8 médailles olympiques. Fredriksson a également remporté 7 titres de champion du monde. Il cumule ainsi 13 titres de niveau mondial entre 1948 et 1960 ; un record qu'il a partagé avec Rüdiger Helm (RDA) entre 1976 et 1983, ainsi qu'avec Ivan Patzaichin (Roumanie) entre 1968 et 1984.

COURSE UNIVERSITAIRE LA PLUS RAPIDE

Le record de la fameuse course universitaire Oxford-Cambridge, longue de 6,779 km sur la Tamise à Londres est de 16'19". il a été réalisé par Cambridge, le 28-03-98, à la vitesse moyenne de 24, 93 km/h.

RAFT DE CANOËS

776 canoës et autres kayaks ont été mis côte à côte pour former un raft géant sur le Hinckley Lake dans l'Ohio, le 19-05-2001 lors d'un événement organisé par la Cleveland Metroparks. La règle voulait que le raft ne soit pas attaché mais tenu par les participants.

ESQUIMAUTAGE SANS PAGAIE

Colin Hill (GB) a réalisé 1 000 esquimautages à la main en 31 min 55, 62 s à Durham, GB, le 12-03-87. Il a également effectué 100 esquimautages en 2 min 39,2 s à Crystal Palace dans la banlieue de Londres, le 22-02-87.

ESQUIMAUTAGE MASCULIN

• Ray Hudspith (GB) a effectué 1 000 esquimautages avec pagaie en 34 min 43 s à l'Elswick Pool de Newcastle, GB, le 20-03-87.

• Hudspith a réalisé 100 esquimautages en 3 min 7,25 s au Killingworth Leisure Centre de Newcastle, le 03-03-91.

ESQUIMAUTAGE FÉMININ

Helen Barnes (GB) a réussi 100 esquimautages en 3 min 42,16 s, le 02-08-2000.

PLUS GRANDE DISTANCE EN 24 H DE CANOË

Ian Adamson a parcouru 327,1 km sur la rivière Colorado, de Gore Canyon, Kremmling à Potash, près de Moab, les 7 et 08-06-97.

200 M LES PLUS RAPIDE

Aux Championnats du monde à Szeged, Hongrie, les Hongrois en canoë 4 ont parcouru les 200 m en 31, 155 s, ce qui représente une vitesse moyenne de 23,11 km/h.

1 000 M LES PLUS RAPIDES

Le K4 allemand de 1996 a couvert le km en 2 min 51, 52 s, pour remporter la médaille d'or à Atlanta, USA, à la vitesse moyenne de 20,98 km/h.

DESCENTE DE CASCADE LA PLUS HAUTE

Shaun Baker (GB) a réussi une descente de la cascade Aldeyjarfoss de 19,7 m de haut dans son kayak sur la Skjalfandafljot, une rivière glaciale d'Islande, le 25-09-96.

LA COURSE LA PLUS LONGUE

La Canadian Government Centennial Voyageur Canoe Pageant and Race… Un nom gigantesque pour une course, qui ne l'est pas moins. De Rocky Mountain House, jusqu'au site Expo 67 de Montréal, Canada, cette épreuve est longue de 5 283 km. Dix canoës représentent chacun des provinces et territoires canadiens ont participé à cette course du 24-05 au 4-09-67, remportée par le Radisson, l'embarcation de la province de Manitoba.

DESCENTE À PIC

Shaun Baker (GB) a descendu à pic une cascade de 22,86 m en 19,9 s dans son canoë à Snowdonia, GB, le 26-08-2000.

VOYAGE À LA PERCHE LE PLUS LONG

Le plus long périple en bateau à l'aide d'une perche pour pousser a eu lieu entre Oxford et Leeds (GB) aller-retour, soit une distance de 1 160 km qu'a accompli John Pearse (GB) et quatre hommes d'équipage entre le 19-06 et le 10-08-65.

---

2 000 M SKIFF MASCULIN

Le record du monde du 2 000 m skiff masculin en bassin artificiel est de 6'36"38. Il appartient à Robert Wadell (Nouvelle-Zélande). Il a été réalisé à St-Catherines, Canada, le 28-08-99, à la vitesse moyenne de 18,16 km/h.

COURSE AUTOUR DU MONDE LA PLUS ANCIENNE

La Whitbread Round the World Race (créée en 1973, et désormais appelée Volvo Round the World Race) est la plus ancienne des courses autour du monde. Disputée tous les quatre ans, cette course a été organisée à l'origine par la Royal Naval Sailing Association. Elle part d'Angleterre, mais les routes et les étapes varient à chaque édition. En 1997-98, la distance à parcourir était de 31 600 miles nautiques (59 239 km) départ et retour à Southampton. Le vainqueur était *Ef Language* et son skipper Paul Cayard (USA), premier Américain à remporter cette épreuve.

PLANCHE À VOILE

PLANCHE À VOILE DU GRAND NORD

Gerard-Jan Goekoop (Pays-Bas) a surfé le long de la banquise de l'Océan Artique par 80°40,3' de latitude Nord, et 13°43' Est au nord de l'archipel du Spitzberg, le 14-07-85. Goekoop était médecin sur le *MS Plancius* et surfait quand les glaces bloquaient le bateau.

VOILE

LA TRANSATLANTIQUE LE PLUS COURUE

La course transatlantique, Atlantic Rally for Cruiser (ARC), a accueilli, en 1989, 204 bateaux de 24 nations différentes sur le parcours reliant Las Palmas des Canaries, Espagne, à l'Ile de la Barbade, Caraïbes.

PARTICIPATIONS À L'AMERICA'S CUP

• Dennis Conner (USA) a pris 6 fois le départ de l'America's Cup. Il a fait ses débuts en 1974. En tant que skipper-barreur, il a été victorieux en 1974, 1980, 1987 et 1989, et perdant en 1983 et 1995.
• Charlie Barr (USA) en 1899, 1901 et 1903, ainsi qu'Harold S. Vanderbilt (USA) en 1930, 1934 et 1937, ont tous les deux remporté trois fois de suite le trophée.

ÉCART LE PLUS ÉTROIT

L'écart le plus étroit sur une arrivée d'America's Cup a été mesuré le 04-10-1901, quand *Shamrock II* (GB) passa la ligne avec 2 s d'avance sur le défi américain *Columbia*.

TOUR DU MONDE EN SOLITAIRE LE PLUS RAPIDE

Michel Desjoyeaux (France) a réalisé un tour du monde en solitaire en 93 jours 3 h 57 min 32 s, pour remporter le Vendée Globe Challenge 2000, sur son bateau *PRB*. Entre le départ et l'arrivée aux Sables-d'Olonne, France, il a couvert 24 000 miles nautiques soit 38 600 km entre le 5-11-2000 et le 10-02-2001.

TITRES OLYMPIQUES EN VOILE

Paul Elvstrøm (Danemark) a décroché 4 titres successifs aux J.O. dans la catégorie des Firefly en 1948 et en Finn en 1952, 1956 et 1960. Il a remporté par ailleurs 8 autres titres mondiaux.

DISTANCE LA PLUS LONGUE EN KITE-SURF

Le kite-surf est une discipline où une planche de surf est tractée par un cerf-volant. Le 21-12-2001, les Américains Neil Hutchinson, Kent Marincovik et Fabrice Collard ont parcouru 88 miles nautiques (163 km) entre Key West en Floride et Varadero, à Cuba.

TITRES EN AMERICA'S CUP

30 défis ont été disputés depuis la création en 1851, à Cowes sur l'Ile de Wright, GB. A chaque fois, les USA l'ont emporté sauf en 1983 (Australie), en 1995 et 2000 (Nouvelle-Zélande).

PLANCHE À VOILE LA PLUS LONGUE

La plus grande planche mesure 50,2 m. Elle a été fabriquée à Fredrikstad, Norvège. Elle a navigué pour la première fois le 28-06-86.

PLUS LONGUE CHENILLE DE PLANCHE À VOILE

La plus longue chenille de planche à voile était composée de 70 windsurfers en tandem pour le Sailboard Show '89 à Manly, Australie, le 21-10-89.

TITRES DE CHAMPION DU MONDE

Créé en 1973, les Championnats du monde de windsurf ont vu Stephan Van Den Berg (Pays-Bas) remporter le titre à 5 reprises entre 1979 et 1983. C'est seulement en 1984 que la discipline a été inscrite au programme des J.O.

SURF

SURF EN RIVIÈRE

L'Official British Surfing Association détient le record du plus *ride* de surf en rivière sur la vague de marée déferlante sur la Severn (GB). Le record de distance est de 9,1 km de Windmill Hill à Maisemore Weir . Il a été réalisé par David Lawson (GB), le 29-08-96.

RIDES EN MER LES PLUS LONGS

Entre quatre et cinq fois par an, les vagues de Matachen Bay près de San Blas, Mexique, permettent des rides de 1 700 m de long.

TITRES EN CHAMPIONNATS DU MONDE FÉMININS

Créés en 1979, les Championnats du monde féminins ont vu trois surfeuses remporter le titre en 4 occasions. Il s'agit de Frieda Zamba (USA) de 1984 à 1986,

puis en 1988 ; de Wendy Botha (Australie) en 1987, 1989, 1991 et 1992, et de Lisa Andersen (USA) de 1994 à 1997.

SKI NAUTIQUE

SAUT EN SKI NAUTIQUE LE PLUS LONG

• Le record officiel de saut enregistré par l'International Water Ski Federation (IWSF) est d'une longueur de 70,9 m ; il a été effectué par Jimmy Siemers (USA) aux Tri-Lakes à Zachary, Louisiane, le 22-10-2000.
• Chez les dames, le même record a propulsé Elena Milakova (Russie) à 55,1 m à Lincoln, GB, le 27-07-2001.

PLUS LONG VOL À SKI NAUTIQUE

• Le vol à ski est une discipline similaire au saut à ski, mais les participants utilisent des cordes et des tremplins plus longs, ainsi que des bateaux plus rapides, leur permettant de réaliser des bonds immenses par dessus l'eau. Le record homologué par l'ISWF est d'une distance de 91,1 m, réalisé par Jaret Llewellyn (Canada) lors du Big Air Challenge, à Orlando, USA, le 14-05-2000.
• Chez les dames, les Australiennes Toni Neville et Emma Sheer ont toutes deux effectué le saut record de 66,6 m lors de l'America's Cup à West Palm Beach en Floride, les 23 et 24-09-2000.

RECORD DE SKIEURS DERRIÈRE UN BATEAU

100 skieurs ont couvert un mile nautique (1 852 m) tirés par le *Reef Cat*, un bateau de croisière, à Cairns, Australie, le 18-10-86. Cette manifestation organisée par le Cairns and District Powerboating and Ski Club a été rééditée avec 100 skieurs en monoskis.

VAGUES LA PLUS HAUTE

Waimea Beach, à Hawaï, USA, est réputée pour produire des vagues dont la hauteur atteint fréquemment 9 ou 11 m. La vague la plus haute était une tsunami de « peut-être de 15 m », le 3-04-68. Parole de surfeur !

TITRES DE CHAMPION DU MONDE DE SURF

Depuis sa création en 1975, le titre de Champion du monde professionnel de surf a été remporté 6 fois par Kelly Slater (USA) en 1992, puis de 1994 à 1998. Slater a débuté à l'âge de 8 ans en gagnant sa première épreuve.

LE PLUS GRAND TERRAIN DE JEU

Avec 5 ha, le terrain de polo est la plus grande aire de jeux pour un sport de balle. Sans surface de dégagements, ce terrain atteint 274 m de long par 182 de large et 146 m.

SCORE DE POLO LE PLUS ÉLEVÉ

Le match de polo international le plus prolifique a vu 30 buts inscrits dans la victoire de l'Argentine sur les USA par 21-9 à Meadowbrook, New York, en septembre 1936.

TITRES EN CHAMPIONNAT DU MONDE DE POLO

Sur les 5 Championnats du monde de polo, disputés tous les 3 ans sous les auspices de la FIP (Federation of International Polo), l'Argentine en a remporté 3, en 1987, 1992, et 1998.

LE PLUS DE CHUKKAS DANS UNE JOURNÉE

43 chukkas (période de 7 m 30 s au polo) ont été joués dans la même journée, par le Pony Club, le 31-07-91 sur le n° 3 Ground du Kirtlington Park, GB.

SAUT D'OBSTACLE LE PLUS HAUT

• La Fédération équestre internationale (FEI) a enregistré le record de Huaso monté par le capitaine Alberto Larraguibel Morales (Chili) à Viña del Mar, Santiago du Chili, le 05-02-49, avec un saut de 2,47 m.

• En indoor, le record est de 2,4 m par Optibeurs Leonardo, monté par Franke Sloothaak (Allemagne) à Chaudefontaine, Suisse, le 09-06-91.

MEILLEUR SCORE OLYMPIQUE EN SAUT D'OBSTACLES

Seuls trois cavaliers ont réussi la performance d'un sans faute aux J.O. en saut d'obstacles. Il s'agit de Frantisek Ventura (Rép. tchèque) sur Eliot en 1928, Alwin Schockemöhle (RFA) sur Warwick Rex en 1976 et Ludger Beerbaum (Allemagne) sur Classic Touch en 1992.

MÉDAILLES D'OR OLYMPIQUES EN CONCOURS HIPPIQUE

Avec 5 médailles d'or – 4 par équipes en 1956, 1960, 1964 et 1972, plus une en individuel en 1972, Hans Günter Winkler (RFA) reste le plus titré aux J.O. Il possède aussi dans son palmarès une médaille d'argent par équipes en 1976 et une de bronze en 1968, pour un record mondial de 7 médailles olympiques.

MÉDAILLES D'OR OLYMPIQUES EN DRESSAGE

Henri St Cyr (Suède) a remporté 2 médailles d'or en dressage en 1952 et 1956. Tout comme Nicole Uphoff (RFA) en 1998 et 1992.

TITRES OLYMPIQUES PAR ÉQUIPES EN CONCOURS HIPPIQUE

L'Allemagne a remporté 7 médailles d'or

VICTOIRES DANS UNE CARRIÈRE DE JOCKEY
Laffit Pincay Jr (USA) et ses 9 311 victoires depuis le 16-05-64, sont largement devant l'ancien détenteur du record, Bill Shoemaker (USA) avec 8 834 courses gagnées au 12-10-99. Pincay a remporté l'Eclipse Award à 5 reprises en 1971, 1973, 1974, 1979 et 1985, ainsi que 3 Belmont Stakes et le Kentucky Derdy en 1984.

au Grand Prix des Nations aux J. O. en 1936, 1956, 1960, 1964 et 1996, ainsi que sous la bannière de la RFA en 1972 et 1988.

TITRES OLYMPIQUES PAR ÉQUIPES EN DRESSAGE
L'Allemagne a remporté 10 titres olympiques de dressage en 1928, 1936, 1964, 1968, 1976, 1984, 1988, 1992, 1996 et 2000. Entre 1968 et 1990, les titres ont été acquis sous le drapeau de la RFA.

TITRES EN CHAMPIONNAT DU MONDE DE CONCOURS HIPPIQUE
Deux hommes ont remporté 2 titres de champion du monde en concours hippique : Hans Günter Winkler (Allemagne) en 1954 et 1955, et Raimondo d'Inzeo (Italie) en 56 et 60.

TITRES EN COUPE DU MONDE
Hugo Simon (Autriche) a remporté 3 coupes du monde de concours hippique en 1979, 1996 et 1997. Rodrigo Pessoa (Brésil) en a fait de même en 1998, 1999 et 2000.

MÉDAILLES D'OR OLYMPIQUE EN CONCOURS COMPLET
Charles Ferdinand Pahud de Mortanges (Pays-Bas) a remporté 4 titres olympiques (par équipes en 1924 et 1928, et en individuel en 1928 et 1932, plus une médaille d'argent par équipes).

RECORD D'INVINCIBILITÉ
Avec 54 courses gagnées sur 54 courses courues successivement dont la Goodwood Cup de 1878, Kincsem, une jument hongroise née en 1874, détient un record jamais égalé depuis.

YEARLING LE PLUS CHER
Seattle Dancer a été acheté 13,1 millions $ (14,3 millions €), le 23-07-85 à Keeneland, USA, par Robert Sangster and Partners. Le prix d'un potentiel étalon augmente fortement avant qu'il ne commence sa carrière

de reproduction. Il ne pourrait atteindre une telle somme en tant que simple cheval de course.

COURSE LA PLUS RAPIDE
• La plus haute vitesse atteinte par un cheval est de 69,62 km/h sur une distance de 402 m. Ce record a été réalisé par Big Racket à Mexico, le 05-02-45, et par Onion Roll à Thistledown à Cleveland (USA), le 27-09-93.
• Sur 2 413 m, le record de 60,86 km/h a été réalisé par Hawkster à Santa Anita Park, Californie, le 14-10-89.

CHEVAUX LES PLUS ÂGÉS
Plusieurs chevaux ont remporté des courses âgés de 18 ans. Sur le plat, Revenge a gagné à Shrewsbury, GB, le 23-09-1790, Marksman à Ashford, GB, le 04-07-1826 et Jorrocks à Bathurst, Australie, le 28-02-1851. Au même âge, Wild Aster a remporté 3 courses de haies en 6 jours en mars 1919 et Sonny Soomers, 2 steeplechases en février 1980.

CHEVAL GAGNANT
Chorisbar (né en 1935 à Porto-Rico) a remporté 197 des 324 courses courues entre 1937 et 1947.

VICTOIRES CONSÉCUTIVES
Camarero (né en 1951 à Porto-Rico) a gagné 56 courses de suite entre le 19-04-53 et le 17-08-1955.

JOCKEY DE L'ANNÉE
Kent Desormeaux (USA) a décroché 598 victoires sur 2 312 courses dans l'année 1989.

RECORD DE VICTOIRES EN UNE JOURNÉE
• Chris Antley (USA) a monté 9 chevaux gagnants, le 31-10-87 ; 4 dans l'après-midi à Aqueduct, New York et 5 en nocturne aux Meadowland du New Jersey.
• Six jockeys ont réussi 8 victoires dans la même réunion. Le plus récent est Patrick Day (USA) avec 9 courses à Arlington International, dans l'Illinois, le 13-09-89.
• Le record de victoires consécutives est de 12 pour Sir Gordon Richards (GB) en 1933 (1 course à Nottingham, le 03-10, 6 sur 6 à Chepstow, GB, le 04-10 et les 5 premières courses du lendemain à Chepstow ; et par Pieter Stroebel (Zimbabwe) à Bulawayo, en Rhodésie du Sud (aujourd'hui Zimbabwe), entre le 07-06 et le 07-07-58.

LE PLUS BEAU CHAPEAU
La Gold Cup au Royal Ascot est l'événement hippique le plus important de l'année en Grande-Bretagne, et le plus célèbre dans le monde. Il voit défiler des milliers de femmes à la pointe de la mode. Au pesage, lieu réservé à l'élite, les hommes se doivent de porter l'habit et les femmes le chapeau. En juin 1997, le jour de la Gold Cup, 3e jour de la compétition, a attiré 77 543 spectateurs.

LE JOUR AUX COURSES LE PLUS PRIMÉ
La Dubai World Cup du 23-03-2002, à Nad Al Sheba, Dubai, (Emirats Arabes) proposait 15,25 millions $ (16,7 millions €) de prix pour les différentes courses. La Dubai World Cup est à elle seule la course la mieux dotée.

VOL À VOILE

ALTITUDE EN PLANEUR LA PLUS ÉLEVÉE

• Robert Harris (USA) a atteint l'altitude record de 14 938 m (49 009 pieds) au-dessus de California City, USA, le 17-02-86.
• Sabrina Jackintell (USA) détient le record féminin avec 12 637 m (41 460 pieds) survolant en solo Black Forest Gliderport, à Colorado Springs, USA, le 14-02-79.

ASCENSION EN PLANEUR LA PLUS IMPORTANTE

L'ascension la plus impressionante est à mettre à l'actif de Paul Bikle (USA) avec 12 894 m (42 303 pieds) au-dessus de Lancaster, Californie, le 25-02-61.

ALTITUDE LA PLUS ÉLEVÉE EN PARAPENTE

• Robbie Whittal (GB) a battu le record mondial d'altitude en parapente avec 4 526 m (14 849 pieds) à Brandvlei, Afrique du Sud, le 06-01-93.
• Chez les femmes, le record est situé à l'altitude de 4 325 m (14 849 pieds) par Kat Thurston (GB) au-dessus du Kuruman, Afrique du Sud le 01-01-96.

DISTANCE LA PLUS LONGUE EN PLANEUR

• Hans Werner Grosse (Allemagne) a rejoint Biarritz au départ de Lübeck (Allemagne) soit un trajet de 1 460,8 km, le 25-04-72.
• Karla Karel (GB) a volé 949.7 km au-dessus de la Nouvelle Gale du Sud, Australie, pour battre le record féminin, le 20-01-80.

VITESSE LA PLUS RAPIDE

• La Fédération aéronautique internationale (FIA) a enregistré la vitesse record en planeur de 247,49 km/h réalisée par James et Thomas Payne (USA) au-dessus de California City, le 03-03-99.
• Pamela Kurstjens-Hawkins (UK) détient le record féminin avec 153,83 km/h survolant Tocumwal, Australie, le 03-01-2000.

TITRES EN CHAMPIONNATS DU MONDE

Ingo Renner (Australie) a remporté 4 titres de champion du monde en 1976 (catégorie Standard), 1983, 1985 et 1987 (Open).

PARAPENTE

LA PLUS GRANDE DISTANCE

Le 16-11-98, Godfrey Wenness (Australie) a volé du Mt Borah à Ennera Station, Australie, soit une distance record de 335 km.

PLUS GRANDE DISTANCE EN TANDEM

Les Britanniques Richard Westgate et Jim Coutts ont réalisé un vol de 220,4 km en parapente tandem depuis Quixada, Brésil, le 30-11-2000.

DELTAPLANE

TITRES EN CHAMPIONNATS DU MONDE

• Créés en 1976, les Championnats du monde ont vu la victoire à 3 reprises de Tomas Schanek (Rép. tchèque) en 1991, 1993 et 1995.
• Chez les dames, il faudra attendre 1987 pour voir les Championnats du monde se disputer et depuis Judy Leden (GB) en 1987 et 1991 ainsi que Kari Castle (USA) en 1996 et 2000 l'ont emporté 2 fois chacune.

• Par équipes, la Grande-Bretagne l'a emporté le plus souvent (en 1981, 1985, 1989 et 1991).

LA PLUS LONGUE DISTANCE

• La FIA a enregistré un vol record de 559,7 km en deltaplane réalisé par Davis Straub (USA), le 10-08-2000.
• Chez les dames, Tove Heaney (Australie) de Garnpung Lake, à Bealiba, Australie, le 02-12-98, a réalisé un vol de 559,7 km.

SAUT EN PARACHUTE

LE PLUS GRAND NOMBRE DE PARACHUTISTES

588 parachutistes, civils et militaires de cinq nations se sont élancés de sept avions 3 660 m (12 000 pieds) au-dessus de la Santa Cruz Air Base, à Rio de Janeiro, le 18-04-2000.

SAUT EN PARACHUTE DANS LA MÊME JOURNÉE

Michael Zang (USA) a effectué 500 sauts en 24 heures sur un aérodrome près de Decatur, Texas, les 18 et 19-05-2001. Il a réalisé la moyenne d'un saut toutes les 2 min 53 s à l'altitude de 640 m (2 100 pieds).

PARAPENTE LE PLUS RAPIDE

Patrick Berod (France) a atteint 28,26 km/h, à Albertville, le 27-06-2000.
Fiona Macaskill (GB) détient le record féminin après avoir lancé son parapente à la vitesse de 19,86 km/h à Plaine Joux, le 21-04-2000.

ALTITUDE LA PLUS ÉLEVÉE EN DELTAPLANE
• Larry Tudor (USA) a atteint aux commandes de son deltaplane, l'altitude record de 4 343 m en survolant Owens Valley, Californie, le 04-08-85.
• Chez les dames, Judy Leden (GB) détient le record mondial avec 3 970 m après avoir contrôlé sa toile au-dessus du Kuruman, Afrique du Sud, le 01-12-92.

CHUTE LIBRE

FORMATION LA PLUS NOMBREUSE
La World Team 99 a regroupé dans le même saut 282 participants, le 16-12-99, au-dessus d'Ubon Ratchathani, Thailande. Lâchés de 7 010 m (23 000 pieds), les skydivers ont tenu le lien 7,11 s.

EPREUVE DE CHUTE LIBRE LA PLUS IMPORTANTE
La World Free-fall Convention 2000, qui s'est tenue pendant 10 jours à Quincy, USA du 4 au 13-08-2000, a attiré 5 732 skydivers de 55 nationalités. Plus de 63 000 sauts ont été enregistrés, dont 8 104, le 11-08, obligeant les organisateurs à procéder à un vol toutes les 1,08 min en moyenne.

DIRIGEABLES

RECORD DE SAUT D'UN BALLON DIRIGEABLE
20 parachutistes du Paraclub Flevo (Pays-Bas) ont sauté depuis un ballon dirigeable Cameron A-415 PH-AGT, au-dessus d'Harfsen, Pays-Bas, le 22-04-2000. 2 skydivers voyageant au-dessus du ballon ont plongé dans le vide à 1 219 m d'altitude. Puis, l'aérostat est monté à 1 828 m pour lâcher 12 parachutistes de plus, les six derniers ont sauté en 2 groupes de 3.

VOL ACROBATIQUE

TITRES EN CHAMPIONNATS DU MONDE
• Créé en 1960, le Championnat du monde de vol acrobatique se déroule tous les deux ans et comporte deux programmes imposés (l'un est connu à l'avance, l'autre non) et un enchaînement libre. Plus connue sous le nom de l'Aresti Cup, cette compétition a vu Petr Jirmus (Rép. tchèque) l'emporter 2 fois en 1984 et 1986.
• Chez les dames, depuis la création de l'épreuve en 1986, Svetlana Kapanina (Russie) a remporté le trophée à 3 reprises en 1996, 1998 et 2001.

VRILLES À PLAT INVERSÉES
Wayne Handley (USA) aux commandes d'un G202, un avion de voltige ultraléger a totalisé 78 vrilles à plat inversées à 4 500 m (15 000 pieds). Après cette série, Handley exécuta quelques rotations à l'envers sur 1 000 pieds. A environ 609,6 m (2 000 pieds), il a redressé son avion pour terminer le vol normalement.

VOL SUR LE DOS LE PLUS LONG
Joann Osterud (Canada) a réalisé 4 h 38 min 10 s de vol sur le dos de Vancouver à Vanderhoof, Canada, le 24-07-91. Osterud détient aussi le record des loopings extérieurs avec 208 rotations effectuées au Supernova Hyperbipe au-dessus de North Bend, USA, 13-04-89.

LOOPINGS INTÉRIEURS
Le 09-08-86, David Childs (USA) a réalisé 2,368 loopings intérieurs, au Bellanca Decathlon, pôle Nord.

SPORTS DE PRÉCISION

TIR À L'ARC

LA PLUS ANCIENNE ORGANISATION
C'est sans conteste l'Ancient Society of Kilwinning Archers (GB). Cette société d'archers a débuté par le tir au Papingo (épreuve consistant à toucher un oiseau de bois positionné sur un mât en haut d'une tour très élevée). C'était en 1483.

RECORD DE POINTS À CHEVAL
Kassai Lajos (Hongrie) a enregistré 4 238,18 points en 12 h à cheval à Kaposmero, Hongrie, le 06-06-98.

SCORE MASCULIN LE PLUS ÉLEVÉ EN INDOOR À 18 M
Michele Frangilli (Italie) a marqué 597 points sur 600 possibles à 18 m de distance en indoor, en janvier 2001, à Nimes.

SCORE MASCULIN LE PLUS ÉLEVÉ EN INDOOR À 25 M
Michele Frangilli (Italie) a marqué 598 points sur 600 possibles à 25 m de distance en indoor, en novembre 2001, à Gallarate, Italie.

SCORE FÉMININ LE PLUS ÉLEVÉ EN INDOOR À 18 M
Lina Herasymenko (Ukraine) a marqué 591 points sur 600 possibles à 18 m de distance en indoor, en mars 1997, à Istambul.

SCORE FÉMININ LE PLUS ÉLEVÉ EN INDOOR À 25 M
Petra Ericsson (Suède) a marqué 592 points sur 600 possibles à 25 m de distance en indoor, en mars 1991, à Oulu, Finlande.

PLUS GROS SCORE EN 24 H
• Le plus haut score en 24 heures sur 18 manches FITA (Fédération internationale de tir à l'arc) est de 26 064 points. C'est l'œuvre de Michael Howson et Stephen Howard à l'Oakbank Sports College, GB, les 11 et 12-10-2000.

• Le plus haut score sur 24 heures, réalisé par deux archers appartient à Simon Tarplee et David Hathaway (GB) avec 76 158 points sur 70 Portsmouth Rounds (60 flèches par manche sur des cibles de 60 cm à 18,29 m de distance) à Evesham, GB, le 01-04-91. Durant cette tentative, Tarplee a battu le record individuel de 38 500.

SCORE FÉMININ LE PLUS HAUT À 50 M
En novembre 1996, Kim Moon-sun (Corée du Sud) a marqué 345 points sur 360 possibles à 50 m sur une manche simple FITA à Ch'ungju, Corée du sud.

SCORE FÉMININ LE PLUS HAUT À 70 M
Lee Hee-Jeong (Corée du Sud) a marqué 348 points sur 360 possibles à 70 m sur une manche simple FITA à Ch'ungju, Corée du sud, en octobre 2001.

BILLARD

TEMPS RECORD POUR RENTRER LES BOULES DE DEUX TABLES
Nicolaos Nikolaidis (Canada) a rentré toutes les boules de deux tables dans le temps record de 1 min 33 s, le 14-08-2001 au Bar and Billiard Unison à Québec. Il a aussi battu le record de boules gagnantes en 24 h avec un score de 16 723.

LES 15 BOULES RENTRÉES LES PLUS RAPIDEMENT
• Dave Pearson (GB) a rentré 15 boules en 26,5 s au Pepper's Bar And Grill, Windsor, Ontario, Canada, le 01-04-97.

• Chez les dames, Susan Thompson (GB) a réussi le même exploit en 37,07 s au Phoenix Pool & Snooker Club, de Wallasey, GB, le 01-12-96.

TIR À L'ARC À 90 M
Oh Kyo-moon (Corée du Sud, à gauche) a marqué 332 points sur 360 possibles à Wonju, Corée du Sud, en novembre 2000. Kyo-moon détient aussi le record d'un 1 379 sur 1 440 points possibles à Wonju, Corée du Sud, en novembre 2000. Il est ici avec Kim Chung-Tae (au centre) et Jang Yong-Ho (à droite) ses coéquipiers vainqueurs de la médaille d'or par équipe de tir à l'arc aux J.O. de Sydney en 2000.

SCORE LE PLUS ÉLEVÉ EN FINALE DE 36 INDOOR

Le plus haut score réalisé dans une finale de 36 indoor est de 358 points sur 360 possibles. Natalya Valeeva (Italie) l'a réalisé à Caorle, Italie, en mars 2002.

• Pearson détient le record du plus grand nombre de tables nettoyées en 10 min avec un score de 10, à Las Vegas, le 25-05-98.

SNOOKER

BREAK MAXIMUM LE PLUS RAPIDE

Le plus rapide des 147 (ou Break Maximum) enregistré par un professionnel est de 5 min 20 s. C'est l'œuvre de Ronnie O'Sullivan (GB) aux Championnats du monde au Crucible Theatre de Sheffield, le 21-04-97. O'Sullivan est également le plus jeune joueur à avoir accompli cet exploit à l'âge de 15 ans et 98 jours pendant l'English Amateur Championship à Aldershot, GB, le 13-03-91.

BREAK LE PLUS GRAND

• Wally West (GB) a enregistré un break de 151 dans un match au Hounslow Lucania de Londres en octobre 1976. Le break inclut une boule supplémentaire, créant une Extra Rouge avec 15 rouges encore sur la table pour donner un break maximum pouvant atteindre 155.

• La seule élimination des 16 rouges dans un tournoi professionnel a été réalisée par Steve James (GB) qui a marqué 135 contre Alex Higgins (GB), le 14-04-90, pendant les Championnats du monde Pro, à Sheffield.

FLÉCHETTES

LE PLUS DE BULL'S EYES EN 10 HEURES

Perry Prine (USA) a atteint 1 432 bull's-eyes (centre de la cible) en 10 h au Lake Erie Classic Dart Tournament à Mentor, USA, le 27-03-98.

MARATHON FÉMININ EN EXTÉRIEUR

Anne Herlihy (Nouvelle-Zélande) a joué aux fléchettes pendant 64 heures en extérieur à la Bridge Tavern de Waitara, Nouvelle-Zélande, entre les 26 et 28-03-99.

SCORE FÉMININ LE PLUS HAUT EN 24 HEURES

Le plus haut score féminin réalisé en 24 heures est de 830 737, grâce à 8 femmes à la Cornwall Inn, Irlande, les 1 et 02-08-97.

LES PLUS RAPIDES « TOUR D'HORLOGE »

• Dennis Gower (GB) a réalisé un « tour d'horloge » (viser les portions de la cible les unes après les autres) en visant les doubles en 9,2 s au Millers Arms, à Hastings, GB, le 12-10-75.

• Jim Pike (GB) a effectué un record similaire en visant les doubles dans l'ordre numérique en 14,5 s au Craven Club, à Newmarket, GB, en mars 1944.

TROIS 301 EN UN TEMPS RECORD

Mervyn King (GB) a réussi trois manches de 301 finissant par un double en 1 min 37 s, le 29-08-97. Ce record a été réalisé devant les caméras de la BBC pour l'émission *Record Breakers* à Londres.

PÉTANQUE

MARATHON LE PLUS LONG

Les membres du Half Crown Pétanque Club à la Crown Inn, de Stockton (GB), ont joué à la pétanque pendant 24 heures, les 26 et 27-06-99.

TITRES DE CHAMPION DU MONDE

Deux joueurs ont remporté 5 titres de Champion du monde. Didier Choupay (France) a remporté la médaille d'or par équipes en 1985, 1988, 1989, 1994 et 1998. Philippe Quintas (France), quant à lui a été sacré en 1991, 1993, 1995, 1996 et 1998.

TITRES DE CHAMPION DU MONDE PAR ÉQUIPES

La France a remporté les Championnats du monde à 18 reprises, la dernière fois en 2001.

BALL-TRAP

RECORD DE RAPIDITÉ SUR 500 PLATEAUX TOUCHÉS

Scott Hutchinson (USA) a visé et touché 500 cibles d'argile en 30 min 31 s au Silver Harbor Lodge, à Lake Placid, USA, le 18-09-99.

PLATEAUX CASSÉS EN UNE MINUTE

Esa Kölegård (Suède) a détruit 29 cibles en 1 min à Bräcke, Suède, le 26-09-2001, devant les caméras de l'émission *Guiness Rekord*.

PLATEAUX TOUCHÉS EN VOL

Cathy Wehinger (USA) a touché 675 plateaux d'argile en vol consécutivement au stand de tir d'Ackley, USA, en juillet 1998.

TITRES EN CHAMPIONNAT DU MONDE DE FLÉCHETTES

Phil Taylor (GB) compte 10 titres de Champion du monde de fléchettes. Il a remporté le titre WDO (World Darts Organization) en 1990 et 1992, ainsi que le titre PDC (Professional Darts Council) de 1995 à 2002.

BOXE

RECONQUÊTE D'UN TITRE DE CHAMPION DU MONDE DES LOURDS

Mohammed Ali (USA), Evander Holyfield (USA) et Lennox Lewis (GB) ont reconquis deux fois le titre de champion du monde des lourds. En 1988, Lewis remporte la médaille d'or aux J.O. pour le Canada, où il immigra à 12 ans, et il décroche le titre de la World Boxing Council (WBC) en 1993, pour le gagner à nouveau en 1997 et 2001.

PLUS LONG RÈGNE DE CHAMPION DU MONDE DES LOURDS

Joe Louis (USA) a été champion du monde pendant 11 ans et 252 jours, du 22-06-37 en battant Jim Braddock (USA) à Chicago, jusqu'au 01-03-49. Louis a pourtant défendu son titre à 25 reprises.

PLUS JEUNE CHAMPION DU MONDE DES LOURDS

Mike Tyson (USA) n'avait que 20 ans et 144 jours lorsqu'il a battu Trevor Berbick (USA) pour le titre WBC des poids lourds à Las Vegas, le 22-11-86. Il s'adjugera le titre World Boxing Association (WBA) en battant James " Bonecrusher " Smith (USA) à 20 ans et 249 jours le 07-03-87. Il deviendra un champion du monde incontesté en venant à bout, le 02-08-87, de Tony Tucker (USA) pour le titre de l'International Boxing Federation (IBF).

LE PLUS LÉGER DES LOURDS

Bob Fitzsimmons (GB) ne pesait que 75 kg, lorsqu'il est devenu champion du monde des poids lourds en battant James Corbett (USA) à Carson City, USA, le 17-03-87.

LE PLUS LOURDS DES LOURDS

Primo carnera (Italie), surnommé Ambling Alp (la montagne tranquille), pesait 118 kg lorsqu'il est devenu champion du monde des poids lourds face à Jack Sharkey (USA) à New York, le 29-06-33. Son poids maximum a atteint 122 kg et son envergure mesurait 2,17 m.

COMBAT LE PLUS LONG

• Combattant selon les règles du Marquis de Queensberry (similaire à la boxe moderne mais sans gants), les poids légers Joe Gans (USA) et Oscar Matthew (Danemark) ont boxé 42 rounds (un record pour un titre), à Goldfield, USA, le 03-09-06. Le combat se solda par une faute de Gans, qui fut disqualifié.

• Le plus long combat avec des gants a opposé Andy Bowen (USA) et Jack Burke (USA) à la Nouvelle-Orléans, les 6 et 07-04-1893. Il a fallu 110 rounds et 7 h 19 min (de 9 h 15 à 16 h 34) pour terminer sur un match nul.

• Le plus grand nombre de rounds disputés est à mettre à l'actif des Britanniques Jack Jones et Patsy Tunney, lors d'un combat de 276 rounds et 4 h 30 min, que Jones remporta en 1825 en Grande-Bretagne. Avant les règles de Queensbury en 1867, les combats étaient illimités et les rounds ne s'arrêtaient que lorsqu'un des boxeurs était knock-down.

KNOCK-DOWN DANS UN COMBAT

Vic Toweel (South Africa) a mis au tapis Danny O'Sullivan (GB), 14 fois en 10 rounds lors d'un combat à Johannesburg, le 02-12-50 pour le titre de champion du monde des poids coq.

CHAMPION DU MONDE LE PLUS ÂGÉ

C'est entre 45 et 48 ans qu'Archie Moore a perdu son titre mondial des poids mi-lourds (acquis en 1952), du fait de son inactivité. Moore est le seul boxeur à avoir combattu avec les stars américaines Rocky Marciano et Mohammed Ali.

CHAMPION DU MONDE ÉPHÉMÈRE

• Tony Canzoneri (USA) a été champion du monde des welters pendant seulement 33 jours, du 21-05 au 23-06-33, le titre mondial le plus éphémère de la boxe moderne.

RECONQUÊTE D'UN TITRE DE CHAMPION DU MONDE
Le poids moyen américain Sugar Ray Robinson a battu Carmen Basilio (USA) au Chicago Stadium, USA, le 25-03-58, reprenant le titre mondial pour la quatrième fois, un record toutes catégories.

• Natif des USA, le Portoricain, Wilfred Benitez n'avait que 17 ans et 176 jours lorsqu'il est devenu champion du monde WBA des welters, à San Juan, Porto Rico, le 06-03-76.

TITRES DE CHAMPION DU MONDE DANS DIFFÉRENTES CATÉGORIES
• Henry "Homicide Hank" Armstrong (USA) a détenu le titre mondial dans 3 catégories différentes en même temps. Il a été champion du monde des plumes, des légers et des welters entre août et décembre 1938.
• La légende veut que Barney Ross (USA) ait détenu les titres mondiaux des légers, des welters junior et des welter simultanément entre le 28-05 et le 17-09-34, mais personne ne sait exactement quand il a renoncé au titre des légers.

AFFLUENCE RECORD
• Le 20-02-93, 132 274 spectateurs ont payé pour assister au match couronnant du titre mondial des superlégers, Julio César Chavez (Mexico) contre Greg Haugen (USA), à Mexico.
• En revanche 135 132 personnes ont vu gratuitement Tony Zale (USA) contre Billy Pryor (USA) au Juneau Park, de Milwaukee, USA, le 16-08-41.

PLUS FAIBLE AFFLUENCE POUR UN CHAMPIONNAT DU MONDE
Seulement 2 434 spectateurs ont vu Cassus Clay (USA), fraîchement converti à l'Islam, battre Sonny Liston à Lewiston (USA), le 25-05-65. La taille réduite de la salle s'explique par les menaces de mort reçu par Ali avant le combat.

RECORD D'INVINCIBILITÉ
Le 31-03-02, Ricardo Lopez (Mexico) reste invaincu dans sa carrière professionnelle avec 50 victoires et 1 nul, sur 51 combats en 17 ans.

K.-O. CONSÉCUTIFS
Lamar Clark (USA) a passé 44 K.-O. consécutifs à ses adversaires entre 1958 et 1960. Clark a mis K.-O. 6 adversaires dans la même soirée dont 5 au premier round, à Bingham, USA, le 01-12-58.

NOMBRE DE K.-O. DANS UNE CARRIÈRE
Archie Moore (USA) a réussi 145 K.-O. (129 en professionnel) dans sa carrière de boxeur.

LE PLUS DE ROUNDS TOUTES COMPÉTITIONS CONFONDUES
Paddy Doyle (GB) a disputé 5 962 rounds en boxe ou dans différents arts martiaux entre 1993 et février 1999.

JUDO

TITRES MONDIAUX EN JUDO
• Yasuhiro Yamashita (Japon) a remporté 5 titres mondiaux ou olympiques entre 1977 et 1985 (champion du monde des plus de 95 kg en 1979, 1981 et 1983, le titre Open en 1981 et l'or aux J.O., en toutes catégories en 1984. Aujourd'hui retraité, il a un palmarès impressionnant de 203 victoires sans aucune défaite.
• Chez les femmes, Ingrid Berghmans (Belgique), possède 6 titres mondiaux entre 1980 et 1989.

KARATÉ

TITRES EN CHAMPIONNAT DU MONDE DE KATA
• Le Kata est une forme de karaté qui consiste à reproduire le plus fidèlement des séquences de gestes spécifiques. Yuki Mimura (Japon) a fini victorieuse 4 fois en 1988, 1990, 1992 et 1996.

• Chez les messieurs, 2 hommes se partagent le record de 3 titres. Il s'agit de Tsuguo Sakumoto (Japon) en 1984, 1986 et 1988 ainsi que Michael Milan (France) en 1994, 1996 et 2000.

TITRES EN CHAMPIONNAT DU MONDE DE KUMITÉ
• Le kumité est une forme plus libre du karaté. Guus van Mourik (Netherlands), a remporté l'épreuve à 4 reprises en plus de 60 kg en 1982, 1984, 1986 et 1988.
• Chez les messieurs, deux hommes ont empoché le titre mondial à 3 reprises. Il s'agit de José Manuel Egea (Espagne) en 1988, 1990 et 1992, ainsi que Wayne Otto (GB) en 1990, 1992 et 1996.

TITRES EN CHAMPIONNAT DU MONDE DE KUMITÉ PAR ÉQUIPES
La Grande-Bretagne a remporté 6 titres mondiaux par équipes, chez les hommes (créé en 1970) en 1975, 1982, 1984, 1986, 1988 et 1990, ainsi que 2 titres chez les dames (tournoi créé en 1992).

TITRES EN JUDO
Fin 2000, David Douillet (France) a remporté 6 titres, 3 olympiques et 3 de champion du monde.

SPORTS DE FORCE

SUMO

TOURNOI FÉTICHE
Yokozuna Mitsugu Akimoto (Japon) dont le nom de sumo est Chiyonofuji, a remporté le Kyushu Basho (l'un des plus importants tournois) de 1981 à 1988. Il détient également les records du plus grand nombre de victoires avec 1 045 et le nombre de victoires en Makunouchi (la meilleure des divisions) avec 807.

COMBATS CONSÉCUTIFS EN MAKUNOUCHI
Jesse Kuhaulua, dit Takamiyama (Hawaï), a été le premier non-japonais à gagner un tournoi haut niveau en juillet 1972. Il détient le record de 1 231 combats consécutifs de la division.

COMBATS GAGNÉS
Ozeki Tameemon Torokichi (Japon), alias Raiden, a gagné 254 assauts et n'en a perdu que 10, soit 96,2% de victoires entre 1789 et 1810.

COMBATS CONSÉCUTIFS
Sadaji Akiyoshi (Japon), ou Futabayama, détient le record de combats consécutifs gagnés avec 69 victoires entre 1937 et 1939.

TITRES EN EMPEROR'S CUP
Yokozuna Koki Naya (Japon), dit Taiho ou *Great Bird*, a remporté 32 fois la prestigieuse Emperor's Cup.

LUTTE

MÉDAILLES OLYMPIQUES EN INDIVIDUEL
Trois hommes se partagent le record de médailles olympiques : Eino Leino (Finlande) en lutte libre de 1920 à 1932 ; Imre Polyák (Hongrie) en gréco-romaine entre 1952 et 1964 ; et Bruce Baumgartner (USA) en lutte libre entre 1984 et 1996.

MÉDAILLES D'OR OLYMPIQUES
Quatre hommes se partagent le record de trois médailles d'or olympiques : Carl Westergren (Suède) en 1920, 1924 et 1932 ; Ivar Johansson (Suède) en 1932 (deux) et 1936 ; Aleksandr Vasilyevich Medved (URSS) en 1964, 1968 et 1972 ; et Aleksandr Karelin (Russie) en 1988, 1992 et 1996.

CHAMPION DU MONDE
Aleksandr Karelin (Russie) a remporté 12 titres de champion du monde en gréco-romaine chez les moins de 130 kg entre 1983 et 1999.

HALTÉROPHILIE

MÉDAILLES D'OR OLYMPIQUES
Naim Suleymanoglü (Turquie) a remporté 3 médailles d'or aux J. O. en haltérophilie, en 1988, 1992 et 1996. Pyrros Dimas (Grèce) a accompli le même exploit en 1992, 1996 et 2000.

MÉDAILLES OLYMPIQUES
Norbert Schemansky (USA) a remporté 4 médailles olympiques (or, argent ou bronze) dans sa carrière de 1948 à 1964.

TITRES DE CHAMPIONNE DU MONDE
Avec 13 titres de championne du monde dans la catégorie 60/64 kg en 1992 et 1996, Li Hongyun (Chine) n'a pas de concurrence.

TITRES DE CHAMPIONNE DU MONDE EN 82,5 KG
Natalya Rumyantseva (Russie) a remporté 7 titres de championne du monde dans la catégorie 82,5 kg entre 1993 et 1999.

RECORDMAN LE PLUS ÂGÉ
Norbert Schemansky (USA) a battu le record du monde toutes catégories avec une charge de 164,2 kg à l'âge de 37 ans et 333 jours, le 28-04-62, à Détroit, USA.

RECORDMAN DU MONDE LE PLUS JEUNE
Naim Suleymanoglü (Turquie) n'avait que 16 ans et 62 jours lorsqu'il a battu les records de l'épaulé-jeté à 160 kg et du combiné avec 285 kg, le 26-03-83, à Allentown, USA.

RECORD DU MONDE D'HALTÉROPHILIE
Depuis le 01-01-98, l'International Weightlifting Federation (IWF) a modifié les catégories de poids, ce qui donne des records redondants. Voici le nouveau listing des records établis et des nouvelles catégories dans les compétitions officielles de l'IWF par tranches supplémentaires de 0,5 kg pour l'arraché et l'épaulé-jeté ou de 2,5 kg pour le total olympique.

Hommes 56 kg épaulé-jeté
168 kg
Halil Mutlu (Turquie)
Trencín, Slovaquie,
le 24-04-2001

Hommes 56 kg arraché
138,5 kg
Halil Mutlu (Turquie)
Antalya, Turquie,
le 04-11-2001

Hommes 56 kg total olympique
305 kg
Halil Mutlu (Turquie)
Sydney, Australie,
le 16-09-2000

Hommes 62 kg épaulé-jeté
181 kg
Genady Oleshchuk (Belarus)
Antalya, Turquie,
le 05-11-2001

Hommes 62 kg arraché
152,5 kg
Shi Zhiyong (Chine)
Osaka, Japon,
le 03-05-2000

Hommes 62 kg total olympique
Aucun record homologué.

Hommes 69 kg épaulé-jeté
196,5 kg
Galabin Boevski (Bulgarie)
Sydney, Australie,
le 20-09-2000

Hommes 69 kg arraché
165 kg
Georgi Markov (Bulgarie)
Sydney, Australie,
le 20-09-2000

Hommes 69 kg total olympique
357,5 kg
Galabin Boevski (Bulgarie)
Athènes, Grèce,
le 24-11-99

LA PLUS ANCIENNE COMPÉTITION DE LUTTE
La plus ancienne compétition de lutte réglementée officiellement est le Kirkpinar Wrestling Festival qui existe depuis 1460. Cette épreuve se déroule sur le site de la Sarayici Peninsula, près d'Edirne, Turquie.

RECORD CHEZ LES 48 KG FÉMININS

Le 06-06-2000, Liu Xiuhua (Chine) a battu dans la catégorie 48 kg, le record de l'arraché en soulevant 87,5 kg à Montréal. Liu détient également le record du total olympique avec 197,5 kg soulevés le 06-09-1999 à Montréal, Canada

Hommes 77 kg épaulé-jeté
210 kg
Oleg Perepetchenov (Russie)
Trencín, Slovaquie,
le 27-04-2001

Hommes 77 kg arraché
172,5 kg
Plamen Zhelyazkov (Bulgarie)
Doha, Quatar,
le 27-03-2002

Hommes 77 kg total olympique
377,5 kg
Plamen Zhelyazkov (Bulgarie)
Doha, Quatar,
le 27-03-2002

Hommes 85 kg épaulé-jeté
218 kg
Zhang Yong (Chine)
Tel Aviv, Israël,
le 25-04-98

Hommes 85 kg arraché
181 kg
Georgi Asanidze (Georgie)
Sofia, Bulgarie,
le 29-04-2000

Hommes 85 kg total olympique
Aucun record homologué.

Hommes 94 kg épaulé-jeté
232,5 kg
Szymon Kolecki (Pologne)
Sofia, Bulgarie,
le 29-04-2000

Hommes 94 kg arraché
188 kg
Akakios Kakiashvilis (Grèce)
Athènes, Grèce,
le 27-11-99

Hommes 94 kg total olympique et hommes 105 kg épaulé-jeté
Aucun record homologué.

Hommes 105 kg arraché
198 kg
Vladimir Smorchkov (Russie)
Antalya, Turquie,
le 10-11-2001

Hommes 105 kg total olympique
Aucun record homologué.

Hommes + de 105 kg épaulé-jeté
Aucun record homologué.

Hommes + de 105 kg arraché
212,5 kg
Hossein Rezazadeh (Iran)
Sydney, Australie,
le 26-09-2000

Hommes + de 105 kg total olympique
472,5 kg
Hossein Rezazadeh (Iran)
Sydney, Australie,
le 26-09-2000

Dames 48 kg épaulé-jeté
113,5 kg
Donka Mincheva (Bulgarie)
Athènes, Grèce,
le 21-11-99

Dames 48 kg arraché
87,5 kg
Liu Xiuhua (Chine)
Montréal, Canada,
le 06-06-2000

Dames 48 kg total olympique
197,5 kg
Liu Xiuhua (Chine)
Montréal, Canada,
le 06-09-99

Dames 53 kg épaulé-jeté
125 kg
Yang Xia (Chine)
Sydney, Australie,
le 18-09-2000

Dames 53 kg arraché
100 kg
Yang Xia (Chine)
Sydney, Australie,
le 18-09-2000

Dames 53 kg total olympique
225 kg
Yang Xia (Chine)
Sydney, Australie,
le 18-09-2000

Dames 58 kg épaulé-jeté
131,5 kg
Ri Song Hui (Corée du Nord)
Osaka, Japon,
le 03-05-2000

Dames 58 kg arraché
105 kg
Chen Yanqing (China)
Athènes, Grèce,
le 22-11-99

Dames 58 kg total olympique
235 kg
Chen Yanqing (Chine)
Athènes, Grèce,
le 22-11-99

Dames 63 kg épaulé-jeté
133 kg
Nataliya Skakun (Ukraine)
Thessalonique, Grèce,
le 03-07-2001

Dames 63 kg arraché
112,5 kg
Chen Xiaomin (Chine)
Sydney, Australie,
le 19-09-2000

Dames 63 kg total olympique
242,5 kg
Chen Xiaomin (Chine)
Sydney, Australie,
le 19-09-2000

Dames 69 kg épaulé-jeté
143,5 kg
Valentina Popova (Russie)
Brisbane, Australie,
le 01-09-2001

Dames 69 kg arraché
115 kg
Valentina Popova (Russie)
Antalya, Turquie,
le 08-11-2001

Dames 69 kg total olympique
257,5 kg
Valentina Popova (Russia)
Antalya, Turquie,
le 08-11-2001

Dames 75 kg épaulé-jeté
142,5 kg
Sun Tianni (Chine)
Osaka, Japon,
le 06-05-2000

Dames 75 kg arraché
116 kg
Tang Weifang (Chine)
Wuhan, Chine,
le 04-09-99

Dames 75 kg total olympique
257,5 kg
Sun Tianni (Chine)
Osaka, Japon,
le 06-05-2000

Dames + de 75 kg épaulé-jeté
165 kg
Ding Meiyuan (Chine)
Sydney, Australie,
le 22-09-2000

Dames + de 75 kg arraché
135 kg
Ding Meiyuan (Chine)
Sydney, Australie,
le 22-09-2000

Dames + de 75 kg total olympique
300 kg
Ding Meiyuan (Chine)
Sydney, Australie,
le 22-09-2000

CYCLISME

RECORD DE L'HEURE DÉPART ARRÊTÉ

Chris Boardman (GB) a parcouru 49,441 km pour battre le record de l'heure à Manchester, le 27-10-2000. Boardman a été le premier cycliste britannique à remporter une médaille d'or depuis 72 ans avec la poursuite 4 km aux J. O de Barcelone, en 1992.

LE PLUS BEAU PALMARÈS DES COUREURS FRANÇAIS EN ACTIVITÉ

À 33 ans, après 14 années au sein du peloton, Laurent Jalabert prend sa retraite sportive à la fin de l'année 2002. Titulaire du meilleur palmarès d'un coureur français en activité, il totalise 167 victoires sur le circuit professionnel, dont notamment 1 Tour d'Espagne, Vuelta ; 3 classiques de Coupe du monde Milan-San Remo, Tour de Lombardie, Classica San Sebastian ; 1 championnat du monde contre-la-montre, 3 étapes du Tour d'Italie, Giro ; 4 victoires d'étapes au Tour de France. Il a été numéro un mondial de 1995 à 1998. Sa générosité, son panache et sa gentillesse, ont fait de lui un des coureurs les plus apprécié du peloton et du public.

LA PLUS POPULAIRE MANIFESTATION SPORTIVE

Le Tour de France est l'épreuve sportive la plus populaire au monde puisque chaque année elle attire environ 10 millions de spectateurs pendant les trois semaines de course. Créée en 1903 par Henry Desgrange, cycliste et directeur du journal L'Auto, la Grande Boucle est désormais diffusée sur le petit écran dans 135 pays.

LES ROIS DE LA GRANDE BOUCLE

Le Tour de France est la plus difficile et la plus prestigieuse course du monde. Jacques Anquetil (France), Eddy Merckx (Belgique), Bernard Hinault (France) et Miguel Indurain (Espagne) se partagent le privilège d'avoir remporté la Grande Boucle à 5 reprises.

TOUR DE FRANCE CONSÉCUTIFS

Surnommé L'Aigle de Navarre, Miguel Indurain (Espagne) a gagné 5 Tour de France entre 1991 et 1995.

VICTOIRES D'ÉTAPES SUR LE TOUR

Eddy Merckx (Belgique) alias Le Cannibale tient son surnom du nombre de ses victoires, et notamment du record de 34 étapes du Tour remportées.

PLUS FAIBLE ÉCART SUR LE TOUR DE FRANCE

En 1989, Greg Lemond (USA) battait Laurent Fignon (France) sur les Champs-Elysées et gagnait le Tour avec 8 secondes d'avance, en 87 h 38 min 35 s, après 23 jours et 3 267 km de course. Lemond remportait ainsi le deuxième de ses trois Tour de France.

ÉTAPE LA PLUS RAPIDE DU TOUR DE FRANCE

C'est au terme de 194 km de course entre Laval et Blois que Mario Cipollini (Italie) remportait, au sprint, la plus rapide étape du Tour de France à la moyenne de 50,355 km/h, le 07-07-99.

ECHAPPÉE LA PLUS LONGUE SUR LE TOUR DE FRANCE

Albert Bourlon (France) a remporté la 14e étape du Tour 1947 entre Carcassonne et Luchon au terme d'une échappée en solo de 253 km.

VAINQUEUR DU TOUR DE FRANCE LE PLUS ÂGÉ

Firmin Lambot a remporté son 2e Tour de France en 1922 (1re victoire en 1919), âgé de 36 ans et 4 mois.

PLUS JEUNE VAINQUEUR DU TOUR DE FRANCE

Le 24-07-04, Henri Cornet (France) gagnait son unique Tour de France à l'âge de 19 ans et 350 jours. Sportivement classé 5e, Cornet profitera de la disqualification des 4 premiers pour aide extérieure, pour se voir adjuger la victoire finale.

PLUS GRANDE DISTANCE PARCOURUE EN 24 H

• Michael Secrest (USA) a parcouru 1 958,196 km en 24 heures derrière un derny (vélomoteur donnant le rythme et protégeant le cycliste du vent), les 26 et 27-04-90 au Phoenix International Raceway, Arizona.
• Sans derny, Secrest a réalisé 857,36 km (un autre record) les 23 et 24-10-97 sur l'Olympic Velodrome de Carson, Californie.

CHAMPIONNATS DU MONDE DE CROSS-COUNTRY EN VTT

Henrik Djernis (Danemark) a remporté le titre de champion du monde de cross-country à trois reprises entre 1992 et 1994.

CHAMPION DU MONDE DE DESCENTE EN VTT

Nicolas Vouilloz (France) a remporté 6 titres de champion du monde de suite en VTT de descente de 1995 à 1999, puis en 2001.

CHAMPIONNE DU MONDE DE DESCENTE VTT

Anne-Caroline Chausson (France) a remporté 6 titres consécutifs de championne du monde de descente VTT entre 1996 et 2001. En 2000 et 2001, Chausson a également réalisé le doublé descente-dual de ces Championnats du monde.

TITRES DE CHAMPIONNE DU MONDE DE CROSS COUNTRY VTT

La Canadienne Allison Sydor a remporté les Championnats du monde de cross-country 3 fois de suite, de 1994 à 1996.

MARATHON DE VÉLO D'APPARTEMENT

Les Sud-Africains, Bruce Wallis et Arthur Soares ont passé 60 heures sur une machine statique d'exercice au Gateway Theatre of Shopping, à Durban, Afrique du Sud, entre les 1er et 04-11-2001.

LE PLUS GRAND NOMBRE DE PARTICIPANTS

• 48 615 cyclistes ont pris le départ de la Udine Pedala 2000, organisée par Rolo Banca à Udine, Italie, le 11-06-2000. Les participants devant parcourir les 29,3 km d'un circuit autour de la ville.

• 2 037 cyclistes (sur 2 157 au départ) ont réussi à accomplir le parcours entre Melbourne et Sydney (Australie) de plus de 1 000 km proposé pour la Australian Bicentennial Caltex Bike Ride, du 26-11 au 10-12-88.

CYCLISTE SUR NEIGE LE PLUS RAPIDE

Christian Taillefer (France) a atteint la vitesse de 212,139 km/h sur la neige de la piste de ski de KL à Vars, en mars 1998.

DISTANCE LA PLUS LONGUE EN IMMERSION

Sans le moindre appareillage respiratoire, Benjamin Franz (Allemagne) a parcouru la distance de 636 m sur un vélo statique d'exercice en une seule respiration, le 25-08-2001, à Munich.

PLUS RAPIDE TRAVERSÉE DES USA PAR ÉQUIPES

Allant en vélo d'Irvine, Californie, jusqu'à Savannah, Géorgie, sur la côte Est des USA, les Brésiliens Ricardo Arap et Alexandre Ribeiro ont réalisé le temps de 7 jours 9 h 56 min, en juillet 1998.

200 M LANCÉS MESSIEURS

Curtis Harnett (Canada) a parcouru les 200 m lancés en 9"865, à Bogota, Colombie, le 28-09-95.

200 M LANCÉS DAMES

Olga Slyusareva (Russie) a parcouru les 200 m lancés en 10"831, à Moscou, le 25-04-93.

500 M LANCÉS MESSIEURS

Arnaud Duble a parcouru les 500 m lancés en 25"850, à La Paz, Bolivie, le 10-10-2001.

500 M LANCÉS DAMES

Erika Salumäe (Russie) a parcouru les 500 m lancés en 29"655, à Moscou, le 06-08-87.

PLUS RAPIDE 500 M DÉPART ARRÊTÉ DAMES

Felicia Ballanger (France) a parcouru les 500 m départ arrêté en 34"010, à Bordeaux (Colombie), le 29-08-98. Ballanger a été en outre 5 fois championne du monde de la spécialité consécutivement de 1995 à 1999.

KILOMÈTRE DÉPART ARRÊTÉ HOMMES

Arnaud Tournant (France) a parcouru le kilomètre départ arrêté en 1'00"148, à Mexico, le 16-06-2000. Tournant a été en outre, 4 fois champion du monde de la spécialité consécutivement de 1998 à 2001.

3 KM DÉPART ARRÊTÉ DAMES

Leontinen Zijlaard (Pays-Bas) a parcouru les 3 km départ arrêté en 3'30"816, à Sydney, le 17-09-2000.

4 KM DÉPART ARRÊTÉ HOMMES

Chris Boardmann (GB) a parcouru les 4 km départ arrêté en 4'11"114 à Manchester, le 29-08-96.

POURSUITE PAR ÉQUIPES LA PLUS RAPIDE

L'Allemagne (Robert Bartko, Guido Fulst, Jens Lehmann et Daniel Becke) détient le record de la poursuite par équipes sur 4 km avec un temps de 3'59"710, réalisé à Sydney, le 19-09-2000.

LA RECORDWOMEN INCONTESTÉE

Jeannie Longo-Ciprelli (France) a réalisé la distance de 48,159 km pour battre le record de l'heure à Mexico, le 26-10-96. Longo-Ciprelli a gagné le Tour cycliste féminin à 3 reprises et détient 45 titres nationaux et internationaux.

SPORTS INSOLITES

LES PLUS LOURDS SPORTIFS DU MONDE

Depuis 1982, la World Elephant Polo Association (WEPA) organise tous les ans un tournoi de polo sur éléphants, sur l'aérodrome en gazon de Megauly au Népal. Ce sport se joue par équipes de quatre. Comme les éléphants d'Inde peuvent atteindre les 5 tonnes, il est formellement interdit dans les règles du jeu de les coucher devant le but.

TITRES EN KINNAIRD CUP

L'eton fives est une sorte de pelote à main nue contre un mur rappelant celui d'une chapelle contre laquelle ce sport a été joué pour la première fois. Le Championnat amateur d'Eton Fives, la Kinnaird Cup, a été remporté dix fois par Brian Matthews (GB) et John Reynolds (GB) de 1981 à 1990. Reynolds compte une victoire supplémentaire avec Manuel de Souza-Girao en 1991.

500 M CHRONO EN ROLLERS

Alessio Gaggioli (Italie) a parcouru 500 m en 40 s 33 centièmes sur route, atteignant la vitesse de 44,631 km/h, à Padoue, en Italie, le 07-09-96.

CHAMPIONS DU MONDE DE LANCER DE FER À CHEVAL

• Les Championnats du monde de lancer de fer à cheval se déroulent régulièrement tous les ans depuis 1946. Ted Allen (USA) a remporté dix titres de 1933 à 1940, 1946, 1953, 1955, 1956, 1957 et 1959.
• Chez les dames, Vicki Chappelle Winston (USA), elle aussi, compte dix victoires entre 1956 et 1981.

TITRES EN RUGBY FIVES NATIONAL DOUBLES

Le collège de Rugby (GB) possède également son propre jeu de pelote. Le Rugby school's National Doubles Five Championship, la compétition nationale, a été remporté dix fois par David Hebden (GB) et Ian Fuller (GB) entre 1980 et 1990. Wayne Enstone (UK), lui, possède treize titres avec trois partenaires différents entre 1975 et 1997. Il a aussi gagné la Jester's Cup, l'épreuve en solitaire, 22 fois de 1973 à 1995.

TOUR DE MANHATTAN EN PADDLEBOARD

Sept membres du Southern California Paddleboard Club ont fait le tour de l'île de Manhattan en 6 h 8 min, le 11-06-99.

24 H EN ROLLERSKI

Quatre rollerskieurs britanniques (Simon Tinning, A Adamson, Mark Walker et A Simpson) ont parcouru la distance de 488,736 km en 24 heures à Alconbury, GB, les 23 et 24-05-98.

CHAMPIONNAT DU MONDE DE COMBAT D'ORTEILS

Allan Nash (GB) a remporté à quatre reprises (en 1994, 1996, 1997 et 2000) le Championnat du monde de combat d'orteils. Karen Davies (GB), son homologue féminin a été sacrée trois fois de 1999 à 2001. La compétition a lieu le premier samedi de juin, chaque année au Ye Olde Royal Oak, à Wetton, (GB). Surnommé le " Toerack ", les concurrents doivent pousser leur adversaire hors du ring avec les pieds en n'utilisant que les orteils.

LANCER DE PUCES

En mai 1966, le Britannique Stephen Williams a mis 24 puces dans un pot à 45 cm de distance dans le temps record de 21,8 s.

LA PLUS ANCIENNE COURSE DE CHIENS DE TRAÎNEAUX

L'Iditarod Trail est la plus ancienne course de chiens de traîneaux. Elle se déroule entre Ancorage et Nome sur 1 688 km à travers l'Alaska. Annuelle depuis 1967, cette compétition existe depuis 1910.

COURSE DE CHIENS DE TRAÎNEAUX

La Berengia Trail, la plus longue course de chiens de traîneaux du monde, se déroule chaque année depuis 1990, sur 2 000 km dans l'est de la Russie, entre Esso et Markovo. En 1991, Pavel Lazarev (Russie) a réussi le meilleur temps de la compétition en 10 jours 18 h 17 min 56 s.

LE SURFEUR DES SABLES LE PLUS RAPIDE

Le 12-04-99, en surfant sur le sable, Erik Johnson (USA) a atteint la vitesse de 82 km/h au Sand Master Jam à Dumont Dunes, en Californie. Le record féminin de 71,94 km/h est détenu par Nacy Sutton (USA) enregistré à Sand Mountain dans le Nevada, le 19-09-98.

FLIP ARRIÈRE LE PLUS LONG SUR UNE SANDBOARD

Josh Tenge (USA) a réalisé un retournement dont la distance record a été mesurée à 13,6 m à la Xwest Huck Fest, Sand Mountain, Nevada, le 20-05-00.

LE CHAR À VOILE LE PLUS RAPIDE

La plus grande vitesse officiellement enregistrée pour un char à voile est de 187,8 km/h. Elle a été atteinte par Bob Schumacher (USA) sur *Iron Duck*, sur l'Ivanpah Dry Lake, à Prim, Nevada, le 20-03-99.

CHER PIGEON

Invicible Spirit, un pigeon mâle de quatre ans, vainqueur de la course Barcelona International en 1992, a été vendu à Martin Biemans (Pays-Bas) par la Louella Pigeon World de Markfield (GB) pour la modique somme de 110 800 £ (174 400 €), le 23-07-92.

PIGEON DE COMPÉTITION

Entre 1990 et 1997, Brazilian Beauty, une femelle pigeon appartenant à Robert Kock (Afrique du Sud) a volé 41 050 km, ce qu'aucun autre volatile de compétition n'avait réussi jusqu'alors.

TITRES DE PEA-SHOOTING

Le pea-shooting (tir aux pois) est un sport où les concurrents doivent envoyer des pois à l'aide d'une sarbacane (d'une longueur inférieure à 30,48 cm) dans une cible d'environ 50 cm de diamètre, placée à la distance de 3,20 m, et enduite de mastic. La cible, divisée en trois cercles concentriques, détermine le nombre de points : cinq dans le cercle central, trois dans la zone du milieu et un dans le cercle extérieur. Pour maintenir la tradition, les viseurs à laser ont été interdits en 2002. David Hollis (GB) a été trois fois champion du monde de 1999 à 2001 et également le plus jeune en gagnant son premier titre à l'âge 15 ans. Ces Championnats du monde ont lieu tous les ans depuis 1969, à Witcham, GB.

TITRES DE CHAMPION DU MONDE DE TIDDLYWINKS

• Larry Kahn (USA) a remporté seize titres de champion du monde de tiddlywinks (sorte de jeu de puces) de 1983 à 1997 en solo ; et dix titres en double entre 1978 et 1998.
• Les Britanniques Geoff Myers et Andy Purvis ont conservé leur titre de champions du monde en double cinq fois de suite de 1991 à 1995.

DISTANCE RECORD DE TIDDLYWINKS

Ben Soares (GB) détient le record du plus long jet de puce réussi avec 9,52 m à Cambridge, le 14-01-95.

VITESSE RECORD AVEC 10 000 PUCES

En février 1966, Allen Astles (GB) a propulsé 10 000 puces dans le pot central en 3 h 51 min à Aberystwyth, GB.

LE SCORE D'ALLEY SKITTLES LE PLUS ÉLEVÉ EN 24 H

L'alley skittles est un jeu de pub traditionnel qui est l'ancêtre du bowling. Chacun leur tour, les joueurs lancent une grosse balle en bois, *the cheese*, qui roule dans une allée pour frapper neuf quilles en bois. Le score le plus élevé en 24 heures est de 94 151 points réalisés, le 10-03-95 par une équipe du Carpenter's Arms, un pub du Dorset, GB.

LE SCORE LE PLUS ÉLEVÉ DE SKITTLES DE TABLE EN 24 H

Le tabletop skittles (version miniature de l'alley skittles), est un jeu de pub très populaire où les neuf quilles sont posées sur une table et sont renversées par une balle de bois envoyée à l'aide d'un bâton. Le plus gros score réalisé, 116 047 points en 24 h est l'œuvre d'une équipe de douze joueurs du Castle Mona, un pub de Newcastle, GB.

TITRES EN ROLLER SKATE

Andrea González (Argentine, troisième depuis la droite) a remporté 14 médailles d'or aux South American Odesur Games (Jeux d'Amérique du Sud) qui se sont déroulés à Cuenca, Équateur, en octobre 1998.

INDEX

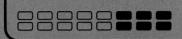

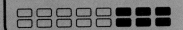

REMERCIEMENTS

Nous remercions tout ceux qui ont participé à la réalisation et la production de cette édition :

Aalam, Kat
Bate, Louise
CAMELOT, FRANCOIS
Christie, Scott
Collins, Ann
Crawford, Jo
Hayes, Neil
Hearn, Paul
Iforce
Lee, Joyce
Miles, Vicki
Mirza, Shazia
Reardon, Paul
R&G Productions
Renault, Baptiste
Sberro, Arie
Sprague, Amanda
Toms, Caroline
White, Kate
Whiting, Sophie

Nous remercions aussi les organisations et leurs représentants :

Ernest Adams
Leslie Aiello
American Society of Plastic Surgeons
Amnesty International
Air France, Philippe Chouard
Assistance Publique des hôpitaux de Paris, Henriette Chaibriant
Ron Baalke
Healey Baker
Bank of England
Peter Barham
BBC
Guenter Bechly
David Billington, Casella CEL Inc

Biowarfare & Bioterrorism: A Brief History, on www.hospitals-doctors.com
Board of Film Classification
Richard Bourgerie
Bowers and Merena Galleries
James Bradley
Sean Breazeal
Bristol University
British Antarctic Survey
British Geological Survey
British House Rabbit Association
British Telecom
British Tourist Authority
Mike Brown
Lucy Bunker
Carrefour, Alain Thieffry
Caribbean Journal of Science
Clive Carpenter
Mark Carwardine
CERN
Hubert Chanson
Christie's
CIA Factbook
Cinefex
Pamela Clarke, The Royal Archives
Columbia University
Cornell University
Crédit Agricole, P Vincent
Croham Valley Support
Mike Coughlan
Pamela Dalton
Peter D'Amato
Diamond High Council
Martin Dodge
eBay
Economic History Services
Economist Intelligence Unit
Ecoworld
Encyclopaedia Britannica
Louis Epstein
Europe 1
Everestnews.com
FBI

Federation of American Scientists
Forbes
Foreign and Commonwealth Office
Mike Foster, Jane's Defence Weekly
Fremantle media
Geological Society of London
Andy Gillard, Scootering magazine
Simon Gold
Michelle Gonsalves
Google
Stan Greenberg
Richard Gue
Bruce Guettich
Guinness – Die Show Der Rekorde, ARD
Guinness el Show de los Records, Antena 3
Guinness Rekord TV, TV3
Guinness World Records, ITV
Guinness World Record, Nelonen, Channel 4
Guinness World Records, NTV
Guinness World Records: Primetime, Fox Television
David Hancock, Screen Digest
Michael Hanlon
Mary Hanson
Claire Hegarty
Hello! magazine
Carolyn Hewitson
Home and Garden Television website
David Horne
Yvonne Hussey
IMDB
Immigration and Naturalization Service (USA)
Imperial Cancer Research Fund
International Association of Fire Fighters
International Astronomical Union
International Carnivorous Plant Society
International Centre for Prison Studies
International Confederation for Plastic, Reconstructive and Aesthetic Surgery

International Monetary Fund

International Tanker Owners Pollution
Federation

International Union for the
Conservation of Nature

Kathryn Jenkin

Steve Jones

Ove Karlsson

Nichol Keith

Michael Feldman

Keo Films

Kronenbourg, Stéphanie Pichon

Labyrinthus, Isabelle de Beaufort

Lancaster University

Rolf Landua

Roger Launius

Anthony Liu

Hugh Gene Loebner

Robert Loss

Anne-France Malrieu (LVMH

Joe Lynham

Dave McAleer

Jessica Marantz

Giles Marion

Brian Marsden

Koen Martens

Massachusetts Institute of Technology

Peter Matthews

Méridien Pte-MaillotM-France Bower

Météo France, J -F Bèque

Metro newspaper

Andy Milroy

Eugene Mirman

Edgar Mitchell

Moody's

Rick Moss

Munich Re

NASA

National Bank of Hungary

National Federation of Master Window
& General Cleaners

National Geographic

National Museum of Science and Industry

National Science Foundation

Natural History Museum

Nature Magazine, Dr Chris Gunter

NBC

New York City Police Department

Nike Sophie Kamoun (

Barry Norman, WKVL Amusement
Research Library

Numismatic Guarantee Corporation

OANDA

Official Website of the British Monarchy

Organization for Economic Cooperation
and Development

Hilary Pearce

People.com

Edwin Perry

David Power-Fardy

PPL Therapeutics

Prison Activist Resource Center

Private Islands online

Rainforest Foundation UK

Rapaport

Simon Rasalingham

Recording Industry Association of
America

John Reed, WSSRC

Martin Rees

Rees Entertainment

Édition Robert Laffont

Dave Roberts

Royal Armouries

Royal Astronomical Society

Royal Horticultural Society

Rutherford Appleton Laboratory

salon.com

Search Engine Watch

Seita, Nadine Nitzer (

Captain Scott Shields and Bear

Sipa Press, Martine Detier

Bill Slaymaker

Malcolm Smith

Sotheby's

Southampton Oceonography Centre

Standard & Poor's

Jo Steel

Danny Sullivan

Symantec Corporation

TeleGeography

Telescope

Televisual

Texas Department of Criminal Justice

TF1

The Economist

The Met Office

The New York Times

The Nobel Foundation

The Pentagon

The Sun

The World Bank

The World Economic Forum

Ryan Tunstall

Martin Uman

Understanding and Solutions

UN factbook

United Nations

United States Mint

University of Southampton

US Drug Enforcement Agency

US Geological Survey

USA Today

Variety

Anthony Vestal

Ewan Vinnicombe

Joanne Violette

Juhani Virola

Alice Walker

David Wark

Kevin Warwick

Louise Whetter

David Wynn Williams

Martyn Williams

Tom Wood

World Meteorological Organization

World Roads Federation

World Tourism Organization

Yale University

Richard Yarwood

Robert Young

Paul Zajac, Wards Communications

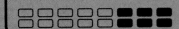

CRÉDITS PHOTOS

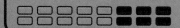

PROCÈS VERBAL
ET RÈGLEMENTS D'HOMOLOGATION DU
GUINNESS WORLD RECORDS

Pour homologuer un Record,
découpez et remplissez le procés-verbal ci-contre
et prennez connaissance des Règlements au verso.

Puis envoyez ce document au :

BUREAU OFFICIEL
COMMISSION D'HOMOLOGATION
GUINNESS WORLD RECORDS
ÉDITIONS PHILIPPINE
40, COURS ALBERT-IER
75008 PARIS – FRANCE

PHILIPPINE

PROCÈS-VERBAL D'HOMOLOGATION

TITULAIRE DU RECORD

Nom : .... Prénom : ....

Adresse : .... Pays : ....

Code postal + Dépt : .... Ville : ....

Tél. domicile : .... Tél. bureau : ....

Signature du déclarant :   *Signature de l'impétrant :*

DESCRIPTION COURTE DU RECORD

(pouvant servir d'article pour le Guinness World Records précisant le pays, la ville, le lieu, la date, lles noms, le nombre de participants)

Titre : .... Date : ....

Texte : ....

....

....

....

Lieu du record, ville, département : ....

Hauteur : .... Longueur : .... Largeur : .... Circonférence : ....

Volume : .... Poids : .... Temps : .... Distance : ....

Pièces jointes : .... Constat de témoins (huissier, témoin officiel...) : .... Photos : ....

Banderole : Le Guinness World Records est une marque déposée. L'utilisation de la banderole, du logo, la référence à l'homologation par le Guinness World Records ainsi que son utilisation à des fins commerciales et/ou promotionnellles doit faire l'objet d'un accord préalable particulier écrit.

TÉMOINS – À REMPLIR EXCLUSIVEMENT PAR LE OU LES TÉMOINS

(Au choix : huissiers ou témoins officiels, personnalités, élus, représentants de l'État)

Nom : .... Prénom : ....

Adresse : .... Ville : ....

Code postal, pays : .... *Signature du témoin 1 ;*

Nom : .... Prénom : ....

Adresse : .... Ville : ....

Code postal, pays : .... *Signature du témoin 2 ;*

Nous soussignés, titulaire de la performance décrite ci-dessus, témoins assermentés, certifions sur l'honneur l'exactitude des faits exposés sur le présent document et autorisons le Bureau Officiel d'Homologation du Guinness World Records à publier les présents renseignements dans ses prochaines éditions ainsi qu'extrait ou totalité des courriers que nous lui avons adressés, suivis de nos signatures en fac-similé et des photos communiquées, sans réserve ni restriction. Guinness World Records n'est pas responsable des textes, illustrations et photos publiés qui engagent la seule responsabilité de leurs auteurs. Les documents reçus ne sont pas rendus, et leur envoi implique l'accord de leur auteur pour leur libre utilisation sans droits. Merci de joindre à votre dossier vos vidéos VHS ou 8 mm. L'homologation d'un record n'implique pas d'obligation de publication.

Signature du déclarant :   *Signature de l'impétrant :*

....

Bureau Officiel d'Homologation des Records - GUINNESS WORLD RECORDS – Éditions Philippine – 40, cours Albert-1er – 75008 Paris – France

RÈGLEMENT D'HOMOLOGATION DU GUINNESS WORLD RECORDS – GWR

BUREAU OFFICIEL D'HOMOLOGATION DES RECORDS

ÉDITIONS PHILIPPINE – 40, COURS ALBERT-Ier – 75008 PARIS – FRANCE

Art. 1er – RECORDS

Un record est un phénomène, une performance ou un exploit qui dépasse ce qui a été réalisé auparavant selon les mêmes critères et paramètres. Les records doivent être à la fois mesurables et comparables. Les records soumis sont de plus en plus nombreux et souvent difficiles à comparer, la Commission d'Homologation est contrainte d'effectuer une sélection : sont pris en considération les records qui battent un record précédemment établi et ceux qui paraissent dignes de figurer dans l'ouvrage. Un record qui ne serait pas homologué par la Commission n'en resterait pas moins un record pour lequel nous félicitons le titulaire, mais, dans ce cas, il ne figurera pas dans le *GWR*. Dans le cas d'un record qui constituerait une nouvelle rubrique, il convient d'établir les nouvelles règles précises et de les soumettre au Bureau Officiel d'Homologation pour leur approbation et leur enregistrement. Lors de tentative en public, une banderole mentionnant que l'évènement est destiné à être homologué par le Guinness World Records doit être exposée. Cette dernière est disponible sur commande auprès du Bureau Officiel d'Homologation.

Art. 2 – PROCÈS-VERBAL

Les postulants à l'homologation d'un record doivent remplir obligatoirement le Procès-Verbal, document qui peut être demandé au Bureau d'Homologation avec une enveloppe timbrée à leurs nom et adresse.

Art. 3 – TÉMOIN DÉLÉGUÉ ET DIPLÔME

Le *GWR* se réserve le droit d'envoyer un témoin délégué. Cette présence n'est toutefois pas obligatoire et un représentant officiel peut être désigné sur proposition du candidat (voir art. 9). Un diplôme peut être demandé au ***GWR-France*** : se renseigner sur les conditions au préalable. **Attention** : les diplômes ne peuvent être établis en été, en période de bouclage.

Art. 4 – MATÉRIEL

Pour les sports nécessitant du matériel (raquette, chaussures, bateau, vélo, etc.), la spécificité de celui-ci ne sera pas prise en compte, sauf dans les cas où cette spécificité est prise en compte par les Fédérations.

Art. 5 – FÉDÉRATIONS

Si le record à battre appartient à une discipline régie par une autorité ou une Fédération, celle-ci devra être consultée, et c'est elle qui homologuera le record. Le *GWR* ne l'enregistrera qu'ultérieurement.

Art. 6 – INFORMATION

L'évènement devra être organisé sous l'égide d'un organisme de presse ou d'information (journal, magazine, radio, TV) local ou national, qui devra donc être prévenu à temps. Il devra, dans la mesure du possible, être annoncé ou relaté.

Art. 7 – RECORDS NON HOMOLOGABLES

Le *GWR* ne publie pas de records gratuitement dangereux (plongeon d'un hélicoptère, suspension par une corde en feu...). Les records détenus par des professionnels ne doivent pas tenter les amateurs doués de raison. Les records de gloutonnerie sont totalement déconseillés par le *GWR* et ne sont plus homologués. Les records de fakirisme, incomparables entre eux, ne peuvent plus être homologués. Les records non-stop, pour la même raison, ne sont plus homologués.

Art. 8 – MARATHONS – RELAIS – TÉLÉTHONS

Pour ne pas multiplier à l'infini les records du fait de la variation du paramètre temps (en 30 mn, 1 h, 2 h, 24 h, non-stop, etc.), ne seront plus homologués que quelques-uns inférieurs à 1 h. Pour les relais, seules les catégories homologuées par les Fédérations seront prises en compte.

Art. 9 – DOSSIER DU RECORD

Les prétendants à un record doivent faire parvenir au Bureau Officiel d'Homologation le Dossier du record. Celui-ci se composera de photocopies d'extraits de la documentation (coupures de presse, témoignages, etc.), d'une attestation signée par un témoin officiel (personnalité, maire, député, officier ministériel ou assermenté), **de photos** de l'événement. Cette documentation ne sera pas retournée. Toute photo ou vidéo remise doit être libre de droits pour toutes éditions du *GWR* et pour la promotion ou émissions de TV *GWR*. Le dossier sera obligatoirement accompagné d'un procès-verbal (art. 2).

Art. 10 – RÈGLEMENTS SPÉCIFIQUES

APNÉE DANS L'AIR : Le compétiteur est debout et a le loisir de se déplacer. Il prend son souffle en une ou plusieurs inspirations et, à son signal, le juge-arbitre commence le chronométrage de la retenue du souffle. Le compétiteur a le droit de se pincer le nez. L'épreuve s'arrête au moment où il est obligé de reprendre son souffle. L'organisme d'enregistrement décline toute responsabilité quant aux incompatibilités ou interdictions médicales concernant les compétiteurs. Pour les mineurs, accord parental nécessaire. Aucun blocage des poumons physique ou mécanique n'est autorisé. Record de durée.

BALLONS DE BAUDRUCHE EN GRAPPE : nombre de ballons de baudruche qui doivent être gonflés à l'hélium, être attachés entre eux et décoller du sol.

BALLON DE FOOT : jonglage, nombre de contacts rebonds sur le corps, mains exceptées, en 5 mn et 1/2 h. La chute du ballon au sol est éliminatoire.

BASKET - LANCERS FRANCS : consécutifs, derrière la ligne de lancer franc (5,80 m), ou distance, lors d'un match ou non.

BOULE DE PÉTANQUE : distance, pieds joints et fixes. Carreau : depuis la plus grande distance.

CADDIE : le plus grand nombre d'articles différents récoltés dans 1 magasin en 1/2 h. Retour à la caisse.

CHENILLE : record de distance sans tomber de 50 personnes, chevilles attachées.

CLOCHE-PIED : distance en 1/2 h. La pose du 2e pied est éliminatoire.

COLLECTES : le plus grand nombre d'objets d'une même catégorie ayant une valeur faciale (timbres postaux, pièces de monnaie, billets de banque).

COLLECTIONS : tous les objets d'une collection doivent être différents. Les catégories sont si nombreuses que toutes ne pourront figurer dans le *GWR*.

COURSES DE BAIGNOIRES SUR L'EAU : course de vitesse sur 100 m, 2 rameurs à bord d'une véritable baignoire.

COURSES DE COCHONS : le « cavalier » se maintient à une corde ceinturant la monture. Pistes délimitées par des bottes de paille. Vitesse sur 50 m.

COURSE DE LA CUILLÈRE : vitesse sur 50 m ou durée. Cuillère à café posée sur l'extrémité de l'arête nasale, partie creuse vers le haut sans toucher les paupières.

COURSES DE LITS : lits d'hôpital à roulettes (10 cm de diamètre max.) poussés par 4 « infirmiers », un « malade » de 80 kg, lest compris, allongé. Terrain horizontal, rue ou route goudronnée. Vitesse sur 100 m.

COURSE D'ŒUF : œuf cru et de poule. Cuillère à dessert, maintenue à la main ou dans la bouche (2 catégories). L'œuf ne doit être ni touché, ni fixé, ni cassé. Vitesse sur 100 m.

COURSES EN SAC : les candidats sont seuls ou groupés par paire, dos à dos (2 catégories), les sacs sont noués au-dessus des épaules. Vitesse sur 50 m.

CRACHERS DE GRAINS, PÉPINS OU NOYAUX : élan de 2 m. Chaque candidat a droit à 3 essais. Record de distance. Terrain horizontal, vitesse du vent nulle.

CRÊPES : poêle ronde. Crêpe cuite des 2 côtés, record de diamètre. *Lancer de crêpes* : « nombre » de lancers d'une crêpe qui doit retomber sur son autre face à chaque lancer (voir art. 8) ou « hauteur » par-dessus une barre, rattrapée à plat.

CUISINE ET PÂTISSERIE : les records de plats régionaux, étant donné leur trop grand nombre, ne seront pas obligatoirement inscrits dans le *GWR*. Les réalisations doivent ressembler en tout à un plat existant (recette, proportions et saveur), être cuites en un seul morceau et être comestibles, et bonnes. *Tarte ronde* : diamètre. *Tarte rectangulaire* : largeur, longueur. *Pièces montées* : la variété des réalisations est telle qu'il est impossible d'homologuer des records dans cette catégorie. *Hachis Parmentier* : proportions : 2/3 purée, 1/3 viande.

DACTYLOGRAPHIE : texte recopié sur ordinateur. Nombre de mots en 5 mn. Pénalité : 10 mots par faute.

ÉCHASSES : hauteur des échasses : 2 m. Avec ou sans l'agneau vivant, d'un poids maximum de 10 kg. Course ou record de vitesse sur 50 m.

ENTASSEMENT : l'entassement dans une voiture doit se faire portières fermées (toit y compris), mais fenêtres ouvertes. Véhicule catégorie A.

ÉPLUCHAGE : l'épluchage est limité aux oranges, pommes de terre, pommes et oignons, tous crus. *Record de vitesse* : en solo pour éplucher 10 kg. *Nombre de pièces épluchées* : en solo pendant 1/2 h. *Pelure la plus longue* : d'un fruit ou légume dont le poids ne dépasse pas 700 g. Catégorie étendue aux crayons avec taille-crayon d'écolier. *Pelure la plus longue en 15 mn* : peler un fruit ou légume dont le poids est fixé à 250 g. Étendu aux tailles de crayons.

ÉPLUCHAGE D'ORANGE : La qualité et la taille de l'agrume ne sont pas déterminantes. Le compétiteur, avec le couteau de son choix, doit présenter l'épluchure d'un seul tenant la plus longue. La taille est fixée par la première rupture. Le compétiteur travaille debout, devant une table de hauteur standard. Record de longueur.

FLÉCHETTE EN PAPIER : La fléchette est un pliage d'une feuille de papier A4 (21 x 29,7 cm) de 80 g. Le compétiteur peut plier la feuille à sa manière (autant de plis fomant les ailerons qu'il souhaite, selon sa technique et son secret). Il est autorisé à vaporiser de la buée sur la pointe. Le lancer se fera à partir d'un cercle de 1 m de rayon. Un pas en dehors du cercle est éliminatoire. Record de durée en vol et record de distance.

HUÎTRES (OUVERTURE) : vitesse pour 100 huîtres ou nombre d'huîtres ouvertes en 1 h. Variante : ouverture dans le dos de l'écailler.

JEU DES 2 ERREURS : 2 erreurs ont été volontairement glissées dans le livre. À vous de les trouver ; ce sont deux autres clés pour rentrer dans le *Guinness World Records*.

JUDO : nombre de chutes en 5 mn.

LÂCHER DE GRAIN DE RAISIN : le grain de raisin lâché par un assistant d'une hauteur, immeuble, tour, pont... doit être rattrapé dans la bouche par le candidat.

LANCERS : distance, élan de 2 m.

LANCER DE FEUILLE DE PAPIER : flèche ou avion dans une feuille A4, distance depuis le sol, sans vent.

LANCER-RATTRAPÉ DE L'ŒUF CRU DE POULE : record de distance à 2 participants. Il faut le rattraper intact. Élan 2 m.

LANCER DE CRAVATE : record de distance. La cravate est maintenue dans la main, roulée ou en boule, non nouée. Les pieds du lanceur sont joints et fixes.

LANCER DU BRACELET ÉLASTIQUE DE 8 CM : tendu entre l'extrémité du pouce et l'autre main qui le lâche. Distance.

LANCER DE ROULEAU DE PAPIER HYGIÉNIQUE : lancer le rouleau, qui se déroule sans se casser. Distance.

LANCER DE PNEU : pneu de voiture. Poids 6 kg. Lancer en hauteur par-dessus une barre ou en longueur. *Rouler* : distance.

LANCER-RATTRAPÉ DE POMME DE TERRE CRUE 80-90 G : distance à 2 participants. Lancer avec une fourchette assurée au poignet. Réceptionnée en vol.

LEVER DE BARRE-HALTÈRES : poids maximum cumulé levé en épaulé-jeté en 1 mn.

LOGO : supérieur à 100 m².

MANCHE À BALAI : manche en bois posé sur l'index de la main droite ou gauche verticalement, le bout taillé sur le doigt. Le compétiteur est placé à l'intérieur d'un cercle de 1 m de rayon. Un pas en dehors du cercle est éliminatoire. Record de durée.

MASQUE DE CARNAVAL : record de taille. C'est un faux visage dont on se couvre la figure ; il faut pouvoir se déplacer avec ce masque.

MONOCLES : maintien de capsules de bouteille en monocle, 1 sur chaque œil, course en ligne sur 50 m. La perte d'un monocle est éliminatoire.

MUSCLES : *barre fixe* : suspension par le majeur, record de durée ou de tractions. Suspension par les 2 bras, nombre de tractions, menton du candidat hissé à hauteur de la barre. *Abdominaux* : relevés de buste à la verticale, assis jambes tendues non tenues, mains croisées derrière la tête. *Variante* : candidat suspendu par les pieds à un espalier, tête en bas, nombre de relevés de buste à l'horizontale. *Cheveux* : traction d'un véhicule sur roues à l'aide d'une corde fixée aux cheveux, terrain horizontal, record du poids tracté.

Pliage de clous : temps pour 10 clous, de 7 mm de diamètre et 21 cm de long ou nombre de clous en 1 h. *Guinness World Records* : durée de maintien à bout de bras (un seul ou les deux) d'un livre vers le haut. *Pompes* : nombre en 1 mn, 1/2 h, sur un ou deux bras. *Le sans-chaise* : durée, dos au mur, fémur à l'horizontale.

NOIX : vitesse pour ouvrir 100 noix avec casse-noix et les décortiquer.

OBJETS MINIATURES : les instruments et les optiques étant de plus en plus performants, il n'est plus possible de mesurer comparativement les records battus. Éviter.

OBJETS GÉANTS : ils doivent être une réplique exacte d'un objet usuel dans toutes ses proportions et matières.

PALETTE : charge maximum. Déplacement de la palette avec un transpalette manuel, sur 10 m.

PEINTURE OU DESSIN LES PLUS GRANDS : *peinture, dessin* ou succession de dessins sur toile ou sur papier, record de surface. Le nombre de participants n'entre pas en compte. *Fresque* : record de surface. Peinture directement sur le mur. *Banderole artistique* : record de longueur. Dessin ou peinture sur une bande de papier ou de tissu déroulée. *Banderole publicitaire* : textes ou logos publicitaires peints, imprimés ou fixés, record de longueur.

PICHENETTE : propulsion d'une capsule de bouteille sur terrain horizontal, sur le sol, distance.

PINCE À LINGE : record de durée. Pince en bois neuve, maintenue entre le pouce et le bout de l'index et non avec la 1re phalange, les 3 autres doigts écartés. *Hérisson* : nombre de pinces à linge fixées sur la peau ou les vêtements, qui doivent être usuels.

PORTER : *fromages* : vitesse sur 50 m. *Cantal* : pièce de 38 kg. *Parmesan* : pièce de 40 kg. *Emmenthal* : meule de 68 kg. *Sac de blé* : 80 kg, vitesse sur 200 m. *Sac de charbon* : 50 kg, vitesse sur 1 000 m. *Sac de pommes de terre* : 25 kg, vitesse sur 50 m, sans attache ni accessoire. *Oranges* : quantité maximum portée en une brassée à 50 m.

POUSSER DE BROUETTE : vitesse sur 100 m, charge humaine ou non, de 80 kg. *Brouette humaine* : vitesse sur 100 m. Un candidat-pousseur, un candidat-brouette. Port de pantalon et gants obligatoire pour candidat-brouette. *Variante* : pousser d'orange par le candidat-brouette avec le front protégé par un bourrelet, vitesse sur 50 m.

PLIAGE : record de taille de la-feuille de départ. Sans structure ni fixation d'aucune sorte.

PYRAMIDES : record de hauteur d'un assemblage d'objets (verres, canettes, livres...) tous identiques. Taille et forme de la base indifférentes. Sans structure ni fixation. *Variante* : base : 10 x 10 cm. *Bouteilles* : record de hauteur, sans charpente, planche de bois entre chaque étage. *Château de cartes* : record de hauteur d'une pyramide de cartes à jouer, cartes postales, sous-bocks..., posés verticalement. *Colonne de pièces* : record de hauteur, à partir d'une pièce posée sur sa tranche ou à plat (2 catégories). *Colonne de pneus* : base avec un seul pneu. *Mur* : surface, base constituée d'une seule ligne d'objets. *Pile d'assiettes* : hauteur à partir d'une seule assiette.

Rouler de tonneau : 50 kg, vitesse sur 50 m.

SCRABBLE : les parties doivent être jouées lors de compétitions et respecter la règle du jeu.

SOUFFLER D'HARMONICA : durée d'un seul souffle.

SOUFFLER DU PETIT POIS CRU : *horizontal* : distance sur terrain horizontal lisse, vent nul, un seul souffle, candidat à plat ventre, les mains croisées sous le menton. *Vertical* : durée. Le candidat est allongé sur un lit les bras le long du corps.

VÉLO D'APPARTEMENT : distance en 1 mn, 5 mn, 1/2 h ou 1 h. Le modèle du vélo n'est pas pris en considération.

★

Pour des raisons de place, dans tous les cas, le fait de détenir un record, qu'il soit homologué par le Bureau Officiel ou non, n'implique jamais l'inscription automatique dans le Guinness World Records.

N° 300702

PAO Pré-presse : Avant-Garde, Paris

Achevé d'imprimer sur les presses de Partenaires Livres, CE